W0250240

Über dieses Buch

Träume als Wegbegleiter in stürmischen Zeiten: Träume warnen und ermuntern. Sie zeigen uns Gefahren und neue Möglichkeiten. Und nicht selten eröffnen sie uns Entscheidungen, die das Herz längst getroffen hat, die der Verstand jedoch noch nicht wahrgenommen hat.
Das gilt übrigens für die Nachtträume, auf die sich dieses Buch in erster Linie bezieht; aber daneben auch auf Tagträume, Fantasien und Visionen. Klausbernd Vollmar versteht sich meisterhaft darauf, diese Verquickung von Tag- und Nacht-Traumbildern in der Traumdeutung mit zu bearbeiten.
Diese einmalige Sonderausgabe vereinigt, leicht gekürzt, drei bisher separat erschienene Traumdeutungsbücher des Autors. Sie finden auf den folgenden Seiten:

- Traum-Symbole: konkret gedeutet, nach Themengebieten sortiert
- Einen Kursus in Traumdeutung: praktische Antworten auf Fragen zu Träumen (z. B. Was sind »Große Träume«? Was tun bei Albträumen? Muss man sich Sorgen machen, wenn vom Tod träumt? Wie erkenne ich besondere Hinweise im Traum? Wie zuverlässig ist ein Traum als Entscheidungshilfe? u.v.m.)
- Ein Lexikon zur Traumdeutung: Alles, was Sie wissen müssen.

Über den Autor

Klausbernd Vollmar, Diplompsychologe und Autor, gründete und leitet zusammen mit dem Psychotherapeuten Konrad Lenz die Internetfirma TraumOnline, die eine Traumsoftware entwickelte und auf ihrer Website www.traumonline.de ausführlich über Träume und deren Symbolik informiert.
Er lebt an der Ostküste Englands, wo er in einem idyllischen Dorf am Meer seine Bücher schreibt. Wollen Sie mehr wissen? Hier seine Website: www.kbvollmar.de

Vom Autor bereits erschienen:
Schlaf und Traum. Besser schlafen – gut träumen.
(ISBN 978-3-86826-083-0)
Die Magie der Farben erleben und anwenden.
(ISBN 978-3-86826-110-3)
Das große Buch der Farben. (ISBN 978-3-86826-109-7)
Das kleine Buch der Farben. (ISBN 978-3-89875-196-4)
Das Handbuch der Traumsymbole. (ISBN 978-3-89875-201-5)

Klausbernd Vollmar

Traumdeutung

Alles, was Sie wissen müssen

KÖNIGSFURT-URANIA

Neu zusammengestellte Sonderausgabe, teilweise gekürzt, der folgenden Buchtitel aus dem Königsfurt Verlag:
K. Vollmar »Das Buch der Traumdeutung« (2004); K. Vollmar »Traumdeutung. Personen, Methoden und Begriffe von A–Z« (2004); K. Vollmar/K. Lenz »Kurs in Traumdeutung« (2005).
Schreibweisen und Zeichen wurden aus früheren Ausgaben übernommen. Darunter auch Verweiszeichen (➛), z. B. auf S. 358 ff., die aus früheren Ausgaben stammen.

Haftungsausschluss: Die in diesem Buch enthaltenen Informationen und Ratschläge wurden vom Autor sorgfältig recherchiert und geprüft. Eine Garantie kann dennoch nicht übernommen werden. Die Informationen und Ratschläge sind außerdem nicht dazu gedacht, die Beratung durch einen Arzt oder Therapeuten zu ersetzen, sofern dies angezeigt ist. Unter keinen Umständen sind der Autor, der Herausgeber oder der Verlag für irgendwelche Schäden oder Verluste haftbar, die dem Leser dadurch entstehen könnten, dass er sich ausschließlich auf Informationen in diesem Buch verlässt. Eine Haftung des Autors, des Herausgebers oder des Verlags ist ausgeschlossen.

Bibliographische Information der Deutschen Bibliothek

Die Deutsche Bibliothek verzeichnet diese Publikation in der Deutschen Nationalbibliographie; detaillierte bibliographische Daten sind im Internet über http://dnb.ddb.de abrufbar.

Die Texte und Abbildungen sind urheberrechtlich geschützt. Weitere Reproduktionen nur nach Genehmigung durch den Verlag.

Sonderausgabe
Krummwisch bei Kiel 2011

© 2011 by Königsfurt-Urania Verlag GmbH
D-24796 Krummwisch
www.koenigsfurt-urania.com

Umschlaggestaltung: Jessica Quistorff, Rendsburg, unter Verwendung des Motivs *Illustration of a silhouette a lady* © vishnukumar/Fotolia

Druck und Bindung: CPI Moravia
Printed in EU

ISBN 978-3-86826-084-7

Inhalt

Vorwort

Zu dieser Ausgabe

Aus Anlass des 50. Todestag des Schweizer Psychologen C. G. Jung am 6.6.2011 und vor dem Hintergrund der unverminderten Aktualität vieler seiner tiefenpsychologischen Befunde erscheint diese einmalige Jubiläumsausgabe zur Traumdeutung. Sie umfasst wesentliche Teile aus den drei Bänden von Klausbernd Vollmar: »Das Buch der Traumdeutung«, »Kurs in Traumdeutung« und »Traumdeutung. Personen, Methoden, Begriffe«, außerdem das folgende aktuelle Vorwort des Autors. *Der Verlag*

C. G. Jung – Träumer und Weiser

Carl Gustav Jung war »in«, als ich vor dreißig Jahren in den USA lebte. Er wurde geradezu als Modephilosoph und einer der wenigen westlichen Weisen betrachtet. Auf jeder Party unterhielt man sich beim Drink über Archetypen und berichtete über atemberaubende Initiationen.

Erstaunlicherweise kam es zur Jung-Renaissance im deutschsprachigen Bereich durch die amerikanische Hippie- und New-Age-Bewegung, die Jung fast schon zum Heiligen stilisierte. War in Deutschland Jung in den 1960er und zu Beginn der 1970er Jahre nur einer kleineren Gruppe von Psychologen bekannt, die Jung mit dem Konzept von Introversion und Extraversion verband, änderte sich das sprunghaft mit dem bewundernden Blick auf die amerikanische Gegenkultur.

Die Lektüre C. G. Jungs damals hat für viele eine spirituelle Dimension eröffnet, die zuvor nur in wirklich noch esoterischen Kreisen (hauptsächlich der Theosophen und Anthroposophen) bekannt war. Jung machte mit psychologischen Themen auch die Spiritualität wie

kaum ein anderer für eine breite Masse zugänglich. Dass Volksmärchen wieder entdeckt und alchimistische Gedanken gesellschaftsfähig wurden, geht ebenfalls auf Jung zurück. Mir scheint jedoch das Wichtigste zu sein, dass Jung uns auf die männliche und weibliche Seite in jeder und jedem von uns hinwies. Allerdings darf dabei nicht der Einfluss von Jungs Frau Emma unerwähnt bleiben, die das Konzept von Animus und Anima systematisch ausarbeitete.[1] C. G. Jung war ja kein Systematiker, man kann dies als eine Schwäche oder eine Stärke sehen. Im Gegensatz zu Sigmund Freuds logischem Stil schreibt C. G. Jung eher assoziativ. Als er deswegen einst kritisiert wurde, antwortete er mit seinem entwaffnenden Charme, dass auch die Psyche keine Klarheit besäße, sie sei eben numinos, und so entspräche sein Stil dem beschriebenen Objekt.[2]
Heute, fünfzig Jahre nach Jungs Tod, können wir ihn aus einem historischen und entmythologisierenden Abstand betrachten. Für mich besteht die überdauernde Leistung Jungs in seinen Studien zur Symbolik und speziell zur Traumsymbolik. Außer Sigmund Freud, auf den Jung aufbaut und den er stets als seinen Lehrer verehrte, hat kein anderer Psychologe derart tiefsinnig über die Symbolsprache der Träume und Märchen nachgedacht. Wer heute die individuellen und kollektiven Träume der Menschen verstehen möchte, kann die Jungschen Überlegungen nicht ignorieren.
Jung erweiterte Freuds Sicht des Traums, indem er bei der so genannten finalen Traumdeutung den Traum auf die Zukunft des Träumers hin deutete. Er betonte, dass der Traum uns nicht nur unsere krankhaften (neurotischen) Seiten zeigt, sondern uns auch zu kreativen Leistungen anregt. Außerdem erkannte Jung als erster, dass jedes Traumsymbol auch eine Eigenschaft des Träumers verdeutlicht, was in die Traumdeutung als »subjektstufige Deutung« einging und von der Gestaltpsychologie (F. Perls) übernommen wurde.
Schwieriger verhält es sich mit dem Begriff »Archetyp«[3], der in den Schriften Jungs widersprüchlich beschrieben wird. Einmal sieht Jung in ihm die Grundstruktur aller Symbolik, also die Grammatik unserer Wahrnehmung, die strukturell, aber nicht inhaltlich definiert ist, an anderen Stellen versteht Jung unter Archetyp inhaltlich geprägte archetypische Bilder wie zum Beispiel Hexe, König, Krieger und Hohepriesterin. Diese inhaltliche Prägung des Begriffs

Archetyps ist heute populär geworden, so dass wir unter anderem bei den großen Arkanen des Tarot von Archetypen reden, aber auch Bilder der Werbung, des Films und der digitalen Medien auf Archetypen zurückführen. Fünfzig Jahre nach Jungs Tod sind es weniger die Psychotherapeuten als die Drehbuchautoren und Regisseure, die Jung verehren. Keith Cunningham, der Guru der Screenwriters in Hollywood, empfiehlt wie fast alle seiner Kollegen, Filme nach dem Jungschen Schema der Individuation zu konstruieren und bei dem Entwurf der Charaktere archetypische Bilder zu berücksichtigen. Joseph Campbell, der damals führende Mythologieforscher (»Der Heros in tausend Gestalten«), der mit Jung im engen Kontakt stand, inspirierte George Lucas zu »Star Wars« und wurde zusammen mit der Jungianerin Jean Houston zum Leitstern eben der Drehbuchautoren.

Die Entwicklung vom Traum zum Film hätte sich Jung nicht träumen lassen, aber sie liegt nahe, denn was ist der Film anderes als ein kollektiver Traum. Und was ist der Traum anderes als ein individueller Film, der uns allnächtlich mit uns selbst konfrontiert?! Antwortete C. G. Jung selbst noch auf die Frage seiner Studenten, was sie tun könnten, um Träume besser zu verstehen, sie sollten möglichst viel Literatur lesen, so würde er heute sicher auf den Film als kollektiven Traum verweisen.

Für die Betrachtung aller Arten der Träume vom individuellen Traum über die kollektiven Träume der Literatur und des Films ist C. G. Jung nach wie vor aktuell. Zusammen mit Sigmund Freud ist er der Pionier der modernen Traumbetrachtung. Als assoziativ Schreibender, der bisweilen den roten Faden verlor, war Jung ein Träumer, als Erforscher der Tiefenstrukturen des menschlichen Dramas war er ein Weiser.

Cley next the sea, Sommer 2011 *Klausbernd Vollmar*

1 Vgl. C. G. Jung: Gesammelte Werke, Bd. 7, § 338, und Bd. 9.I, § 141, zur Anima. Gesammelte Werke, Bd. 9.II, § 33, und Bd. 7, § 338, zum Animus

2 Siehe zum Numinosen der Psyche: C.G. Jung: Gesammelte Werke, Bd. 7, § 303

3 Vgl. C.G. Jung: Gesammelte Werke, Bd. 8, § 417; Gesammelte Werke, Bd. 9.I, § 155; Gesammelte Werke, Bd. 7, § 109

Symbole
der Traumdeutung

Die häufigsten Traum-Symbole nach Themengebieten

Viele Mensch sind im Traum ständig unterwegs. Andere träumen häufig davon, daß sich *nichts* oder wenig bewegt oder daß sie nicht weiterkommen. Bewegung und Geschwindigkeit im Traum symbolisieren vor allem die seelische Dynamik, ihre Antriebskraft und ihre Ruhelosigkeit. Die genauen Inhalte unterscheiden sich und weisen in verschiedene Richtungen. Dennoch gibt es *gemeinsame* Traum-Themen, die viele Menschen berühren. Das Traumgeschehen ist eine durch und durch individuelle Angelegenheit. Und doch gelten bestimmte *allgemeine* Perspektiven und Erfahrungswerte, die für viele Menschen oder sogar für eine ganze Kultur den Horizont bestimmen, vor dessen Hintergrund Träume entstehen und wahrgenommen werden.

Obwohl kein Traum dem anderen gleicht, deuten bestimmte Symbole auch bei den unterschiedlichsten Menschen in eine vergleichbare Richtung.

Träumen Sie beispielsweise von einem Haus, ist wahrscheinlich Ihr Körper, Ihr Bewußtsein oder Ihre Psyche damit gemeint. Träumen Sie vom Wasser, wird dadurch wahrscheinlich Ihr Gefühl angesprochen, bei der Luft Ihr Intellekt oder Geist, beim Feuer Ihr Wille und bei der Erde Ihre Fähigkeit, sich im alltäglichen Leben zurechtzufinden. Fahrzeuge verweisen auf Ihre Lebenser-fahr-ung oder auch die »Rolle«, die Sie dabei spielen; Tiere im Traum deuten selbstverständlich auf die tierischen Anteile, Frauengestalten auf die weiblichen und männliche Personen auf die männlichen Seiten in Ihnen hin.

Nicht wenige Symbolbedeutungen liegen für einen Kulturbereich in einem überschaubaren Zeitraum relativ fest. Diese überpersönlichen Bedeutungen, die bei den meisten Träumern zutreffen, sagen nicht immer viel in bezug auf das entsprechende Traumsymbol in seiner persönlichen Bedeutung aus. Wenn Sie vom Wasser träumen und wissen, daß Ihre Gefühlsseite damit angesprochen wird, dann kann das allein schon sehr hilfreich sind. Beispielsweise, wenn Sie vor einer beruflichen Entscheidung stehen und der »wasserhaltige« Traum Ihnen sagt, daß nicht Sachargumente, sondern seelische Gründe maßgeblich sind oder sein sollten. – Wenn nun der allgemeine Hinweis auf die Bedeutung des Wassers als Symbol des Seelenelebens für Ihre Traumdeutung nicht ausreicht, kommt es darauf an, die spezielle subjektive Erfahrung des Träumers mit diesem Symbol zu erfassen. Lassen Sie mich das an einem Beispiel verdeutlichen:

Traumbeispiel
Ein Mann (41 Jahre alt, seit Jahren geschieden) träumt, daß er mit einer wunderschönen blonden Frau aufs Meer hinausfährt. Plötzlich entstehen hohe Wellen, obwohl die Sonne scheint. Er hat keine Angst und genießt das Schaukeln.

Auf der allgemeinen Ebene kann man sagen, daß die schöne Frau das weibliche Suchbild des Träumers verdeutlicht, das Meer sein Gefühl und das Schaukeln den Beischlaf. Demnach bedeutet dieser Traum, daß der Träumer sich nach der Vereinigung mit einer schönen Frau sehnt, die er mit tiefen Gefühlen verbindet. Diese Bedeutung des Traums würde allgemein bei jedem Träumer zutreffen, der diese Episode so träumt.
Die spezielle Bedeutung, die nur für diesen Träumer zutrifft, liegt darin, daß er sich gerade in eine Frau verliebt hat, die blond ist, und der gegenüber er unsicher ist. Außerdem kommt hinzu, daß er, als er vor einigen Wochen mit seinem Boot aufs Meer hinausfuhr, in Seenot geraten ist.
Ziehen wir jetzt die persönlichen Aspekte in Betracht, dann läßt dieser Traum verschiedene Schlußfolgerungen zu; in diesem Fall stellt sich als die wichtigste persönliche Botschaft heraus, daß der Träumer keine Angst vor seiner neuen Freundin zu haben braucht, wenn er sich auf sie emotional einläßt. Aus Angst vor Verletzungen hatte sich nämlich der Träumer seit Jahren nicht mehr emotional auf eine Frau eingelassen. Der Traum zeigt ihm jedoch, daß es jetzt notwendig ist, wenn er eine harmonische Beziehung (das Schaukeln) haben möchte. Das Einlassen auf ihr und sein Gefühl ist nicht mehr gefährlich, er wird nicht mehr »in Seenot« geraten, da gibt es etwas, das ihn trägt.
Wie wir sehen, ist die zweite Deutung wesentlich konkreter als die erste, und sie gibt auch Hinweise, die der Träumer be-

nötigt. Diese zweite Deutung trifft jedoch nur auf diesen Träumer zu, während die erste Deutung auf jeden Träumer zutrifft, der einen solchen Traum hat. Natürlich widersprechen sich erste und zweite Deutung nicht.

Ein Traumsymbol ist schon deswegen nicht eindeutig, weil es auf ein großes Bedeutungsfeld verweist. Welche Inhalte und Bedeutungen die wichtigsten Traumsymbole dabei jedoch zuverlässig besitzen, soll im folgenden für viele Themengebiete des täglichen Traumlebens aufgezeigt werden. *Jeder* Abschnitt *ist in der Reihenfolge des ABC sortiert.*

Sie und Ihre Mitmenschen

Personen im Traum

In fast jedem Traum treten Personen auf. Es hat sich bewährt, die Deutung des Traums mit den Personen zu beginnen und dann zu anderen Traumsymbolen überzugehen. Jede Person im Traum kann dabei *auf der Subjektstufe und der Objektstufe* gedeutet werden.

Definition Subjekt- und Objektfunktion:
Bei der Betrachtung der Subjektfunktion im Traum sehen wir jedes Traumsymbol und speziell alle Traumpersonen als *Anteile von uns* an. Der schwarze Mann im Traum symbolisiert unsere eigene »schwarze« Seite, wie die Mutter im Traum auch unsere eigene mütterliche Seite anspricht . . .
Bei der Betrachtung der Objektfunktion im Traum sehen wir jedes Traumsymbol und speziell alle Traumpersonen als das, was sie *in der Tagesrealität* sind. Wir sehen sie hauptsächlich unter dem Aspekt der eigenen Beziehung zu diesen Traumobjekten. Der schwarze Mann im Traum drückt beispielsweise unsere Beziehung zum Schornsteinfeger aus (dessen im symbolischen Sinne penetrierende Tätigkeit sexuelle Wünsche in uns deutlich macht, der auf eine nötige Reinigung verweist, sei es im inneren oder im äußeren Bereich, u.a.). Die Mutter im Traum verweist beispielsweise auf die tatsächliche Beziehung zur eigenen Mutter (die zu klären oder sonstwie zu berücksichtigen, durch diesen Traum angeregt wird.).
Der Vorteil der Betrachtung der Subjektfunktion des Traums liegt darin, daß Sie sich von dem Traumsymbol tief berühren lassen, da Sie es konkret auf sich beziehen. Man könnte auch sagen, daß diese Betrachtung Ihnen Ihre Projektionen verdeutlicht. Tritt eine Traumperson in Ihrem Traum auf, dann sehen Sie diese zuerst als Anteil von Ihnen selbst. Charakterisieren Sie die Person mit drei Eigenschaftswörtern, die Sie dann auf sich beziehen.

Ist die Traumperson Ihnen bekannt, dann sollten Sie aber zugleich Ihr Verhältnis zu dieser Person betrachten und besonders darauf achten, wie sich die Beziehung im Traum zeigt. Können Sie das – vielleicht sinngemäß – auf Ihre tatsächlichen Kontakte zu dieser Person beziehen?
Außerdem können die Aktionen der Personen im Traum als Interaktionen der unterschiedlichen Ichs oder Seiten in uns gedeutet werden. Deswegen achten Sie bei Personen immer darauf, wie diese sich verhalten, wie sie gekleidet sind und an wen Sie die Traumpersonen erinnern. Wie sprechen und handeln die Traumpersonen? All das spiegelt nicht selten innere Koflikte und Chancen in Ihnen aus.

Deutungen zum Stichwort *Arbeitskollegen* finden Sie im Kapitel »Beruf und Finanzen«.
Die *Kleidung* der Traumpersonen wird meiner Erfahrung nach viel zu selten beachtet, obwohl sie häufig einen deutlichen Hinweis auf die Bedeutung der betreffenden Person im Traum gibt. Die Kleidung verhüllt unseren Körper und wird passend zur Situation gewählt, besonders aber drückt sie den Charakter der Traumperson aus. Im Traum beurteilen wir wie im alltäglichen Leben häufig Menschen nach ihrer Kleidung. Die konkrete Betrachtung der Symbolik der Kleidung finden Sie weiter unten.
Ferner sind *Haltungen und Stellungen*, die Menschen im Traum einnehmen, von symbolischer Aussagekraft. Je ungewöhnlicher diese Haltungen und Stellungen sind, um so mehr werden sie in ihrer Wichtigkeit betont.
Wird ein bestimmter *Körperteil* der Traumperson besonders hervorgehoben, dann liegt viel daran, dieses Organ in seiner symbolischen *und* in seiner konkret-praktischen Bedeutung zu verstehen. Mehr dazu hier auf den folgenden Seiten.
Historische Persönlichkeiten im Traum hängen in ihrer Bedeutung von den Assoziationen des Träumers zu diesen Personen ab. Grundsätzlich drücken sie wie alle Traumpersonen Eigenschaften des Träumers aus.
Träume von Babys und Kindern verweisen auf etwas Neues, das bald kommen wird oder geboren werden muß (zusätzliche Deutungen dazu in den Kapiteln »Abenteuer und Gipfelerlebnisse« sowie »Liebe, Lust und Zärtlichkeit«). Fragen Sie sich, was Neues in Ihr Leben kommt und wie Sie es begrüßen und behandeln.

Das Traum-Ich

Das Traum-Ich ist die Person im Traum, mit der sich der Träumer oder die Träumerin identifiziert. Es ist die Person, die man in Traum als sich selbst empfindet und mit deren Augen man schaut.
Beim Traum-Ich ist zunächst zu betrachten, ob es sich aktiv oder passiv verhält. Ein aktives Traum-Ich ist oft ein Zeichen dafür, daß man selbst aktiv sein Leben gestaltet. Ein passives Traum-Ich zeigt an, daß der Träumer unbewußt oder bewußt-gläubig durch sein Leben geht und als schicksalhaft empfindet, was ihm geschieht. So kann man in der Therapie oft beobachten, daß ein zu Beginn passives Traum-Ich sich im Laufe der Therapie in ein aktives Traum-Ich wandelt. In selteneren Fällen ist es möglich, daß ein passives Traum-Ich den Träumer oder die Träumerin daraufhin verweist, daß er oder sie ruhiger werden und sich nicht mit hektischen Aktivitäten unter Druck setzen sollte.
Ferner kann das Traum-Ich wie jede andere Traumperson schüchtern und scheu, aggressiv oder liebevoll sein. Diese Empfindungen des Traum-Ichs können immer die entsprechenden Gefühle des Träumers oder der Träumerin ansprechen oder auch als eine Empfehlung - als Warnung oder Anregung – angesehen werden, diese Gefühle freier und offener auszudrükken.
Das Traum-Ich kann alleine, mittendrin oder daneben stehen, wenn man seine Beziehungen zu den anderen Personen betrachtet. Diese Positionen zu anderen Traumpersonen sind besonders bedeutungshaltig, wie die Technik der Familienaufstellung des deutschen Psychologen Bert Hellinger zeigt.

Positionen des Traum-Ichs zu anderen Personen

alleine: Das Traum-Ich tritt alleine und ohne Kontakt zu anderen Personen im Traum auf. Das deutet häufiger auf Einsamkeit oder Selbständigkeit des Träumers hin – seltener darauf, daß er sich mehr zurückziehen und sich seiner selbst besinnen sollte. Welche Bedeutung hier konkret angesprochen ist, ist dem Träumer oder der Träumerin fast immer spontan klar.

daneben stehen: Steht das Traum-Ich neben einer anderen Person, dann ist schon durch den räumlichen Kontakt auch ein emotionaler Kontakt angesprochen. Achten Sie darauf, ob die Person, neben der Sie stehen, größer oder kleiner als Sie ist. Das verweist auf Unter- oder Überlegenheitsgefühle.

hinter: Steht das Traum-Ich hinter einer anderen Traumperson, sind grundsätzlich zwei Deutung möglich. Entweder man steht im Schatten dieser Person oder man ist die Person, die aus dem Hintergrund das Verhalten der anderen Person bestimmt. Dem Träumer oder der Träumerin wird spontan klar sein, was hier gemeint ist.

mittendrin: Wenn das Traum-Ich sich mitten in einer Menschenmenge befindet, mag das darauf hinweisen, daß der Träumer oder die Träumerin sich mehr in das gesellschaftliche und soziale Leben einmischen sollte. Und wie bei der Deutung aller Traumsymbole kann auch das Gegenteil zutreffen, daß nämlich der Träumer oder die Träumerin sich in gesellschaftlichen Aktivitäten verliert. Das Gefühl, daß man bei diesem Traumbild hat, kann als eindeutiger Schlüssel zur Deutung angesehen werden. Fühlt man sich in der Menge gut, sind gesellschaftliche Aktivitäten angezeigt; fühlt man sich schlecht, würde ich von solchen Aktivitäten abraten.

oben: Wenn das Traum-Ich höher als andere Personen steht, dann wird auf die Selbsterhöhung und das Selbstbewußtsein des Träumers oder der Träumerin angespielt, das in vielen Fällen zu hoch oder zu niedrig ist. Steht das Traum-Ich in einer Landschaft oder innerhalb einer Stadt in erhöhter Position, deutet es oftmals auf die Notwendigkeit eines größeren Überblicks hin. Oben bedeutet im Traum auch Bewußtsein oder Intellekt.

unten: Diese Position des Traum-Ichs ist entsprechend als geringeres Selbstbewußtsein oder als fehlender Überblick zu deuten. Unten bedeutet im Traum außerdem Triebe, praktische Talente und materielle Notwendigkeiten.

Verschiedene Personentypen

Autoritätspersonen: Sie drükken verinnerlichte Ansprüche, Erwartungen und Normen der Eltern aus. Auf der Objektebene ist Ihre Beziehung zu Vorgesetzten und Untergebenen angesprochen. Wie verhalten Sie sich im Traum den Autoritätspersonen gegenüber? Wie verhalten Sie sich Untergebenen gegenüber?
Alle Autoritätspersonen sind

zunächst auf unsere Erfahrungen mit unserem Vater zurückzuführen. Diese Erfahrungen prägen unbewußt unseren Blick auf Autoritäten. Um diese unbewußten Verhaltensmuster zu erkennen, wird uns unser Verhalten gegenüber Autoritätspersonen im Traum gezeigt.

Fremde: Der Fremde symbolisiert stets einen Persönlichkeitsanteil von uns, der uns fremd ist, das heißt, der uns unbewußt ist. Die Charakterisierung des Fremden gibt uns Hinweise, um welchen Anteil es sich handelt. Das sind immer Anteile, die man sich entdecken und entwikkeln sollte. Das Fremde macht uns Angst, aber es lockt auch. Also überwinden Sie Ihre Scheu vor dem Neuen und nehmen Sie es als Möglichkeit an. In der Annahme des Fremden liegt eine große Chance. Nicht zuletzt viele Mythen berichten von Göttern, die als Fremde die Menschen besuchen ...

Freunde und Freundinnen: Mit diesem Symbol werden Eigenschaften ausgedrückt, die Ihnen helfen und guttun. Wenn Sie schauen, wie Sie diese Freunde charakterisieren würden, finden Sie heraus, welche konkreten Eigenschaften gemeint sind.
Freund oder Freundin im Traum personifizieren positive Persönlichkeitsanteile von uns, die wir mehr ausbilden und pflegen sollten. Sie zeigen unsere Fähigkeit oder Notwendigkeit, *freundlich* zu uns zu sein. Es sind die Kräfte, die uns stärken und verwöhnen. Auf der anderen Seite können diese Traumfiguren auch reale Freunde oder tatsächliche Freundinnen bezeichnen. Dann wird die Beziehung zu dieser Person oder zu diesen Personen abgebildet. Mitunter trifft beides zugleich zu; die Deutungen auf der Subjektstufe und auf der Objektstufe schließen sich nicht gegenseitig aus.
Wenn es um ein Liebesverhältnis geht, schauen Sie im Kapitel »Liebe, Lust und Zärtlichkeit« nach. – Geschäftsfreunde finden Sie unter »Beruf und Finanzen«.

Greis/Greisin: Die Alten drükken im Traum wie im Märchen unsere innere Weisheit aus. Sie symbolisieren unsere inneren Führer, die uns oft im Traum etwas Wichtiges mitteilen. Die positive Kraft der Erfahrung wird in diesem Traumsymbol betont.
Mit diesem Symbol wird das archetypische Bild der weisen Frau oder des weisen Mannes angesprochen.
Dabei sollten Sie ausschließen, daß dieses Traumbild Sie davor

warnt, »verkalkt« zu werden oder veralteten Emotionen und Einstellungen anzuhängen.
Die Ahnen im Traum spiegeln auch unsere *Ahnungen* wider.

Hexe: Die Hexe ist ein ambivalentes Symbol: Auf der einen Seite für den negativen Aspekt des Mütterlichen, der im Dominieren, Verzaubern, Verwünschen, Festhalten und dem (kannibalischen, animistischen) *Verschlingen* besteht. Die Hexe ist auf der anderen Seite auch die weise Frau und weist auf das gleiche Bedeutungsfeld wie die alte Frau und *Greisin* hin. Träumt eine Frau von der Hexe ist oft ihre weibliche Identität und ihre weibliche Weisheit angesprochen. Träumt ein Mann von einer Hexe, sollte er sich um seine Einstellung und sein reales Verhalten der Weiblichkeit gegenüber kümmern.

Historische Persönlichkeiten: Diese personifizieren erträumte Eigenschaften des Träumers. Falls Sie nur wenig über diese Person wissen, schauen Sie im Lexikon die Eigenschaften dieser Persönlichkeit nach. Versuchen Sie sich ein Bild von dieser Person zu machen, und charakterisieren Sie diese dann mit zwei oder drei Worten. Wie trifft diese Charakteristik auf Sie zu? Was hat diese Person getan, das Sie auch gerne tun würden – oder vor dem Sie sich fürchten?

Nachbarn: Der Nachbar oder die Nachbarin drücken Nähe aus. Es stellt sich die Frage, ob man sich im Traum mit ihnen versteht oder nicht. Sie stellen hilfreiche oder hinderliche Eigenschaften von uns dar. Außerdem personifizieren sie den oder die *Nächsten* und das Naheliegende!

Verwandte: Das sind entweder Ihnen verwandte Eigenschaften oder/und Ihre Beziehungen zu tatsächlich existierenden Verwandten. Es treten nahe und ferne Verwandte als Traumsymbole auf, wobei die nahen Verwandten auch nahestehende Eigenschaften ansprechen, hingegen ferne Verwandte solche Energien, die Ihnen ferner stehen – die Ihnen im Grunde schon fast abhanden gekommen sind. Um diese Eigenschaften sollten Sie sich besonders bemühen, indem Sie sie – ganz nach ihrer Thematik – wieder zu integrieren oder aber endgültig abzulegen versuchen. Wegen dieser besonderen Aufgabe macht der Traum auch auf sie aufmerksam.
Geschwister: Der Bruder symbolisiert für den Mann seine andere Seite, die ihm oftmals

selbst unbekannt ist (alter ego, das zweite oder andere Ich). Die Schwester symbolisiert das gleiche für die Frau. Geschwister symbolisieren ferner Eigenschaften, die wir *stellvertretend* von anderen Menschen leben lassen. Zum Beispiel träumt die Karrierefrau von ihrer mütterlichen Schwester, der Aussteiger träumt von seinem Bruder, der große Erfolge aufweisen kann. Geschwister verweisen auf ungelebte Seiten in uns, die uns aber gar nicht so fern stehen, wie wir oft denken.

Eltern: Zum einen werden mit Vater und Mutter unsere männliche und weibliche Seite, wie auch unsere väterliche und mütterliche Seite angesprochen. Zugleich spielen bei diesen Traumsymbolen die Elternbeziehungen des Träumers oder der Träumerin eine wichtige Rolle. Eltern sind meist auch unter dem Aspekt »Autoritätspersonen« zu sehen. Sie sind diejenigen, die unser Bild vom Leben prägten. Speziell symbolisieren Sie auch Schutz, Geborgenheit und Sicherheit – als erlebte oder aber als verhinderte Erfahrungen. Um allerdings das Elternsymbol konkret und im Detail deuten zu können, kommt es darauf an, die Eigenschaften der tatsächlichen Eltern und der »Traumeltern« in Bezug zu setzen – und dann auf sich selbst zu beziehen und als Ausdruck eigener Talente, Begabungen und Aufgaben zu verstehen.

Kinder: Sie symbolisieren sehr häufig Möglichkeiten, die entwickelt werden möchten. Natürlich können Sie unsere Beziehung zu eigenen oder fremden Kindern symbolisieren. Oder zum *inneren Kind*. So wird mit diesem Traumsymbol Ihre spielerische und unbekümmerte Seite angesprochen, vielleicht auch ein noch sehr zartes Pflänzchen, hoffnungsträchtig und hilfsbedürftig, das in Ihnen zu keimen beginnt.

Es ist zu beachten, ob die Traum-Kinder alt oder jung sind, ob sie noch zu Hause wohnen oder zu Besuch kommen. Junge Kinder drücken vor allem neue Möglichkeiten aus, ältere Kinder dagegen speziellere Themen wie Pubertät, Liebe, Schule, Lehre und die zugehörigen Erfahrungen mit ihren Hoffnungen und Ängsten ... Leben die Kinder noch zu Hause, sind die von ihnen symbolisierten Möglichkeiten leichter umzusetzen, als wenn die Kinder nur zu Besuch kommen. Hier mag der Traum eine/n darauf hinweisen, daß sich Möglichkeiten zeigen, für die man offen sein sollte.

Diese allgemeinen Symboldeutungen geben Ihnen Richtungen

und Hinweise, was bei einer bestimmten Traumperson zu bedenken ist. Es ist immer wichtig, daß der Träumer oder die Träumerin die persönlichen Assoziationen in dieses Schema einbringt.

Körperteile

Alle Körperteile, die im Traum besonders hervorgehoben sind, sind symbolisch zu betrachten. Sie verbildlichen häufig Eigenschaften, die Ihnen sehr nahe stehen, die unmittelbar mit Ihnen verbunden sind. Wenn zum Beispiel Körperteile abgeschnitten oder verletzt werden, deutet das darauf hin, daß Sie sich selbst wichtige Eigenschaften versagen oder loswerden wollen.

Kopf: Der Kopf deutet im Traum auf die Funktion des Bewußtseins und damit auch auf den Intellekt hin. In einigen Fällen symbolisiert er das Ich-Bewußtsein.

Augen: Die Augen sind die Fenster der Seele, so sagt man. Durch die Augen werden ehrliche Gefühle vermittelt. Träumt man von Augen, kann das zum einen bedeuten, daß man genauer seine Mitmenschen und seine Umwelt betrachten sollte, zum anderen, daß man ehrlicher seine Gefühle zeigen sollte. Freud sah die Augen auf Grund ihrer Form als ein vaginales Symbol an. In verschiedenen Religionen stellt das Auge ein Symbol für Gott und besonders für einen Vatergott dar.

Gesicht: Es ist der Ausdruck des Traum-Gesichts wichtig. Kennen Sie dieses Gesicht? Aus welchem Zusammenhang und aus welcher Zeit? In Ihnen unbekannten Gesichtern sehen Sie Ihre verdrängten oder noch unbekannten Eigenschaften.

Haare: Die Haare sind ein bekanntes Sexualsymbol. Mit dem Abschneiden der Haare verlieren Mann oder Frau wie im Mythos ihre sexuelle Kraft. Das Haar kann binden. So warnen islamische Geschichten immer wieder vor dem Frauenhaar, das stärker bindet als tausend Verträge. Damit ist die Faszination und die Verführung angesprochen. In bezug auf die Haarfarbe arbeitet der Traum mit starken Kontrasten: Die blonden Menschen sind gut, die Schwarzhaarigen gefährlich. Locken können den Träumer zu einer Torheit verlocken und auf das Narrenhafte verweisen.

Hals: Der Hals stellt die Verbindung zwischen dem Rumpf und dem Kopf dar. Gefühl und

Intellekt sollen verbunden werden. Durch seine wichtige Funktion, die er bei der Atmung und beim Sprechen besitzt, deutet er auf das Freiheitsbedürfnis des Träumers oder der Träumerin sowie auf die Fähigkeit, sich auszudrücken und zu erklären.
Mund: Der Mund symbolisiert die menschliche Kommunikation, nach Freud stellt er auch einen Hinweis auf die Schamlippen der Frau dar. Meiner Erfahrung nach sollten Sie bewußter kommunizieren, wenn Ihnen im Traum ein Mund auffällt. Außerdem kann der Mund die Erotik symbolisieren.
Nase: Die Nase weist häufig auf den »richtigen Riecher« hin. Volkstümlich ein Phallussymbol.
Ohren: Die Ohren verweisen auf das Hören. Können Sie gut zuhören und sich auf andere einstellen? Es geht auch um Gehorsam und das Gehörige, um Verständnis und Selbstverständnis.
Zähne: Hinweis auf den »Biß« und die Bissigkeit. Zähne symbolisieren Vitalität, Geliebte, Kinder oder Geschlechtsorgane. Auch das Raubtierhafte und Reißerische sind zu beachten.
Zunge: Die Zunge ist ein weitverbreitetes erotisches Symbol. Außerdem eine Droh- oder Abwehrgebärde, wenn Sie demonstrativ herausgestreckt wird. Nicht zuletzt ein Symbol des Geschmacksinns und der Auswahl der persönlichen Vorlieben.

Rumpf: Wird der Rumpf im Traum betont, so achten Sie darauf, ob er dick oder dünn dargestellt wird. Welches Verhältnis besitzen Sie zu Ihrem Körper? Wie empfinden Sie Ihren Körper bzw. den oder die Körper der anderen im Traum?
Brust: Hier kommt es grundsätzlich darauf an, ob es sich um eine weibliche oder männliche Brust handelt. Die weibliche Brust hängt oftmals mit den regressiven Wünschen nach Verschmelzung zusammen. Auf der Oberfläche mag sich dieser Wunsch besonders im Männertraum sexuell geben.
Frauen, die öfters von Brüsten träumen, hegen oft einen unbewußten Wunsch nach einem Kind. Die männliche Brust hängt mit Stärke zusammen. Wir sprechen von der »Heldenbrust«. Träumen Frauen von der männlichen Brust, verweist das ebenfalls auf regressive Wünsche, die sich oberflächlich sexuell geben. Männer träumen von der Brust, wenn sie mehr Stärke zeigen sollten. Frauen träumen von der Männerbrust bei einem großen Anlehnungsbedürfnis.

Schultern: Kraft, Stärke, Vorfahren und Nachfahren (auf den Schultern von jemandem stehen), etwas schultern, sich bereit machen und einspannen.
Rippen: Die Rippen und speziell eine Rippe läßt uns an den christlichen Mythos von der Erschaffung der Frau denken. Im übertragenen Sinn ist damit ausgedrückt, daß der Mann etwas opfern muß, um sich der Weiblichkeit verbinden zu können. Dieses freiwillige Opfer ist bewußtseinsbildend. – Auch Symbol der Atmung und ihres Schutzes. – Ein »Gerippe« betont die reine, leblose oder abstrakte Struktur.
Bauch: Mitte des Leibes, »hält Kopf und Füße zusammen«. Magen, Gaumen, Verdauung, Sammlung des Heruntergeschluckten. Lust, Trieb, Abschirmung des Genitalen.
Nabel: Zentrierung: Egozentrik oder Weg in die Mitte?! Mutterbindung, Abnabelungsprozesse jeder Art.
Geschlechtsorgane: Die Geschlechtsorgane verweisen nur oberflächlich auf die Sexualität. Dahinter verbirgt sich der Wunsch nach Vereinigung mit seiner gegengeschlechtlichen Seite oder überhaupt mit dem eigenen Geschlecht und der eigenen Geschlechtlichkeit. Auch Geschlechtsverkehr im Traum verdeutlicht meistens entsprechende Sehnsüchte oder Ängste. Fassen Sie Mut, sich diese einzugestehen!
Sieht man die eigenen Geschlechtsorgane im Traum – was viel seltener vorkommt –, dann sollte man bewußter seine Sexualität pflegen.-
Rücken: Sehen Sie eine Person im Traum nur von hinten, drückt dies Heimlichkeiten, Opposition oder Distanz aus. Den eigenen Rücken sehen Sie nur selten. Er verweist auf Ihre Schattenseiten. Wenn Sie diesen im Traum begegnen, ist dies ein großes Glück, weil der Schatten nun nicht mehr *hinterrücks* wirkt.
Po: Der »Allerwerteste«, liefert beliebte Schimpfwörter und stellt vor allem einen wichtigen Tabu-Bereich dar. Annahme des Analen und Auseinandersetzung mit diesen anderen und unbekannten Seiten sind angezeigt.

Glieder: Mit unseren Gliedern bewegen wir uns in die Welt hinaus und können etwas behandeln, begehen usw. So symbolisieren sie auch im Traum unsere Fähigkeit, etwas in der Außenwelt zu bewirken.
Bein: Füße und Beine verweisen immer auf die Erdung, aber auch auf die Fortbewegung aus eigener Kraft. Werden an einer Traumperson die Füße oder

Beine besonders hervorgehoben, dann sollte der Träumer seine Erdung betrachten und sich fragen, ob er auf eigenen Füßen steht und geht, welches seine Grundlagen und Grundwerte sind.

Finger: Mit den Fingern und der Hand greifen wir zu, packen wir etwas an und so deutet dieses Traumsymbol auf anliegende Aktivitäten hin. Natürlich muß die Gestik der Finger berücksichtigt werden, ob der Finger beispielsweise auf etwas hindeutet oder die Finger zur Faust geschlossen sind.

Fuß: Der Fuß besitzt weitgehend die gleiche Bedeutung wie das Bein (siehe »Bein« in dieser Liste). Allerdings scheint mir hier der Aspekt der Erdung noch betonter als beim Traumsymbol »Bein«.

Hand: Die Hand verdeutlicht im Traum, ob und wie wir etwas behandeln, begreifen und erfassen! Oft ein Symbol für die Fähigkeit und die Aufgabe, selber etwas anzufangen (in die Hand zu nehmen). Gibt die Hand oder nimmt sie? Ist sie offen oder geschlossen? Sehen die Hände gepflegt oder rauh aus?

Tätigkeiten

Zur weiteren Orientierung folgt eine Liste mit Tätigkeitssymbolen, die mit den Traumpersonen und deren Aktivitäten zusammenhängen (siehe auch das Kapitel »Abenteuer und Gipfelerlebnisse«, dort finden Sie weitere Tätigkeiten angeführt).

aufstehen: Ist es in einem Traum wichtig, daß eine Person aufsteht, dann ist dies oft ein Hinweis darauf, daß man etwas tun sollte. Man wird durch dieses Traumbild aufgefordert, aktiv zu sein und in die Welt hinauszugehen. Diese Traumsituation tritt oftmals auf, wenn man zu passiv sein Leben verbringt. Es geht buchstäblich um etwas »Erhebliches«.

baden: Eine Person, die badet, reinigt sich von ihren Gefühlen oder in ihren Gefühlen. Sie macht direkten Kontakt mit dem klaren Wasser, das das reine Gefühl symbolisiert. Jeder Kontakt einer Traumperson mit dem Wasser weist auf deren Gefühlsseite hin (siehe auch »schwimmen«). Möglicherweise aber auch ein Zeichen für Überdruß und Fluchtgefühle.

begrüßen: Jemanden zu begrüßen heißt Kontakt aufzunehmen. Bei dieser Traumsituation ist besonders zu beachten, wen man begrüßt und wie diese Begrüßung abläuft.

essen: Essen ist eine Einverleibung. Man nimmt etwas in sich auf, das man auch verdauen muß. Achten Sie darauf, was sie alles in sich hineinnehmen – das ist auch stets im übertragenen Sinn zu sehen. Dieses Traumsituation tritt häufig auf, wenn man unbedacht und unbewußt Impulse seiner Umwelt aufnimmt. Es ist wichtig für die eigene Persönlichkeitsentwicklung, sich bewußt zu ernähren – in jeder Hinsicht: sei es nun emotional, intellektuell oder physisch.

gehen: Beim Gehen begibt man sich aus eigener Kraft auf ein Ziel hin. Macht das Gehen Spaß oder ist es schwierig? Wohin gehen Sie, woher kommen Sie? Das alles hat eine symbolische Bedeutung. Vgl. oben »Bein« und »Fuß«.

hüpfen: Hüpfen hängt mit Kindlichkeit, Unbeschwertheit und Spiel zusammen. Mit dieser Traumsituation meldet sich Ihr inneres Kind zu Wort. Geben Sie ihm genug Lebensraum? – Auch: Suche nach Loslösung; gefundene (Er-) Lösung; gelegentlich ist hier »der Boden zu heiß unter den Füßen«, wie bei Tennesse Williams' »Katze auf dem heißen Blechdach«.

lachen: Drückt Entspannung und Freude aus. Eine Situation, in der gelacht wird, mag Sie desweiteren darauf aufmerksam machen, daß Sie zu ernst durchs Leben gehen.

laufen: Mit dem Laufen möchten Sie schnell aus eigenen Kräften zum Ziel kommen. Üben Sie mehr Geduld.

schwimmen: Schwimmen heißt, mit seinen Gefühlen im Kontakt zu sein. Wie Sie sich beim Schwimmen fühlen, gibt die Qualität dieses Kontaktes an.

sich setzen: Halten Sie zuerst einmal inne und lassen Sie Ihre Gefühle setzen. Ruhe und Besonnenheit ist angesagt. Auch: Angst vor einem Sitzenbleiben!

sich verspäten: Durch die Verspätung kommt es im Traum fast immer zu unangenehmen Verwicklungen. Seien Sie schneller und achten Sie mehr auf die Zeit. Übrigens: Auf welche Zeit? Im Traum existieren oft mehrere Zeiten zugleich . . .

singen: Wenn man im Traum singt, weist das wie im Alltagsleben auf Frohsinn und Glück hin.

spielen: Fällt Ihnen eine solche Traumsituation auf, dann nehmen Sie das als einen Hinweis, spielerischer durchs Leben zu gehen. Oder gehen Sie zu spielerisch durchs Leben und können nichts ernst nehmen? Spielen heißt auch, seine Menschlichkeit zu leben. Spielt jemand mit Ihnen ein Spiel? Oder Sie mit anderen? Haben Sie Angst, etwas zu verlieren (zu verspielen)?

springen: Durch Springen überwinden Sie ein Hindernis und kommen auf die andere Seite, die für neue Möglichkeiten steht. Mit Springen kommen Sie schnell vorwärts, weil Sie sich voll einsetzen. Außerdem überwindet man mit dem Springen die Schwere und somit wird hier die Leichtigkeit angesprochen. Vgl. oben »hüpfen«.

stöhnen (auch seufzen): Stöhnen und seufzen ist eine Form, Spannungen loszulassen. Wenn im Traum gestöhnt oder geseufzt wird, dann weist das oft den Träumer darauf hin, daß er Methoden braucht, um seine inneren Spannungen abzubauen. Oder haben Freunde, Bekannte oder andere Mitmenschen Sorgen und Wünsche, um die Sie sich mehr kümmern sollten?

weinen: Es gibt einige Träumer, die sich sehr häufig im Traum weinen sehen, andere träumen niemals vom Weinen. Weinen im Traum deutet darauf hin, daß man seine Gefühle fließen läßt oder Trauer, Wut und Schmerz ausdrücken sollte. Weinen ist eine Form der Reinigung seiner Gefühle. Manchmal jedoch ein Zeichen des Festhaltens an *überlebten* Einstellungen oder Erwartungen.

Kleidung

Die Kleidung verhüllt oder entblößt den Körper. Sie betont Status ihres Trägers. Wie Sie im folgenden sehen werden, kommt es auf die Art der Kleidung an. Es ist ferner wichtig zu beachten, welchen Körperteil sie bedeckt. Der Stoff, die Funktion und der Preis der entsprechenden Kleidung ist stets symbolisch zu deuten.
Seidenstoffe verweisen auf Eleganz und auf etwas Wertvolles, Leinen hängt eher mit Natürlichkeit zusammen, Samt wird wie teilweise auch Seide mit Verführung assoziiert. Gerade bei der Kleidung ist die Farbsymbolik zu beachten.

Abendkleidung: Die Abendkleidung drückt aus, daß etwas Wichtiges, Feierliches anliegt. Mit dieser Kleidung ehrt man

den Anlaß. Die exklusive Abendkleidung kann auch die Hoffnung auf den Aufstieg verdeutlichen. Fragen Sie sich, zu welchem Anlaß Sie die Abendkleidung tragen.
Abendkleidung ist auch die Kleidung der Dunkelheit. Verkleiden sich so Ihre dunklen Seiten?

Anzug: Die Symbolik des Anzugs richtet sich danach, wie elegant der Anzug ist und welche Farbe er hat. Der kürzlich verstorbene deutsche Dichter Michael Ende charakterisierte in seinem Buch »Momo« eine starre, lebensfeindliche und konservative Tendenz mit den Männern in den grauen Anzügen. Das Traumsymbol Anzug verweist auf eine konventionelle Einstellung, meistens auf Starrheit und fehlende Beweglichkeit. Das innere Kind ist abgestorben oder tief verdrängt, wenn man sich als Träumer oder Träumerin selbst im Anzug sieht. – Daneben geht es um ein Machtsymbol – mit den möglichen Attributen von Arroganz, Perfektheitsanspruch oder Faszination des Unpersönlichen.

Arbeitskleidung: Die Arbeitskleidung weist auf anstehende Arbeit und eventuell auf zu erwartende Mühen hin. Für welche Arbeit sind Sie oder die entsprechende Person im Traum gekleidet?
Wichtig ist der Aspekt, daß man sich mit der Arbeitskleidung dreckig machen darf. Wenn man etwas tut, dann beschmutzt man sich auch meistens. Aber man kann sich vor diesem Schmutz schützen.

Badeanzug und Badehose: Beim Badeanzug und der Badehose ist besonders auf deren Schnitt zu achten. Er drückt aus, mit welcher erotischen Selbstdarstellung ihre Trägerin oder ihr Träger charakterisiert ist. Achten Sie genau darauf, was der Badeanzug und die Badehose verhüllen und was sie nicht verhüllen. Ferner sollte man auch immer dieses Traumsymbol als Sehnsucht nach direkten Gefühlskontakt deuten.

Bademantel: Der Bademantel symbolisiert bekanntlich die Reinigung. Wie beim Badeanzug und der Badehose schwingt bei ihm auch das Erotische mit. Auch beim Bademantel ist zu beachten, was er verhüllt und was er enthüllt.

einengende Kleidung: Einengende Kleidung verbildlicht einengende (gesellschaftliche) Aufgaben. Durch seine Rolle im öffentlichen und sozialen Leben fühlt man sich eingeengt.

erotische Kleidung: Die erotische Kleidung signalisiert die Lust an der Inszenierung in der Erotik, die Sehnsucht oder die Abwehr im Zusammenhang mit direkten Berührungen ... Sollten Sie sich trauen, Ihre Erotik deutlicher zu zeigen und zu pflegen, oder ist Ihr Leben zu erotisiert?

Hauskleidung: Die Hauskleidung verweist auf Feierabend und Bequemlichkeit. Sollten Sie früher Feierabend machen, oder sind Sie zu bequem?

Hemd: Die symbolische Bedeutung des Hemdes hängt weitgehend von dessen Farbe, dessen Muster und dessen Zustand ab. Das letzte Hemd ist sprichwörtlich und deutet an, daß das Hemd für etwas Naheliegendes und eigentlich Unverzichtbares stehen kann.

Hose: Die Hose stellt die Verhüllung des Geschlechts dar und verweist auf unsere Einstellung zu unserem Körper und unserer Sexualität. Enge Hosen symbolisieren eine Einengung im körperlichen Bereich, können aber auch im Gegenteil dazu als Symbol für Sexualbejahung und Freude am eigenen Körper angesehen werden.
Die Hose spielte eine große Rolle in der weiblichen Emanzipation. Anklänge daran und ebenso an Beziehungs- oder Ehe-Rivalitäten (»die Hosen anhaben«) sind in der Deutung zu berücksichtigen.

Hut: Der Hut hat mit dem Kopf zu tun. Er stellt die Verlängerung des Geistes oder aber die Vergrößerung des Ego dar. Laut Freud ein Phallussymbol. – Gibt es Dinge oder Ereignisse, vor denen Sie »auf der Hut« waren oder sind? Hüten Sie etwas, brüten Sie etwas in Ihrem Kopf aus?

Jacke: Ähnlich wie der Mantel verhüllt und schützt die Jacke. Allerdings ist die Verhüllung und der Schutz nicht so vollständig, da man mit ihr nur den Oberkörper bedeckt. Symbolisch bedeutet das, daß man sein Herz und somit seine Gefühle schützt und versteckt. Dieses Traumsymbol tritt oftmals dann auf, wenn man Angst vor emotionalen Verletzungen hat.

Kleid: Symbol der Fraulichkeit und Weiblichkeit. Die Art und der Zustand des Kleides verbildlicht nicht nur im Traum die Stellung und den Zustand der entsprechenden Traumperson.

Mantel: Der Mantel verhüllt und deutet damit auf ein Geheimnis hin. Desweiteren besitzt er eine Schutzfunktion gegen die Kälte, die im Traum als Gefühlskälte zu sehen ist, oder gegen den Regen, der im Traum das über einen hereinbrechende Gefühl symbolisiert.

Pullover: Der Pullover wärmt und drückt damit ein Bedürfnis nach emotionaler Wärme aus.

Rock: Der Rock hängt wie die Hose mit dem Geschlecht zusammen. Bei der Traumdeutung ist auf die Rocklänge zu achten, wobei man allgemein sagen kann: Je kürzer der Rock, desto deutlicher der »Saum«. Haben Sie Angst, etwas zu versäumen? Wo und wie fürchten Sie, zu kurz zu kommen?

Schal: Der Schal kann erwürgen und auch wärmen. In beiden Bedeutungen tritt er als Traumbild auf.

schlampige Kleidung: Unkorrekte Kleidung mag zum einen auf Lässigkeit und Unkonventionalität hindeuten, zum anderen aber auch auf fehlende Achtsamkeit. Schlampige Kleidung des Traum-Ich will dem Träumer sagen, daß er mehr Sorgfalt auf sein Ansehen und Aussehen legen sollte. Das ist besonders der Fall, wenn einem diese Kleidung peinlich ist.

schmutzige Kleidung: Die schmutzige Kleidung kann in ähnlicher Bedeutung wie die schlampige Kleidung auftreten, indem sie den Träumer zu mehr Sorgfalt bei seiner Erscheinung anhält. Schmutzige ist wie die schlampige Kleidung einem häufig peinlich. Auf der anderen Seite mag dieses Traumsymbol auch darauf hinzielen, daß man mehr arbeiten oder sich im Leben mehr bemühen sollte. Schmutzige und schlampige Kleidung im Traum verweisen häufig auf fehlende oder übertriebene Disziplin.

Sport- und Freizeitkleidung: Sport- oder Freizeitkleidung mag ein Hinweis darauf sein, daß Sie sich mehr Zeit für sich nehmen und sportlich betätigen sollten. Auch: Wunsch nach und Angst vor gesellschaftlicher Anerkennung und sinnvollen Normen.

unpassende Kleidung: Sie fühlen sich in Ihrer jetzigen Situation fehl am Platz. Vielleicht sollten Sie sich besser in Ihr soziales Umfeld integrieren oder entsprechende Persönlichkeitsanteile besser in Ihre Gesamtpersönlichkeit aufnehmen.

Unterwäsche: Die Unterwäsche hängt mit der Einstellung zu Sexualität, Intimität und Körperlichkeit zusammen. Erotische Unterwäsche, die häufig als Traumsymbol auftritt, zeigt an, daß man seinen sexuellen Ausdruck kultivieren sollte. Schlampige oder schmutzige Unterwäsche deutet auf Ablehnung der Sexualität des Träumers oder Träumerin hin. Besonders in bezug auf die Unterwäsche ist die Farbsymbolik äußerst wichtig. So verweist weiße Unterwäsche auf Reinheit und Jungfräulichkeit, wohingegen rote und schwarze Unterwäsche die Verführung symbolisiert – auch wenn dies mehr ein Klischee ist ...

Handschuhe: Die Handschuhe verdecken die Hände. Man will mit etwas nicht direkt in die Hand nehmen, das heißt, nicht direkt oder selbst begreifen, anfassen oder bewegen. Die behandschuhte Hand deutet ein indirektes Zufassen an. Dieses Traumbild regt einen entweder an, vorsichtiger zu sein und nicht alles direkt zu berühren, oder es bedeutet umgekehrt, daß man zu vorsichtig ist und in den direkten Kontakt gehen sollte. Der Handschuh auch auf Streit hindeuten – ich erinnere nur an den Fehdehandschuh. Andererseits steht er auch für Faulheit: Man will sich »nicht die Finger schmutzig machen«.

Schuhe: Die Schuhe sind ein Symbol für unsere Erdung. Versuchen Sie sich zu erinnern, um welche Art von Schuhen es sich handelt. Das mag Ihnen Hinweise geben, wie Sie sich am besten erden können. Es ist symbolisch bedeutsam, ob die Schuhe dreckig oder sauber sind. – Traditionell stellen die Schuhe ein Machtsymbol dar (»unter dem Pantoffel stehen«) und weibliches Sexualsymbol. Außerdem Zeichen der Entfremdung von der Natur oder der Befreiung aus rohen und rauen Naturgrundlagen.

Socken: Socken deuten auf die Erdung des Träumers oder der Träumerin. Sind die Socken sauber oder dreckig, weisen Sie Löcher auf? Socken mit Löcher zeigen eine Unsicherheit in der Erdung an, die sich unter anderem in einem unorganisierten Alltagsleben zeigt. Sie können auch auf Armut verweisen. – Wie bei den Stichwörtern »hüpfen« oder »springen« stellt sich hier die Frage: Sind Sie »von den Socken«? – Beachten Sie auch: Achillesferse, Sprungkraft, Standfestigkeit ...

Strümpfe: Strümpfe verweisen zum einen auf die Füße und Themen wie Erdung, Grundwerte, Verankerung usw., zum anderen schwingt bei diesem

Traumsymbol eine erotische Bedeutung mit, wenn vor allem das Bein betont wird.

Schattengestalten

Wie äußern sich das Abgelehnte und das Unbekannte im Traum? Zum Abschluß dieses Abschnitts über die Personen im Traum muß unbedingt der Schatten erwähnt werden. Alle Personen und deren Tätigkeiten und Gefühlsäußerungen, die Sie ablehnen oder als bedrohlich empfinden, können als sogenannte Schattenprojektion im Sinne Carl Gustav Jungs angesehen werden.
Der Schatten läßt uns das sehen, was wir an uns nicht leiden können, selbst wenn es sich dabei um verborgene Chancen und Talente handelt. Da diese unsere Eigenschaften so stark von unserem Selbstbild abweichen, sehen wir sie in andere Menschen hinein. Wenn wir beispielsweise von uns das Bild eines gelassenen, sanftmütigen Menschen haben und wir werden aggressiv, dann stellt es sich uns dar, als ob unsere Kontrahenten und nicht wir selbst aggressiv seien. Der Schatten läßt uns im anderen unser wahres Wesen erkennen. Da wir den Schatten nicht an uns bemerken – psychologisch ausgedrückt wird er projiziert –, tritt er im Traum in Aktion, da unser Bewußtsein dort keine direkte Kontrolle ausübt. Er generiert Bilder, die von unserer abgelehnten Seite gespeist werden. Alle diejenigen Wesen im Traum, vor denen wir Angst haben und/oder die wir besonders intensiv begehren, stellen Aspekte unseres Schattens dar. Die dunkle Figur, die Lichtgestalt, die unmoralische Person, der oder die Heilige, der Verfolger und Bedroher, das Ungeheuer und Monster, Räuber, wilde Tiere, Doppelgänger, Spiegel, unheimliche und besonders verlockende Situationen im Traum sind beispielsweise Bilder für unsere unbewußte oder Schatten-Seite. Und da wir ihr gegenüber oft blind sind, geht der Traum bisweilen sehr drastisch und übertreibend vor. Anders werden wir nicht aufmerksam. Wenn uns im Traum beispielsweise ein grausamer Mann verfolgt, dann stellt er ein Bild für unsere grausame und gierige Seite dar, die wir uns nicht trauen, anzusehen. Oder dieser grausame Mensch symbolisiert unsere viel zu große Toleranz gegenüber den tatsächlich bestehenden Grausamkeiten in der Welt – und im eigenen Leben! Er fordert in diesem Fall zu einer besseren Abwehr

und Ablehung des Unsäglichen auf.
Der Schatten ist das abgelehnte Andere in uns, das erlöst werden möchte, damit wir ganz werden.

Ungeheuer: Diese treten oft in Erscheinung, wenn Mutter oder Vater abgelehnt werden oder die Notwendigkeit der Ablösung besteht.

Schreckensszenen: Alles das, was im Leben unbewußt bleibt, treffen wir im Traum wieder. Im Traum begegnet uns das, wovor wir am Tag die Augen schließen. Das Abgelehnte und das Unbekannte können sich auch in Situationen äußern, in denen wir uns eingeschlossen und gefangen fühlen. Bilder vom Gefängnis, von Zellen und kleinen Räumen, in denen sich der Träumer unwohl fühlt, treten in diesem Zusammenhang häufig auf. Es wird von Träumern von einem Gefühl der Klaustrophobie (die Angst vor geschlossenen Räumen) berichtet. Das kann im Fahrstuhl, in einem Zelt oder einem Zimmer auftreten.

Peinlichkeiten: Typisch ist die Traumsituation, in der man nackt auf der Straße oder auf einer Party steht und viele Menschen einen anstieren. In solchen Situationen zeigt sich eine meist tief verdrängte Ablehnung der eigenen Körperlichkeit. Die klassische Tiefenpsychologie spricht hier von einer Manifestation des Minderwertigkeitsgefühls. Man traut sozusagen den eigenen Reizen nicht, das heißt auch, daß man sich nicht attraktiv findet. Das will man natürlich im Wachbewußtsein nicht wahrhaben. Diese Ablehnung des eigenen Körpers ist besonders bei Frauen auf Grund ihrer Sozialisation relativ häufig und deswegen tritt diese Traumsituation auch so häufig auf.

Maske: Außerdem sagt dieselbe Traumsituaton, daß man sich selbst und anderen gegenüber ehrlicher sein soll. Man soll sich zeigen, wie man ist und sich nicht hinter seinen Kleidern, die den Status symbolisieren, verstecken. Man soll, um mit Jung zu reden, seine *Persona* ablegen. Die »Persona« ist unser »professionelles« Gesicht, die Charaktermaske, die wir der Umwelt präsentieren. Wir meinen fälschlicherweise, mit unserer Maske geschützter durchs Leben gehen zu können. Wir vertrauen unserem wahren Gesicht nicht – lehnen es ab.

Andere Persönlichkeitszustände im Traum: Es gibt auch

andere Formen, in denen sich das Abgelehnte im Traum äußern kann. Zum Beispiel träumen nicht selten alte und kranke Menschen, daß sie fliegen können. Das ist die Flucht aus der Körperlichkeit und somit aus dem Leiden heraus. Die im Leben abhanden gekommene Leichtigkeit wird im Traum noch einmal erlebt. Bei jüngeren und gesunden Mensch weist oft der Flugtraum auf einen Überblick hin, den man sich verschaffen sollte und den man zur Zeit nicht besitzt. Flugträume können allerdings auch ein Hinweis darauf sein, daß man zu leicht abhebt, indem man sich in Theorien versteigt und das praktische Leben vernachlässigt. (Zur sexuellen Bedeutung der Flugträume siehe das Kapitel »Liebe, Lust und Zärtlichkeit«.)
Häufig manifestiert sich der Schatten im Traum in folgenden Symbolen:

Bestien: Die Bestie symbolisiert die tierische Seite unseres Schattens, die, da sie nicht angenommen wird, sich uns gegenüber zerstörerisch verhält. Mit diesem Symbol wird der Blick auf den Umgang mit den Trieben gelenkt.

häßliche Menschen: Alle Menschen, die vom Träumer oder der Träumerin als häßlich und ekelhaft empfunden werden, stellen unsere Schattenseite dar. Versuchen Sie konkret zu beschreiben, was Sie an dieser Person als häßlich empfinden. Deuten Sie das symbolisch. Eine besonders starke Verdrängung des Schattens liegt vor, wenn Sie sich selbst als häßlich und ekelhaft im Traum empfinden. Möglicherweise gibt es wichtige Einstellungen und Ereignisse, die Sie zu bereinigen, zu ändern oder wiedergutzumachen haben.

Mörder: Das Symbol des Mörders verweist auf die mörderische Seite des verdrängten Schattens. Es mag auch auf Ihre Aggressionen hindeuten. In manchen Situationen möchte man einfach andere Menschen umbringen. Im Traum kann das als positives Zeichen verstanden werden, wenn es einen schon längst überfälligen Abschied dokumentiert; es kann jedoch als negativ gedeutet werden, wenn es die Unfähigkeit ausdrückt, sich mit anderen (und letztlich mit sich) auseinanderzusetzen.

Monster: Monster wie Frankenstein, Golem und ähnliche Symbole oder tierische Monster zeigen an, daß Ihr Schatten übermächtig geworden ist. Was macht dieses Monster? Woran erinnert es Sie spontan? Vielleicht sind Sie auch zu gutgläubig?

Räuber: Der Räuber tritt grundsätzlich in zweierlei Bedeutungen im Traum auf: Einmal ist er der romantische Räuber à la Robin Hood oder Schinderhannes, der die Freiheit verkörpert, zum anderen ist er der hinterlistige und gefährliche Räuber, der den »Vampir« verkörpert, der Ihnen Energie raubt. Es wichtig darauf zu achten, was der Räuber konkret raubt. Das symbolisiert die Eigenschaft, die bei Ihnen im Schattenbereich liegt.

Schwarzes: Erstaunlicherweise verbildlicht nicht nur für die Weißen eine schwarze Person den Schatten. Ursprünglich war die schwarze Farbe den weiblichen Mysterien verbunden, da alles Leben aus der Dunkelheit entspringt. Beim Vordringen des Patriarchats wurde das Schwarze jedoch dämonisiert und das den Geist symbolisierende Weiße verherrlicht. Tritt im Traum eine schwarze Person auf, vor der wir uns fürchten oder ekeln, dann verweist das unter anderem auf die Ablehnung unserer weiblichen Seite. Zugleich wird auch darauf verwiesen, daß ein Mangel an Bewußtheit besteht. Um den verdrängten Schatten genauer bestimmen zu können, muß die schwarze Person genau charakterisiert werden.

Vergewaltiger: Bei diesem Traumsymbol liegt die Beziehung zum anderen Geschlecht tief verdrängt im Schatten. Holen Sie sich Hilfe. Kümmern Sie sich um Hilfsbedürftige.

wilde Tiere: Verdeutlichen ähnlich wie Bestien unsere triebhafte Seite, die wir ablehnen und nur im anderen erfahren.
Das Abgelehnte äußert sich beständig im Traum, bis man es wahrnimmt. Steckt man in einem Problem, sind die Traumszenen häufig als Variationen auf ein Thema, nämlich die abgelehnte oder noch unbekannte Seite, zu sehen.

Haus und Wohnung

Haus und Wohnung, Kleidung und Haushaltseinrichtung im Traum verweisen auf charakteristische Eigenschaften und den Bewußtseinsstand des Träumers oder der Träumerin.
Sie werden vom Traum genutzt, um uns bildhaft zu verdeutlichen, was in uns selbst vorgeht.
Haus und Wohnung gehören zu häufigsten Traumsymbolen des westlichen Menschen.

Das Haus im Traum

Lassen Sie mich mit einem berühmten Traum Carl Gustav Jungs beginnen, der Jung auf die Lehre von den Archetypen brachte.
C.G. Jungs Traum-Ich befand sich im Obergeschoß seines Hauses, in dem es alte Möbel und wertvolle Bilder vorfindet, die ihm sehr gefallen. Danach begibt es sich neugierig ins Erdgeschoß, wo es noch ältere Möbel findet (15.-16. Jahrhundert), bis es an eine schwere Tür gelangt, hinter der eine Treppen hinab in den Keller führt. Dieser Keller ist ein sehr altes Gewölbe aus der Römerzeit. In diesem Keller befindet sich eine Falltür, die in einen weiteren, noch tieferen Keller führt. In diesem findet das Traum-Ich zwei halbzerfallene Schädel, Knochen und einige Scherben, die es als Relikte einer uralten Kultur ansieht.
Dieser Traum, den Jung ausführlich in seiner Autobiographie »Erinnerungen, Träume, Gedanken von C.G. Jung« (herausgegeben von Aniela Jaffé) beschreibt, zeigt deutlich, wie das Haus als Bild der verschiedenen Schichten der Psyche des Träumers gedeutet werden kann. Das Obergeschoß stellt dabei das Bewußtsein des Träumers dar, das von den Bildern und vergangenen Erfahrungen (die alten Möbel) geprägt ist. Darunter befindet sich das Erdgeschoß, als die erste Schicht des Unbewußten, die Freuds Vorbewußtem entspricht. Hier finden wir spätmittelalterliche Möbel, die äl-

tere Verhaltensweisen darstellen oder das, was man das persönliche Unbewußte nennt. Darunter liegt eine tiefere und ältere Schicht, nämlich das eigentliche Unbewußte und noch tiefer finden wir das kollektive Unbewußte, das einem nur in Relikten zugänglich ist, nämlich in den archetypischen Bildern.
Häuser und Gebäude, die bewohnt sind, verweisen oftmals auf die Tätigkeit oder das Wohlergehen des Träumers. Gerade der Zustand eines Traumhauses verbildlicht den physischen oder öfters noch psychischen Zustand des Träumers. Kommen noch andere Personen in diesem Haus vor, so wird häufig auf die Beziehungen zu diesen Personen oder zu den Eigenschaften, die diese Personen symbolisieren, verwiesen.
Verschiedene Stockwerke und Räume sind Persönlichkeitsanteile und Eigenschaften des Träumers. Schon Artemidor von Daldis, ein antiker Traumdeuter (etwa 200 n.Chr.), verglich das Haus mit dem menschlichen Körper.

Unterschiedliche Haustypen

Bahnhof: Der Bahnhof verweist auf Ihre Lebensreise beziehungsweise auf Veränderungen, die auf Ihrem Lebensweg anstehen. Sie kommen an oder sind zu einem wichtigen Ziel unterwegs. Der Bahnhof ist Symbol für eine Schaltstelle Ihrer Lebensreise. Steigen Sie um, steigen Sie ein oder aus? – Auch: Sie »verstehen nur noch Bahnhof«!
Sigmund Freud hatte Angst vor Bahnhöfen und Zügen und träumte öfters von ihnen.

Bank: Bankhallen und Bankgebäude symbolisieren Reichtum und Macht. Schauen Sie, wie Sie mit Ihren Energien umgehen. – Auch: Warnung vor Ideen- oder Seelenlosigkeit.

Baustelle: Sie müssen oder möchten etwas verändern in ihrem Leben. Die Baustelle verweist auf notwendige Persönlichkeitsarbeit.

brennendes Haus: Ein Hausbrand zeigt eine Verwandlung an, aber auch Aggressionen, die nicht ausgelebt werden (können). Es kann sich auch um einen Verweis auf sehr zerstörerische Eigenschaften handeln. Ein Neuanfang ist nötig. Enorme Energien wollen gelebt und beantwortet werden.

Flugplatz: Flughäfen zeigen Veränderungen an, wobei das Flugzeug einen in den Himmel bringt und damit die geistige

Dimension dieser Veränderung betont. – Auch: Flucht aus dem Alltag, Gefahr, sich in Ideen und Vorstellungen zu verlieren. – Ebenso: Symbol der Freiheit. Startplatz der »Himmelfahrt« und der Ekstase!

Gefängnis: Welches Gefühl, welche Einstellung nehmen Sie gefangen? Die Personen und die Begleitumstände Ihres Traums verraten, wovon Sie sich eingeengt oder abhängig fühlen, – aber in einem ganz anderen Sinn auch, wovon Sie sich liebend gern gefangen nehmen lassen würden.

Geschäftsgebäude und Läden: Geschäfte und Ladenlokale verweisen auf das Kaufen und Verkaufen, auf den »Markt« als Austausch von Energien. Mit diesem Traumsymbol stellt sich die Frage, was Sie geben und nehmen, was Sie benötigen und bekommen.

großes Haus mit vielen Räumen: Ein großes Haus mit vielen Räumen weist auf das Wachstum des Bewußtseins hin und auf eine Differenzierung der Persönlichkeit. Oftmals tritt solch ein Haus im Traum auf, wenn der Träumer oder die Träumerin automatisch nur eine Seite ihrer Persönlichkeit entwickeln oder leben.

heruntergekommenes Haus: Ein heruntergekommenes Haus deutet auf die Vernachlässigung der Persönlichkeit des Träumers. Kümmern Sie sich um sich selbst. Was muß erneuert und/oder verstärkt werden? – Gelegentlich drückt sich in diesem Traumbild eine Sehnsucht und/oder Abwehr gegenüber dem »einfachen Leben« aus.

Hotels und Hotelzimmer: Hotels und deren Zimmer weisen auf einen vorübergehenden Zustand hin. – Auch: Symbol der Entwurzelung und Heimatlosigkeit in seelischer Hinsicht, jedoch ebenso der Offenheit und der Suche.

Krankenhaus: Im Krankenhaus und Krankenzimmer werden psychische oder physische Leiden geheilt. Verarbeitung realer Krankenhauserfahrungen mit entsprechenden Erinnerungen und Erwartungen. Symbolisch ist zu beachten, wer oder was im Traum als »krank« erscheint. Sehnsucht oder Widerstand in bezug auf Hilfeleistung. Helfersyndrom, Krankenhaus als Flucht vor nötigen persönlichen Veränderungen, Helfen als Verzicht auf eigene Selbständigkeit. – Auch: Die Fähigkeit und Bereitschaft, Leiden, Schmerzen und Schwächen nicht zu verdrängen.

Ruine: Ruinen bedeuten auf Grund des Wortanklangs oft Ruin. Etwas ist zu Ende und zerfällt. Große Gefahr oder große Chance: seelischer Neubeginn!

Schloß/Burg: Archetypisches Muttersymbol. Seelische Sicherheit oder Gefangenschaft.

Schulen und Universitäten, Hörsäle und Klassenräume: Diese Symbole verweisen darauf, daß man etwas zu lernen hat, das man im alltäglichen Leben nicht beachtet. Möglicherweise geht es aber genau darum, daß man das alltägliche Leben nicht beachtet.

Räume

Einzelne Räume in den Häusern, die in Ihren Träumen erscheinen, werden gemäß ihrer Funktion dem Körper und/oder dem Bewußtsein zugeordnet. Die folgende Liste zeigt Ihnen auf, worauf Sie bei dieser Gruppe von Traumsymbolen speziell achten sollten.

Arbeitszimmer: Wie sieht es mit Ihrer Arbeitsdisziplin aus? Berufliche und andere praktische Arbeit im Traum bedeutet auch: Beziehungsarbeit, seelische Verarbeitung, Bearbeitung von (eigenen oder fremden) seelischen Einstellungen u.a.m.

Badezimmer: Das Badezimmer ist ein Ort der Reinigung. Wer häufig von Badezimmern träumt, bei dem steht eine innerliche Reinigung an. Das bedeutet, daß diese Person sich um eine klarere Lebensweise bemühen sollte. Im Badezimmer spielt das Wasser eine hervorragende Rolle und damit ist auch der Gefühlsbereich des Träumers oder der Träumerin angesprochen. Gefühle bedeuten auch: Seelische Bedürfnisse, Wünsche und Ängste, inneres Verlangen und persönliche Lebensträume und Glaubensentscheidungen!

Bibliothek: Die Bibliothek oder Räume mit vielen Büchern zeigen an, daß Sie etwas für Sie Wichtiges lernen müssen. Versuchen Sie festzustellen, welche Bücher dort in den Regalen stehen. Das verweist auf das Gebiet, in dem Sie etwas zu lernen haben. – Außerdem ist eine umfangreichere Bibliothek ein Symbol für eine *Gesamtsicht*, für eine persönliche *Bildung*, der es gelingt oder die danach sucht, sich ein eigenes Bild von der Welt im ganzen zu machen. Ihre Weltanschauung und Ihr Weltbild sind hier Traumthema.

Büro: Das Büro wie jeder Arbeitsraum im Haus verweist auf den Beruf beziehungsweise die Erwerbstätigkeit des Träumers. Es ist wichtig zu beachten, wie die Stimmung in dem Büro ist und wer anwesend ist. Schauen Sie auch, was sich diesem Büro abspielt und ob es voll oder eher leer ist. Vgl. oben »Arbeitszimmer« und weiter unten das Kapitel »Beruf und Finanzen«.

Dachboden: Mitunter gilt dieser als Ort der (ersten) erotischen Erfahrungen. – Fragen Sie sich, was Sie an überholten Konzepten mit sich herumschleppen.

Eßzimmer: Das Eßzimmer ist teilweise wie das Wohnzimmer als Ort der entspannten Kommunikation zu sehen, allerdings steht hier die Nahrung im Vordergrund, und damit sind auch der Genuß und der Prozeß der Verinnerlichung angesprochen. Wovon ernähren Sie sich? Was schlucken Sie? Was verleiben sich sich ein? Und in welcher Stimmung, unter welchen Umständen geschieht dies?

Flur: Der Flur verbindet unterschiedliche Räume und verbildlicht die Verbindung verschiedener Eigenschaften des Träumers. Er markiert oft einen Übergang von einem (Bewußtseins-) Zustand zu einem anderen.

Garage: Die Garage ist der Ort des Wagens und der Werkzeuge. Hier bringt man etwas in Ordnung und hier ruht die Bewegung. Was tun Sie dort im Traum?

Keller: Kellerräume verbildlichen die seelische Tiefe. Der Keller symbolisiert auch oft die seelischen Grundüberzeugungen oder Grundgegebenheiten. – Auch: Kellerkind – verborgene Qualitäten und ungeliebte Talente, die ans Licht wollen.

Küche: Die Küche ist der Ort der Umwandlung. Das Rohe wird zum Gekochten und Genießbaren, es entsteht Kultur. Wenn man sich verändert und differenzierter wird, tritt häufig die Küche als Traumsymbol auf, speziell bei Klienten in einer Psychotherapie. Bei Personen mit Eßproblemen verweist die Küche auf diese Probleme. Schauen Sie, wie Sie die Küche charakterisieren würden und welche Nahrungsmittel dort zu finden sind.

Toilette: Die Toilette ist ein Ort, an dem Entleerung oder Beseitigung stattfindet. Von der Toilette wird oft geträumt, wenn der Träumer sich von al-

ten Erinnerungen und Schuldgefühlen befreit. Träume von der Toilette hängen auch oft mit der Verdauung (in jeder Hinsicht) zusammen.
Weitere Hinweise auf dieses Traumsymbol als Symbol des Ekels finden Sie weiter hinten in diesem Kapitel im Abschnitt »Gesundheit und Wohlbefinden« unter dem Stichwort Ekel und Peinlichkeiten.

Schlafzimmer: Das Schlafzimmer verbildlicht die Sexualität, den Tod und die Geburt des Träumers. Es ist der intimste Innenraum, aber auch jener Raum, in dem man Entspannung findet. Manchmal verweist das Schlafzimmer auf eine unbewußte Lebensführung, speziell dann, wenn man im Traum als einzigen Raum das Schlafzimmer sieht oder wenn der Träumer dort einen Schlafenden bemerkt.

Turmzimmer: Im Turm ist man der Welt entrückt, deswegen sprechen wir auch vom Elfenbeinturm der Intellektuellen. Geistige Probleme, Wachstumsaufgaben.

Veranda: Dieses Symbol kann sehr Unterschiedliches bedeuten. Auf der einen Seite steht es für Entspannung, auf der anderen Seite deutet es ein Gefühl ausgeschlossen zu sein an. Man bleibt »außen vor« und der Kontakt zum Inneren bricht ab. Auf der anderen Seite kann man von der Veranda aus die Welt betrachten und somit ist in diesem Traumsymbol auch der Überblick oder der persönliche Abstand zu manchen Vorgängen angedeutet.

Wohnzimmer: Das Wohnzimmer steht für Entspannung, allerdings im Gegensatz zum Schlafzimmer für eine gesellschaftliche, sozusagen öffentliche Entspannung. Es geht hier um Kommunikation im Freundeskreis oder um das Treffen der Familie.
Geht man von einem Zimmer in ein anderes, dann deutet das einen Wandel an. Hierbei ist zu beachten, von welchem Zimmer man ausgeht und wohin man sich begibt.

Hauseinrichtung

Die einzelnen Elemente des Hauses und das, was Sie im Haus finden können. Natürlich kann ich hier eine Auswahl aus den häufigsten Traumsymbolen wiedergeben, die Ihnen aber anzeigt, wie Sie solche und ähnliche Symbole leicht deuten können.

Badewanne: Die Badewanne verweist auf eine anstehende Reinigung und Entspannung. Bei dieser Reinigung müssen Sie sich in Ihr Gefühl begeben.

Bilder/Tapeten: Das *Motiv,* die Formen und Farben usw. sind wichtig und sollten symbolisch gedeutet werden.

Buch: Es muß etwas Wichtiges gelernt werden. Wie lautet der Titel des Buches, wer ist der Autor? Das Leben hält eine wichtige Mitteilung oder Erkenntnis für Sie bereit.

Dach und oberes Stockwerk: Diese symbolisieren unser Bewußtsein und/oder unseren Intellekt. Das Dach ist auch als der Kopf des Träumers anzusehen. Mit diesem Symbol wird auch bisweilen auf höhere Bewußtseinsstufen verwiesen.

Fassade: Die Fassade bedeutet die »Persona«, die soziale Rolle oder gesellschaftliche Maske, die wir der Außenwelt gegenüber repräsentieren. Was steckt hinter der Fassade?

Fenster: Fenster verweisen primär auf unsere Körperöffnungen und speziell auf unsere Augen und damit auf die seelische Verbindung von Eigenem und Fremdem. Das Fenster verweist ferner auf das Licht unseres Bewußtseins und auf unsere Wahrnehmung. Kann man aus dem Fenster hinaussehen oder ist es durch Vorhänge oder Gardinen verhängt (Bewußtseinsschleier)?

Fußboden: Mit dem Boden sind immer unsere Grundlage und Prinzipien angesprochen. Es geht hier um die Erdung, das heißt, um die Organisation des Alltagslebens und die tatsächliche Verwirklichung von Ideen und Absichten.

Kamin:
offener Kamin: Mit dem Feuer des Kamins sind Gemütlichkeit und Wärme angesprochen. Ein kalter Kamin weist auf Gefühlskälte und Entfremdung hin.
Schornstein: Der Schornstein verweist auf der einen Seite auf die Verschmutzung der Luft und damit auf eine Trübung des intellektuellen Überblicks und des geistigen Horizonts. Auf der anderen Seite leitet er aber auch giftige Gase aus dem Haus ab und trägt wesentlich zu einem gedeihlichen und kontinuierlichen Gebrauch des Feuers bei. – Welche dieser gegensätzlichen Bedeutungen im konkreten Fall angesprochen sind, ist dem Träumer oder der Träumerin meist spontan klar. In seltenen Fällen ist hier auch die Verbin-

dung zum Schornsteinfeger zu beachten, der als bekanntes Glückssymbol gilt.

Lampe: Verweist auf Einsichten durch das Licht des Bewußtseins. Gibt die Lampe ein helles Licht, so deutet das auf eine hohe Bewußtseinsklarheit hin. Gibt dagegen die Lampe nur ein schwaches Licht ab, kann man dies im Sinne eines fehlenden Bewußtseins deuten. Wichtig ist zu beachten, welches Zimmer oder welche Ansichten durch die Lampe beleuchtet werden. Was sehen Sie und was nicht. – Zu beachten ist der Zusammenhang zur Schattenthematik. Das ergänzende Gegenteil des Schattens ist alles, was blendet, überbelichtet und »behelligt«.
Kerze: Die Kerze mit ihrem ausgesprochen warmen Licht spricht oft die Sehnsucht des Träumers oder der Träumerin nach einer romantischen oder gemütlichen Atmosphäre. Achten Sie auf die Farbe der Kerze.

Mauer: Einesteils ist hiermit ein Hindernis und eine Abgrenzung angesprochen, andererseits hängt diese Symbolik auch mit Schutz und Sicherheit zusammen.

Möbel: Die Möbel symbolisieren das geistige Leben, die Einrichtung und Umsetzung der persönlichen Bedürfnisse. Sie spiegeln die praktischen Notwendigkeiten und die Nutzung der vorhandenen Talente.
Bei Antiquitäten ist der Zeitbezug zu beachten. Was verbinden Sie mit der Zeit, aus der diese Antiquitäten stammen? Welche Vorfahren lebten in der Zeit, aus der diese Antiquitäten stammen?
Bett: Das Bett verweist sowohl auf die Sexualität des Träumers und der Träumerin, als auch auf die Ruhe und den Besuch anderer Welten wie zum Beispiel im Traum. Achten Sie darauf, ob das Bett gemacht ist oder ob es unordentlich aussieht. Die Farbe des Bettbezugs ist ebenfalls symbolisch zu deuten.
Küchentisch: Interessanterweise zieht gerade der Küchentisch erotisch-sexuelle Assoziationen an. Er ist aber auch der Treffpunkt der Familie.
Schreibtisch: Achten Sie besonders darauf, mit welchen Gefühlen Sie ihn im Traum erleben, was an Arbeit auf ihm liegt und was Sie an oder mit ihm anfangen.
Schrank: Der Schrank ist der Ort der Kleidung oder der Haushaltsutensilien, je nachdem, ob es sich um einen Küchen- oder Kleiderschrank handelt. In beiden Fällen gilt: Hier wird etwas dem Auge (des Unbefugten, aber auch dem eige-

nen) entzogen, und es werden Dinge verwahrt. Somit kann dieses Traumsymbol sowohl in Richtung »Geheimnis« als auch in Richtung Ordnung gedeutet werden.
Sofa: Das Sofa deutet im noch stärkeren Maße als der Stuhl aufs Ausruhen hin. Gibt es Widerstände dagegen oder Bedürfnisse danach, daß Sie sich beruhigen, zufrieden sind und es sich bequem machen? Gibt es Gründe, jetzt aufzustehen und härter zu arbeiten?
Stuhl: Der Stuhl verweist auf Ruhe; man setzt sich nieder. Symbol der Gelassenheit: Ist Ihre Gelassenheit eine Schwäche oder eine Stärke?
Truhe: In der Truhe wird zum einem etwas vor den Augen der Besucher versteckt wie im Schrank, zum anderen spielt hier besonders das Alter eine wichtige Rolle. Achten Sie darauf, was Sie mit der Zeit verbinden, aus der die Truhe stammt. Symbol des »Eingemachten«, persönlicher Schätze und Altlasten!

Spiegel: Der Spiegel hängt mit dem Thema der Selbsterkenntnis zusammen. Im Märchen und der Mythologie gelangt man durch den Spiegel in andere Welten. Ferner drückt der Spiegel nicht selten auch die Vorspiegelung, die Welt des bloßen Scheins und der Täuschung aus. Achten Sie auf den Zustand des Spiegels, der Ihre gesitige Klarheit und Ihr Bewußtsein charakterisiert. – Auch: Symbol des Narzißmus, das zu viel oder zu wenig Selbstliebe dokumentiert. Was suchen Sie?

Stockwerke: Die verschiedenen Stockwerke kann man auch als die unterschiedlichen Bewußtseinsschichten sehen: Man kann die Stockwerke auch auf den physischen Körper des Träumers beziehen: Der Dachboden entspricht dem Kopf bzw. dem Scheitel, und der Keller symbolisiert die Füße dar ...

Teppich: Der Teppich symbolisiert häufig, daß etwas verdeckt wird. Darum sagt der Volksmund, daß etwas unter den Teppich gekehrt wird. Wichtig ist auf den symbolischen Gehalt der Farbe des Teppichs zu achten. Wie sieht der Teppich aus? Ist er weich und flauschig oder eher dünn und hart? Sie geben dem Leben eine eigene Grundlage.

Treppen: Die Treppen im Haus verweisen auf die Verbindung zwischen den verschiedenen *Stockwerken* und *Fluren*. Der Auf- und Abstieg ist meistens auf das Bewußtsein des Träumers oder der Träumerin zu beziehen. Nach Freud deuten sie jedoch wegen des Rhythmus beim Treppensteigen auf die an- und absteigende Erregungskurve des Orgasmus hin.

Türen: Türen verweisen wie Fenster auf unsere Körperöffnungen, bieten aber auch oft Ausblicke auf neue Möglichkeiten und Perspektiven. Geschlossene oder verschlossene Türen stellen häufig eine Warnung dar, in manchen Fällen mögen sie auch auf Neugierde verweisen. Ich erinnere nur an die typische Märchensituation, in der es einen verschlossenen Raum gibt, in den der Held nicht hineinsehen darf. Natürlich tut er es meist nach einigen inneren Kämpfen . . .

Wasserhahn: Penissymbol (wie alle Kräne oder Hähne). – Außerdem geht es um die Regulierung seelischer Bedürfnisse und Temperament. Das Gefühl (Wasser) will fließen. Manchmal wird in Träumen zwischen den Hähnen für kaltes und warmes Wasser unterschieden. Kaltes Wasser bedeutet Gefühlskälte, warmes Wasser dagegen Herzenswärme.

Verschiedene Haushaltsgegenstände

Haushaltsgegenstände wie beispielsweise Besteck, Geschirr, Töpfe, Herd, Waschmaschine, Geschirrspülmaschine und Kühlschrank kommen deutlich häufiger im weiblichen als im männlichen Traum vor. Bei fast allen Haushaltsgegenständen besteht der Schlüssel zur Deutung darin, ihre Funktion zu betrachten.
Zusätzlich geht es um betreffende persönliche Erinnerungen, um die damit verbundenen Gefühle und Erfahrungen von *Heimat* und *Zuhausesein.*

Besteck: Besteck im Traum richtet unseren Blick auf die Eßkultur und die Ernährungsweise. Essen hängt mit Grundbedürfnissen und deren Verfeinerung zusammen. Das Besteck hilft, diesen Kultivierungsprozeß durchzuführen. Dazu kommt noch die Bedeutung der Zerlegung und damit der Analyse.
Achten Sie darauf, woraus das Besteck besteht, ob es besondere Formen aufweist . . .
Gabel: Diese ist mit ihren spitzen Forken ein verbreitetes Aggressionssymbol. Haben Sie »etwas aufgegabelt«? Gibt es etwas in diesem Traum, das schwer zu fassen oder festzuhal-

ten ist? Genieren Sie sich, mit Ihren Fingern zuzugreifen?

Löffel: Der Löffel ist das am wenigsten aggressive Symbol unter dem Besteck. Bei ihm ist an die volkstümliche Redewendung »den Löffel abgeben« für den Tod zu denken.

Ferner erinnert er uns an die Kindheit, als wir nur mit dem Löffel zu essen pflegten. Bisweilen bestehen auch Anklänge an den »Suppenkasper« (die Kindergeschichte aus »Der Struwwelpeter«).

Man muß seine Suppe auslöffeln, das heißt, die Konsequenzen dessen tragen, was man sich »eingebrockt« hat.

Messer: Das Messer ist einmal ein Symbol der Aggression und zum anderen des technischen oder analysierenden Geistes. Dabei ist besonders wichtig, um welche Art des Messers es sich handelt. Große Brot- und Küchenmesser drücken auch größere Aggressionen aus, als kleine Frühstücks- oder beispielsweise Obstmesser. Beachten Sie auch immer, ob das Messer scharf oder stumpf ist. Scharfe Messer weisen auf größere Aggressionen oder einen schärferen Verstand hin, stumpfe Messer auf kleinere Aggressionen und einen eher trüben oder ungenutzten Verstand.

Geschirr: Alle Arten des Geschirrs tragen Speisen und sind zunächst in bezug auf die betreffende Speise zu deuten. Die Form – ob eckig oder rund, offen oder geschlossen – ist von Bedeutung. Und wieder ist darauf zu achten, aus welchen Material dieses Geschirr im Traum besteht. Porzellan und Glas ist leicht zerbrechlich, bei Glas kommt seine Durchsichtigkeit hinzu. Steingut ist schwer und eher stabil. Achten Sie auch darauf, ob das Geschirr eher edel oder einfach ist. Was symbolisiert seine Verzierung oder seine Farbe?

Glas: Das Glas hält wie die Tasse und der Krug Flüssigkeiten, nur daß es durchsichtig ist. Das deutet meistens daraufhin, daß man seine Gefühlsinhalte durchsichtig machen sollte – in seltenen Fällen kann es auch das Gegenteil bedeuten, daß man nämlich seine Gefühlsinhalte zu deutlich zeigt.

Krug: Der Krug hält Flüssigkeiten und deutet damit auf das Gefühl. Er gibt wie die Tasse und das Glas dem Gefühl eine Form. Es geht bei diesem Traumsymbol um die Gestaltung des eigenen Gefühls und besonders darum, die seelischen Bedürfnisse in die Hand zu nehmen, das heißt, zu erfassen und mit ihnen etwas anzufangen.

Schüssel: Die Schüssel ist unter

anderem ein verbreitetes weibliches Symbol durch ihre Rundheit. Hier kommt es darauf an, womit die Schüssel Ihrer Vorstellung nach gefüllt werden kann. Sehen Sie das als Hinweis auf Ihre Aufnahmefähigkeit.
Tasse: Die Tasse umfaßt meistens eine heiße Flüssigkeit wie Kaffee oder Tee. Hier finden wir die Leidenschaft, das heiße Gefühl angesprochen.
Teller: Die Bedeutung des Tellers ist dadurch bestimmt, was er trägt, wie er verziert ist und aus welchem Material er besteht. Ist er schmutzig oder sauber? Haben Sie Ihren Teller leer-gegessen? Das heißt, verinnerlichen Sie das, was Ihnen vorgesetzt wird? Essen Sie das, was auf den Tisch kommt?

Geschirrspülmaschine: Die Geschirrspülmaschine besitzt von allen Haushaltsgegenständen die männlichste Ausprägung. Sie wurde nämlich in der Zeit erfunden, als Frauen begannen, auch von ihren Männern die Mitarbeit im Haushalt zu fordern. Sie symbolisiert die männliche Rationalität im Haushalt. Ferner verweist sie, was nahe liegt, auf die Reinigung und auf die Ordnung im Alltagsleben.

Herd: Der Herd stellt im Gegensatz zur Geschirrspülmaschine einen der weiblichsten Haushaltsgegenstände dar. Im klassischen Altertum verehrten die Griechen Hestia als die Göttin des Herdfeuers. Der Herd ist eines der wesentlichen Kultursymbole. Auch wenn es sich um einen Elektroherd handelt, schwingt beim Traumsymbol Herd immer noch der Anklang ans *Feuer* mit.

Kühlschrank: Der Kühlschrank hält den Zersetzungsprozeß auf und konserviert. Was er konserviert, wird durch seinen Inhalt bestimmt. Ferner kann auch der Kühlschrank auch auf Gefühlskälte verweisen. Was ist unterkühlt? Was ist eingefroren? Was sollte besser »auf Eis gelegt« werden? Was sollte jetzt aufgetaut werden?

Mixer: Der Mixer stellt den »Zauberstab der Hausfrau« dar, wie es die Werbung hervorhebt. Damit ist der sexuelle Anklang nicht zu übersehen. Aber er verbindet auch das, was sich sonst nur schwer verbindet. Ferner verändert er auch die Konsistenz der Speise, womit angedeutet wird, daß eine Qualitätsveränderung des Bewußtseins durch Bearbeitung anliegt.

Töpfe: Symbol des weiblichen Geschlechtsorgans (»Honigtopf«). – Die Alchemie der Küche und die Ordnung des Haushalts (Mikrokosmos). Der Topf als Aufbewahrungsmittel. – Töpfe sind wie das Traumsymbol Herd dem Feuer verwandt. In Ihnen findet die Verwandlung des Rohen in das Gekochte statt. Sie machen die Speise genießbar. Als Traumsymbol verweisen Sie auf Verwandlung, auf den Kulturprozeß und die Ernährung und damit auf die Einverleibung hin.

Waschmaschine: Die Waschmaschine ist ein bekanntes und verbreitetes Reinigungssymbol. Waschzwang, Tabus als Sehnsucht oder Abwehr gegenüber der wirklichen Bereinigung einer Angelegenheit.
Hinweis: Traumsymbole aus dem Bereich der Ernährung finden Sie weiter unten im Kapitel »Gesundheit und Wohlbefinden«.

Die Farben im Traum

Bedenken Sie bitte bei den folgenden Hinweisen, daß die allgemeine Farbsymbolik von den persönlichen Vorlieben und Abneigungen gegenüber bestimmten Farben überlagert wird.
Was ebenfalls nicht allgemeingültig berücksichtigt werden kann, sind die vielen Farbabstufungen, Sättigungsgrade und Helligkeitswerte. Grundsätzlich ist dazu zu sagen, daß hellere Farben im Sinne von Fröhlichkeit, Unbeschwertheit und teilweise auch Bewußtheit gedeutet werden, auch wenn das sicherlich ein Klischee ist. Heute ist jedes Symbol – und so auch jede Farbe – Träger ambivalenter, doppeldeutiger Botschaften.
Bei gesättigten Farben ist die Symbolik deutlicher und betonter ausgedrückt als bei ungesättigten Farben. Durch Schwarz oder Weiß gebrochene Farben drücken eine Störung oder eine Verfeinerung aus, die sich auf die Symbolik der entsprechenden Farbe bezieht. Mischfarben setzen sich in ihrer Bedeutung fast immer aus den Bedeutungsanteilen der entsprechenden Einzelfarben zusammen. So setzt sich also die Farbsymbolik Violett aus der Bedeutung von Rot, nämlich Blut und »Herz«, und Blau, nämlich Seele, zusammen und ergibt so unter anderem die Bedeutung der seelischen Leidenschaft.
Im folgenden finden Sie die symbolische Bedeutung der wichtigsten im Traum auftretenden Farben. Da meiner Erfahrung nach die Farben keine Archetypen darstellen, kann diese symbolische Bedeutung nur in bezug auf Träumer aus

unserer westlichen Kultur angewandt werden. Im asiatischen und teilweise auch im afrikanischen Kulturen erlebt man die verschiedenen Farben anders als in unserem Kulturbereich.
Die Primärfarben zeigen ungebrochene, ursprüngliche Energien an, die Sekundärfarben verweisen auf differenzierte oder vermischte Energien.

Blau: Blau ist die Farbe Jupiters und Junos (römische Göttin, die das Leben der Frau und die Geburt beschützt) und wird in christlicher Zeit zur Farbe des Himmelsmantels der Maria. Damit symbolisiert es Schutz, unsere weibliche Seite (Anima), die Seele, außerdem Wahrheit und Treue, Frieden und Ruhe. Im Traum wird mit der Farbe Blau immer der seelisch-emotionale Aspekt betont. Es wird hier auf den Rückzug und die Innenschau verwiesen. Blau deutet den Träumer auf eine introvertierte und kalte Verhaltensweise hin.
Der negative Aspekt dieser Farbe zeigt sich im getrübten Blau, das Trauer, Ängste und Verwirrung ausdrücken kann.

Gelb: Gelb ist die Farbe des römischen Gottes Apollon. Es ist die Sonnenfarbe und die der Kommunikation (in manchen Ländern heutzutage Farbe der Post). Durch sein Strahlen symbolisiert Gelb die Großherzigkeit, die Klugheit und den Intellekt – die Weisheit, aber auch den Verrat. Sprichwörtlich wird mit Gelb mit Neid verbunden. Ein gelbes Traumsymbol betont stets den geistige Aspekt, verweist auf Freiheit und Ausweitung.
Ein schmutziges Gelb stellt möglicherwiese die negativen Aspekte dieser Farbe besonders heraus; andererseits drückt sich in der gebrochenen Farbe häufig aus, daß eine bestimmte Gefahr im Zusammenhang mit dem Thema, das durch die Farbe symbolisiert wird, *erkannt* ist!

Orange: Orange stellt den Wärmepol des Spektrums dar und symbolisiert damit auch das Mitgefühl. Aus diesem Grund tragen buddhistische Mönchen oft orangefarbene Roben. Orange symbolisiert im Traum Lebensfreude und emotionale Wärme.

Rot: Rot ist die Farbe des kämpferischen Mars, der Feuer und Lebendigkeit personifiziert. Es symbolisiert ferner die königliche oder kaiserliche Macht, den Mut und die Leidenschaft, aber auch Kindlichkeit, Zorn, Haß und Grausamkeit. Mit der Farbe Rot wird im Traum der körperliche Aspekt betont, Aktivität und Freude, Leidenschaft und Liebe.

Rosa: Diese Farbe im Traum verweist auf regressive Sehnsüchte, auf raffinierte (verfeinerte oder überfeinerte) Bedürfnisse, auf den Wunsch nach oder den Widerstand gegen Leichtigkeit in Liebe und Leidenschaft.

Kirschrot: Dieses auffallende Rot ist im Traum die Farbe der Erotik und Sexualität. Kirschrot sind idealerweise die küssenden Lippen.

Grün: Grün ist bei den Römern die Farbe der Venus. Es symbolisiert das Schöpferische und die Wiedererneuerung (als Farbe der Natur). Besonders beliebt ist Grün im islamischen Kulturbereich. Es ist die Farbe der Sufis. Der Prophet Mohammed trägt einen grünen Mantel.
In der heutigen Traumsymbolik wird bei Grün meistens Goethes Beobachtung betont, daß sich nämlich in dieser Farbe Licht und Finsternis zu gleichen Anteilen mischen. Blau als der farbige Stellvertreter der Finsternis mischt sich mit Gelb, dem farbigen Vertreter des Lichts. Damit wird die Balance zwischen den dunklen und hellen Seiten des Träumers angesprochen. – Nicht zu vergessen ist jedoch auch die Bedeutung der Farbe Grün als des Unreifen und Unfertigen.

Weiß: Weiß symbolisiert Autorität, Macht und den Widerschein des Absoluten. Weiß tritt sowohl als aggressive »Farbe« auf wie auch als Farbe der Unschuld. Als Traumfarbe sollte man immer bedenken, daß Weiß sich leicht beschmutzt. Vielleicht geht es in dem betreffenden Traumbild darum, etwas zu bereinigen – oder umgekehrt »durch den Kakao zu ziehen«!

Schwarz: Schwarz ist die »Farbe« der Finsternis. Es ist die Farbe der Kreativität, da aus dem Dunkel alles geboren wird.

Schwarz – Weiß: Verweist den Träumer auf die Integrierung seiner inneren Gegensätze.

Grau: Grau verweist wie Grün auf die Mischung von Licht und Finsternis, allerdings ist Grün dem Leben, Grau eher dem Toten verbunden. Grau wird oftmals als langweilige Farbe angesehen. Grau ist die typische »Farbe« des Schattens in seiner Bedeutung als das Unbewußte.

Beige: Beige ist ein unauffälliger und mitunter langweiliger Farbton. Er symbolisiert im Traum häufig die Konvention, jedoch auch den Alltag . . .

Braun: Braun ist die Symbolfarbe der Erde.

gefleckt: Gefleckte Muster erinnern an Tierfelle und bringen eine unruhige Stimmung zum Ausdruck.

gepunktet: Diese Musterung kommt im Traum meistens bei Kleidern vor und drückt dort Lebenslust und Freude aus.

gestreift: Quergestreifte (horizontale) Muster weisen auf Ruhe, Harmonie und Ausgleich hin. Längsgestreifte (vertikale) Muster weisen auf die Spannung von Höhen und Tiefen hin.

kariert: Karierte Muster drükken meist eine innere Unruhe und Entscheidungsschwierigkeit aus.

Farben im Traum sind immer eng mit unseren Gefühlen verbunden. Dadurch, daß die Farben in vielen Nuancen, Helligkeits- und Sättigungsstufen auftreten, sind sie das ideale Medium, die Gefühle, die seelischen Temperamente und Temperaturen des Träumers auszudrücken. Bei einem farbig geträumten Symbol wird die Gefühlsstimmung dieses Symbols mit der Farbe ausgedrückt. Ob Sie von Ihrer Freundin im roten, im weißen oder im schwarzen Kleid träumen, macht einen wichtigen Unterschied.

Geometrische Formen im Traum

Geometrische Formen sind wie Zahlen im Traum stets symbolisch zu deuten. Im Unterschied zu früheren Auffassungen haben *Zahlen* spätestens seit dem Anfang diesen Jahrhunderts *keine bestimmten Inhalte von allgemeingültiger Bedeutung* mehr. Die Symbolik einer Zahl muß aus ihrem Kontext im Traum aufgefaßt werden.

Was nun die Formen angeht, so kommt es selten vor, daß Sie eine reine geometrische Form im Traum sehen. Aber schauen Sie sich zum Beispiel die Form der Plätze im Traum an. Gärten, Straßenzüge, Muster auf Gegenständen weisen häufig geometrische Formen, die auf die drei Grundformen Kreis, Quadrat und Dreieck zurückzuführen sind.

Carl Gustav Jung betrachtete besonders intensiv die Mandalasymbolik im Traum. (Allerdings behaupten viele Traum-

forscher/innen, die Präsenz des Mandalas im Traum und gar in langen Traumreihen sei, zumindest für die europäischen Traumbilder, vorwiegend eine Jung'sche Erfindung.)
Ein Mandala ist eine symmetrische gometrische Figur, die die kosmischen Kräfte und die innere Ordnung des Träumers oder der Träumerin verdeutlicht. Richtet man seine Aufmerksamkeit auf das Erkennen solcher Mandalas im Traum, wird man sie im zunehmenden Maße immer häufiger in seinen Träumen entdecken. Bei den anderen geometrischen Grundformen verhält es sich ähnlich.

Dreieck: Das Dreieck verweist als Traumsymbol auf den Geist. Das leitet sich aus der Linienführung des Dreiecks ab. Zwei Dreiecksseiten münden jeweils in einem Punkt. Man bringt also etwas auf den Punkt. Außerdem symbolisiert das Dreieck auch die Dialektik, eine Form des Denkens in These, Antithese und Synthese.
Das nach unten spitz zulaufende Dreieck symbolisiert in fast allen Kulturen das Weibliche, was sich aus der Form der Schambehaarung ergibt. Das nach oben spitz zulaufende Dreieck symbolisiert in fast allen Kulturen den männlichen Archetyp.

Sehen Sie beispielsweise eine Pyramide im Traum, so deutet dieses Traumsymbol unter anderem auf Ihre geistige Ausrichtung hin.

Fünfeck (Pentagramm): Das Fünfeck deutet im Traum auf die menschliche Harmonie hin. Im Pentagramm schneiden sich alle Linien im goldenen Schnitt und verweisen so auf eine innere Harmonie. Der goldene Schnitt macht das Teilungsverhältnis einer Strecke aus, das der Mensch als harmonisch und gefällig ansieht, da es die Maßverhältnisse seines Körpers wiedergibt. Vgl. *Pentagon.*

Kreis: Der Kreis stellt das archetypische Traumsymbol des Weiblichen dar. Der aus »Tausendundeine Nacht« bekannte Abbassiden-Herrscher, der Kalif Harun al Raschid war sich schon dessen bewußt, als er Bagdad im Kreis anlegen ließ mit der Begründung, daß diese Stadt die Mutter aller Städte werden solle, indem sie wie keine andere durch ihre Kreisform mütterliche Geborgenheit vermittelt. Daß das Runde und Kreisförmige das Weibliche symbolisiert, ist von der Körperform der Frau abgeleitet. Freud war der Ansicht, daß sich alle Symbolik letztendlich auf die anatomischen Verhältnisse

des menschlichen Körpers zurückführen lassen.
Ferner symbolisiert seit alten Zeiten bis hin zu der Künstlergruppe des Bauhauses (Dessau/Berlin/Leipzig) der Kreis die Seele und das Gefühl. Das ist schon von daher verständlich, da der Kreis weder Anfang noch Ende besitzt. Somit deutet er auch auf die Unendlichkeit hin und damit auf den ewigen Fluß des Lebens.
Sehen Sie also im Traum beispielsweise einen runden Platz, so sind alle Vorgänge, die sich dort abspielen, und alle Symbole, die Sie dort im Traum sehen, unter dem Aspekt des Gefühls und des Flusses der Lebensenergie zu betrachten.

Kreuz: Richtungs- und Ordnungssymbol. Einheit der vier Himmelsrichtungen, Temperamente, Elemente usw. Der Schnittpunkt in der Mitte des Kreuzes gilt in vielen Überlieferungen auch als *Quintessenz*, als die wesentliche fünfte Kraft.

Mandala: Als Mandala kann im Traum jede klappsymmetrische Figur angesehen werden. Im Traum treten Mandalas häufig in der Form von Plätzen oder von Gärten auf. Carl Gustav Jung wertete das Erscheinen des Traumbilds Mandala stets als äußerst günstiges Zeichen. Es verweist darauf, daß der Träumer oder die Träumerin einen Fortschritt auf seinem Weg der Individuation gemacht hat. Man ist also vollständiger geworden und die inneren Kräfte haben sich harmonisch geordnet.

Punkt: Das Besondere, das Einmalige.

Quadrat: Das Quadrat tritt relativ häufig im Traum auf, allerdings übersehen wir es häufig, da wir normalerweise nicht gewohnt sind, auf geometrische Formen im Traum zu achten. Seit dem griechischen Philosophen Platon symbolisiert das Quadrat die Erde und somit auch den Körper. Die vier rechten Winkel des Quadrats geben das Statische und Feste der Erde wieder.

Rechteck: Ebenfalls Symbol der Materie und der irdischen Realitäten mit ihren *Ecken und Winkeln.*

Sechseck: Allgemein weist das Sechseck im Traum auf Harmonie und Verbindung hin. Das soll auch das sogenannte Siegel Salomons (auch Davidstern genannt) verdeutlichen, das von den Alchimisten als die Verbindung aller Elemente angesehen wurde.

Das Traumsymbol Sechseck symbolisiert bisweilen auch die Verbindung des Männlichen mit dem Weiblichen, da es aus zwei übereinanderliegenden Dreiecken besteht, deren eine Seite nach oben, der andere nach unten zeigt (siehe dazu ›Dreieck).

Wege und Reisen

Straßen

Straßen und Wege verweisen im Traum auf den Lebensweg des Träumers, auf die gesamte Wegstrecke oder auf bestimmte Abschnitte des Weges. Beachten Sie bei diesen Traumsymbolen, wo der Weg oder die Straße herkommt und wo sie hinführt. Wie ist der Zustand des Wegs und wie sehr ist die Straße befahren?
Schwierige und gewundene Wege geben auch eine schwierige Lebenssituation wieder, die meist durch mehr Klarheit vereinfacht werden kann. So wurde mir von einer Klientin ein Traum erzählt, in dem sie auf einer kurvenreiche Straße mit tiefen Abgründen auf der linken Seite bergauf und bergab fuhr. Die Alpenstraße gab symbolisch ihre Beziehungssituation wieder, in der sie sich nicht für einen bestimmten Partner entscheiden konnte, da sie sich immer wieder in einen »besseren« verliebte, der sich allerdings schnell wieder nur als »zweite Wahl« herausstellte. Auf der anderen Seite sehnte sie sich sehr nach einer festen Beziehung. Als ihr im Laufe der Therapie klar wurde, daß sie eine klare Entscheidung treffen muß und sich für einen Partner entscheiden sollte, wenn sie nicht unglücklich werden möchte, träumte sie von einer geraden Straße, die durch eine schöne Landschaft führte.
Wenn man mit der Tagtraumtechnik arbeitet und sich einen Traum mit einer gewundenen Straße vorstellt, dann kann man diese Straße langsam und vorsichtig zu einer geraden Straße im guten Zustand umfunktionieren. Wenn Sie das öfters versuchen, werden Sie bemerken, daß es Ihnen zunehmend leichter fallen wird, sich klarer zu entscheiden und bewußt durch Ihr Leben zu gehen.
Beim Traumsymbol Straße sollten Sie ferner darauf achten, ob die Straße bergauf oder bergab führt oder ob sie auf dem gleichen Niveau bleibt. Bergauf verweist auf eine Entwicklung zur geistigen und bewußten Klarheit, bergab auf eine Ent-

wicklung zum ungehemmteren Ausdruck der Gefühle und Triebe. Bleibt die Straße auf einer Höhenlage kommt es auf die Umgebung an. Diese Straße mag einen langweiligen Lebensweg beschreiben oder auch ein Bild dafür sein, daß man sein Leben glücklicherweise vereinfacht hat.
Straßen in einer Stadt können sehr belebt oder auch menschenleer sein. Häufig träumen wir von mit Fußgängern belebten Straßen, wenn wir uns entweder mehr persönliche Kontakte wünschen oder uns lieber für eine Zeit aus dem Getriebe der Welt zurückziehen sollten. Fühlen wir uns im Traum gut mit all den Menschen um uns herum, sollten wir in der Tagtraumtechnik versuchen, einige dieser Menschen anzusprechen, Ihnen eine Frage zu stellen oder etwas von uns selbst zu sagen!
Menschenleere Straßen sind häufig beängstigend. Sie weisen oft eine Atmosphäre auf, die uns an surreale Bilder wie beispielsweise von Salvador Dali erinnern. Diese Traumsituation deutet meistens daraufhin, daß Sie sich einsam und/oder verlassen fühlen. In der Tagtraumtechnik können Sie diese Straßen mit Menschen beleben. Allerdings spiegelt die Leere im Traum auch Bedürfnisse nach Ruhe und Alleinsein – mitunter nach einer Art Auszeit zur Besinnung und Selbstfindung –, die als solche gedeutet und berücksichtigt werden sollten.
Bei jeder Straße und bei jedem Weg können Sie sich auch fragen, an welchen Ort Sie diese Straße erinnert. Wie haben Sie sich an diesem Ort und zu dieser Zeit gefühlt? Wie stehen Sie heute zu diesen Gefühlen?

Fahrzeuge

Wenn wir uns aus eigener Kraft fortbewegen können oder sollten, teilt uns das der Traum dadurch mit, daß wir zu Fuß gehen oder mit einem Fahrrad fahren. Anders ist es bei öffentlichen Verkehrsmitteln und dem Auto.
Das Auto kommt im Traum zunächst als LKW und als PKW vor. Als Lastwagen verweist es auf die Last, die wir mit uns herumtragen, und es ist wichtig zu wissen, was dieser LKW geladen hat, da es uns über unsere Lasten und Sorgen aufklärt. Als ich nach einem frustrierenden Arbeitstag, an dem mir das Schreiben große Schwierigkeiten bereitete, in einen Traum fiel, sah ich mich einen LKW fahren, der mit großen Papierrollen beladen war. Als ich aufwachte, hatte ich das Gefühl,

daß ich alle diese Rollen noch beschreiben müßte. Diese Angst löste ich dadurch auf, indem ich mir im Tagtraum vorstellte, daß ich die Papierrollen kurzerhand verbrannte. Ich erfreute mich an der Asche, die über das Land flog.
Da ich selbst den LKW steuerte, wies das auf eine aktive Haltung meinerseits hin. Wird man dagegen gefahren, hat man nicht diese Kontrolle über das Ziel und seine Erlangung.

Träume man vom PKW, sind damit die individuelle Lebensbewältigung und die Lebensgestaltung angesprochen, bei der ich von anderen Menschen abgetrennt bin, wenn ich ihn alleine fahre. Beim Personenwagen ist die Automarke oder die Art des Gefährts besonders wichtig, denn mit ihr hängt der Symbolwert zusammen.
Der Zug ist dagegen ein kollektives Fortbewegungsmittel. Er wird in der Traumdeutung Freuds nicht gerade sehr positiv betrachtet, was daran liegt, daß Sigmund Freud Angst vor der Eisenbahn hatte und deswegen nur sehr ungern Zug fuhr. An diesem Beispiel sehen Sie, wie wichtig die Betrachtung persönlicher Erlebnisse und Erfahrungen mit den Traumsymbolen sind. Ich beispielsweise fahre gerne mit dem Zug und so besitzt dieses Traumsymbol eine positive Bedeutung für mich. Zug heißt für mich, sich in Ruhe und bequem von einem Ort zum anderen zu begeben und dabei zu arbeiten und die Gedanken fliegen zu lassen mit der vorbeiziehenden Landschaft.
Wichtig beim Zug und der Straßenbahn ist der festgelegte Weg, von dem es keine individuellen Abweichungen gibt. Damit besitzen alle öffentlichen Verkehrsmittel einen Hinweis auf eine kollektive Bewegungsrichtung. Der Autobus ist als ein nicht an Schienen gebundenes Fahrzeug individueller als Straßenbahn und Zug. Der Bus drückt in der Regel unseren Gemeinschaftssinn aus.
Relativ häufig sind Träume, in denen der Träumer den Zug nicht erreicht. Das verweist nicht selten auf ein Lebensgefühl, daß das eigene Leben ungenutzt vorübergeht oder man eine Chance versäumt hat. Freud beschäftigte sich ausführlich mit diesem Traum-Motiv und sah darin allerdings eine beruhigende Nachricht: »Abreisen« ist für ihn ein anderer Ausdruck für sterben, und wenn der Zug im Traum bereits weg ist, so sagt dies dem Träumer, daß es eben nicht an der Zeit ist abzureisen.

Wasserfahrzeuge
Die Fortbewegung auf oder in dem Wasser deutet auf unsere Beziehung zu unseren Gefühlen hin. Wenn wir schwimmen, dann sind wir im direkten Kontakt mit dem das Gefühl symbolisierenden Wasser. Fahren wir in einem Boot, ist unser Kontakt zu unserem Gefühl distanzierter. Dabei ist zu beachten, ob das Boot ein Segelboot oder Motorboot ist, das wir selbst steuern oder ob es sich um eine Fähre oder ein Linienschiff handelt, das eine festgelegte Route fährt. Steuern wir das Boot selbst, gehen wir nach eigenem Willen und mit eigenen Vorstellungen mit unseren Gefühlen um. Beim Segelschiff wird auf die treibende Kraft des den Intellekt symbolisierenden Winds verwiesen.
Befinden wir uns auf einem Linienschiff, gehen wir meist unbewußter mit unseren Gefühlen um, es sei denn, wir sehen uns als Kapitän dieses Schiffs.

Luftfahrzeuge
Die Fortbewegung in der Luft weist auf unsere Beziehung zu Geist und Intellekt hin. Wer sich in die Luft und in die Höhe begibt, der bekommt einen guten Überblick. Auf der anderen Seite deutet das Fliegen auch stets auf das Abheben hin; das heißt, wir sollten uns mehr um unsere Erdung, also um unser Alltagsleben kümmern.
Fliegen kann im Traum in verschiedener Weise gestaltet werden: Wir können im Traum selbst fliegen, indem wir uns einfach in die Luft erheben. Einige amerikanische Traumforscher, die von der Evolutionstheorie beeinflußt sind, sehen in solchen Flugträumen eine Regression auf die Phase der Entwicklung als Fötus, als dieser einem *Vogel* glich.
Wir können aber auch im Flugzeug, im Zeppelin oder in einem Ballon fliegen. Bei dem *Ballon* sind wir am meisten Spielball unseres Intellekts. Der *Zeppelin* verweist mit seiner unübersehbaren phallischen Form auf die Sexualität und das »Abheben« im Orgasmus. Auch das *Flugzeug* mag ähnliche Assoziationen auslösen. Ich erinnere nur an den Bestseller der amerikanischen Autorin Erica Jong »Angst vorm Fliegen«, der unter anderem auf diesen Assoziationen aufbaut.

Reiseerlebnisse

Hier nun die Übersicht der wichtigsten Symbole aus dem Bereich Weg, Straße und Fahrzeug:

Ampel: Die Ampel regelt den Verkehr und gibt uns Befehle. Damit symbolisiert sie unser Über-Ich im Sinne Freuds oder unser Gewissen, durch das unser Über-Ich spricht. Tritt eine Ampel im Traum auf, ist darauf zu achten, wann sie einem grünes Licht gibt, wann sie einen mit gelbem Licht warnt und wann sie einem mit rotem Licht zum Anhalten auffordert.

Auto: Das Auto verbildlicht im Traum, wie wir unseren individuellen Lebensweg gehen und planen. Achten Sie darauf, ob Sie schnell oder langsam fahren, ob Sie allein oder zu mehreren im Auto sitzen und um welches Fabrikat es sich handelt. Das Auto ist zugleich Sexual- und Prestigeobjekt, vor allem aber Symbol des Rollens und der eigenen »Rolle« – Inbegriff der Lebenser-fahr-ung!
Sigmund Freud betonte, daß der »Wagen« im Traum den Fortgang eines laufenden Ereignisses beschreibt. Er bedeutet auch, daß wir mehr *wagen* sollten oder wollen.
Lastkraftwagen (LKW): Der LKW deutet auf die Lasten, die wir mit uns herumtragen. Hier sind Sorgen, Ängste und Nöte angesprochen. Jedoch ebenso die Fähigkeit oder Dringlichkeit, *vieles* zu bewegen.
Personenkraftwagen (PKW): Der PKW deutet auf unseren persönlichen Lebensweg wie auf den eigenen Lebensstil hin.

Autobahn: Auf der Autobahn kommt man schnell und problemlos voran, es sei denn, dort gibt es einen Stau, der auf abgeblockte Lebensenergie verweist. Gleichzeitig ist die Autobahn der kollektive breite Weg, der meist schnell zum Ziel führt, ohne jedoch besonders interessant und umweltgerecht zu sein. – Auch Symbol des ständigen Unterwegsseins, Vielfahrer, Fernfahrer, Heimatlose, der Beton als Ersatzheimat.

Ballon: Der Fessel- und Heißluftballon verbildlicht unser Abheben und deutet auf Abenteuerlust hin. Zugleich verschafft er uns einen Überblick über unsere Situation. Da wir uns in die Luft erheben, um vom Wind bewegt werden, ist mit diesem Traumsymbol auch unsere intellektuelle Seite angesprochen. Oft im Traum ein Versuchsballon ...

Beifahrer/in: Die heimliche Angst vor der eigenen Freiheit stellt sich im Traum in der Figur des Beifahrers dar: Das »Beifahrer-Syndrom«. – Positives Zeichen der Kooperationsbereitschaft und des Vertrauens.

Boot (Schiff): Mit dem Boot oder Schiff bewegen wir uns auf dem Wasser, das unser Gefühl symbolisiert. Mit wem man sich zusammen auf dem Boot befindet, mit dem hat man ein enges Verhältnis beziehungsweise mit dem hängt man besonders zusammen (vergleiche das deutsche Sprichwort »Wir sitzen alle in einem Boot«).
Motorboot: Mit dem Motorboot versucht man schnell voranzukommen, vertraut dabei jedoch weniger seiner eigenen Kraft.
Tretboot: Mit dem Tretboot vertraut man seiner eigenen Kraft und bewegt sich mit ihr durch sein Gefühl. Außerdem verweist das Tretboot an Urlaub, Entspannung und Freizeit.
Ruder- oder Paddelboot: Wie beim Tretboot kommt man auch beim Ruder- und Paddelboot durch eigene Kraft voran und auch hier wird auf die Freizeit verwiesen. Kajak, Kanu u.a.: Selbständiger Umgang und eigener Weg, der bewußte Umgang mit Gefühlen und seelischen Erfordernissen.
Segelboot: Beim Segelboot ist es der Wind, der einen voranbringt. Mit dem Wind wird die Kraft des Intellekts und des Geistes symbolisiert, die den Träumer antreibt und vorwärtsbringt.

Brücke: Die Brücke ist ein archetypisches Symbol, das auf die Verbindung zweier getrennter Bereiche verweist. Betrachten Sie, was die eine und was die andere Seite der Brücke symbolisiert, und beobachten Sie Ihre Träume danach, wie Sie die beiden Ufer oder Welten in Ihrem Leben verbinden können.

Bus: Der Autobus verbildlicht die kollektive Bewegung auf dem Lebensweg. – Bus als großer PKW: Familie, Clique, Gruppe – starkes Wir-Bewußtsein, eventuell schwaches Ich-Gefühl.

Eisenbahn: Die Eisenbahn symbolisiert eine kollektive Bewegung auf dem Lebensweg. Dabei verweist die Eisenbahn eher auf eine Starrheit, da sie an den Schienenweg gebunden ist, als der Bus, der zur Not individuelle Wege fahren kann. – Die *Bahn*, auch als Straßenbahn, möglicherweise als Schwebe-, Bergbahn usw., steht darüber hinaus als Zeichen für die persönliche Befähigung oder die Lernaufgabe, sich in gemeinschaftliche Lebenszusammenhängen zu integrieren und diese mit den eigenen Zielen zu verbinden. Die Bahn erreicht Ziele oder erbringt Leistungen, die *nicht individuell zu erreichen* sind. – Achtung vor »Trittbrettfahrern«!

Fahrrad: Beim Fahrrad bewegen wir uns aus eigener Kraft und auf eigenen Wegen fort. Betonung der Eigenwilligkeit. Streben nach Unabhängigkeit, möglicherweise Schwierigkeiten mit der Nutzung kollektiver Einrichtung und Errungenschaften. – Manchmal wird mit diesem Traumsymbol auch die Anstrengung des Fahrradfahrens angesprochen. – Warnzeichen, wenn es um den »gemeinen« Radfahrer geht: »Nach unten treten, nach oben buckeln«.

Flugzeug: Mit dem Flugzeug bewegen wir uns in der Luft und damit im Bereich des Intellekts, des Geistes und der Geister. Von dort oben haben wir den Überblick.

Garage: Hier kommt die Bewegung zur Ruhe. – Nicht selten »Heimat« oder »Hafen« bezogen auf das Autofahren. Wie der Parkplatz eine Antwort auf die Frage, wohin mit der eigenen Energie!

Hafen: Der Hafen ist das Ziel der Reise über das Wasser. Da das Wasser unser Gefühl verdeutlicht, kann man den Hafen als Ziel unserer Sehnsucht ansehen, als das er oft besungen wird. – Auch: »Hafen der Ehe« sowie Symbol wichtiger Lebensziele.

Hinweisschild (Verkehrszeichen): Dieses Traumsymbol gibt uns Anweisungen, wie wir uns zu verhalten haben. Sehen Sie das Gebot oder Verbot des Hinweiszeichen als eine Äußerung Ihrer inneren Stimme an, die Sie sicher leiten möchte. Auf der anderen Seite kann durch dieses Traumsymbol auch Ihr Über-Ich angesprochen werden, das Ihnen allgemein einzuhaltende Regeln diktiert.

Hubschrauber: Mit dem Hubschrauber begeben Sie sich in die Luft, wo Sie äußerst beweglich sind. Oftmals verweist der Hubschrauber deswegen auf einen beweglichen und freien Intellekt. Warnt vor geistiger und gedanklicher Unberechenbarkeit.

Kurve: Die Kurve – besonders als scharfe Kurve – verweist auf eine Änderung in Ihrem Lebensweg. Entweder ist diese Änderung fällig, oder sie wurde gerade vollzogen. Es ist für den Träumer wichtig darauf zu achten, wie scharf die Kurve ist, denn das sagt ihm, ob er sich völlig oder nur ein wenig ändern muß ...

Öl: Das Öl ist jener Stoff, der die Bewegung reibungslos laufen läßt. So symbolisiert es meistens Probleme, die vermindert werden sollten. Achten Sie darauf, woher das Öl kommt. – Ölspur auf der Straße, auf dem Wasser u.a.: Warnsignal, Umweltprobleme im tatsächlichen oder im symbolischen Sinne, Verunreinigung.

Panne: Eine Panne deutet auf Probleme auf dem Lebensweg hin. Man kommt nicht mehr vorwärts und muß etwas ändern (reparieren). Man ist auf die Hilfe anderer angewiesen oder muß sich selbst durch sein Wissen und seine Intuition helfen. – Geduldsprobe.

Parken: Das Parken symbolisiert wie die Garage, daß die Bewegung zur Ruhe kommt.

Polizist: Der Polizist verbildlicht oft unser Über-Ich und die verinnerlichte Autorität. Polizisten können häufig ein Symbol unserer Schattenseite sein, die von falscher Autorität und Gläubigkeit geprägt ist.
Sehr häufig symbolisiert das Traumsymbol Polizist unsere Einstellung zu unserem Vater, die dann auf unsere Einstellung anderen Autoritäten gegenüber übertragen wird.

Reifen: Der Reifen ist das, was uns vorwärts bringt und was sich in unserem Leben dreht. Ist der Reifen platt, fehlt uns die Energie, die Luft und/oder die Erdung, um auf unserem Lebensweg voranzukommen. Sind Sie platt? Ist Ihnen die »Luft« ausgegangen?
Ersatzreifen: Der Ersatzreifen ist die Energie, die wir nicht nutzen, um vorwärtszukommen. Er symbolisiert auch unser Energiereservoir.

rückwärts fahren: Diese Situation verdeutlicht entweder, daß wir uns zurückwenden sollten, um uns klar zu machen, woher wir kommen, oder daß wir uns auf dem Weg in die Regression (Zurückfallen in kindliches Verhalten) befinden. Besonders wichtig: Der *Rücken* ist der klassische Ort des Schattens (man denke zum Beispiel an die »Siegfried-Stelle«, der für einen selber nicht oder nur schwer zugängliche Bereich im Rücken zwischen den Schulterblättern, die andere oder buchstäblich die Rück-Seite des *Herzens*). Rückwärts schauen, heißt nicht nur, in die Vergangenheit blikken, sondern auch, die Kehrseite, die andere Seite der Medaille, eben die sonst nicht beachtete oder unsichtbare Schattenseite zu betrachten. Beim Rückwärtsfahren beachtet man diese Seite bewußt. Oder man sollte dies tun.

Straße: Die Straße symbolisiert stets unseren Lebensweg. Allerdings sollte man sich dennoch fragen, woher man diese Straße kennt und woran Sie einen erinnert. Achten Sie auf den Zustand der Straße und besonders darauf, ob sie stark oder wenig befahren ist. Befinden Sie sich alleine auf der Straße, mag dies auf Einsamkeit und einen einsamen Lebensweg deuten. Ist die Straße belebt, werden damit gesellschaftliche Aufgaben angesprochen. Falls die Straße einen Namen besitzt, ist auch dieser unbedingt bei der Deutung zu beachten.

Einbahnstraße: Dieses häufig im Traum auftretende Symbol verweist auf eine Eindimensionalität und Starrheit des Träumers.

Küstenstraße: Eine Küstenstraße im Traum stellt immer die Frage nach der Verbindung zwischen Erdung und Gefühl (Wasser). Küstenstraßen sind oft gewundene und schwer zu fahrende Straßen.

Stau: Die Straße ist so voll, daß Sie nicht mehr weiterkommen. Befinden Sie sich zu sehr oder einseitig auf ausgetretenen Bahnen? Vielleicht sollten Sie Ihre Richtung ändern? Was staut sich in Ihnen oder um Sie herum? Was wollen oder müssen Sie stauen und zum Stillstand bringen?

Straßensperre: Die Straßensperre ist ein drastisches Symbol dafür, daß es so nicht mehr weitergeht auf dem Lebensweg des Träumers. Häufig kann solch ein Symbol als Warnung verstanden werden.

Straßenbahn: Die Straßenbahn verdeutlicht die kollektive Komponente auf unserem Lebensweg, der relativ festgelegt ist.

Untergrundbahn: Dieses Symbol ist ähnlich wie die Straßenbahn zu verstehen. Ein Unterschied liegt jedoch darin, daß die U-Bahn unter der Erde fährt. also auf unser Unbewußtes verweist: Den *Untergrund* des Unterschwelligen und Hintergründigen.

Tanken: Tanken hängt im Traum stets mit der Energie zusammen, die wir benötigen, um unseren Lebensweg zu gehen. Wenn wir tanken müssen, bedeutet das, daß wir neue Energie für unseren weiteren Weg zu sammeln haben.

Benzin: Das Benzin symbolisiert die Energie, die uns vorwärtsbringt. Auf der anderen Seite ist Benzin ein gefährlicher Stoff, der leicht Feuer fangen und gar explodieren kann. Mit dieser Energie ist vorsichtig umzugehen.

Tankstelle: Die Tankstelle ist der Ort, an dem wir unsere Energie auftanken. Achten Sie

besonders darauf, wo dieser Ort liegt und woran er Sie erinnert.
Öl: Das Öl vermindert die Reibung und verweist so als Traumsymbol auf die Möglichkeit einer reibungslosen Bewegung hin.

Taxi: Das Taxi stellt im Traum ein Symbol für das Unterwegssein dar. Man bewegt sich nicht aus eigenen Kräft fort, sondern man wird fortbewegt. Außerdem kann es auch auf Bequemlichkeit hindeuten.

Traktor: Der Traktor oder Trecker ist ein Nutzfahrzeug und in diesem Sinn ein nützliches Fahrzeug auf dem Lebensweg. Man kommt mit ihm zwar nicht schnell, aber doch in den meisten Situationen voran. Er gleicht einem Bullen oder Elefanten, der auch in sonst ausweglosen Situationen weiterweiß. Außerdem drückt sich in diesem Symbol die romantische Sicht des Landes, wie sie bei Städtern beliebt ist, aus.

überholen/überholt werden: Es ist offensichtlich, daß andere Menschen besser oder zumindest schneller als wir sind. Solche Traumsituationen treten meist dann auf, wenn man sich schwach und unfähig fühlt. Auch bei Minderwertigkeitsgefühlen und wenn man sich unterschätzt, fordert diese Traumsituation einen auf, sich auf seinen eigenen Rhythmus, seine eigene Geschwindigkeit und seine eigenen Fähigkeiten zu besinnen.

Umleitung: Dieses Traumsymbol zeigt an, daß der direkte Weg Ihnen versperrt ist, also nehmen Sie einen anderen Weg. Es führen stets viele Wege zum Ziel. Man kann seinen eingeschlagenen Weg auf diese Weise nicht fortsetzen.

Unfall: Das Traumsymbol des Unfalls warnt einerseits vor Hemmungen, Schwierigkeiten und Gefahren auf dem Lebensweg. Seien Sie umsichtiger! Überdenken Sie noch einmal Ihre Pläne und Aktivitäten.
Zum anderen zeigt ein Unfall auch die Chance an, die darin besteht, seinen Lebensweg zu verlassen und auszubrechen. Im Sinne des Krisenmanagements drückt das Traumsymbol Unfall häufig aus, daß man im Alltag eine leichte Krise produzieren sollte, um sich vor einer drastischen und aufgezwungenen Krise zu schützen; aber das ist Geschmackssache.
Ich habe viele Träume von Klienten bearbeitet, in denen der Unfall auch eine Sehnsucht nach Nähe und Kontakt ausdrückte, den man sich auf an-

dere Weise nicht zugesteht. Noch häufiger offenbarte sich in einem solchen Traum ein Unbehagen – an bestimmten Personen, Entwicklungen usw. –, das zuvor völlig im Schatten lag und durch den Unfall oder ein Mißgeschick im Traum endlich zum Ausdruck kam. – Je gründlicher man sich dieses Unbehagens bewußt wird und die entsprechenden Konsequenzen zieht, um so weniger braucht man sich im Alltag Sorgen zu machen.

Verkehr: Mit diesem Symbol wird die innere und äußere Bewegung des Träumers angesprochen. Bei Traumbildern des Verkehrs schwingt immer auch die Bedeutung Sexualverkehr mit.

Weg: Der Weg ist stets der Lebensweg des Träumers. Dabei ist besonders auf den Zustand des Wegs zu achten, was rechts und links des Weges zu sehen ist, wohin er führt, woher er kommt und ob er auf- oder abwärts führt. Was ist das Besondere an Ihrem Weg? Wie sehen Sie ihn, und wie sieht er mit den Augen von anderen aus?!
Feldweg: In diesem Bild drückt sich die Sehnsucht des Träumers nach Ruhe, Romantik und Idylle aus.
Weggabelung (Wegkreuzung): Bei der Weggabelung oder Kreuzung im Traum liegt eine Entscheidung an, die bewußt getroffen werden muß. Manchmal ist es gar nicht so wichtig, wie man sich entscheidet, sondern daß man sich entscheidet.

Zeppelin: Der Zeppelin gilt auf Grund seiner Form als das sexuellste unter den Luftfahrzeugen. Aber *Raketen* sind auch nicht schlecht . . .!

Richtungen

Unter den Richtungen im Traum verstehe ich:
oben – unten
rechts – links
vorne – hinten und vorwärts – rückwärts
die Himmelsrichtungen Norden – Süden – Osten – Westen
Diese Grundrichtungen geben die symbolische Ordnung des Raums im Traum wieder. Dabei tritt der Gegensatz oben – unten häufig bei Treppen, Fahrstühlen, Straßen und Wegen auf. Rechts und links haben auch häufig mit Straßen und Wegen zu tun, bei denen man sich für eine Richtung entscheiden muß. Die vier Himmelsrichtungen kommen seltener im Traum vor, obwohl sie indirekt häufig einen Traum prägen. Bei jedem Platz und jeder Landschaft, von

der Sie träumen, treten diese Richtungen auf, die sich oft nur ansatzweise in einer Vierteilung bemerkbar machen. So träumte ein jüngerer Klient von mir von einem großen Platz mit vielen Tauben. Als plötzlich ein Schuß zu hören war, flogen die Tauben in vier Richtungen aufgeschreckt fort. Erst bei genauerem Nachfragen erinnerte sich der Träumer, daß diese Richtungen in der Tat rechtwinklig zueinander standen.

Was zeigen die unterschiedlichen Richtungen an?
Es gibt im Traum immer eine linke und rechte Seite und oft auch ein Oben und Unten. Achten Sie immer darauf, wo das Traum-Ich herkommt und wo es sich hinwendet.
Besonders deutlich werden die Seiten im Traum, wenn wir uns für eine Richtung entscheiden müssen, wie in der typischen Traumsituation, in der man an eine Kreuzung gelangt und sich dann nach rechts oder links wendet. Oder wenn man sich im Traum entscheiden muß, ob man nun ins Tal oder auf den Berg geht. Aber nicht nur in diesen Situationen spielen die unterschiedlichen Seiten eine Rolle, sondernauch bei jedem Traumgegenstand, der zwei oder mehr unterschiedliche Seiten aufweist. Sie sollten sich dabei immer fragen, von welcher Seite Sie sich angezogen fühlen.

Die linke Seite
Die linke Seite ist weiblich, seelisch, gefühvoll, eigensinnig, magisch, hexisch und im Aberglauben unheilverkündend. Das drückt schon unsere Sprache aus, die *links* mit *linkisch* verbindet. Natürlich handelt es sich hierbei um eine Dämonisierung des Weiblichen durch das Patriarchat. Auf Grund dieser Dämonisierung wird die schwarze Magie als linkshändige Magie bezeichnet. Grundsätzlich verweist jedoch die linke Seite im Traum stets auf die weibliche Seite des Träumers. Diese enge Beziehung zwischen links und weiblich wird im mutterrechtlichen Tibet dadurch ausgedrückt, daß sich die Gebetsmühlen linksherum drehen.
Die linke Seite im Traum wird mit folgenden Eigenschaften verbunden: Sie ist bewahrend und anhaftend, beharrend und empfangend. Links wird auch oft mit der Vergangenheit verbunden und mit der Geschichte des Träumers. Ferner verweist die linke Seite auf eine Wendung nach Innen, auf eine meditative Haltung und auf die Introversion (das Gerichtetsein nach innen).

Die rechte Seite
Die rechte Seite wird mit dem männlichen Archetyp verbunden. Sie steht für die Kraft der Tat und des Wissens; sie wird im Patriarchat als heilbringend und »richtig« angesehen. Auf der Ebene der Sprache drückt sich diese Verbindung in der Wortverwandtschaft von *rechts*, *Recht* und *richtig* aus. Der rechte Weg ist der richtige Weg für einen; er ist der zielgerichtete Weg. Alle zielgerichteten Bewegungen wie kämpfen, herrschen, erobern und wollen werden mit der rechten Seite assoziiert. Ferner symbolisiert die rechte Seite die Extraversion (das Gerichtetsein nach außen).

Oben und unten
In relativ vielen Träumen spielt auch der Gegensatz von oben und unten eine wichtige Rolle. Er ist hauptsächlich bei Gebäuden, in den Bergen und beim Straßenverlauf wichtig. Wir sahen schon, daß beim Haus oben das Geistige, unten das Emotionale symbolisiert wird, ebenso ist es beim Baum, beim dem unten die Erdung und oben das Geistige verbildlicht ist.
Ist Ihnen schon einmal aufgefallen, daß im Traum niemals oben wie unten ist? Aus symbolischen Gründen sind oben und unten immer eindeutig voneinander unterschieden.

Oben
Was oben ist, symbolisiert den männlichen Archetyp. Es steht für das Bewußte und Intellektuelle. Oben ist das Reich des Himmels und der Luft, es ist der Ort der Sonne und des Lichts. Oben wird im Patriarchat mit dem Göttlichen, der Klarheit und auch dem Erfolg verbunden. Oben ist Herrschaft als die Macht der Herren. Das Patriarchat suchte seinen Gott stets oben im Himmel und betete deswegen das Geistige an und verteufelte das Körperliche.

Unten
Unten hängt mit der Macht des Weiblichen zusammen. Das Matriarchat sah seine Göttin immer als der Erde und den Höhlen verbunden an, und es betete das Körperliche und die Natur an. Unten ist der Ort des Triebs, wie im Körper die beiden unteren Energiezentren der Sexualität verbunden sind.
Was unten ist, symbolisiert also den weiblichen Archetyp. Unten heißt kreativ und triebhaft, was beides eng zusammenhängt. Und jeder Weg nach unten im Traum entspricht einem Abstieg in die Tiefe und damit eine Verbindung mit seinem Unbewußten. Allerdings kann dieser Abstieg auch mit Verderben, Depression und Niedergang zusammenhängen.

Mit folgenden Richtungen werden wir für gewöhnlich im Traum konfrontiert, die alle symbolisch zu deuten sind:

außen: Wer häufig vom Außen träumt, indem er beispielsweise ein Haus immer nur von außen sieht, der sollte sich mehr um seine Innenwelten kümmern. Er kann sich mit der Tagtraumtechnik einmal in das Innere begeben und schauen, was ihm dort begegnet. Solche Traumsituationen, in denen man sozusagen »außen vor« bleibt, treten häufig bei einseitig extravertierten Menschen auf, denen es guttäte, sich mehr ihrer Innenwelt zuzuwenden.

gerade: Ist ein Traum von der geraden Richtung gekennzeichnet, so mag das zwei unterschiedliche Ursache haben:
1. Der Träumer sollte sich klarer in seinem Leben ausrichten und bewußter sein Leben leben und gestalten.
2. Der Träumer lebt in zu starren Vorstellungen und einer zu geordneten, sterilen Welt. Er braucht mehr Auflockerung.

diagonal: Diagonale Richtungen weisen im Traum stets darauf hin, daß Entferntes miteinander verbunden werden muß. Die diagonale Richtung tritt im Traum häufiger bei Wegen, Gebäuden und bei Mustern an Gegenständen auf.

hoch: Was hoch ist, das ist dem Himmel und somit dem männlichen Archetyp verwandt. »Hoch« hängt schon sprachlich mit »Erhöhung« zusammen. Allerdings ist auch immer zu beachten, daß dasjenigen tief fallen kann, das sehr hoch ist. Hoch kann mit Erfolg verbunden sein, allerdings auf der anderen Seite auch mit Überheblichkeit und Selbstüberschätzung.

innen: Vom Innen träumt hauptsächlich der introvertierte Typ nach Jung. Frauen in der Lutealphase (Zyklusphase zwischen Eisprung und Menstruation) träumen typischerweise häufig von Innenräumen. Innen hängt immer mit Schutz und damit mit dem weiblichen Archetyp zusammen. Wer häufig von Innenräumen und Höhlen träumt, und wer davon träumt, daß er in Verkehrsmitteln sitzt, der sollte mit Hilfe der Tagtraumtechnik seine Außenräume erkunden.

links: Eine Richtung, die symbolisch auf die weiblichen Qualitäten des Träumers verweist.

Norden: Der Norden wird mit der Kälte verbunden und damit auch mit Distanz und Zurückhaltung. Häufig assoziieren Träumer zum Norden auch die Dunkelheit und das Wilde.

oben: Eine Richtung, die symbolisch auf die männlichen Qualitäten des Träumers verweist.

Osten: Aus dem Osten kommt das Licht: »*ex oriente lux*« und damit auch die Erleuchtung oder das Bewußtsein. Ferner steht der Osten für den spirituellen Ausdruck des Menschen. Außerdem für Ostern sowie für die Länder des nahen und fernen Ostens mit ihren tatsächlichen und symbolischen Bedeutungen ...

rechts: Eine Richtung, die symbolisch auf die männlichen Qualitäten des Träumers verweist.

rückwärts: In die Vergangenheit, zur Rückseite, Kehrseite, zum Schatten, zur Quelle oder zur Herkunft hin.

Süden: Der Süden wird mit der Wärme und dem Licht verbunden. Er ist extravertiert und fröhlich.

tief: Die Tiefe symbolisiert fast immer die inneren Tiefe des Träumers. Wer von der Tiefe träumt, der sollte sich nicht vor ihr fürchten, sondern sich in diese Tiefe hinein begeben.

unten: Eine Richtung, die symbolisch auf die weiblichen Qualitäten des Träumers verweist. Unten ist der Ort des Triebs aber auch des Unbewußten.

vorwärts: In die Zukunft. Flucht nach vorne. Ohne Rücksicht. Oder ohne falsche Rücksichten.

Westen: Der Westen verweist auf unbegrenzte Möglichkeiten (vergleiche das »*go west*«-Gefühl der frühen Siedler in Amerika). Außerdem wird der Westen mit dem Feuchten und Nebeligen (Vernebelung) verbunden.

zielgerichtet: Handelt das Traum-Ich im Traum zielgerichtet, ist das meistens als ein Hinweis für den Träumer zu sehen, selbst auch zielgerichtet zu handeln. Nur in seltenen Fällen kann mit dieser Situation eine zu große Starrheit und einseitige Zielgerichtetheit des Träumers angesprochen werden.

Diese Richtungen entgehen uns häufig im Traum, wir übersehen sie, da sie sich nicht wie andere Traumsymbole aufdrängen. Dennoch hilft es sehr, wenn wir auf Richtungen und Seitenunterschiede im Traum achten, da sie die Mitteilung des Traums noch klarer herausarbeiten. Das ist genauso wie mit dem menschlichen Gesicht: Normalerweise bemerken wir gar nicht, daß es zwei erstaunlich unterschiedliche Hälften aufweist. Achten wir darauf, dann sagt das Einiges über unsere männliche und weibliche Seite aus.

Labyrinth

Das Leben ist chaotisch und wir versuchen ständig einen Sinn auf dieses Chaos zu projizieren. Im Grunde können wir das Chaos nicht ertragen, geschweige denn eine höhere Ordnung in ihm sehen, obwohl die moderne Physik uns lehrt, daß das Chaos eine höhere Ordnung darstellt.

Alle diejenigen Traumsituationen und Traumsymbole, die uns chaotisch erscheinen, erinnern uns zum einen, daß unsere Welt nicht logisch zu ordnen und technisch vollständig zu bestimmen ist. Es ist ein Mythos unserer Zeit, daß der Mensch alles ordnen und regulieren kann. Wir sind keine Götter. Und je mehr wir unser Leben rational und logisch ordnen wollen, um so mehr gibt es Einbrüche des Irrationalen und Chaotischen, die sich in Traumsymbolen wie Labyrinth und Chaos zeigen. Daß wir unsere Außenwelt genauso wenig wie unsere Innenwelt ordnen können, zeigt unter anderem die ökologische Krise, zeigen Krankheiten wie beispielsweise Aids und Krebs.
Als Psychologe und Therapeut kann ich immer wieder beobachten, daß es gesund ist, sich vom Chaos und Unbegreiflichen berühren zu lassen. Damit machen wir Kontakt mit der tieferen Ordnung, die hinter unserer oberflächlichen Ordnung wirkt. So sollten wir dankbar für die Träume sein, die uns wieder mit unserem Urgrund, nämlich dem Chaos verbinden. Wir sollten vor diesen unschaubaren Situationen keine Angst haben. Aber das ist natürlich leichter gesagt, als getan.
Treten in Ihren Träumen chaotische Situationen auf, oder erleben Sie Ihre Träume als chaotisch, dann machen Sie sich klar, daß dies meistens ein Zeichen ist, daß Sie in einem zu starren Ordnungssystem leben. Wer über längere Zeit in solch einem Ordnungssystem lebt und an ihm festklammert, der erstarrt unweigerlich innerlich und äußerlich und geht an seiner eigenen Starrheit zu-

grunde. Das Chaos und das Labyrinth treten als Erlösungssymbole im Traum auf. Sie wollen vor unserer Erstarrung erretten, indem sie uns die andere Sicht der Welt präsentieren. Die Chance liegt darin, diese Sicht anzunehmen und nicht vor ihr die Augen zu schließen.

Einige Traumsymbole aus diesem Bedeutungsfeld wie beispielsweise Krieg und Revolution finden Sie im Kapitel »Abenteuer und Gipfelerlebnisse«. Ausführungen über die Krankheiten, die als Chaos des Körpers angesehen werden können, finden Sie im Kapitel »Gesundheit und Wohlbefinden« näher beschrieben.

Blindheit: Das Traumsymbol Blindheit zeigt uns an, daß wir etwas nicht sehen beziehungsweise nicht sehen wollen. Es tritt immer dann auf, wenn wir vor wesentlichen Einsichten unsere Augen verschließen.
Da die Wahrnehmung tiefgreifend unser Bewußtsein beeinflußt, deutet die Blindheit im Traum auch auf eine Bewußtseinsschwäche hin. Ähnlich wie beim Traumsymbol Schlaf wird hier darauf hingewiesen, daß wir – zumindest partiell – unbewußt sind.
Fragen Sie sich bei diesem Traumsymbol stets, was Sie denn sehen sollen. Normalerweise gibt die Ihnen die Traumsituation Hinweise dazu. Der »blinde Fleck«.

Chaos: Das Chaos ist die Mutter aller Dinge. Wenn Sie einen ganzen Traum oder eine Traumsituation als chaotisch erleben, machen Sie sich klar, daß Sie mit einer anderen Welt Kontakt machen, die genauso in Ihnen lebt, wie Ihre geordnete Welt. Diese Welt zeigt sich nachts im Traum, da Sie sie tagsüber verdrängen und nicht wahrnehmen wollen. Sie fühlt sich sozusagen stiefmütterlich behandelt und meldet sich zu Wort, wenn Ihr Bewußtsein im Schlaf getrübt ist. Wenn Sie jedoch Ihre Lebensenergie nutzen und kreativ durch Ihr Leben gehen wollen, dann ist es unbedingt notwendig, diese Seite Ihres Innenlebens nicht nur wahrzunehmen, sondern sie auch in Ihr Alltagsleben zu integrieren. Dadurch stärken Sie Ihre intuitiven Fähigkeiten und Sie können Dinge vorausahnen und so sicherer durchs Leben gehen.
Chaos tritt im Traum immer auf, wenn die Gefahr der Erstarrung droht. Man könnte auch sagen, daß sich das Chaos immer dann im Traum äußert, wenn der Träumer oder die Träumerin zu einseitig dem

männlichen Archetyp verfallen ist.

Dunkelheit: Das Traumsymbol Dunkelheit ist ähnlich zu deuten wie das der Blindheit: Das Bewußtsein des Träumers ist schwach. Allerdings ist die Dunkelheit weniger drastisch als die Blindheit, da man in ihr noch etwas, zumindest Konturen, erkennen kann. Es handelt sich also bei diesem Traumsymbol nicht um eine Bewußtseinslücke, sondern um eine Bewußtseinsschwäche. Es fehlt die Unterscheidungsfähigkeit und die Differenzierung.
Das Traumsymbol Dunkelheit deutet immer darauf hin, daß der Träumer oder die Träumerin Licht in ihr Bewußtsein bringen sollte; das heißt, bewußter werden sollte.
Die Dunkelheit ist ein archetypisches Symbol für die lebensspende Kraft des Weiblichen, da aus dem Dunkel jedes Leben erwächst. So war auch die Farbe Schwarz am Anfang der Kulturen, so sagt man, die heilige Farbe der Großen Mutter. In patriachalischer Zeit mit dem Aufkommen der Lichtmysterien wird jedoch das Dunkel dämonisiert und eine Dunkelangst entsteht, da der männliche Geist in der Dunkelheit seine Orientierung verliert. Der Dunkelheit muß man sich hingeben, sie hängt mit der Passivität zusammen.

Labyrinth: Das Labyrinth oder der Irrgarten ist ein archtypisches Symbol, das in vielen Kulturen auftritt. Bekannt ist das Labyrinth im Palast von Kreta, in dem der griechische Held Theseus mit Ariadnes Hilfe den Minotauros erschlägt. Auch die Kelten kannten Rasenlabyrinthe, und es wird angenommen, daß Sie in diesen Labyrinthen tanzten.
Im Traum treten labyrinthartige Formen wie Spiralen und Irrgärten immer dann auf, wenn der Träumer sich verwirrt und orientierungslos fühlt oder wenn er an einem zu starren Lebenskonzept sich festklammert. Das Labyrinth ist grundsätzlich als der Lebensweg des Träumers zu deuten, der niemals geradlinig verläuft. Sich in das Labyrinth zu begeben, heißt auch, die Chancen des Lebens zu nutzen und sich in den Lebensfluß zu begeben. Und um es nochmals zu betonen: Lassen Sie sich ruhig verwirren. Die Verwirrung ist oftmals ein Zeichen für eine heilsame Änderung Ihres Lebens. Bedenken Sie immer, daß in der griechischen Mythologie der Held das Ungeheuer im Labyrinth erschlägt. Im Labyrinth werden also die destruktiven Triebe besiegt und

das mit Hilfe der Weiblichkeit – nämlich Ariadnes Faden.

Sich verlaufen und umherirren: Sehr häufig verlaufen wir uns im Traum oder irren umher, ohne zu wissen, wo und wie es lang geht. Kennen Sie dieses Gefühl aus Ihrem Leben? Falls ja, dann beziehen Sie die Traumsituation auf Ihre Lebenssituation und versuchen Sie die genauen Umstände zu beschreiben. Wie beim Traumsymbol Labyrinth bedenken Sie auch immer, daß man durch das Umherirren und Sich-Verlaufen in neue Gebiete kommt, die man sonst nicht gesehen hätte. Es liegt also eine Chance darin, den rechten Weg zu verlieren. Wenn man jedoch zu häufig den rechten Weg und sein Ziel aus dem Auge verliert, dann sollte man sich diszipliniert um eine Orientierung bemühen. Es kommt immer auf das Maß an: Sich treiben zu lassen und Zielgerichtetheit sollten idealerweise ausgeglichen sein. Deswegen treten diese Traumsituationen auch gerade dann auf, wenn man zu zielgerichtet und nur zielgerichtet durch sein Leben gehen möchte. Das entspricht der Natur.

Verwirrtheit: Verwirrtheit zeigt im nächtlichen Traum fast immer an, daß der Träumer oder die Träumerin auch in ihrem alltäglichen Leben verwirrt ist. Dieses Traumsymbol ist als ein Hinweis zu deuten, daß man sich seine Verwirrung bewußt macht und damit den ersten Schritt unternimmt, sie auch abstellen zu können. Da fast jedes Traumsymbol zwei Seiten besitzt und aus der Spannung lebt, die seine Polarität erzeugt, tritt die Verwirrtheit im Traum auch als Hilfe auf. Sieht man eine Situation im Alltagsleben zu starr und eindimensional, dann muß diese ungute Starrheit durch eine Verwirrtheit wieder aufgelockert werden, so daß man neue Möglichkeiten und Zugangsweisen erkennn kann.

Wahnsinn: Der Wahnsinn deutet im Traum daraufhin, daß man eine Situation mit dem falschen Sinn belegt. Man hat den Kontakt mit dem wahren Sinn verloren und lebt im Wahn, das heißt, die Ansicht des Träumers geht an seiner Realität vorbei. Das Traumsymbol Wahnsinn ist ein Hinweis, einen neuen Sinn zu finden. Das mag nun ein neuer Lebenssinn oder eine veränderte Sicht der Situation sein. Sie brauchen keine Angst zu haben, dieses Traumsymbol zeigt normalerweise nicht an, daß Sie wahnsinnsgefährdet sind, sondern nur, daß Sie Ihre Sicht der Dinge und Situationen korrigieren müssen.

Wiederholungen: Wiederholungen kommen im Traum als zwanghaftes Verhalten vor oder als ständig wiederkehrende Traumsymbole. Wiederholungen, die uns unglücklich machen, bezeichnete Sigmund Freud als Neurose.
Treten in einem Traum oder in Traumserien immer wieder gleiche Verhaltensweisen, gleiche Situationen oder gleiche Traumsymbole auf, möchte einem der Traum sagen, daß man seine zwanghaften Wiederholungen im Alltagsleben aufgeben sollte. Der Traum möchte mit dieser Information bei Ihnen ein Bewußtsein für Ihre Wiederholungen schaffen. Wenn dieses Bewußtsein gegeben ist, kann man die Wiederholungen auch – zumindest auf die Dauer – ablegen.

Zeit, Zeiten

An dieser Stelle möchte ich die wenigen wichtigen Symbole der *Zeit* im Traum betrachten.

Jahreszeiten: In einigen Träumen kann man deutliche Hinweise auf die Jahreszeiten finden. Wie sieht die Natur aus? Welches Wetter und welche Lichtverhältnisse herrschen vor?
Frühling: Der Frühling symbolisiert im Traum die Zeit des Neuanfangs. Die Lebensenergien kehren zurück, was auf Aktivität und »bessere Zeiten« verweist.
Herbst: Im Herbst vermindert sich die Lebensenergie, was im Traum anzeigt, daß eine Zeit für eine Verringerung der Aktivitäten angesagt ist. Zugleich ist der Herbst die Jahreszeit der Ernte. Man kann jetzt das nutzen und aus dem schöpfen, das man sich erarbeitet hat.
Sommer: Der Sommer ist durch Sonnenschein und Wärme geprägt. Im Traum verweist diese Jahreszeit auf eine positive Stimmung und/oder Bewußtseinsklarheit.
Winter: Der Winter symbolisiert im Traum die Zeit der Ruhe und Besinnung. Man wendet sich nach innen.

Kalender: Der Kalender und besonders der Terminkalender verweist immer auf die Zeit im Traum und meistens auf die Zeit, die man im alltäglichen Leben nicht hat. Je gehetzter man sein Leben führt, um so eher erscheint dieses Traumsymbol im Traum. Es verweist darauf, daß man seinen Alltag besser planen sollte.

Lebensalter: Traumpersonen haben ein bestimmtes Alter, das man meistens im Traum nicht beachtet. Es kann aber bei der Deutung helfen, dieses Alter mitzuberücksichtigen. Treten im Traum Kinder oder alte Menschen auf? Gehören alle Traumpersonen einer Altersgruppe an?

alte Menschen: Alte Menschen im Traum verweisen erstaunlicherweise für viele Traumdeuter/innen auf Langsamkeit. Das scheint mir jedoch allzu vordergründig zu sein. Mit Sicherheit kann ich aufgrund meiner Therapieerfahrungen sagen, daß wichtiger und häufiger alte Menschen auf die Auseinandersetzung mit den eigenen Vorfahren, auf Wünsche und Ängste in bezug auf die eigenen Lebensziele sowie schließlich auf gewisse archetypische Erfahrungen (der oder die alte Weise, Großvater und Großmutter als großer Vater und große Mutter u.a.m.) verweisen.

Kinder: Kinder deuten im Traum auf die volle Lebensenergie und auf das, was wachsen möchte.

Tageszeiten: Die Tageszeiten werden ähnlich wie die Jahreszeiten häufig im Traum übersehen. Allerdings kann man zumindest bei fast jedem Traum ausmachen, ob er am Tag oder in der Nacht stattfindet.

Abend: Der Abend ist auch im Traum die Zeit der Besinnung und des Übergangs zur Dunkelheit. Das kann auch darauf verweisen, daß man nicht mehr so klar und deutlich seine Situation sieht.

Abenddämmerung: Die Abenddämmerung ist die magische Zeit, jene Zeit in der die Fledermäuse fliegen und das Tagesbewußtsein sich zurückzieht.

Mittag: Der Mittag ist die Zeit des Sonnenhöchststandes und damit ein Traumsymbol für ein hohes Bewußtsein.

Morgen: Der Morgen als Traumsymbol verweist auf einen Neuanfang oder eine neue Chance.

Nacht: Die Nacht ist im Traum die Zeit des Besuchs der Anderswelt. Das zieht nicht mehr Geist (Intellekt), sondern das Gefühl (das Unbewußte). Die Nacht wird von dem Mond beherrscht. Sie ist die weibliche Zeit.

Uhr: Wie der Kalender, so deutet auch die Uhr im Traum meist auf die fehlende Zeit oder die Zeitnot hin. Achten Sie darauf, ob die Uhr die richtige Zeit anzeigt oder vor- oder nachgeht (man hat oft im Traum dafür ein Gefühl). Stehengebliebene Uhren verweisen häufig darauf, daß man eine Pause einlegen sollte.

Armbanduhr: Die Armbanduhr verdeutlicht im Traum sozusagen auf die Zeit, die man immer mit sich herumträgt. Dieses Traumsymbol ist ein verbreitetes Symbol für den verinnerlichten Zeitdruck.
Bahnhofsuhr: Das Traumsymbol Bahnhofsuhr deutet an, daß man immer unterwegs ist und sich deswegen gehetzt fühlt. Es kann auch darauf hindeuten, daß es höchste Zeit für eine notwendige Veränderung ist.
Digitaluhr: Die Digitaluhr ist die technische Uhr, die im Traum auf eine entfremdete Einstellung zur Zeit verweist. Man erlebt den Zeitablauf nicht mehr als einen Prozeß.
Eieruhr: Die Eieruhr verweist im Traum auf kleine Zeitabschnitte hin. Dies mag ein Hinweis darauf sein, daß man seine Zeit genauer, also in kleineren Abschnitten planen sollte.
Kirchenuhr: Die Kirchenuhr ist die große Uhr, die vom Kirchturm aus den Überblick besitzt und das Leben der Bewohner beherrscht. Zugleich wird hiermit auf die Spiritualität verwiesen und damit auf den inneren Rhythmus. Meiner Erfahrung nach tritt dieses Traumsymbol stets dann auf, wenn auf die Diskrepanz zwischen von außen bestimmter Zeit und innerem Rhythmus verwiesen werden soll.
Pendeluhr: Bei der Pendeluhr wird im Traum meistens auf den Ausschlag des Pendels verwiesen. Dieses Traumsymbol zeigt an, daß es auf und ab geht.
Standuhr: Die Standuhr verweist meistens im Traum auf die »gute, alte Zeit«.
Wanduhr: Die Wanduhr ist in ihrer Symbolik im Traum auf den Raum zu beziehen, in dem sie angebracht ist. Sie beherrscht die Zeit in diesem Raum, mit dem ein innerer Raum oder Bereich des Träumers oder der Träumerin angesprochen ist.
Wecker: Der Wecker oder die Weckuhr deutet als Traumsymbol fast immer daraufhin, daß man endlich erwachen sollte. Das heißt, daß man mit mehr Bewußtsein durch sein Leben gehen sollte. Das ist der Kampf gegen den Schlaf in Sinne von Gurdjieff.

Bei allen Zeitangaben im Traum sollte man zuerst darauf achten, ob diese Zeitangabe eine spezielle Bedeutung im Leben des Träumers oder der Träumerin hat. Das ist sofort einsichtig bei Daten, aber auch die tägliche Uhrzeit mag auf die Zeit des Aufstehens, einer Verabredung oder Sitzung verweisen.
Bei Personen und Orten im Traum sollte man sich stets

auch fragen, an welche Zeit sie einen erinnern. Häufig treten Personen oder auch Gegenstände im Traum auf, um den Träumer oder die Träumerin an eine spezielle in ihrem Leben zu erinnern. Es ist dabei wichtig zu beachten, in welcher geistigen und emotionalen Situation man damals lebte. Beziehen Sie das auf Ihre heutige Situation.
Oft kommt es vor, daß im Traum die Zeit stehenbleibt (Stagnation) oder rast (Streßsymbol). Das scheinbare Anhalten der Zeit kann als *Zeitlupe* verstanden werden, die Ihnen die Möglichkeit gibt, sich etwas genauer anzuschauen. Die Beschleunigung der Zeit wie im *Zeitraffer* kennzeichnet häufig ebenso eine Bewußtseinserweiterung.

In einem einzigen Traum und erst recht in Traumfolgen, die sich über eine längere *Zeit* erstrecken, können sich die verschiedenartigsten Zeiten, Zeitalter, Zeiträume, Zeitverläufe usw. mühelos und im Nu abwechseln. Vergessen Sie dabei bitte nicht, alles, was Sie im Traum erleben, ist Ihre *Gegenwart,* die sich so und nicht anders in Ihren Träumen darstellt. Auch die Vergangenheit, die Zukunft und sonstige nahe und ferne Zeiten, von denen Sie träumen, sind gegenwärtig. *Die Zeitverhältnisse im Traum sind ein Spiegel Ihrer Persönlichkeit.* Diese Regel läßt sich auf alle Traum-Symbole, bei denen die Zeit von Bedeutung ist, anwenden. Wer sagt: »Ich habe keine Zeit«, sagt symbolisch: »Ich habe keine *Persönlichkeit*« (zumindest keine, die für die eigenen Lebensumstände ausreichend entwickelt wäre). Die phantastische Fülle von Zeitepochen und Zeitebenen, die zum Teil synchron und zum Teil völlig verschieden verlaufen, sind insoweit ein deutlicher Spiegel für die vielen Epochen und Ebenen der eigenen Persönlichkeit, die es zu verwalten und zu gestalten gilt.

Natur und Garten

Wald

Der Wald ist wohl eines der häufigsten Symbole des Unbewußten. Dort leben die wilden Tiere im Gegensatz zu den domestizierten Tieren, die im Haus beziehungsweise im Stall leben. Die Märchen und die romantischen Dichter pflegten den Wald zum Schauplatz der Abenteuer zu machen, die stets als Abenteuer unserer Seele anzusehen sind. Im Wald leben die Räuber, hier also ist der Ort des Wilden und der aus der Gesellschaft (dem Bewußtsein) Ausgestoßenen. Ich erinnere nur an Helden wie Robin Hood, die nur im Wald leben können.
Gerade heutzutage in einer Zeit, in der der Wald abgeholzt und die Bäume sterben oder zu Papier werden, verlieren wir im Außen Orte des Wilden. Was man im Außen verliert, das sollte man zumindest noch im Inneren zu wahren versuchen. Wenn der »innere Wald« auch noch verschwindet oder durch Plastikbäume ersetzt wird (wie es an den highways in den USA geschieht), dann haben wir nicht nur unsere Wildheit verkauft, sondern auch den Bezug zu unserer Kreativität verloren.
Im Englischen nennt man die unberührte Natur *wilderness*, das ist die Wildheit, die es in unserem kalkulierten Alltagsleben nicht mehr gibt. Um so wichtiger ist es, diese Wildheit in unserem Inneren und zu erleben. Reste dieser undomestizierten Wildheit zeigen sich im Traum in den Bildern vom Wald, in dem nicht selten – wie zu Rotkäppchens Zeiten – die wilden Tiere leben. Der Wald ist voller Geheimnisse, da man nie weiß, was man hinter dem nächsten Baum treffen mag. Er ist das Dunkle und letztlich Unergründliche – also ein ideales Bild für unser Unbewußtes.

Bäume

Ohne Bäume kein Wald. Der Baum symbolisiert die Verbindung von Himmel und Erde. Seine Wurzeln verankern

ihn tief in der Erde, und der Mythologie zufolge bergen sie einen wohlversteckten Schatz: Die Weisheit des Lebens. Wir sprechen auch vom Lebensbaum, den wir ironischerweise häufig auf Friedhöfen finden. Aber das ist schon die domestizierte Form des Baums. In all seiner Kraft erscheint er uns in den heiligen Bäumen der Germanen, zu denen besonders die mächtige Eiche, die harte Esche und die Eibe gezählt werden. Das sind Symbole der Urkräfte des Lebens. Alle diese Bäume gehen vermutlich auf den Archetyp des Baums der germanischen Weltenesche *Yggdrasil* zurück. Dieser immergrüne Baum breitet schützend seine Zweige über Himmel und Erde aus und auf seiner Spitze sitzt der Adler, der die Welt beobachtet, und ein Habicht, der das Wetter macht. Die das Schicksal symbolisierenden Nornen leben an seinem Stamm, und bei Unwettern suchen hier die wilden Tiere Schutz ...
Im folgenden nun eine Liste der wichtigsten Bäume, die im Traum vorkommen können.

Apfelbaum: Den Druiden war der Apfelbaum heilig und das mythologische Avalon, wo König Artus begraben wurde, war die Insel der Apfelbäume. Als der Druidenorden in der Neuzeit wieder belebt wurde, trafen sich die Gründungsmitglieder unter einem Apfelbaum. Der Apfelbaum drückt als Traumsymbol romantische Sehnsüchte nach der Situation aus, in der die Welt noch in Ordnung ist. Oftmals tritt dieses Traumsymbol auf, wenn der Träumer oder die Träumerin sich vom Großstadtleben gestreßt fühlt.
Apfel: Der Apfel spielt in vielen Mythologien eine hervorragende Rolle. Paris reichte in Homers *Ilias* der schönen Helena den Apfel, womit er den Kampf um Troja auslöst. In der christlichen Mythologie reichte Eva Adam den Apfel als verbotene Frucht, wodurch nach gnostischer Tradition der Mensch sich vom strafenden Gott emanzipierte. Allerdings folgte auch hier das Desaster in Form der Vertreibung aus dem Paradies. Da der Apfel – wie die Äpfel der Hesperiden – ein Objekt der Begierde darstellt, kommt es durch ihn auch leicht zum Streit, weswegen der Volksmund auch den Begriff des Zankapfels geprägt hat.
Auf der anderen Seite besitzt nicht nur nach druidischer Auffassung der Apfel auch heilende Wirkung. Der Traum vom Apfel meint also sowohl das Objekt der Begierde und warnt so vor zu großer Gier, als er auch

auf heilende Kraft des Apfels verweist. Immer schwingt auch im Symbol des Apfels die Sehnsucht nach der Natur und einem natürlichen Leben mit. Die Erkenntnisfunktion, mit der die christliche Mythologie den Apfel belegt, wird nur sehr selten im Traum angesprochen.

Buche: Die Buche ist dem Volksglauben entsprechend derjenige Baum, in den der Blitz nicht einschlägt. Das heißt, daß die Buche ein verbreitetes Schutzsymbol darstellt.
Blutbuche: Die Blutbuche oder Rotbuche verweist durch ihre Farbe auf die volle Lebenskraft der Natur. In einigen Gegenden Europas war es üblich, Blutbuchen an Wegkreuzungen zu pflanzen (das ist heute noch in Somerset/England zu bewundern), wodurch diese rotblättrige Buchenart auch zum Symbol der Entscheidung wird.

Buchsbaum: Der Buchsbaum wird von vielen Menschen als »Friedhofsbaum« gekennzeichnet. Er verweist auf die Ruhe des Friedhofs, als den Park, in dem man seinen Frieden findet. Zum anderen ist er ein Baum, der unseren Breiten und besonders in England oft in besondere geometrische Formen geschnitten wird. Die Natur wird vom menschlichen Geist gestaltet und somit deutet dieses Traumsymbol an, daß man seine eigene Natur mehr gestalten sollte oder daß man sie zu sehr gestaltet und ihr zu wenig freie Entfaltungsmöglichkeit läßt.

Eiche: Die Eiche ist seit germanischen Zeiten ein heiliger Baum. Unter der Eiche fand man sich zusammen, um zu richten, aber auch um sich auszutauschen und gesellig zusammenzusein. Der Eiche wohnt eine starke männliche Energie inne und sie symbolisiert Bodenständigkeit. Symbolisch ist die Eiche auch Deutschland verbunden, wo es bezeichnenderweise viele Plätze mit dem Namen »deutsche Eiche« gibt.

Feigenbaum: Der Feigenbaum wird von den meisten Träumern entweder mit Urlaub oder mit dem Feigenblatt assoziiert, mit dem in Paradiesdarstellungen Adam und Eva ihre Geschlechtsorgane verhüllen.
Feige: Die Feige gilt als erotische Frucht, die süß wie die Sünde an das weibliche Geschlecht denken läßt.

Linde: Die Linde ist seit Walter von der Vogelweide der Baum, unter dem man sich trifft, um Freude und Spaß zu haben. Ihre Blüten wirken besonders bei fiebrigen Erkrankungen heilend. Als Traumsymbol kann die Linde im Sinne von Freude, Geselligkeit, Natursehnsucht und Heilung durch die Natur gedeutet werden.

Nadelbaum: Nadelbäume sind immer grün und werfen ihre Blätter, wie es im Volkslied heißt, nicht ab. Der Nadelbaum unterliegt nicht so sichtbar den Zyklen der Zeit wie die Laubbäume. Er drückt damit aus, daß man sich in die Natur begeben und seinen Zeitdruck vergessen sollte.

Obstbaum: Obstbäume besitzen etwas Anheimelndes, Liebliches und Nährendes. Mit diesem Traumsymbol wird wie bei den meisten Bäumen auf die harmonische und heilende Wirkung der Natur angespielt. Speziell steht hier die nährende Seite der Natur (in jeder Hinsicht für Körper und Psyche) im Vordergrund.
Birne: Die Birne gilt wegen ihrer Form als ein Symbol für den weiblichen Körper. Manchmal allerdings Symbol für einen deutschen Bundeskanzler.
Kirsche: Die Kirsche gilt wegen ihrer roten Farbe als erotisches Symbol.
Pfirsich: Der Pfirsich gilt wegen seiner Farbe und seiner weichen Haut als Traumsymbol, das auf die weibliche Haut und somit auf die Sinnlichkeit verweist.
Pflaume: Die Pflaume gilt auf Grund ihrer Form als Symbol für das weibliche Geschlecht.

Olivenbaum: Das Traumsymbol Olivenbaum läßt meistens Erinnerungen an den Urlaub aufsteigen oder auch an Zähigkeit und Alter. Teilweise, unter Einfluß des Orients, wird der Olivenbaum auch als ein Traumsymbol für Reichtum und Besitz angesehen.

Palme: Die Palme gilt in der christlichen Mythologie als ein Symbol des Friedens. Auch als Traumsymbol hat sich diese Bedeutung durchgesetzt. Phallussymbol. – Datteln, Kokosnüsse!

Tanne: Die Tanne läßt die meisten Träumer sofort den Weihnachtsbaum erinnern, und damit symbolisiert sie Harmonie und eine angenehme Stimmung in Kreise seiner Familie.

Weidenbaum: Die Weide tritt als Traumsymbol fast ausschließlich als Trauerweide auf und verweist so auch auf eine meist verdrängte Trauer. Träumen Sie von einer Weide, sollten Sie sich zur Trauerarbeit anregen lassen.

Zypresse: Die Zypresse weckt bei fast allen Träumern und Träumerinnen Urlaubserinnerungen und ist damit im Sinne von Ausspannen zu deuten.

Garten

Der Garten ist ein ähnliches Symbol wie der Wald, nur ist er lieblicher und ein Stück domestizierter Natur. Dem Garten fehlt die wilde Kraft des (ursprünglichen, traditionellen) Waldes, aber ist er der Ort der Liebe und der Verführung. In den traumhaften Geschichten aus Tausendundeiner Nacht findet der sexuelle Genuß stets im Garten statt. Das einzig erotische Buch der *Bibel*, das erstaunlicherweise das Konzil von Nicäa überlebte, nämlich das Hohelied, das etwa im vierten Jahrhundert vor unserer Zeitrechnung aufgeschrieben wurde, spielt bezeichnenderweise in einem Garten.

Wer heute vom Garten träumt, bei dem schwingt, zumindest im Hintergrund, sicherlich auch die Sehnsucht nach Liebesgenuß, Verführung und nach Abenteuer mit. Allerdings ist das nicht die einzige Bedeutung dieses Traumsymbols – der Garten ist auch der Ort der Ruhe und der Erholung. Daß es aber der Garten und nicht die wilde Natur ist, die der Träumer sieht, zeigt auch seine »Verzagtheit«. Ein bißchen Natur ist erlaubt, zuviel Natur jedoch vom Übel – nach dieser Devise läßt der Traum nur noch das Bild des Gartens zu, um den großen Zensor in uns zu umgehen, der Bilder der wilden Natur zu erschreckend findet.

Im Garten drückt sich die Angst vor dem gefährdeten Leben aus, in dem sich der Mensch den Kreisläufen und Abläufen der Natur ausgesetzt fühlt. So schafft man das Bild des Gartens als ein Abbild des Paradieses.

Anders sind da die klassischen Gärten der Mythologie, wie beispielsweise derjenige der Hesperiden (»Hesperos« ist der griechische Ausdruck für den Abendstern). Er ist ein Obstgarten, in dem wie im keltischen Avalon Apfelbäume mit goldenen Äpfeln stehen. Diese Bäume wurden Hera als Hochzeitsgeschenk von der Mutter Erde gegeben, damit Braut und Bräutigam mit der heiligen Hochzeit (*hieros gamos*) die Fruchtbarkeit der Erde erhalten.

Hier ist auch im Symbol des Gartens die ursprüngliche Macht der Natur zu spüren.

Die moderne Tiefenpsychologie und besonders C.G. Jung sehen

im relativ häufig auftretenden Traumsymbol des Gartens ein Symbol der Individuation, das sich im Unbewußten des Menschen konstelliert, und den Träumer auf die Aufgabe seiner Individuation aufmerksam macht.
Mir fiel bei den Träumen meiner Klienten und meinen eigenen Träumen auf, daß sich hinter dem Traumsymbol Garten oftmals eine Weltflucht verbirgt.

Wenn Sie vom Garten träumen, dann versuchen Sie, diesen Garten immer wilder werden zu lassen. Beleben Sie ihn in der Tagtraumtechnik mit wilden Tieren und statten Sie ihn mit mächtigen Bäumen und Pflanzen aus: Spüren Sie die Kraft der Natur, die Sie dabei durchströmt. Öffnen Sie sich Ihr.

Blumen

Da im Garten die Blumen eine große Rolle spielen, folgt nun eine kurze Übersicht, was verschiedene Blumen im Traum symbolisieren. Die Nonne Dorothea Forstner schreibt in ihrem Lexikon christlicher Symbole, daß die Blumen »Kinder des Lichts [sind], die ihren Kelch der Sonne öffnen.«

Krokus: Der Krokus verbreitete sich vom Orient ausgehend über ganz Europa. Der im Herbst gelbblühende Safran wurde in der Antike der Rose gleich hochgeachtet. Safran galt als ein Symbol des Lichts, als das er auch noch in heutigen Träumen auftritt. Sicherlich schwingt beim Traumsymbol des Krokus ebenfalls mit, daß er mit dem Schneeglöckchen zusammen zu den ersten Blumen des Jahres gehört. Er zeigt an, daß die kalte Zeit des Winters vorbei ist.

Lilie: Die Lilie mit ihren weißen Blütenkelchen symbolisiert die Reinheit. Von Persien ausgehend breitete sich das Symbol der Lilie als Symbol der Lichtgeburt in ganz Europa aus und wurde zu einem beliebten heraldischen Zeichen. Man spricht von der »königlichen Lilie«. Als Traumsymbol tritt sie meist dann auf, wenn der Träumer sich reinigen möchte. Sie kommt auch im Christlichen als Symbol der Jungfräulichkeit vor.

Nelke: Konventionelle Gefühlsäußerung.

Rose: Die Rose wird nicht nur die Königin der Blumen genannt, sie tritt auch am häufigsten von allen Blumen im Traum auf. Wegen ihrer Schönheit und ihres betörenden Duftes wird sie zum Symbol der Liebe, wobei ihre Dornen nicht zu übersehen sind. Für die Traumsymbolik sind besonders die Aspekte der Schönheit der Rose und auf der anderen Seite ihre Dornen und ihre Kurzlebigkeit wichtig. So ist sie ein perfektes Symbol der *Einmaligkeit* eines Menschen.

Schneeglöckchen: Das Schneeglöckchen besticht durch seine weiße Farbe, die Unschuld und Reinheit symbolisiert. Im Traum verweist das Schneeglöckchen oft darauf, daß man sich trotz schwieriger Situationen entfalten kann, so wie das Schneeglöckchen in einer blumenfeindlichen Zeit unverhofft aufblüht.

Seerose (Lotosblume): Die Seerose gehört zu einem der beliebtesten Symbole des fernen Ostens. So wird der Sitz eines Erleuchteten als Seerose dargestellt. Die Symbolik der Seerose ist besonders von ihrer Eigenschaft geprägt, am Abend nicht nur wie viele Blumen ihre Blüten zu schließen, sondern diese auch unter Wasser zurückzuziehen. Mit dem ersten Licht tauchen sie am Morgen wieder auf und richten ihren Kelch gen Osten. Immer wieder wird es beschrieben, daß der wunderschöne Lotos seine Wurzeln tief in den häßlichen Schlamm des Sees verankert. Das ist ein deutlicher Hinweis auf die Kraft der Transformation. Im Traum verweist die Seerose auf Ruhe, innere Schönheit und oftmals zeigt sie eine positive Persönlichkeitsentwicklung an.

Tulpe: Bei der Tulpe im Traum kommt es darauf an, welche Farbe diese Blume aufweist. Bei ihr ist die Bedeutung völlig von der gezeigten Farbe abhängig (zur Symbolik der Farben siehe genauer die umfangreichen Ausführungen über die Farben weiter oben im Kapitel »Haus und Wohnung«).

Veilchen: Wegen seiner blauen Farbe wird das Veilchen als Seelenblume angesehen. Es gilt als der Bote des Frühlings. Im Traum symbolisiert diese kleine Blume die Sehnsucht. Sie tritt bei Träumern auf, die sich mehr ihrem Gefühlen zuwenden sollten oder mehr auf ihr Gefühl vertrauen sollten.

Was bei der Tulpe im Extrem auftritt, daß nämlich ihre Symbolik allein von ihrer Farbe abhängt, trifft im gewissen Sinn für die meisten Blumen zu. Der erste Zugang zur Symbolik einer Blume im Traum ergibt sich über deren Farbe. Danach kann man noch die spezielle Symbolik der einzelnen Blumenarten betrachten.

Früchte

Die Früchte des Felds und des Gartens sind in vielen Träumen von großer Bedeutung:

Ähre: Fruchtbarkeit, Wohlstand. Symbol der Ernte und der Reife.

Apfel: Gesundheit, auch Erneuerung des Lebens, Symbol des ewigen Lebens (goldener Apfel). Verführung und Sexualsymbol der Brust. Eva und Adam. Paris am Scheideweg.

Banane: »Alles Banane ...« ? Penissymbol. Ausgelassenheit, Blödsinn oder gute Stimmung.

Beeren: Freuden, Lebensgenuß. Appetit auf Beeren als Ausdruck sexueller Bedürfnisse.

Birne: Der weibliche Körper, speziell der Bauch.

Bohnen: Nahrhaft, jedoch geringgeschätzt (nicht die Bohne wert).

Erbse: Weibliches Sexualsymbol (Kitzler). Sprichwörtlich: Die »Erbsenzählerei« (s. Aschenputtel) sowie die Empfindsamkeit der »Prinzessin auf der Erbse«.

Erdbeere: Sexualsymbol in Analogie zu Brustwarze. Fraulichkeit, Mutterschaft, Sommerfreuden. Symbol der frühen Ernte.

Getreide: Neben den Aspekten von Nahrung, Ernte und dem Brot als Symbol der irdisch-himmlischen Doppelnatur des Menschen kommt es auch hier auf den *Acker des Lebens* und das Feld der Erfahrung an, das im Getreide symbolisch Früchte trägt.

Kirsche: Symbol der Lippen und Zeichen der Liebe.

Kohl: Einfachheit.

Nuß: Symbol der Ganzheit – oft auch des Kopfs und speziell des Gehirns. Den Kopf zerbrechen, um »Nüsse« zu knacken.

Orange/Apfelsine: Sexuelle Bedeutung, Symbol der weiblichen Brüste. Sonnensymbol.

Pflaume: Symbolisiert das weibliche Geschlechtsorgan und abwertende Bedeutungen (»sei keine Pflaume ...«).

Pilze: Kräfte der Erde. Reiz des Niederen und Winzigen.

Trauben: Wein, Weinberg: Höchste Genüsse, harte Arbeit. Symbol der Reife.

Tiere

Tiere stellen Energiefelder aus den Tiefen der Seele dar und repräsentieren unsere Triebe und Instinkte. Es ist das Tierische in uns, das sich im Tiersymbol im Traum zeigt. Da wir in einer Gesellschaft leben, in der das Wilde mehr und mehr unterdrückt und ausgerottet wird, ist es sehr wichtig, daß es zumindest noch in unseren Innenwelten überlebt. Jeder hat sicherlich schon von einem wilden Tier geträumt und dabei auch seine eigene Wildheit gespürt. Träume von wilden Tieren sind als sehr positiv zu sehen, da sich in ihnen unsere Lebensenergie äußert. Träumen wir dagegen von domestizierten Tieren, sollten diese mit der Tagtraumtechnik in wilde Tiere verwandelt werden. Domestizierte Tiere verweisen darauf, daß das Wilde nicht eigentlich angenommen, sondern verharmlost wird.
Tiere im Traum symbolisieren auch unser Gefühlspotential, das sich im alltäglichen Leben fast nur in Krisensituationen äußert, um uns neue Möglichkeiten zu zeigen. Wenn wir in Krisensituationen Wut, Haß, Eifersucht und Gier empfinden, dann tauchen in unseren Träumen wilde Tiere auf, die uns verschlingen wollen. Das sind diejenigen Seiten in uns, die wir als Kinder weder zeigen noch ausleben durften.
Typisch ist der Traum eines Mannes, der gerade von seiner Frau verlassen wurde. Unter dem Schock der Situation träumte er von einem wilden Tiger, der ihn fressen wollte. Als er einen Stein aufhob, um den Tiger zu erschlagen, wachte er auf.
Der wilde Tiger symbolisiert hier sowohl seine Wildheit als auch seine Aggressivität, die er im Elternhaus nie zeigen durfte, ohne die Mißachtung durch seine Mutter zu riskieren. Seine eigene vitale Männlichkeit blieb an die Mutter gebunden. Bei Frauen tritt eine vergleichbare Situation ein, wenn bei Krisen ihre Anteile freigesetzt werden, die sie im Elternhaus nicht zeigen durften. Diese Anteile zeigen sich auch bei Frauen oft in

wilden Tieren, die einen fressen oder zerreißen wollen. Um nun diese Anteile zurückzubekommen, ist es notwendig, sie nicht zu töten, sondern sie sich genau anzuschauen. Das bedeutet, daß wir im Traum solche uns bedrohenden Tiere nicht töten, sondern sie leben lassen sollten. Man begibt sich mit Hilfe der Tagtraumtechnik wieder in seinen Traum hinein und tötet oder verjagt jetzt nicht das wilde Tier, sondern macht es sich wie im Märchen zu seinem Helfer. Psychologisch gesehen integriert man damit die Anteile, die an die Eltern gebunden waren.

Wer sich ausführlich über die Tiersymbolik informieren möchte, dem sei die Lektüre der Fabelliteratur empfohlen, in der den Tieren besondere Charaktereigenschaften zugesprochen werden. Dort tritt beispielsweise der listige Fuchs und majestätische Löwe auf. Einer der klassischen Fabeldichter ist der legendäre Äsop, der in der Mitte des sechsten Jahrhunderts in Griechenland die mündlichen Fabelüberlieferungen niederschrieb. Das Original seiner Tierfabeln ist verloren gegangen, seine Fabeln sind uns nur durch spätere Bearbeitungen zugänglich.
Im folgenden finden Sie eine Liste der wichtigsten Tiersymbole und ihre Bedeutung im Traum heutiger Menschen.

Vögel
Der Vogel symbolisiert häufig rein geistige Eigenschaften, die sich die menschliche Psyche seit ewigen Zeiten als leichtbeschwingte Vögel vorstellte. Da sich der Vogel auf der Erde bewegen als auch in den Himmel auffliegen kann, galt er als Bote der Götter. Bei den Ägyptern und bei Homer wird die menschliche Seele als Vogel angesehen.
Auch heute noch symbolisiert der Vogel im Traum die Leichtigkeit und eine Verbindung zum Höheren und Göttlichen. Bisweilen gehen im Traum Vögel in Engel über.
Daß der Vogel auch eine negative, aggressive Seite aufweist, hat der englische Filmregisseur Alfred Hitchcock (1899–1980) in seinem Klassiker »Die Vögel« (1963) gezeigt.
Adler: Der Adler ist ein Symbol der Macht und Stärke und zugleich des sich hoch aufschwingenden Geistes. Der »König der Lüfte« symbolisiert im Traum die geistige Klarheit, aber auch eine einseitig intellektuelle Kontrolliertheit.
Eule: Die Eule ist ein bekanntes Symbol der Weisheit und zugleich ein Räuber der Nacht. In

beiden Bedeutungen tritt sie im heutigen Traum auf.
Ente: Die Ente symbolisiert häufig die noch schwache weibliche Seite in Mann und Frau.
Hahn: Der Hahn wird heutzutage fast ausnahmslos mit männlicher Sexualität verbunden. Dazu gehört nicht nur sein »gockelhaftes« Auftreten, sondern auch seine Aggressivität. Auf ihn wird die männliche Sehnsucht nach vielen Sexualpartnern projiziert.
Henne: Die Henne kann als ein Bild für weibliches Rollenverhalten angesehen werden. Meistens sind ihre Flügel gestutzt und sie kann nicht richtig hoch hinaus fliegen. Nach Plutarch symbolisiert die Henne die Liebe der Mutter zu ihren Kindern.
Pfau: Der Pfau, der ursprünglich wild in den indischen Wäldern lebte, gilt als schönster und zugleich eitelster aller Vögel. Den Indern wie auch den Alchimisten galt er als ein Symbol der Unsterblichkeit und als Verkörperung der Sonne. Im Buddhismus wird der Pfau als ein Lichtwesen angesehen, und selbst Buddha wurde als Pfau dargestellt. Im heutigen Traum verweist der Pfau meist auf die Eitelkeit des Träumers hin.
Rabe: Der Rabe war trotz seiner schwarzen Farbe in der Antike den Lichtgöttern geweiht. Raben gelten als Götterboten, was man auch an Odins beiden Raben Hugin und Munin sehen kann. Hugin, der Gedanke, und Munin, das Gedächtnis, fliegen in die Welt hinaus, um diese auszukundschaften.
Neben den positiven Eigenschaften des Raben, überwiegen jedoch häufig in der Traumsymbolik seine negativen Eigenschaften. Er wird als unrein, Unglücksbringer und ausschweifend angesehen. Das steigert sich bis zur Sicht des Raben als Todesboten. Wenn Sie vom Raben träumen, wird das jedoch nicht auf Ihren physischen Tod verweisen, sondern eher darauf, daß Sie etwas in Ihrem Leben ändern sollten. Tatsächlich geht es hier höchstwahrscheinlich um eine Klärung von bisherigen Tabu-Bereichen.
Schwalbe: Schwalben sind Frühlingsboten, die mit Leichtigkeit und Beschwingtheit assoziiert werden. Im Traum kann die Schwalbe als Symbol der Freude und der Leichtigkeit angesehen werden.
Spatz: Der Spatz oder Sperling gilt wohl unter anderem wegen seiner Größe als der Geringste unter den Vögeln. So benutzte die *Bibel* den Spatz häufig als Bild des Wertlosen. In dieser Bedeutung kommt der Spatz heute seltener im Traum vor. Wir sehen heute eher, daß Spatzen

sehr gesellige und laute Vögel sind, die die Städte dem Land vorziehen. Im Traum symbolisiert der Spatz unsere klugen und zugleich frechen Anteile.
Storch: Bei den Ägyptern, Griechen und Römern galt der Storch als Sinnbild der Liebe zwischen den Eltern und ihren Kindern. Daraus wurde später die Vorstellung vom Kinder bringenden Storch, die auch die heutige Traumsymbolik prägt.
Taube: Die Taube ist wohl eines der noch heute meistbenutzten Vogelsymbole. Ich erinnere nur an die Friedenstaube. Außer den Frieden symbolisiert die Taube weiterhin die weibliche Weisheit (*Sophia*) und die Zärtlichkeit (Turteltaube). – Symbol auch der Taubheit und der Betäubung ... (Vgl. P. Süskinds Erzählung »Die Taube«).

Tiere der Luft

Grundsätzlich schwingt bei allen Tieren der Luft der Geistaspekt – oder konkreter: der intellektuelle Aspekt – mit. Sie symbolisieren fast immer auch Freiheit und Überblick.
Biene: Die Biene verkörpert die sprichwörtliche Emsigkeit. Sie ist ein soziales Wesen, das mit der Arbeit verbunden wird.
Mücke: Die Mücke verbildlicht die Kleinigkeiten, die uns alltäglich nerven und ferner kann sie allgemein als ein Symbol der Nervosität angesehen werden.
Schmetterling: Der Schmetterling tritt im Traum als Wesen der Wandlung auf. Aus der häßlichen Raupe entsteht der schöne Schmetterling. Schmetterlingsträume treten häufig dann auf, wenn die Situation des Träumers sich zum Positiven hin wandelt.

Tiere der Erde

Bei den Landtieren geht es unter anderem um die Erdung des Träumers, das heißt darum, wie er im Alltagsleben mit seinen tierischen Anteilen umgeht. Landtiere haben oftmals etwas Schwerfälliges.
Affe: Der Affe symbolisiert unsere spielerische Seite als auch das Lustige und Ungehemmte im Traum. Bei den Ägyptern und Indern wurde der Affe als heiliges Tier verehrt. Sprichwörtlich ist die Liebe der Affenmutter zu ihren Kindern (Affenliebe). Im Christentum wurde der Affe zum Symbol des Teufels, eine Symbolik, die sich jedoch nicht in unseren Träumen und auch sonst in der Symbolgeschichte niedergeschlagen hat.
Ameise: Die Ameise gilt als fleißiges und hochgradig sozial organisiertes Tier, das das erdge-

bundene Gegenstück zur Biene darstellt. Ferner gilt die Ameise als klug und fleißig. In der klassischen Traumdeutung ging man davon aus, daß sich Ameisenträume auf nervöse Störungen zurückverfolgen lassen. Das ist meines Erachtens nur dann der Fall, wenn der Träumer ein Gefühl hat, daß Ameisen über seinen Körper laufen würden.

Bär: Der Bär wird weitgehend als gutmütiges Tier betrachtet, das nur dann gefährlich wird, wenn man ihn angreift oder er vom Hunger getrieben ist. Es kommt darauf an, ob man im Traum eine erschreckende Begegnung mit einem Bär hat, oder ob man den Bär als gutmütig und lustig erlebt. Nach dem analytischen Psychologen Hans Jellouschek symbolisiert der Bär den wilden Mann, der in der heutigen Männerbewegung so sehr gesucht wird.

Eidechse: Eidechsen gelten als magische Tiere, weil der Mensch mit ihnen fast keine Kommunikation aufbauen kann. Die Eidechse wurde in der Antike wegen ihrer Liebe zur Sonne als Sonnensymbol angesehen. Allerdings stand dem die Sicht der Eidechse als Schädling gegenüber, den der Mensch vernichten müsse. Im heutigen Traum symbolisiert die Eidechse das Geheimnisvolle und Unergründliche unserer Triebseele.

Einhorn: Das Einhorn ist ein schneeweißes Fabeltier, das erstaunlicherweise bis ins 18. Jahrhundert hinein eine große Rolle spielte. Ktesios, Aristoteles, Plutarch und Plinius waren der Überzeugung, daß es reale Einhörner gäbe, die man nur mit Hilfe einer Jungfrau fangen kann. Damit bekommt das Horn des Einhorns eine ausgesprochen phallische Bedeutung, da nach verbreiteter Meinung das Einhorn sein Horn in den Schoß der Jungfrau legt, worauf es dann mit Netzen gefangen wird. Der Traum vom Einhorn weist heutzutage auf die Sehnsucht nach der Anderswelt der Märchen hin. Man möchte dem realen Leben entfliehen und geheilt werden.

Elefant: Der Elefant wird auch ein Dickhäuter genannt und damit ist angesprochen, daß er ein gutmütiges Tier ist, daß man nicht so leicht aus der Ruhe bringen kann. Ferner symbolisiert der Elefant Langlebigkeit und war in der Antike ein Symbol der Ewigkeit. Oftmals ist der Elefant im heutigen Traum ein Symbol der Erdung.

Esel: Esel, so sagt der Volksglauben, seien störrisch und dumm. Im Traum deutet der Esel sicherlich auf die dumme Seite in einem hin. Auf der anderen Seite ist der Esel aber ein nützliches Arbeits- und Reittier. In dieser Symbolik tritt er allerdings seltener im Traum auf.

Frosch: Der Frosch ist ein Tier, das das Land und das Wasser miteinander verbindet. Es gilt als häßliches, kaltes Tier, das in vielen Märchen durch die Liebe zur Schönheit befreit werden kann (vgl. zum Beispiel »Der Froschkönig« und das russische Märchen »Die Froschprinzessin«). Die Befreiung positiver und schöner Seiten durch die Liebe spielt wohl im Traum die hervorragende Rolle. Seltener symbolisiert der Forsch die Feigheit, eine Charakteristik des Frosches, die noch in Aussprüchen wie »sei kein Frosch« anklingt.

Fuchs: Der Fuchs gilt als listiges Tier und tritt als solches in der Fabelliteratur von Äsop bis hin zu Goethes »Reinecke Fuchs« auf. Auch im heutigen Traum symbolisiert der Fuchs Schlauheit, Vorsicht und Hinterlist. In der mittelalterlichen Kunst wird der Teufel häufig als Fuchs dargestellt.

Hase: Was fast jeder Träumer sogleich zum Symbol des Hasen assoziiert, ist dessen sprichwörtliche Feigheit. Neben dieser verweist er aber ferner auf Fruchtbarkeit und den Herbst. In der Antike symbolisierte er die Jagdgöttin Artemis.

Hirsch: Der Hirsch ist wohl zusammen mit dem Hahn als das tierische Symbol der Männlichkeit anzusehen. Mit dem Hirschen wird entweder die machohafte Seite des Männlichen angesprochen oder seine starke Seite. Besonders hervorstechend ist der bittere Kampf der Hirsche zur Brunftzeit von Anfang September bis Mitte Oktober.

Hund: Der Hund ist ein domestiziertes Tier, das oftmals das sogenannte hündische Verhalten zeigt. Die ursprüngliche Wildheit ist dem Hund abhanden gekommen und er ist zum Nutztier geworden, dessen Aufgabe es ist, Haus und Hof zu bewachen. Damit wird er zum treuen Begleiter des Menschen. Außerdem symbolisiert der Hund den Spürsinn. Er deckt Geheimnisse auf.

Katze: Die Katze ist wie der Hund ein domestiziertes Tier, das jedoch keineswegs derart abhängig vom Menschen ist wie der Hund. Katzen sind immer noch zugleich Haustiere und wilde Tiere, die Kaninchen, Vögel und bisweilen junge Eichhörnchen jagen. Durch diese Spannung von Haustier und Raubtier symbolisiert die Katze gefährliche Frauen für den Träumer. Man könnte auch sagen, sie verbildlicht die männliche Angst vor dem Weiblichen.

Daß die Katze im Gegensatz zum Hund als weiblich erlebt wird, hängt auch mit ihren eleganten Bewegungen und ihrer Lust zum Schmusen (Schmusekatze) zusammen. Katzen weisen häufig im Traum auf ungehemmte weibliche Sexualität hin.

Löwe: Der Löwe gilt als hochherrschaftliches, edles Tier, das meistens faul herum liegt, nichts desto trotz aber sehr gefährlich ist. Wegen seiner Feuernatur sieht man ihn als Sonnensymbol und als Symbol männlicher Potenz. Der Löwe kommt in folgenden Symbolbedeutungen im heutigen Traum vor: Stärke (vgl. die Tarotkarte »Die Kraft«), Wachsamkeit, Schönheit und Macht (Potenz).

Pferd: Pferde gelten als besonders edle Tiere, wobei immer zu beachten ist, welche Farbe das Traumpferd besitzt. Im Traum sehen wir sehr häufig rein schwarze oder weiße Pferde, wobei die schwarzen Pferde den wilden, kraftvollen Aspekt betonen, weiße Pferde den geistigen Aspekt. Das Pferd deutet immer auf die Kraft des Träumers hin.

Reh: Das Reh gilt als eines der scheuesten Tiere des Waldes und wird auch oft im Traum als Bild eines eher verzagten Seelenlebens in einem angesehen. Das drückt sich in kitschiger Weise in Walt Disneys Bambi deutlich aus.

Rind: Beim Rind müssen wir unbedingt zwischen dem Stier, dem Ochsen und der Kuh unterscheiden. Während Stier und Ochse als männliches Symbol dienen, gilt die Kuh als Urbild des nährenden Weiblichen.

Träumt man vom Stier, wird darin fast immer auf die sexuelle Potenz und Kraft des Träumers verwiesen.

Träumt man vom Ochsen, dann handelt es sich hierbei um einen Hinweis auf die domestizierte und/oder kastrierte Männlichkeit. Während der Stier wild ist, ist der Ochse gezähmt.

Die Kuh galt schon vor der Antike als Fruchtbarkeits- und Mondsymbol. Sie symbolisiert den nährenden Aspekt der Mutter.

Schaf: Das Schaf gilt landläufig als dümmlich und zugleich überaus gutmütig. Es ist ein Herdentier, das als frühes Haustier gilt. Wer vom Schaf träumt, der sollte versuchen, mit Hilfe der Tagtraumtechnik auch von wilden Tieren zu träumen. Er sollte sich fragen, ob er nicht (aus Bequemlichkeit) zu sanftmütig lebt.

Schlange: Die Schlange gehört zu einem der komplexesten Tiersymbolen. Die Schlange ist gefährlich und giftig auf der einen Seite, heilend auf der anderen Seite (*Soterschlange*). Sie verführt und hilft den Menschen, und dennoch bleibt immer etwas Dämonisches, da sie nur schwierig zu zähmen ist. Interessanterweise gehört die Schlange zu einem der wenigen Symbole, die sowohl männlich als auch weiblich sind. Die weibliche Verführung wie der Phallus werden beide in der Schlange gesehen. Wichtig ist auch die sprichwörtliche List der Schlange. Die Schlange ist ein allgemeines Libido-Symbol, ein Erd- und Wasserwesen, das als Kaltblütler dem Menschen sehr fern ist. Durch ihre Fähigkeit zur Häutung wird die Schlange zum Wiedergeburtssymbol.

In dem Umkreis des Schlangensymbols finden wir noch den Drachen, der wie die Schlange männlich und weiblich zugleich ist. Er behütet den Reichtum und die Schätze und gilt als Herr der Unterwelt wie der Drache Faffnir der germanischen Mythologie.

Krokodile und alle *Reptilien* weisen eine ähnliche Symbolik wie die Schlange auf.

Schwein: Schweine waren ursprünglich ein hochgeachtetes Symbol der Muttergottheit, das erst mit Aufkommen des Patriarchats dämonisiert wurde. Das Schwein kann heutzutage als Traumsymbol ungehemmter und befreiter Sexualität angesehen werden. Häufig verweist das Schwein auf das kreative Potential des Träumers. In seiner negativen Bedeutung wird die Eigenschaft des Schweins angesprochen, im Schmutz zu wühlen.

Spinne: Spinnen spielen als Traumsymbole fast nur bei Frauen ein Rolle. Dabei ist eine Angst vor Spinnen nicht selten. Diese Angst zeigt sich häufig auch im Wachleben. Ist es die Angst des Weiblichen, im unsichtbaren Netz gefangen und dann ausgesaugt zu werden? Aber warum tritt diese Angst seltener beim Männlichen auf, das sich auch nicht selten von dem Weiblichen gefangen und ausgesaugt fühlt? Vielleicht ist es auch die Angst davor, daß Spinnen in alle Löcher und Ritzen kriechen können, letztendlich eine Penetrationsangst.

Neben dieser negativen Bedeutung des Traumsymbols Spinne tritt dieses Symbol aber auch in positiver Bedeutung von Fleiß, großem Geschick und handwerklichem Können auf.

Tiger: Der Tiger gilt als äußerst wildes Tier und wird oft im Traum mit der Frau verbunden. Noch mehr als beim Traumsymbol Katze zeigen sich hier die männlichen Ängste vor einer starken Frau. Wenn Frauen vom Tiger träumen, ist das oft

ein positives Zeichen dafür, daß sie zu ihrer eigenen Identität finden und zu ihrer Kraft stehen.
Wolf: Der Wolf ist ein gefährlicher Einzelgänger, der allerdings auch im Rudel leben kann. Mit diesem Traumsymbol wird unsere männlich aggressive Seite angesprochen.

Tiere des Wassers
Die Tiere des Wassers sind dem Gefühl verbunden, in dem sie sich frei bewegen.
Fisch: Der Fisch ist ein altes Fruchtbarkeitssymbol, das auf Lebensfülle und Lebensfreude verweist. Im Christentum symbolisierte der Fisch Jesus Christus, der die Fischer des See Genezareth als erste zu seinen Jüngern berief. Im heutigen Traum symbolisiert der Fisch ein sich völliges Einlassen auf sein Gefühl und eine damit zusammenhängende Leichtigkeit der Bewegung.
Delphin: Der Delphin gilt als überaus kluges Tier, das eine hohe soziale Intelligenz besitzt. Es scheint so, daß der Mensch mit den Delphinen kommunizieren kann. Der Delphin tritt zunehmend häufiger in den Träumen moderner Menschen auf. Er verweist auf eine Sehnsucht nach einer engen Kommunikation mit der Natur und einer höheren sozialen Intelligenz, als diejenige, die wir zur Zeit als Menschen zeigen. Außerdem symbolisiert der Delphin auch unsere spielerische und lustvolle Seite.
Hai: Der Hai gilt durchweg als männlich aggressives Symbol. Träumt man vom Hai, sollte entweder diese männlich aggressive Seite in einem gestärkt werden oder man lebt diese Seite zu sehr aus. Was hier zutrifft, ist dem Träumer immer spontan klar.

Damit haben Sie einen Überblick über die wichtigsten Tiersymbole, die im heutigen Traum auftreten. Daß das Tier im Traum einen symbolischen Wert besitzt, zeigt die Beobachtung, daß wie im Märchen so auch im Traum Tiere häufig sprechen und sich verwandeln können. Sie symbolisieren also Eigenschaften von uns, die sich gerade in der Veränderung befinden.

Die vier Elemente im Traum

Jeder Traum weist Symbole für zumindest eines der vier Elemente auf. Dieser archetypische Symbolbereich der Elemente bildet oft den ersten und einfachsten Zugangspunkt, um einen Traum zu deuten.

Wasser
Das Wasser wird als die Mutter der Schöpfung angesehen, da aus dem Meer das erste Leben hervorging, und es ist deswegen weiblich besetzt. Es symbolisiert stets den Gefühlsbereich. Wichtig ist im Traum darauf zu achten, in welcher Beziehung man zu dem Wasser steht: Schwimmt man in ihm, fährt man im Boot auf ihm, strandet man oder sieht man es nur vom Strand oder einer Brücke aus. Grundsätzlich kann man sagen, je indirekter wir mit dem Wasser Kontakt machen, um so ferner stehen uns unsere Gefühle. Der Schwimmer kann sich also im Bereich seiner Gefühle bestens bewegen (wenn er nicht gerade untergeht), der Kapitän auf seinem Schiff macht dagegen viel indirekteren Kontakt mit dem Wasser, und wer nur vom Land aus das Wasser sieht, steht seinem Gefühl noch distanzierter gegenüber.
Wasser reißt in Angstträumen oft mit (Wildwasser oder Strudel), oder große Wellen wollen einen verschlingen. Hier drückt sich wie im Symbol der wilden Tiere letztendlich wieder die furchtbare Mutter aus. Die Angst vor dem überwältigenden Gefühl zeigt sich im Bild vom wilden Wasser.
Einen ungewöhnlichen historischen Traum vom Wasser möchte ich noch beispielhaft anführen.
Der amerikanische Präsident Abraham Lincoln (1809 – 1865) träumte ein paar Tage vor seinem Tod, daß er mit einem Schiff auf einem reißenden Strom fährt und plötzlich ins Wasser fällt.
Obwohl Lincoln sehr beliebt war, hatte er erbitterte Feinde, da er für die Sklavenbefreiung eintrat und den Sessionskrieg damit auslöste. Die ihn überwältigenden Haßgefühle seiner Feinde bilden sich in diesem vorausdeutenden Traum ab. Das Gefühl überwältigt den distanzierten Mann auf dem Boot und reißt ihn mit. Er wurde von einem Fanatiker erschossen. Was im Inneren abgebildet wurde, fand im äußeren statt: Die wilden Gefühle werden Lincoln zum Verhängnis.

Welche Bilder bringt der Archetyp des Wassers hervor?
Bach: Der Bach symbolisiert das romantische Gefühl. Dieses Traumbild ist meistens Ausdruck einer Sehnsucht nach Idylle und der heilen Welt. Der Träumer möchte Ruhe und positive Gefühle haben.
Fluß: Der Fluß ist eine Wasserstraße, auf der unterschiedlich starker Verkehr herrschen kann. Stark befahrene Flüsse nach dem Vorbild des Rheins

verweisen auf eine emotionale Kommunikation. Wenig befahrene Flüsse, oder wenn man sich auf dem Fluß allein befindet, mögen Einsamkeit ausdrücken. Beim Fluß ist auch immer das Ufer zu betrachten und seine Strömung. Hat das Ufer eher etwas Abweisendes oder Einladendes? Ist es bewohnt? Zeigt der Fluß eine starke Strömung oder fließt er gemächlich dahin? Solche und ähnliche Fragen sollte man sich beim Traumbild Fluß stellen.

Meer: Das Meer fasziniert durch seine Weite und Tiefe, damit ist es ein Symbol unserer Seele oder unserer Gefühlswelt. Wie die Gefühle weist das Meer einen Rhythmus mit den Gezeiten auf und es kann wild und aufbrausend werden, oder einladend und ruhig. Ferner ist zu bedenken, daß der Ursprung des Lebens im Meer zu finden ist. Das Meer symbolisiert die großen Gefühle der Urmutter und damit auch unsere Gefühle in frühster Kindheit.

Regen: Der Regen bringt Fruchtbarkeit, aber in den modernen Städten schafft der Regen eher eine verdrießliche und eher depressive Stimmung. Beim Regen kommt es sehr darauf an, in welcher Situation es regnet und welche Gefühle das auslöst.

See: Der See ist das ruhigste aller Gewässern und an ihn knüpfen sich idyllische Vorstellungen. Achten Sie bei Ihrem Traumsee besonders darauf, in welcher Landschaft er liegt. Ist er tief oder flach, groß oder klein? Brauchen Sie zur Zeit eher die großen oder kleinen, die tiefen oder oberflächlichen Gefühle?

Pfütze: Die Pfütze ist eine kleine Wasseransammlungen, die einem im Traum oft den Weg erschwert. Bei ihr ist auf die Trübung des Wassers zu achten. Ist es klar, trübe oder schmutzig? Genauso können auch Ihre Gefühle charakterisiert werden, die Sie behindern.

Erde

Erde symbolisiert unseren Wirklichkeitsbezug. Mir sagte einmal ein Astrologe, daß wer nie von Symbolen der Erde träumt, sehr abgehoben lebt. Ich konnte jedoch das Gegenteil beobachten. Menschen, die mehr Erdung brauchen, träumen von der Erde. Menschen, die mehr Gefühl im Leben zeigen sollten, träumen auch oft vom Wasser. Erde hängt mit Arbeit und Sicherheit zusammen.

Erde ist in allen Kulturen ein weibliches Element, was mit ihrer Fruchtbarkeit zusammenhängt. In der Erde sind auch die Schätze verborgen, die unsere

Stärken und Fähigkeiten symbolisieren.

Die folgenden archetypischen Bilder der Erde kommen relativ häufig im Traum vor.

Acker: Der Acker mit seinen Furchen ist nach Freud ein Symbol der Frau. Auf jeden Fall weist sowohl der gepflügte Akker als auch das Ährenfeld auf die Fruchtbarkeit hin. Ferner wird mit dem Acker das einfache Leben verbunden, das dann im Traum zum Thema wird, wenn man zu entfremdet lebt. Der brache Acker weist stets auf ungenutzte Möglichkeiten hin.

Berg: Der Berg stellt eine Herausforderung dar; man bewährt sich, wenn man ihn besteigt. Von unten gesehen wirkt er oft übermächtig und wirft einen großen Schatten, was häufig ein Bild der Beziehung zu den Eltern oder einem Elternteil darstellt.

Bei der Deutung ist die Position des Traum-Ich am Berg sehr wichtig, wobei die Spitze oft Klarheit und Überblick, Leistungsfähigkeit und Ausdauer bedeutet. Am Fuß des Berges hat man im übertragenen Sinn etwas Mächtiges vor sich. Geht man den Berg hinauf, sind hier die Mühen des Erfolgs angesprochen, geht man ihn hinunter, begibt man sich oft symbolisch in seine Gefühlswelt. Beschneite oder vereiste Berge, der kalte Wind am Gipfel weisen auf Gefühlskälte hin.

Lehm: Die hervorragende Eigenschaft von Lehm ist, Wasser zu stoppen. Außerdem wurden aus Lehm die ersten Kulturgegenstände, nämlich Gefäße, geformt. Lehm erinnert uns an Einfachheit. Die Glätte des nassen Lehms zeigt uns, wie gefährlich es ist, unser Gefühl (Wasser) zu stoppen.

Moor (Erde und Wasser): Wie im Märchen sind der Sumpf und das Moor Bilder für die gefährlichen Orte unseres Unbewußten. Hier wirkt der weibliche Archetyp, der einen verschlingen will. Beide weiblichen Elemente, die Erde und das Wasser mischen sich und so kommt es, daß diese Orte vom Geist der furchtbaren Mutter geprägt sind, die einen festhalten und versinken läßt. Träumen Sie von einem Sumpfloch, dann können Sie versuchen mit Hilfe der Tagtraumtechnik in dieses Loch hinabzusteigen.

Sand: Der Sand bietet keine gute Grundlage, um auf ihn etwas zu bauen. Die Wüste und Sand symbolisieren das Unfruchtbare und Karge. Gleichzeitig kann jedoch ein Sandstrand an Urlaub und Entspannung erinnern.

Feuer
Das Feuer ist eine Urkraft. Es läßt alle Dinge zu Wärme, Hitze, Licht und Kraft werden und verwandelt sie so. Aus diesem Grund symbolisiert es die Läuterung, die Leidenschaft und die Liebe.
Man muß im Traum das kontrollierte Feuer und das unkontrollierte Feuer unterscheiden. Das unkontrollierte Feuer zeigt sich deutlich als männliches Element, indem es eine zerstörerische Funktion besitzt. Hier zeigt sich der Schatten des Männlichen. Das kontrollierte Feuer ist dagegen kulturschaffend und wurde seit Menschengedenken als Herdfeuer verehrt.
Das Feuer wärmt, verwandelt das Ungare in das Gar; es gibt Licht und schafft somit Erkenntnis.

In folgenden Bilder tritt das Element Feuer uns im Traum entgegen:
Herd: Der Herd gilt als Zentrum des Heims. Er ist der Ort der Verwandlung und zugleich der Ort der Frauen. Wer vom Herd träumt, wird auf seine gefühlsmäßige Einstellung seiner Familie gegenüber aufmerksam gemacht. Wenn er selbst keine Familie hat, geht es um seine Stellung in der elterlichen Familie. Das Herdfeuer symbolisiert auch die Verwandlung der Leidenschaften in Kulturgüter.
Lagerfeuer: Wie der Herd ist auch das Lagerfeuer ein kontrolliertes Feuer. An ihm kommt man zusammen, um zu feiern und auszuruhen. Letztendlich ist das Lagerfeuer die etwas wildere Variante des Herdfeuers. Auf jeden Fall ist das Lagerfeuer mehr mit Romantik verbunden als der Herd.
unkontrolliertes Feuer: Das unkontrollierte Feuer symbolisiert destruktive Aggressionen, Zerstörung und Haß. Oft träumt man von einem solchen Feuer, wenn man von seinen Leidenschaften überwältigt wird. Ein Klient erkannte seine zerstörerische (zwanghafte) Sinnlichkeit nach einem Traum von einem Steppenbrand.
Brand: Der Brand gehört zu dem unkontrollierten Feuer. Es ist wichtig darauf zu achten, was brennt und ob Versuche unternommen werden, es zu löschen.
Blitz: Affektstau, Ausbruch, Befreiung, Erkenntnis. Unkontrollierte Entladung großer Energien. Streit (»jemanden abblitzen lassen«).
Feuerwerk: Illusionsspiel, Blendwerk. Höhepunkt. Lust, Orgasmus, Begeisterung.

Luft
Die Luft ist das Reich der geistigen Aktivitäten, des Geistes und der Geister. Sie ist auch der Lebenshauch (Atem) und das Medium, das unfaßbar alles in der Welt verbindet.
Alle Bilder des Fliegens gehören in dieses Symbolfeld. Außerdem Luftblasen und Luftballons, Luftschlösser, Luftverschmutzung und vieles mehr:

Das Element Luft zeigt sich im Traum in folgenden Bildern:
laue Luft: Die laue oder die Frühlingsluft hängt mit Sehnsüchten nach Harmonie und Liebe zusammen. In seltenen Fällen, in denen dieses Symbol vom Träumer negativ erfahren wird, kann es auch auf fehlendes Bemühen verweisen und oberflächliches Denken.
Wind: Der Wind bewegt etwas. Das ist der Gedanke, der Dinge bewirkt. Der Wind schafft Klarheit; wird er als unangenehm empfunden, kann er ein Symbol der Verwirrung sein.
Sie finden im Kapitel »Natur und Garten« unter *Elemente* noch weitere Informationen zum Traumsymbol Wind.
Sturm: Seinen männlichsten Ausdruck findet das Element Luft im Sturm. Der Sturm sind die gefährlichen und zerstörerischen Gedanken und die aggressive Form des Denkens. Sie finden im Abschnitt »Natur und Garten« unter *Elemente* noch weitere Informationen zum Traumsymbol Wind.
Wolken: Dort, wo sich Wasser und Luft mischen, entstehen Wolken. Die Wolken zeichnen sich durch Leichtigkeit aus. Allerdings gibt es auch Gewitterwolken oder eine tiefliegende, in sich geschlossene Wolkendecke. Diese Art der Wolken verweisen auf eine beängstigende oder bedrückte Stimmung. Aus den Gewitterwolken kommt allerdings der Blitz der Erleuchtung.

Das Wetter

Das Wetter ist im Traum wie in der Literatur immer eng mit der Stimmung des Träumers verbunden. So verwundert es nicht, daß man sich von dem Tod Carl Gustav Jungs erzählt, daß er in einer Nacht starb, in der ein furchtbares Unwetter herrschte und der Blitz in einen Baum auf seinem Grundstück fuhr. Bei Thomas Mann und Hermann Hesse, den Romantikern und andeutungsweise schon in der mittelalterlichen Literatur zeigt das beschriebene Wetter stets Gemütszustände an. Genauso verhält es sich im Traum.

Normalerweise entgeht dem Träumer oder Träumerin die Wetterlage, wenn sie nicht gerade im besonderen Maße von dem Traum hervorgehoben wird. Es sind eigentlich nur die dramatischen Wetterlagen wie beispielsweise Unwetter, Gewitter, starker Nebel und Regen, die bemerkt werden. Sie können sich jedoch darauf trainieren, besonders auf das Wetter im Traum zu achten und werden bemerken, daß sich dann Träume fast immer sehr viel leichter deuten lassen. Speziell für Menschen, denen ihr Gefühlsleben nicht so vertraut ist, können Wetterphänomene im Traum eine Hilfe darstellen, mehr über ihr Innenleben zu erfahren und sich ihrer Gefühle bewußter zu werden.
Mir hat es immer sehr geholfen, auf das Licht in meinen Träumen zu achten, das wie kein anderes Wetterphänomen meine Stimmung widerspiegelte.

Im folgenden finden Sie eine Auswahl von Wetterphänomenen, die in Ihren Träumen einen wichtigen Hinweis auf Ihre emotionale Befindlichkeit bieten.

Abendrot: Das Abendrot ist im Traum fast ohne Ausnahme ein Hinweis darauf, daß nach der dunklen Nacht ein heiterer Tag zu erwarten ist. So sagt der Volksmund: Abendrot, gut's Wetter droht. Rot als Farbe des Lebens zeigt an, daß das Leben wieder lebenswert wird, weil man mehr Bewußtsein über seine Situation gewinnt. Das Rote ist beim Abendrot bekanntlicherweise eine Erscheinung der Reflexion des Lichts an den Wolken beziehungsweise des Blicks auf das Licht der Sonne durch die Trübe der Atmosphäre. Man sieht also auf das Licht, was im Traum immer auf eine Bewußtseinserweiterung hin zu sehen ist.

Blitz: Der Blitz wurde in früheren Zeiten als männliches Zeugungssymbol angesehen. Nach dieser Vorstellung befruchtet der Blitz die Erde. Auch noch bei heutigen Träumern und Träumerinnen schwingt diese Bedeutung mit, wenn sie auch mehr in den Hintergrund getreten ist. Meiner Erfahrung entsprechend symbolisiert im Traum moderner Menschen der Blitz häufig den sogenannten Gedankenblitz. Man wird sozusagen plötzlich erleuchtet. Zum anderen stellt der Blitz ein dramatisches Energiephänomen dar. Energien und damit Spannungen entladen sich, um die Atmosphäre zu klären. So ist es verständlich, daß der Blitz wie Donner und Gewitter auf einen

Gefühlsausbruch verweist, der nötig ist, um eine Situation zu klären. Der Blitz bringt ja Licht in Dunkelheit, er macht uns bewußt, was wir einen Moment zuvor noch sehen konnten. Außerdem kann der Blitz auch als ein Symbol aggressiver Energien angesehen werden, da er Bäume spalten, in Häuser einschlagen und Menschen und Tiere töten kann.

Donner: Im Donner spricht die Stimme der Götter, so erlebten unsere Vorfahren dieses akustische Entladungsphänomen im Himmel. Wir sprechen auch von der Donnerstimme und Zeus wurde beispielsweise als »der Donnerer« bei Homer bezeichnet. Mit Donner verbindet sich also Autorität und Durchsetzungskraft. Allgemein kann man sagen, daß der Donner auf das Wirken mächtiger Gewalten verweist.

Gewitter: Das Gewitter ist eines der dramatischsten und beängstigendsten Wetterphänomene in unserem Kulturbereich. Hier spüren wir die Naturgewalten, die die ungeheuerliche Macht unseres Unbewußten verbildlichen. Wichtig ist hier die Entladung. Was sich in unseren Gefühlen aufgestaut hat, wird entladen. Daß dabei aggressive Kräfte freigesetzt werden, ist nur zu verständlich. Aber diese Aggression ist jenseits von Gut und Böse. Sie wird als Naturphänomen dargestellt und die Natur steht jenseits moralischer Bewertungen.
Das sehr häufige Traumsymbol Gewitter verweist den Träumer also auf die enormen Kräfte seines Unbewußten, auf angestaute (meist aggressive) Energien, auf eine notwendige Entladung und auf eine anstehende Klärung der Atmosphäre.
Wird jedoch durch das Traum-Gewitter eine Katastrophe ausgelöst, dann sollte man das als Hinweis darauf deuten, daß man disziplinierter und bewußter mit seinen Gefühlen umgehen sollte. Es wird empfohlen, seine Gefühlsausbrüche mehr zu kontrollieren, um es nicht in seinem Leben zu einer Katastrophe kommen zu lassen.

Morgenrot: Das Morgenrot, so sagt eine bekannte Bauernregel, bringt schlechtes Wetter. Auch im Traum warnt uns das Morgenrot vor einer Verschlechterung der Situation. Da aber meiner Erfahrung nach Träume immer auch positive Lösungen aufzeigen, sollten Sie darauf achten, welche Lösungen der Traum Ihnen vorschlägt. Es ist also wichtig zu sehen, was in dieser Morgenstimmung stattfindet.

Morgen und Rot symbolisieren in diesem Zusammenhang auch Neuanfang und Lebensenergie. Es handelt sich bei diesem Traumbild nicht selten um einen Hinweis, wie Sie Ihre Lebensenergien einsetzen können, um zu einem produktiven Neuanfang zu gelangen.
Ob man dieses Traumsymbol nun eher positiv oder als Warnung deutet, hängt von dem Gesamtzusammenhang des Traums und der Lebenssituation des Träumers oder der Träumerin ab.

Nebel: Der Nebel verschleiert etwas. Astrologisch gesehen, ist hier die verzaubernde Energie des Neptun am Werk. Wir kennen das alle vom klassischen englischen Kriminalroman, in dem die Stimmung des undurchdringlichen Nebels ein Geheimnis andeutet. Im Traum handelt es sich oft um einen Hinweis auf ein vernebeltes Bewußtsein. Man sieht nicht klar und hat keinen Durchblick. Der Nebel läßt einen umherirren, man kann sein Ziel nicht mehr verfolgen, man fühlt sich verloren. Tritt dieses Traumsymbol öfters auf, sollten Sie mit all Ihrer Disziplin versuchen, mehr Klarheit in Ihr Leben zu bekommen, was häufig bedeutet, daß Sie Ihr Leben ordnen müssen.

Regen: Der Regen gehört zum Symbolfeld des Wassers und spielt auf unser Gefühl an. Wenn wir als Träumer oder Träumerin naß werden, ist mehr Gefühlskontakt und Gefühlsausdruck angesagt. Sehen wir den Regen aus einem Gebäude oder Fahrzeug, ohne naß zu werden, dann heißt das meistens, daß wir unseren Gefühlen oder denen anderen zu distanziert gegenüber stehen.
Landregen: Der Landregen ist ein lange anhaltender Regen, der unsere Stimmung leicht drücken kann. Als Traumsymbol mag er auf eine depressive Verstimmung des Träumers oder der Träumerin verweisen. Zeichen der Reinigung, Stunde der Besinnung und der Ehrlichkeit mit sich und seinen Nächsten.
Nieselregen: Beim Nieselregen geht es eher um die subtilen, feinen Gefühle, mit denen wir Kontakt machen sollten.
Wolkenbruch: Beim Wolkenbruch ist ähnlich wie beim Traumsymbol Gewitter ein Gefühlsausbruch angesagt. Wirkt sich dieser Wolkenbruch allerdings zerstörerisch aus, dann sollten wir uns vor Gefühlsausbrüchen in acht nehmen.

Schnee: Schnee deutet im Traum auf Winterfreuden, symbolisch jedoch zum einen auf

(Gefühls-) Kälte und Distanz, zum anderen auch auf ein Hindernis hin. Desweiteren kann das Traumsymbol Schnee auch im Sinne von Geheimnis gedeutet werden, da der Schnee die Landschaft verhüllt.

Sonnenschein: Wenn wir längere Zeit verstimmt waren, oder wenn wir uns am Ende einer längeren Krise befinden, tritt häufig das Symbol des Sonnenscheins auf, um uns daran zu erinnern, daß jetzt wieder alles oder vieles besser wird. Ferner symbolisiert seit dem Aufkommen der Lichtmysterienreligionen im vorderen Orient der Sonnenschein das göttliche Bewußtsein. Die Sonne bringt es an den Tag, heißt es in der Literatur, und damit ist gemeint, daß ein klares Bewußtsein einen Durchblick und ein Verstehen schafft. Ferner ist die Sonne ein Symbol für die ungebrochene Lebensenergie.

Sonnenaufgang: Der Sonnenaufgang zeigt an, daß nach der Zeit der Finsternis das Licht nun siegt. Nach schweren Zeiten kommen nun leichtere Zeiten, die Phase der dunklen Stimmungen ist überwunden.

Sonnenuntergang: Beim Sonnenuntergang läßt unsere Bewußtseinsklarheit nach. Wir begeben uns in den Bereich des Dunklen und damit in den Bereich der weiblichen Mysterien. Die Nacht ist die Zeit des Mondes, des Traums und damit auch des Geheimnisses. Oftmals tritt der Sonnenuntergang als Traumsymbol auf, wenn es für den Träumer oder die Träumerin anliegt, sich mehr der eigenen weiblichen Seite zuzuwenden. Das Leben ist nicht rational und logisch, sondern auch geheimnisvoll, will dieses Traumsymbol sagen.

Sturm: Der Sturm ist eine mächtige Energiebewegung der Luft, das heißt, daß sich in unserem Bewußtsein etwas tut, was natürlich auch enorme emotionale Konsequenzen haben kann. Achten Sie besonders darauf, wie befreiend oder zerstörerisch der Sturm wirkt. Ein Schaden verursachender Sturm verweist auf destruktive innere Kräfte des Träumers oder der Träumerin.

trübes Wetter: Bei trübem Wetter fallen nicht wenig Menschen in trübe Stimmungen. »Trüb« heißt auch immer, daß keine Klarheit vorhanden ist. Die Unklarheit ist zwar nicht so stark wie beim Traumsymbol Nebel, aber immerhin fehlt es an letzter Klarheit. Der Träumer oder die Träumerin werden aufgefordert, sich um diese letzte Klarheit zu bemühen.

Wolken: Die Wolken wurden in früheren Zeiten unter anderem zur Orakelbefragung benutzt. Man versuchte aus den Wolkenbildern die Zukunft zu ergründen. Achten Sie also darauf, woran Sie Ihre Wolkenbilder im Traum erinnern. Was assoziieren Sie zu diesen Formen der Wolken?
Ferner steht natürlich die Wolke für Leichtigkeit, wie es oft die poetische Dichtung betont. Sieht man im Traum die Wolken am Himmel langsam entlang ziehen, dann ist das häufig ein Hinweis für den Träumer oder die Träumerin, das Leben leichter zu nehmen und leichter durch sein Leben zu gehen. Dieses Traumsymbol sagt: Machen Sie es nicht zu schwer.
Dadurch, daß die Wolken ein Phänomen des Himmels darstellen, ist hiermit auch das Bewußtsein oder der Geist des Träumers oder der Träumerin angesprochen.

Gesundheit und Wohlbefinden

Traum-Symbole für die Gesundheit und das Wohlbefinden beziehen sich beispielsweise auf Ernährung, indem Träume bisweilen sogar Ernährungstips geben, auf Sport, auf Freizeit und die Gesundheit. Falls Sie sich unwohl oder krank fühlen, sollten Sie bei der Deutung Ihrer Träume speziell auf diese Hinweise achten und sie ausführlich deuten. Mit den im folgenden angegebenen Hinweisen sollte Ihnen eine praktische Deutung gelingen. Aber bedenken Sie, daß es mit der Deutung allein nicht getan ist. Sie müssen auch die Konsequenz aufbringen, sich nach den Traumlehren zu verhalten. Der Traum nimmt Ihnen nicht die Verantwortung für Ihre Gesundheit und Ihr Wohlbefinden.

Nahrung

Bei den Traumsymbolen, die die Ernährung behandeln, können alle möglichen Gerichte und Nahrungsmittel auftreten, von denen ich nur ein kleine Auswahl behandeln kann. Treten Gerichte oder Lebensmittel in Ihrem Traum auf, ist es wichtig darauf zu achten, mit welchen Gefühlen sie diese wahrnehmen. Speisen, bei denen Appetitlosigkeit oder gar Ekel auftritt, würde ich Ihnen raten zu meiden. Speisen, die Sie im Traum begehren, die in harmonischer Atmosphäre gegessen werden und die Ihnen im Traum schmecken, werden wahrscheinlich auch im Leben für Sie gesund sein. Sie können auch darauf achten, ob in Ihren Träumen eher vegetarische Nahrung auftritt oder nicht. All das können Sie als Hinweise und Tips für eine individuelle gesunde Ernährung deuten.

Alle Nahrungsmittel im Traum sind symbolisch für das zu sehen, was wir »schlucken« und verdauen müssen. Nahrung wird im Traum oft im übertragenen Sinn wie zum Beispiel als geistige oder emotionale Nahrung gebraucht und sollte auch dementsprechend beachtet werden.

Die wichtigsten Nahrungsmittel und -gewohnheiten finden Sie im folgenden aufgeführt. Einige Träumer und Träumerinnen berichten oft über ausgeprägte Geschmacksempfindungen während ihrer Träume. Für andere sind solche sinnlichen Erfahrungen selten oder nicht existent. Wahrscheinlich ist diese Sensibilität im Traum eine direkte Widerspiegelung der Sensibilität, die man im Alltagsleben für den Geschmack entwickelt hat.

Bier: Das Bier ist ein männliches Traumsymbol und steht für männliche Orte der Gemütlichkeit und für Unterhaltung, Entspannung, aber auch für einen hohen Nährwert. Bei Träumern und Träumerinnen, die Probleme mit dem männlichen Archetyp aufweisen, ist dieses Traumsymbol oft negativ besetzt. Für Träumerinnen und Träumer, die dem männlichen Archetyp positiv gegenüberstehen, ist dieses Traumsymbol ausnahmslos positiv besetzt.

bitter: Der bittere Geschmack verweist im Traum darauf, daß man etwas emotional verinnerlicht, dem man nicht positiv gegenüber steht. Im Traum sollte man das, was einem bitter schmeckt, meiden – es sei denn, dieser Geschmack wird vom Träumer oder der Träumerin positiv bewertet.

Braten: Der Braten ist das Symbol für den Sonntag und speziell für das Mittagessen am Sonntag im Kreise der Familie. Wenn der Braten im Traum abgelehnt wird, steht dahinter oftmals die Ablehnung dieser bürgerlichen Familienrituale, und man sollte über seine Emanzipation in und die Aussöhnung mit der Familie nachdenken. Freut man sich im Traum über den Braten, dann kann man unter anderem dahinter eine Sehnsucht nach der (vorgeblich) heilen Welt der Familie vermuten.
Das Gebratene steht auch für die Kultur, denn es ist ein Gegensatz zum Rohen. Einige Träumer und Träumerinnen assoziieren zum Traumsymbol Braten eine gute Ernährung und daß man sich mehr um seine Ernährung kümmern sollte. Mehr Sorgfalt ist bei der Bereitung der Speisen angesagt.

Brot: Das Brot verweist auf die Bescheidenheit und die Besinnung auf grundsätzliche Werte. In unserer Kultur kann das Traumsymbol Brot als das wesentlichste und häufigste Traumsymbol für die Nahrung allgemein angesehen werden.
Da wir vom Brotlaib sprechen, symbolisiert das Brot auch den

menschlichen Körper, was im Abendmahlsritus der Christen betont wird, wo das Brot zum Körper und der Wein zum Blut wird.

Fisch: Der Fisch stellt ein weitverbreitetes Fruchtbarkeitssymbol dar. Den frühen Christen galt der Fisch als Erkennungszeichen, da das griechische Wort für Fisch und Christos sich ähnlich schreiben.
Der Fisch als Wesen des Wassers verweist auch oft auf das Gefühl. Fische zu essen, bedeutet in diesem Sinn, Gefühle zu verinnerlichen.
Der Fisch besitzt ein lange Tradition als Fastenspeise und wird somit als karges Mahl angesehen.

Fleisch: Das Fleisch ist stets dem menschlichen Körper verbunden. Es kommt bei der Deutung eines Traums sehr darauf an, ob das Fleisch im Traum im rohen oder gekochten beziehungsweise gebratenen Zustand gesehen wurde.
Fleischgerichte stehen auch oft für eine gute Ernährung oder gar für ein Festmahl. Allerdings mag sich die Deutung dieser Traumsymbolik allmählich unter dem Einfluß der Fleischskandale ändern. Erstaunlicherweise träumen aber auch einige Vegetarier im positiven Sinn vom Fleisch, was anzeigt, daß die Sprache unseres Unbewußten teilweise wesentlich langsamer reagiert, als unsere bewußten Bewertungen.

Gemüse: Alle Gemüsearten stehen grundsätzlich für eine gesunde Ernährung. Bei diesem Traumsymbol ist speziell auf die Symbolik der einzelnen Gemüse zu achten, die durch deren Farbe und Form weitgehend bestimmt wird.

Käse: Käse wird als Traumsymbol meistens als weiblich angesehen, da sein Grundbestandteil die Milch ist. Er kann häufig als das nährende Weibliche gedeutet werden.
Allerdings besitzt in der Umgangssprache der Käse auch eine negative oder zumindest abwertende Bedeutung. So sagt man, wenn etwas erfolglos verläuft: Es ist alles Käse.

Kaffee: Der Kaffee bekommt seine Traumbedeutung hauptsächlich durch seine schwarze Farbe und verweist so auf das Weibliche. Er macht einen wach, kann mit Entspannung, aber auch mit Arbeit verbunden werden. Durch die vielen Möglichkeiten, in denen der Kaffe im alltäglichen Leben auftreten kann, sind äußerst viele unterschiedliche Deutung möglich.

Um herauszufinden, welche dieser Deutungen im aktuellen Traum zutreffen, sollte man zu diesem Traumsymbol frei assoziieren.

Limonade: Die Limonade stellt das typische Kindergetränk dar. Sie verweist als Traumsymbol entweder auf die Zeit unserer Kindheit oder auf regressive Wünsche, sich wieder wie ein Kind verhalten zu dürfen. Die Farbe der Limonade kann unter Umständen eine Deutung konkretisieren.

Milch: Die Milch stellt ein typisches weibliches Symbol dar. Der Archetyp der fruchtbaren Mutter wird durch sie angesprochen. Ob bei diesem Traumsymbol auch Kindheitserinnerungen und/oder regressive Tendenzen mit zu berücksichtigen sind, muß im konkreten Fall geklärt werden und hängt sowohl vom Träumenden als auch vom Zusammenhang des Traums ab.

Nudeln: Nudeln stellen meiner Erfahrung nach ein Traumsymbol dar, das häufig auf regressive Tendenzen verweist. Das mag daran liegen, daß viele Kinder gerne Nudeln essen.

Obst: Das Traumsymbol Obst steht wie das Traumsymbol Gemüse für gesunde Ernährung. Weitere Informationen über die verschiedenen Obstsorten finden Sie im Kapitel »Natur und Garten«.

Pizza: Erstaunlich viele Menschen träumen heutzutage von der Pizza und verbinden damit einen informellen, erholsamen Abend mit Freunden. Psychologisch stellt die *Pizza* ein Freizeitsymbol – und ein Mandala dar!

Saft: Das Traumsymbol Saft steht grundsätzlich für gesunde Ernährung. Um es weiter zu konkretisieren, muß die Farbe des Saftes und seine Geschmacksrichtung gedeutet werden. Es ist auch wichtig, von welcher Frucht er stammt.

sauer: Sauer stellt im Traum eine Geschmacksrichtung dar, die häufig auf Ablehnung oder schlechte Stimmung verweist. Deswegen sagen wir auch, daß man sauer ist, wenn man schlechte Laune hat.
Zum anderen sagt der Volksmund auch, daß sauer lustig macht. Ziehen Sie beim Traumsymbol sauer stets beide Bedeutungen in Betracht und schauen aus dem Zusammenhang des Traums, welche der Bedeutungen im konkreten Fall zutrifft.
Sauer zieht zusammen und auch diese zentrierende Bewegung

mag in diesem Traumsymbol mitschwingen.

scharf: Scharf wird als Traumsymbol häufig mit aggressiv verbunden. Bisweilen tritt dieses Traumsymbol auch in der Bedeutung von klug auf.

Schinken: Das Traumsymbol Schinken deutet auf die Pobakken und die Oberschenkel hin und ruft »schweinische« Assoziationen hervor.

Schnaps: Der Schnaps als Oberbegriff für alle hochkonzentrierten alkoholischen Getränke kann als Traumsymbol sowohl auf eine Suchttendenz, als auch auf Aggressivität verweisen. Man sagt, daß Schnäpse aggressiv machen und spricht damit die Bewußtseinsveränderung an, die an den Genuß hochprozentigen Alkohols gebunden ist. Als geistiges Getränk, wie man hochprozentigen Alkohol auch bezeichnet, verweist dieses Traumsymbol speziell auf die geistige Komponente der Bewußtseinsveränderung.
Schnapstrinken im Traum wird häufig auch mit Verruchtheit assoziiert.

süß: Das Süße ist das Angenehme und Verführerische, als das es auch im Traum vorkommt.

Tee: Der Tee verweist als Traumsymbol auf Entspannung und Ruhe. So prägt der Volksmund den Spruch: Abwarten und Teetrinken. Teetrinken hängt mit der Pause zusammen, eben damit, daß man seine Routine und Arbeit unterbricht und innehält.

Wasser: Wie das Traumsymbol Brot verweist das Wasser als Getränk auf Bescheidenheit und Selbstbeschränkung. Vergleiche zum Traumsymbol Wasser – allerdings nicht als Getränk – auch die Ausführungen unter dem Stichwort Elemente im vorigen Abschnitt »Natur und Garten«.

Wein: Der Wein symbolisiert das Geistige und die Liebesekstase. Ferner deutet der Wein auf Kultiviertheit und sinnliche Entspannung hin. Es ist darauf zu achten, ob es sich um süßen oder sauren Wein handelt.
Rotwein: Der Rotwein wird als Traumsymbol des Blutes angesehen.
Weißwein: Der Weißwein wird als Symbol der Klarheit angesehen.

Wurst: Die Wurst ist ein altbekanntes Penissymbol.

Orte, an denen man ißt und trinkt oder Nahrungsmittel

kauft, kommen sehr häufig im Traum vor und ihre Symbolik wird leicht übersehen, da man sie leicht nur als Kulisse betrachtet. Damit nimmt man sich aber Deutungshinweise für den entsprechenden Traum.

Café: Das Café symbolisiert im Traum die Entspannung, die Freizeit und die Ruhe. Teilweise wird es von Träumer und Träumerinnen auch mit der Bedeutung Luxus oder Ferien verbunden.

Gemüseladen: Das Traumsymbol Gemüseladen wird oft wegen seiner Buntheit mit Freude und mit sinnlichem Genuß verbunden. Ferner deutet dieses Traumsymbol auf eine gesunde Ernährung hin. Achten Sie darauf, welche Gemüse speziell Ihre Aufmerksamkeit anziehen.

Küche: Ort der Verwandlung. Dort wird die Nahrung zubereitet, und bei der Deutung kommt es besonders auf den Zustand der Küche an. Ist sie aufgeräumt und sauber, unordentlich und dreckig? Wird gerade gekocht oder gegessen? Ist die Küche leer oder gefüllt?
Abwasch: Es muß etwas bereinigt werden.
Herd: Im Herd wurde ursprünglich das heilige Feuer verehrt und deswegen galt er als kulturspendendes Symbol. Heute tritt dieses Symbol gehäuft bei Rollen-Konflikten zwischen Mann und Frau auf. (Eine ausführliche Deutung finden Sie im Kapitel »Haus und Wohnung«.)

Markt: Der Markt symbolisiert das Leben und Treiben, Handel und Wandel. Auf dem Markt kauft man nicht nur ein, sondern macht auch seine Kontakte. Normalerweise deutet dieses Traumsymbol auf Aktivität, Schwung und Lebenslust hin.

Restaurant: Das Restaurant symbolisiert als Traumsymbol wie das Café die Freizeit und Entspannung. Es mag auch die Bedeutung Luxus mitschwingen. Um das Traumsymbol Restaurant genauer bestimmen zu können, kommt es darauf an, um welches Restaurant es sich handelt. Der Charme und die Fröhlichkeit symbolisieren beispielsweise das italienische Restaurant, der erlesene Luxus wird durch das französische Restaurant verdeutlicht, die Exotik durch japanische, indonesische oder indische Restaurants. Das deutsche Restaurant mit gutbürgerlicher Küche mag für viele Träumer und Träumerinnen Biederkeit symbolisieren, der Landgasthof Gemütlichkeit und der Schnellimbiß Ungemütlichkeit und Abstieg.

Supermarkt: Der Supermarkt ist der Ort der Fülle und zugleich der Unpersönlichkeit. Als solcher tritt er auch sehr häufig im Traum auf. Auch Symbol der Unwirtlichkeit, des »Großstadtdschungels« oder des Alltagschaos.

Wirtschaft (Kneipe): Die Wirtschaft ist der männliche Ort der Entspannung. Sie symbolisiert als Traumsymbol den Feierabend und die Entspannung. Auf der Ebene der Traumsymbolik stellt die Wirtschaft den männlichen Ort der Entspannung dar und das Café den weiblichen Ort der Entspannung.

Sport, Sportarten

Symbole aus dem Bereich Sport und Bewegung treten zunehmend häufiger in den heutigen Träumen auf. Das mag daran liegen, daß die Fitneßwelle jetzt auch von Amerika auf Europa übergeschwappt ist und sich immer mehr Menschen bis zum Fanatismus hin sich um ihre Fitneß kümmern. Solche kulturellen Entwicklungen spiegeln sich auch stets in den Träumen wider, wenn auch mit einer gewissen zeitlichen Verzögerung.

Jede Sportart kann im Traum auftreten, allerdings sind einige Sportarten wie beispielsweise Fußball und Golf, Bogenschießen und Reiten mehr symbolisch besetzt als andere. Ich habe in diesem Abschnitt nur die Sportarten aufgeführt, die ich auch in realen Träumen bei Klienten und Klientinnen und bei mir selbst beobachten konnte.

Wenn man von einer Sportart träumt, heißt das nicht unbedingt, daß man auch diese Sportart betreiben sollte. Es kommt oftmals nur auf deren symbolischen Wert an.

Grundsätzlich zeigen Sportarten im Traum eine konkurrenzgeprägte Einstellung an. Dabei ist jedoch zu beachten, wie stark konkurrenzgeprägt die entsprechende Sportart ist – da bestehen nämlich enorme Unterschiede. Ferner finden Sie hier auch spirituelle Bewegungsübungen, die jedoch gar nicht konkurrenzgeprägt sind, sondern die Einheit aller Menschen und Lebewesen betonen. Diese spirituellen Übungen wie zum Beispiel Yoga, Tai Chi, Karate und Judo habe ich unter zwei Stichworte – und zwar Kampfsportarten und Yoga – zusammengefaßt. Darin drückt sich keine Bewertung, sondern nur eine Ähnlichkeit der symbolischen Bedeutung aus.

Hier kann nur eine kleine Auswahl dieses äußerst großen Bedeutungsfeldes wiedergegeben werden.

Autorennen: Das Traumsymbol Autorennen kommt erstaunlich häufig vor und deutet auf die Faszination der Beherrschung der Maschine durch den Menschen hin. Gleichzeitig spiegelt sich auch in diesem Traumsymbol die Faszination des Autos und der Geschwindigkeit in unserer Kultur wider. Dabei verbindet sich auf der symbolischen Ebene Erotik mit Schnelligkeit. Eine Mischung, die in perfekter Weise unsere Kultur charakterisiert.
Das Autorennen stellt im Traum oftmals ein Streßsymbol dar, mit dem viele Ängste verarbeitet werden. Häufig ist mit diesem Traumsymbol verbunden, daß man entweder nicht mehr bremsen kann oder zu schnell in die Kurve fährt. Das alles ist auf den Lebensweg des Träumers oder der Träumerin zu beziehen.

Ballspiele: Ballspiele erinnern zum einen an die Kinderzeit und werden auch mit Erholung und Freizeit assoziiert. Zum anderen stellt der Kampf um den Ball oder die rechte Behandlung des Balls immer auch ein erotisches Symbol dar. Zur genaueren Deutung ist es wichtig, die Art und Weise des Ballspiels zu charakterisieren und auf die eigene Lebenseinstellung zu beziehen.

Bergsteigen: Beim Bergsteigen sehnt man sich nach Gipfelerlebnissen (siehe dazu den folgenden Abschnitt dieses Kapitels »Abenteuer und Gipfelerlebnisse«) und nach dem Überblick. Oftmals tritt das Traumsymbol Bergsteigen gerade dann auf, wenn man sich nach Erfolgen sehnt.

Bogenschießen: Das Bogenschießen ist im Traum wie im Alltagsleben von dem Treffen eines Ziels geprägt. Man möchte unbedingt ein Ziel erreichen und es ist wichtig, ob im Traum getroffen wird oder nicht. Dabei kommt es nicht so sehr darauf an, ob das Traum-Ich oder eine andere Traumperson schießt.

Boxen: Boxen gehört zu einer der aggressivsten Sportarten. Wer von diesem Symbol träumt, der sollte entweder aggressiver im Sinne von durchsetzungsstärker werden oder er ist zu aggressiv.

Fußball: Fußball ist die volkstümlichste aller Sportarten und verweist als Traumsymbol auf Normalität bis hin zur Biederkeit. Auf der anderen Seite verschiebt es sich heute immer mehr zu einem Symbol großer Geschäftemacherei.

Golf: Golf ist zumindest in Deutschland ein sehr exklusiver Sport. Das Traumsymbol Golf verweist oftmals auf die Sehnsucht, in höhere Kreise aufzusteigen und aufgenommen zu werden. Auf der anderen Seite ist gerade das Golfspiel eine Sportart, bei der man häufig gegen sich selbst spielt und die großer Selbstdisziplin bedarf.

Gymnastik: Im Traum verbildlicht Gymnastik die Anmut des Körpers und als Traumsymbol verweist sie häufig darauf, daß man mehr für seinen Körper tun sollte. Achten Sie darauf, welche Übungen im Traum vorgestellt werden. Womöglich werden Ihnen damit Hinweise gegeben, was Ihnen gut tut. Probieren Sie, sofern es möglich ist, diese Übungen einmal aus.

Kampfsportarten: Zu den Kampfsportarten gehören unter anderem Karate, Judo und ähnliche meditative Kampfformen. In diesem Traumsymbol wird in spezieller Weise die Aggression mit der Spiritualität verbunden und an dieser Spannung hat auch die Deutung anzusetzen.

Laufen: Das Traumsymbol Laufen verdeutlicht entweder, daß man aus eigener Kraft schnell an sein Ziel gelangt, oder daß man vor etwas wegläuft.

Reiten: Spielt Reiten im Traum eine Rolle, dann sollte die Deutung stets berücksichtigen, daß es sich hierbei um die Verbindung mit dem Tierischen – im Sinne des Tiers in sich – handelt und zugleich um die Beherrschung des Tierischen.
Im Traum von Frauen wurde konventionellerweise das Reiten stets als Hinweis auf sexuelle Wünsche gedeutet.

Ringen: Ringen als Traumsymbol verweist meistens darauf, daß man mit sich selbst ringt oder sich und anderen etwas abringen muß. In selteneren Fällen kann dieses Traumsymbol auch als ein Hinweis auf die Sehnsucht nach Körperkontakt gesehen werden.

Segeln: Segeln wird mit Freizeit und mit Reichtum assoziiert. Zugleich verweist Segeln im Traum auch auf ein geschickte Ausnutzung des Windes. Man weiß also, wie der Wind weht, das heißt, man agiert klug. Wenn man allerdings wegen einer Flaute nicht vorankommt, dann ist das als ein Hinweis auf eine ungünstige Situation zu sehen, in der man nur abwarten kann.

Skifahren: Siehe auch Schnee weiter vorne im Abschnitt »Wege und Reisen« unter dem Stichwort Wetter. Skifahren hängt wie Schnee mit Kälte und Distanz zusammen, allerdings kommt bei diesem Traumsymbol hinzu, daß man diese Distanz zu beherrschen sucht.

Surfen: Beim Traumsymbol Surfen versucht man seine Gefühle zu beherrschen, indem man auf dem Wasser fährt. Zugleich ist beim Surfen die rechte Ausnutzung des Windes wichtig, was zeigt, daß die Beherrschung der Gefühle vom Intellekt her versucht wird. Oftmals spielt bei der Deutung dieses Traumsymbols die Farbe des Segels eine Rolle.

Turnen: Turnen deutet im Traum auf die Beherrschung des Körpers hin.

Yoga: Das Traumsymbol Yoga verweist auf Ganzheitlichkeit. Das Ziel des Yoga besteht darin, Körper, Gefühl und Bewußtsein zu beherrschen. Meist wird mit diesem Traumbild eine Empfehlung an den Träumer oder die Träumerin verbunden, sich ganzheitlich zu entwickeln und sich solchen spirituellen Disziplinen zuzuwenden.
Im gleichen Sinn können auch Tai Chi und andere spirituelle Bewegungsübungen gedeutet werden.

Handicaps, Krankheit

Selbstverständlich stellt der Umgang mit Krankheiten, Behinderungen und Einschränkungen nicht nur einen »Betriebsunfall«, sondern eine unabänderliche Voraussetzung unseres Daseins dar. Es ist nicht nur nicht zu vermeiden, daß man sich im Traum mit den verschiedensten Beschwerden oder Handicaps beschäftigt; es ist sinnvoll und wünschenswert. Und zwar wiederum *nicht*, um irgendeinen verborgenen Sinn in Krankheiten oder Schmerzen hineinzugeheimnissen.
Unter der Voraussetzung, daß es Krankheiten gibt, ist es sinnvoll und wünschenswert, davon zu träumen, solange dies der Verarbeitung von Erfahrungen und Ängsten sowie der konkreten Achtsamkeit und Vorbeugung dient. Unter diesem Aspekt

lohnt es und hilft es, auch zunächst unangenehme Traum-Szenen aufmerksam zu erinnern und zu untersuchen.
Hier kann nur eine kleine Auswahl der möglichen Krankheitssymbole wiedergegeben werden. Ich habe die gängigsten ausgesucht.

Bruch: Ein Knochenbruch verweist im Traum immer auf einen Bruch im Sinne von Abbruch und Beendigung. In selteneren Fällen ist mit Traumsymbol der Hinweis verbunden, daß man etwas überbelastet und deswegen zu Schaden kommen kann. Es ist bei diesem Traumsymbol sehr wichtig zu betrachten, welcher Knochen bricht. Das ist symbolisch zu deuten. In den seltensten Fällen weist dieses Traumsymbol auf reale Verletzungsgefahr hin.
Armbruch: Der Armbruch schränkt die Handlungsfähigkeit des Träumers oder der Träumerin enorm ein. Man kann nicht mehr greifen, das heißt im übertragenen Sinn, daß man nicht mehr begreifen und etwas erfassen kann. So kann man auch nicht mehr sinnvoll handeln.
Beinbruch: Der Beinbruch schränkt die Fortbewegung des Träumers oder der Träumerin empfindlich ein. Damit schränkt man sich in seiner Beweglichkeit und *Freiheit* ein.

Durchfall: Der Durchfall zeigt im Traum immer an, daß man etwas nicht verdauen kann und es unbedingt loswerden sollte. Meistens handelt es sich dabei um Gefühle.

Erkältung: Das Traumsymbol Erkältung deutet darauf hin, daß man entweder selbst zu unterkühlt und distanziert reagiert und sich damit schadet, oder daß man in einer zu unterkühlten und distanzierten Umgebung lebt. Es tritt häufig bei akuten Beziehungskrisen auf. Zuviel Kälte und/oder zuwenig Feuer!
Husten: Der Husten weist im Traum auf verdrängte Aggressionen hin: Man will den anderen etwas husten, wie die Umgangssprache es symbolisch ausdrückt.
Schnupfen: Beim Schnupfen im Traum (und nicht nur dort) hat man die Nase voll. Das bedeutet, daß die Situation, in der man sich befindet, einem zu viel ist.

Hauterkrankungen: Die Haut grenzt uns von der Außenwelt ab und so symbolisieren Hauterkrankungen aller Art im Traum ein Problem mit der Abgrenzung von anderen Personen. Ob man sich zu sehr oder zu wenig abgrenzt, muß die genauere Analyse des betreffenden Traums zeigen.

Herzerkrankungen: Immer wenn das Herz im Traum angesprochen wird, werden auf die Gefühle und häufig speziell auf das Mitgefühl des Träumers oder der Träumerin hingewiesen. Es geht um Liebe und Beziehungsfähigkeit, um das Problem mit dem Einlassen auf andere Personen und um Hingabe.

Geschwür: Beim Traumsymbol Geschwür bricht etwas aus dem Inneren durch und macht sich im Außen sichtbar. Meistens verweist dieses Traumsymbol auf verdrängte Gefühle, die plötzlich aufbrechen. Ferner wird man durch ein Geschwür unattraktiv, was auf eine (unbewußte) Distanz anderen Menschen gegenüber verweist.

Kreislauferkrankungen: Bei Kreislauferkrankungen, die seltener im Traum thematisiert werden, ist der Lebensfluß gestört. Das Blut fließt nicht mehr frei, Blockaden treten auf. Mit diesen Blockaden sind fast immer emotionale Blockaden gemeint.

Lähmung: Sehr häufig tritt in Angstträumen das Phänomen der Lähmung auf. Man möchte vor der Gefahr weglaufen, was einem jedoch nicht gelingt, da man sich einfach nicht von der Stelle wegbewegen kann. Das wird dadurch ausgelöst, daß man sich im Traum und speziell im Angsttraum nahe der Aufwachgrenze befindet. Im Traum ist jedoch aus Gründen des Schutzes die Motorik bis auf die Augenmotorik abgeschaltet. Gelangt man plötzlich in die Nähe der Aufwachgrenze, wird man sich bewußt, daß man sich nicht bewegen kann, weil die Motorik erst einen Bruchteil später wieder aktiviert wird. Dieses Phänomen wird sogleich traumhaft verarbeitet.
Das Traumsymbol Lähmung ist als Unbeweglichkeit im geistigen und/oder emotionalen Sinn zu deuten. Es ist ein Hinweis auf mehr Beweglichkeit.

Verstauchung: Bei der Verstauchung im Traum wird auf eine Beschränkung der Bewegung verwiesen, die jedoch nicht so drastisch wie beim Bruch ist. Ist der Arm verstaucht, ist das Begreifen und damit die Handlungsfähigkeit eingeschränkt, ist der Fuß verstaucht, kann man sich nicht mehr frei und mühelos fortbewegen. Oftmals kann man dieses Traumsymbol als Hinweise auf Geduld und Abwarten deuten.

Verstopfung: Bei der Verstopfung als Traumsymbol hält man Wünsche und Ängste fest (besonders auch »unterschwellige« und triebhafte Bedürfnisse) und drückt sie nicht aus. Man läßt sie nicht los und nicht heraus.Es gibt auch die geistige Verstopfung, die auf starre Gedanken und im Extrem auf Zwangsgedanken (fixe Ideen) hindeutet.

Wunde: Eine Wunde im Traum ist immer als Zeichen einer emotionalen Verletzung zu deuten. Zur genaueren Deutung ist zu beachten, an welcher Körperstelle diese Wunde auftritt.
Brandwunde: Brandwunden kommen im Traum oftmals durch die Leidenschaft zustande.
Schnittwunde: Schnittwunden kommen im Traum häufig durch eigene Aggressionen oder die anderer zustande.
Schürfwunde: Schürfwunden sind häufig im Traum Verletzungen, die durch eine gewisse Oberflächlichkeit erzeugt werden.

Angst, Horror

Einer der wichtigsten Faktoren der Vor-»Sorge« (warum nicht Vor-Bereitung oder sogar Vor-Freude) für Gesundheit und Wohlbefinden besteht in der *Auflösung von Ängsten.* Die Psychologinnen und Psychologen der verschiedensten Schulen gehen davon aus, daß Ängste bei jedem Menschen vorhanden sind: Einesteils als notwendige Schutzschalter und Sicherungen, anderenteils als historische Erblast.
Wenn es in diesem Sinne »normal« ist, daß man gewisse Ängste hat, dann ist derjenige oder diejenige besser ausgestattet, der oder die von den eigenen Ängsten auch *träumt!*
Die anderen, die *nicht* von ihren Ängsten träumen, haben genauso viel Ängste – nur sie haben es viel schwerer, diese Ängste zu bearbeiten, was wiederum die einzige Methode ist, um sie aufzuheben und loszuwerden.
Die Auseinandersetzung mit der Angst gehört zum Menschsein. Verständlicherweise (!?) wollen wir jedoch nicht von dieser Angst berührt werden und verdrängen sie deswegen.

Was bedeutet Verdrängung?
Unter Verdrängung versteht man in der Tiefenpsychologie

einen inneren Abwehrmechanismus, der einem das, was man befürchtet oder ablehnt und was einen bedroht, nicht mehr wahrnehmen läßt. Verdrängung ist also ein motiviertes Vergessen. Die Motivation wird davon geprägt, daß wir Zustände der Angst oder allgemein der Unlust nicht erleben möchten.

Dadurch daß wir dahin tendieren, unsere Ängste zu verdrängen, suchen sie uns im nächtlichen Traum heim. Wenn ich also Angst habe, meine Aggressionen offen auszudrücken, werde ich wahrscheinlich Träume haben, in denen ich mit dieser Aggression konfrontiert werde. Alles, was uns Angst einjagt und was wir im Wachzustand deswegen umgehen, treffen wir im nächtlichen Traum. Ein solcher Angsttraum kann sich bis zum Alptraum steigern, aus dem wir schweißüberströmt oder bisweilen sogar schreiend aufwachen.

Der Begriff »Alptraum« stammt von »Albina«, der weißen Göttin, von der auch das Wort »Elfe« abgeleitet ist. Der Alptraum ist der mit den Elfen verbundene Traum, in welchem die negativen und gefährlichen Aspekte, die die Elfen symbolisieren, aufsteigen.

Man muß sich mit dieser Angst im Traum konfrontieren und darf sie keinesfalls verdrängen, indem man sich sagt, daß sei nur ein Traum gewesen, den man am besten schnellstens vergißt. Am besten schaut man sich nach dem Angst- oder Alptraum die Art und Ursache der Angst genau an.

Wenn Sie einen solchen Traum deuten möchten – und Sie sollten derartige Träume unbedingt deuten, da sie sonst eine Tendenz aufweisen, immer wiederzukehren –, stellen Sie sich folgende Fragen:

Was macht mir in diesem Traum konkret Angst?

Schauen Sie sich die Ihnen angsteinflößende Situation genau an und fragen Sie sich, woher Sie diese Situation aus Ihrem alltäglichen Leben kennen.

Wie reagiere ich auf diese Angst im Traum?

Fragen Sie sich, ob Sie in dieser Weise öfters im Alltagsleben reagieren. Zu welchem Ergebnis führt diese Reaktion?

Welche anderen Reaktionsmöglichkeiten wären denkbar?

Spielen Sie zumindest in Ihrer Phantasie alternative Reaktionsmöglichkeiten durch. Besser ist es jedoch, sich vorzunehmen, die alternativen Reaktionsmuster im Wachzustand auszuprobieren.

Warum träumen Sie gerade jetzt diesen Angst- oder Alptraum?

Meistens treten beängstigende Träume gerade dann auf, wenn kurz vorher das Angsteinflößende bewußt oder unbewußt erlebt wurde. Gehen Sie also noch einmal genau die letzten Tage vor diesem Traum durch und schreiben Sie sich alle angsteinflößenden Momente auf. Wie können Sie diese oder einen von ihnen auf Ihren Traum beziehen?
Haben Sie einen vergleichbaren Traum schon zuvor gehabt?
Versuchen Sie sich speziell daran zu erinnern, ob Sie in Ihrer Kindheit ähnliche angsteinflößende Träume gehabt haben. Ist dies der Fall, versuchen Sie, diese Träume zu verstehen und machen Sie sich klar, daß Ihre Reaktion sozusagen verjährt ist. Das bedeutet, daß Sie als Erwachsener diese Ängste, die in Ihrer Kindheit verständlich und womöglich funktional waren, heutzutage nicht mehr benötigen.
Wenn Sie sich mit diesen fünf Fragen ausführlich beschäftigen, sollte das nicht in einer distanzierten, unemotionalen Weise geschehen, sondern lassen Sie sich von der Angst und der Verunsicherung berühren. Wenn Sie sich einem Partner oder einem Freund anvertrauen wollen, dann können Sie, durch dessen Beisein gestärkt, diese Ängste untersuchen und in Ihrer Phantasie diese Ängste Stück für Stück »erinnern, wiederholen und durcharbeiten« (S. Freud). Danach ist es jedoch unabdingbar, Ihre Phantasien und Gefühle aus der Distanz zu betrachten. Gehen Sie aber sogleich distanziert an Ihre Ängste heran, werden diese Sie nicht zu ihren Ursprüngen führen.
Im Grunde machen Sie bei dieser Technik die Ängste zu Ihrem Verbündeten, indem sie Ihnen zeigen, woher sie stammen. Wenn Sie das verstanden haben, können Sie meistens auch diese Ängste auflösen. Sollte das jedoch wider allen Erwartens nicht möglich sein, sollten Sie einen Psychotherapeuten um Rat fragen, der im Umgang mit Träumen Erfahrung hat.
Siehe zu diesem Themenbereich das Kapitel »Sie und Ihre Mitmenschen« und zwar dort am Ende die kurze Besprechung der Schatten- und Horrorgestalten. Wichtig sind in diesem Zusammenhang die Verfolgungsträume, die Sie weiter hinten im Abschnitt »Abenteuer und Gipfelerlebnisse« beschrieben finden. Die häufig im Traum auftretende Lähmung finden Sie im vorigen Abschnitt unter dem Stichwort Krankheiten wieder.

Bedrohung: Bedrohliche Situationen verweisen im Traum darauf, daß man im seinem Alltagsleben vorsichtiger seien sollte.

Dunkelheit: Die Dunkelheit stellt eine der häufigsten Situationen im Traum dar, die auf Verwirrung und Angst verweisen. Die Dunkelangst ist eine der verbreitetsten Ängste der Menschheit.
Siehe die ausführliche Beschreibung dieses Traumsymbols weiter vorne im Abschnitt »Labyrinth und Chaos«.

Erstickung: Bei der Erstickung bekommt man keine Luft und gerät normalerweise in Panik. Symbolisch ist das als Gefühl des Freiheitsverlustes zu deuten.

Folter: Bilder der Folter im Traum treten oft dann auf, wenn der Träumer oder die Träumerin sich unbewußt nach Hingabe sehnen, bewußt jedoch sich nicht hingeben wollen oder können. Ist das Traum-Ich derjenige, der foltert, dann weist das auf tief verdrängte Aggressionen hin. Zur genaueren Deutung ist zu betrachten, welche Art der Folter gewählt wird.

Gefangenwerden: Wird man im Traum gefangengenommen, ist das wie beim Traumsymbol Erstickung als Freiheitsverlust zu deuten. Allerdings ist in diesem Fall die Angst vor dem Verlust nicht derart stark wie beim Traumsymbol Erstickung. Der Gefangennahme kann man immerhin noch eventuell entkommen.

Verstümmelung: Wird man im Traum verstümmelt oder sieht man Menschen, die verstümmelt sind, ist das als Verlust von Eigenschaften und Fähigkeiten anzusehen. Dabei ist es unbedingt notwendig zu beachten, welcher Körperteil verstümmelt wurde.

Typische Reaktionsweisen des Traum-Ichs in diesem Symbolfeld:

Angst haben: Wenn Sie vor einer Traumperson Angst haben, macht Ihnen diejenige Seite in Ihnen Angst, die diese Traumperson symbolisiert. Es handelt sich hierbei meistens um lang unterdrückte Seiten von einem selbst.

kämpfen: Der Kampf symbolisiert wie in Märchen und Sagen den inneren Kampf. Die verschiedenen Ichs kämpfen um ihre Vorherrschaft, was sich in Entscheidungsschwierigkeiten, Launen und Unklarheit des Träumers bemerkbar macht. Wichtig ist mit Hilfe der Tagtraumtechnik diese Kämpfe freundlich zu beenden. Vielleicht möchte Ihnen diese Traumsituation aber auch zeigen, daß Sie mehr kämpfen müssen oder viel zu viel kämpfen.

fliehen: Wovor das Traum-Ich flieht, dem sollte sich der Träumer annähern. Mit der Flucht begibt man sich in die Opferhaltung, wenn man sich jedoch dem zuwendet, wovor man flieht, kann man selbst die Situation bestimmen.

Ekel, Peinlichkeiten

Nach Krankheiten und Ängsten scheint es vielleicht vollends unsäglich, »unnötig« oder »unmöglich«, sich nun auch noch mit einigen Widerwärtigkeiten zu befassen. Aber wir wissen, daß die hier aufgeschriebenen Traum-Themen *nicht* so kraß sind wie manche Träume und vor allem wie das Leben mit etlichen seiner täglichen Nachrichten.
Was für Schmerzen und Verletzungen im Traum, das gilt auch für die Ekel-Symbole: Es ist besser, sich bei gegebenem Anlaß damit *auseinanderzusetzen,* als diese zu verdrängen. So gelingt es uns, die notwendigen Grenzen und Abgrenzungen zu ziehen und zugleich nichts Wesentliches abzuspalten – mit allem Menschlichen verbunden zu sein.
Jeder Träumer und jede Träumerin bekommt irgendwann einmal Träume, in denen sie oder er Ekel empfindet oder sich in peinlichen Situationen befindet. Diese Träume werden durch die Verarbeitungsmechanismen der Psyche erzeugt und sind als *Reinigungsträume* anzusehen.

Eiter: Beim Traumsymbol Eiter bricht etwas Innerliches aus und kommt nach außen. Damit sind fast immer unakzeptierte und lang verdrängte Gefühle angesprochen. Ein störender Fremdkörper wird herausgespült.

Gestank: Der Gestank im Traum zeigt an, daß etwas zum Himmel stinkt, wie der Volksmund es treffend ausdrückt. Mit diesem Traumsymbol wird in drastischer Weise auf einen Mißstand aufmerksam gemacht.

Kloake: Das Traumsymbol Kloake weist meistens daraufhin, daß man Innerliches – und damit sind meistens seine Gefühle und speziell der Schatten gemeint – ablehnt und damit verdrängt. Man muß sich im

Sinne der Individuation (Selbstwerdung) auch mit seinen negativen Produkten auseinandersetzen.

Kot: Das Traumsymbol Kot ist ähnlich wie das Traumsymbol Kloake zu deuten. Man lehnt seine eigenen Produkte ab und will keine Verantwortung für sie übernehmen.

Nacktheit: Nacktheit im Traum weist stets darauf hin, daß Sie sich so zeigen und geben sollten, wie Sie sind. Seien Sie ehrlich sich selbst gegenüber. Dieses Traumsymbol tritt fast unweigerlich immer dann auf, wenn man etwas im alltäglichen Leben zwanghaft vor seinen Mitmenschen verstecken möchte.

Schleim: In der buddhistischen Medizin verweist die übermäßige Schleimbildung auf Gier. Meistens verweist das Traumsymbol Schleim auf eine sogenannte schleimige Haltung. Das heißt, man nimmt keine klare Haltung ein und verhält sich opportunistisch, um einen Vorteil zu erreichen.

Toilette: Die Toilette stellt nur dann ein Traumsymbol des Ekels dar, wenn sie dreckig ist. Eine verschmutzte Toilette zeigt im Traum an, daß man unsauber handelt und sich nicht um die Konsequenzen seiner Handlungen kümmern möchte.

Urin: Der Urin weist fast immer auf die Sexualität hin, da der Harnröhrenausgang an den Sexualorganen liegt. Lehnt man den Urin ab und empfindet man im Traum Ekel vor ihm, läßt sich das häufig auf eine Sexualablehnung beziehen. Man lehnt ferner auch sein eigenes Produkt ab.
Der Urin kann auch positiv im Traum besetzt werden, was allerdings sehr viel seltener der Fall ist.

Verdorbenes: Sieht man im Traum Verdorbenes, dann hängt die Deutung davon ab, was hier verdorben ist. Verdorbenes bedeutet immer, daß man sich um etwas Wichtiges nicht genügend gekümmert hat.

Verfaultes: Das Traumsymbol Verfaultes ist ähnliches wie das Traumsymbol Verdorbenes zu deuten. Allerdings schwingt bei diesem Traumsymbol noch die Bedeutung faul im Sinne von untätig mit.

Heilung

Es werden immer wieder Träume berichtet, in denen ein Arzt oder Heiler auftritt, der einem persönliche Gesundheitstips mitteilt. Das mag die alltägliche Lebensweise des Träumers betreffen oder eine Heilmethode sein, die ihm mitgeteilt wird.

Eine berühmte Legende von einem Heiltraum der Antike erzählt von dem makedonischen Herrscher Alexander der Große (356 – 323 v.Chr.), dessen Freund Ptolemäus (nicht mit dem griechischen Astronom zu verwechseln, der etwa 200 Jahre früher lebte) von einem vergifteten Pfeil verwundet wurde und im Sterben lag. An seinem Lager bekam Alexander einen Traum, in dem seine Mutter einen Fisch mit einer ihm unbekannten Wurzel fütterte. Daraufhin zeigte dieser Fisch Alexander, wo jene Wurzel zu finden sei und sagte ihm, daß diese Wurzel das Leben seines Freundes retten würde. Nach diesem Traum suchte Alexander die Wurzel und verabreichte sie Ptolemäus, der darauf wieder gesünd wurde.

Beachten Sie dabei: Heilung im Traum beginnt nicht unbedingt mit weisen Männern oder Frauen, die Ihnen Rezepte oder Heilkräuter im Traum überreichen. Häufig sind es extrem ruhige Traum-Szenen oder, umgekehrt, besonders kämpferische Traumsequenzen, die von einer beginnenden Heilung künden: Da wird eine Mauer übersprungen oder etwas Defektes repariert; vielleicht wird ein Fluß durchschwommen, ein Widerstand bezwungen oder umgangen, eine Tür geöffnet, eine Unordnung aufgeräumt. Etwas taucht aus dem Wasser oder aus der Versenkung empor. Licht am Ende des Tunnels. Eine Blume blüht auf. Ein Kran hebt etwas in die Höhe. Etwas Neues und Ungewohntes findet sich in einer altvertrauten Umgebung. Da taut etwas auf, man ist einem Abgrund entkommen . . . und viele andere Varianten mehr!

Ärztin/Arzt: Wenn man im Traum zu ihr oder ihm geht: Suche nach oder auch noch bestehende Abwehr gegen Trost, Hilfe und Anteilnahme. – Symbolfigur mit vielen erotischen und partnerschaftsbezogenen Komponenten, aus dem Kontext des Traums zu erschließen. – Versuchen Sie im Traum oder in Ihrer Phantasie, wenn Sie den Traum erinnern, mit dem Arzt oder der Ärztin zu sprechen und ihm/ihr *eine* Frage zu stellen, die Ihnen in dem Moment besonders

ders am Herzen liegt. Die Antwort kann einen wichtigen Schlüssel, nicht nur für Ihren Gesundheitszustand, darstellen.
Beachten Sie, daß Ärztin und Arzt im Traum *auch* Sie selber darstellen. Übernehmen Sie selber die Verantwortung für Ihr Wohlergehen.
Wenn man selber im Traum Arzt oder Ärztin ist (nur im Traum und nicht auch im Alltag), dann kann es gerade um diesen Prozeß der Eigenverantwortung und der persönlichen Vor-»Sorge« gehen, möglicherweise aber auch um ungute Machtphantasien.

Arzthelfer/in – Krankenpfleger/in: Den Bedeutungen von »Ärztin/Arzt« und von »Krankenhaus« zu vergleichen. Oft mit erotischen Wünschen, mit kindhaften (aus Patientensicht) und elternhaften (aus der Helferperspektive) Versorgungsbedürfnissen.

Krankenhaus: Im Krankenhaus und Krankenzimmer werden psychische oder physische Leiden geheilt. Verarbeitung realer Krankenhauserfahrungen mit entsprechenden Erinnerungen und Erwartungen. Symbolisch ist zu beachten, wer oder was im Traum als »krank« erscheint. Sehnsucht oder Widerstand in bezug auf Hilfeleistung. Helfersyndrom, Krankenhaus als Flucht vor nötigen persönlichen Veränderungen, Helfen als Verzicht auf eigene Selbständigkeit. – Auch: Die Fähigkeit und Bereitschaft, Leiden, Schmerzen und Schwächen nicht zu verdrängen.

Kur: Ebenso wie das Traumsymbol Faulenzen und Entspannen weist auch das Traumsymbol Kur darauf hin, daß man etwas für sich und besonders für seine Gesundheit tun muß. Beim Traumsymbol Kur liegt die Betonung auf der körperlichen Seite der Entspannung. Es ist ein Zeichen dafür, daß man etwas für seine Gesundheit unternehmen sollte.
Kurkonzert: Das Kurkonzert erinnert uns im Traum an die Entspannung, die im ästhetischen Genuß liegt. Es hierbei darauf zu achten, welche Musik gespielt wird.
Kurschatten: Der berühmt-berüchtigte Kurschatten verweist darauf, daß erotisch-sexuelle Abenteuer heilend wirken können. Häufig treten Symbole dieser Art auf, wenn man vor lauter Arbeit sein Beziehungsleben vernachlässigt.
Kurpark: Der Kurpark ist der Ort, an dem man sich ziellos bewegt, um sich zu erholen. Es ist nicht unbedingt notwendig, daß

man sich immer zielgerichtet bewegt. Außerdem erinnert er den Träumer oder die Träumerin daran, daß man in der Natur und speziell im Garten Erholung findet. So sagt der Volksmund: Der Gang in den Garten erspart den Gang zum Arzt. Mit dem Kurgarten ist häufig der eigene Garten gemeint.

Urlaub und Freizeit

Der Urlaub stellt im Traum immer ein Symbol für Ausspannen, Freizeit und Freiheit dar. Oftmals ist auch die Sehnsucht damit verbunden, mit seinem Partner oder seiner Partnerin oder mit seiner Familie das Leben genießen zu können. Gerade in Situationen hohen Arbeitstresses treten Bilder aus diesem Symbolfeld gehäuft auf. Sie sollten auch als Warnung genommen werden, denn wenn man jetzt nicht »langsamer tritt«, können leicht Fehler und im Extremfall Unfälle oder psychosomatische Störungen entstehen. Der Urlaub ist die Zeit der Erholung, und selbst oder gerade der größte Workaholik braucht Erholung.
Ferner treten Symbole aus diesem Bedeutungsfeld auch immer dann auf, wenn man mit seiner Arbeit oder seiner persönlichen Lage unzufrieden ist. So kann das Traumsymbol Urlaub auch als Fluchtsymbol angesehen werden. Vielleicht jedoch auch als ein wichtiger Hinweis, daß da eine Sehnsucht in einem steckt, anders zu leben. Der Urlaub ist auch ein Spiegel oder eine Projektionsfläche für persönliche Sehnsüchte danach, ein anderer oder eine andere zu sein - ein Kaleidoskop illusorischer Sehnsüchte, doch auch ein Brennglas wesentlicher Wünsche und realistischer Alternativen . . .
Für manche zum Beispiel zum Zwanghaften neigende Menschen stellt der Urlaub auch eine Zeit dar, in der Anspannungen erlebt werden. Dieses Erleben der Anspannungen kann als ein Reinigungsprozeß angesehen werden, der unbedingt notwendig ist, um sich gesund und fit zu halten.
Häufig werden auch Urlaubserinnerungen im Traum verarbeitet. Das geschieht unter anderem dadurch, daß Träume in Ländern stattfinden, in denen man Urlaub gemacht hat, oder Situationen aufnehmen, die man im Urlaub erlebt hat. Auch wenn Sie im Traum Urlaubsbekanntschaften sehen, können Sie das unter dem Aspekt des Urlaubs deuten, wenn hierbei auch die Eigenschaften dieser Urlaubsbekanntschaften auf Sie

selbst zu beziehen sind (Subjektfunktion des Traumsymbols).

Im folgenden finden Sie eine Auswahl von Symbolen, die zum Bedeutungsfeld Urlaub gehören und immer auch auf die Polarität von Anspannung und Entspannung hin gedeutet werden sollten.

Ausschlafen: Wer vom Ausschlafen träumt, der braucht mehr Ruhe und Entspannung. Er muß lernen, abzuschalten und sich nicht vom Streß zermürben und krank machen zu lassen.
In sehr seltenen Fällen kann dieses Traumsymbol auch daraufhin deuten, daß man zuviel schläft, das heißt in der Sprache des Traums, daß man zu unbewußt durch sein Leben geht.

Badematte oder Badetuch: Die Badematte oder das Badetuch und verwandte Symbole verweisen auf eine Sehnsucht nach Entspannung und nach dem das Gefühl symbolisierende Wasser.

Bergbahn: Die Bergbahn verweist darauf, daß man auch im entspannten und bequemen Zustand, also ohne Anstrengung, ein hohes Ziel erreichen kann. Es ist kein Streß und es sind keine Anstrengungen nötig, um etwas zu erreichen. Man könnte fast sagen, daß dieses Traumsymbol Ihnen zurufen möchte: Take it easy! (Nimm‘s leicht).

Diskothek: Die Diskothek verweist zum einen auf den körperlichen Aspekt der Entspannung, zum anderen auf deren erotischen Aspekt. Da die meisten Menschen in unserer Kultur sich während ihrer Arbeit zu wenig bewegen, weist das Traumsymbol Diskothek daraufhin, daß mehr Bewegung angesagt ist, um sich gesund zu halten. Zum anderen hängt das Tanzen in der Diskothek auch mit einer erotischen Selbstdarstellung zusammen, die oftmals am Arbeitsplatz nicht anliegt.
Bei diesem Traumsymbol sollte auch der Charakter der gespielten Musik, die Mittänzer und der Raum, wie auch das Licht symbolisch gedeutet werden.

Entspannung: Wenn Sie von Situationen träumen, in denen Sie sich entspannen, indem Sie am Strand liegen oder die Zeit in einem Café vertrödeln, dann ist es höchste Zeit, daß Sie ausspannen. Machen Sie sich klar, daß Sie nicht immer arbeiten können, das hält keine/r aus. Es ist typisch, daß in Träumen von Arbeitssüchtigen dieses Symbol immer wiederkehrt. Das Höhere Selbst sagt dem Träumer oder der Träumerin, daß sie sich jetzt unbedingt entspannen müssen. Tritt also dieses Traumsymbol öfters auf, sollten Sie unbedingt dieser Aufforderung zur Entspannung Folge leisten. – Jedoch auch: Angst vor und Widerstand gegen eine sinnvolle oder notwendige Anspannung.

Faulenzen: Faulenzen drückt wie das Traumsymbol Entspannung aus, daß es jetzt anliegt, weniger zu tun und auch einmal nicht zu arbeiten. Wie das Faulenzen sich gestaltet, hängt von dem Träumer beziehungsweise der Träumerin ab. Oftmals muß bei diesem Traumsymbol gelernt werden, daß es keine Sünde ist zu faulenzen und man auch nicht deswegen gleich in der »Gosse« landet. »Wer faul ist, ist auch schlau.«

Koffer: Der Koffer weist einmal auf Reiselust hin und zum anderen kann er allerdings auch die Bedeutung besitzen, daß man viel zu viel Ballast emotionaler oder anderer Art mit sich herumschleppt. In dem zweiten Fall ist es dann wichtig zu beachten, ob der Koffer schwer oder leicht ist. Auch ist der Zustand und die Farbe des Koffers, wie auch sein Material zu deuten.

Lesen: Das Traumsymbol Lesen kann sehr viele Bedeutungen besitzen, wobei Erholung und Bildung im Vordergrund stehen. Natürlich kommt es darauf an, was man liest. Lesen deutet auch oftmals daraufhin – speziell wenn man Romane liest, daß man sich in andere Welten begeben und seine Phantasie anregen sollte.
Buch: Liest man einen Roman oder Gedichte, dann ist der Entspannungswert betont, wobei der Bildungsaspekt mitschwingt. Liest man einen Kriminalroman steht der Unterhaltungswert im Vordergrund. Bei Sachbüchern wird dagegen der Bildungs- und Informationswert betont.
Magazin: Liest man ein Magazin oder eine Illustrierte, liegt die Betonung auf dem Erholungswert.
Zeitung: Bei der Zeitung liegt der Symbolwert auf der Information. – Welche Einfälle haben Sie zur Art Ihrer Urlaubslektüre im Traum? Thema, Inhalt, Reiz, Zweck?

Sonnenhut: Der Sonnenhut schützt den Kopf und beschattet das Gesicht. Er ist ein charakteristisches Freizeitutensil, das romantische Assoziationen weckt.

Sonnenöl: Das Sonnenöl stellt wie der Sonnenhut einen typischen Gegenstand dar, der Ferien und Ausspannen sybolisiert. Zum anderen ist hier auch die Schutzfunktion angesprochen. Und zwar die Schutzfunktion der Haut, die immer auch auf die Abgrenzung verweist.

Sonnenschirm: Der Sonnenschirm tritt in unseren Breiten nicht selten im Traum auf. Er beschwört Assoziationen von Lustwandeln und lasziver Bewegung in heißer Sonne. Das ist Ferien- und Freizeitstimmung pur - denkt man vielleicht zuerst. Doch dann zeigen sich Ängste, die in diesem Symbol mitschwingen, tatsächliche vor den Auswirkungen eines fehlenden Schutzschirms aufgrund des Ozonlochs in der Atmosphäre, symbolische vor der Annahme und Umsetzung der stärksten Energien, die ein Mensch kennt: Der »göttlichen« Energien, ihrer Anforderungen, ihrer Unmittelbarkeit . . .

Skihütte: Die Skihütte in den Bergen ist ein verbreitetes romantisches Freizeitsymbol. Man hat die Alltagswelt hinter sich gelassen und ist in eine andere Welt eingetaucht. Hier herrscht die heilende Natur, hier kann man sein, wie man ist. Außerdem ist mit diesem Traumsymbol sowohl die Stille als das Vergnügen mit Freunden angesprochen. Gerade wenn der moderne Großstadtbewohner unter Streß leidet, dann steigen solche Traumbilder wie Skihütte und Zelten auf. Dahinter verbirgt sich auch eine Sehnsucht nach Einfachheit und Normalität.

Strand: Der Strand im Traum kann viele Bedeutungen besitzen. Jener Reiseprospekt-Strand mit weißem Sand und Palmen stellt das typische Urlaubssymbol unserer Zeit dar. Er läßt Sehnsüchte nach Ruhe, nach Ferien, nach Erotik und auch sportlicher Betätigung assoziieren, je nach Situation des Träumers oder der Träumerin. Es ist auch möglich, daß Sehnsüchte nach dem einfachen Leben und Abenteuer mitschwingen.

Wandern: Die Bewegung in der Natur hat einen großen Erholungswert, auf den mit diesem Traumsymbol angespielt wird. Beim Traumsymbol Wandern hängt die Bedeutung weitgehend davon ab, in welcher Landschaft man sich bewegt und ob man allein oder in einer Gruppe wandert. Wandert man in den Bergen, wird darauf hingewiesen, daß eine gewisse körperliche Anstrengung zur Erholung notwendig ist. Wandert man am Meer, stehen die weiten Blicke und das Gefühl von Freiheit im Vordergrund. Wandert man alleine, möchte man sich von allen sozialen Verpflichtungen frei machen und sich selbst erleben. Wandert man in einer Gruppe, kommt es sehr darauf an, welche Stimmung in dieser Gruppe herrscht.

Zelten: Mit dem Traumsymbol Zelten und Zelt wird der Erholungswert angesprochen, der darin liegt, allen Luxus hinter sich zu lassen und im direkten Kontakt zur Natur zu leben.

Feste, Veranstaltungen

Feste und Veranstaltungen lassen sich eigentlich unter allen Kapiteln in diesem Buch einordnen. Wir haben sie hier unter die Rubrik »Gesundheit und Wohlbefinden« in der Überzeugung aufgenommen, daß, wie die Gesundheitsvorsorge, wie Urlaub und Freizeit, so auch eine Kultur sinnvoller Feste und Feiern für das seelische und leibliche Wohlergehen sehr wesentlich ist.

Das Wort »Fest« stammt von dem lateinischen Wort »festivus« ab, was soviel wie freudig und auch lustig bedeutet. Auch als Traumsymbol haben Feste und Veranstaltungen die Bedeutung von freudigen und sozialen Zusammenkünften mit anderen Menschen. Eine Ausnahme ist jedoch die Totenfeier. Träumen Sie also von Festen und Veranstaltungen, dann weist der Traum Sie häufig daraufhin, daß Sie sich anderen Menschen öffnen sollten.

Die meisten Feste gehen entweder auf Initiationen, also Riten des Übergangs, zurück oder auf den Jahreslauf. Auch im Traum ist bei solchen Festen und Veranstaltungen eine Situation des Übergangs oder/und der Hoch-Zeit des Lebens angesprochen. Der Träumer wird in der Nacht darauf hingewiesen, um sich mit vergangenen Änderungen erneut auseinanderzusetzen oder um sich auf kommende Ereignisse vorzubereiten. Möglicherweise sind diese ihm noch gar nicht bewußt.

Im folgenden finden Sie die spezielle Bedeutung von Festen und Veranstaltung, die im Traum öfters vorkommen (die Hochzeits- und Hoch-Zeit-Feier folgt im Kapitel »Liebe, Lust und Zärtlichkeit«).

Abschiedsfeier: Träumt man von einer Abschiedsfeier, ist das als ein Hinweis zu deuten, daß etwas abgeschlossen ist oder bald abgeschlossen werden sollte. Was abzuschließen ist, zeigt normalerweise der Traum, indem das Abgeschlossene im Traum bezeichnet ist.

Abschlußball: Der Abschlußball stellt ein gesellschaftliches Ereignis dar. Der Träumer oder die Träumerin wird durch ihn in die Gesellschaft eingeführt. Somit verweist dieses relativ häufige Traumsymbol auf die Integration in die Gesellschaft und auf soziale Konventionen. Ferner zeigt das Traumsymbol Abschlußball auch an, daß man eine bestimmte körperliche und soziale Fähigkeit gelernt hat, mit der man jetzt fähig ist, in die Öffentlichkeit zu treten. In seltenen Fällen besitzt der Abschlußball wie das Traumsymbol Tanzen auch eine erotische oder gar sexuelle Bedeutung.
Möglicherweise kann dieses Traumbild auf die Jugend, die erste Verliebtheit und die jetzige Sehnsucht nach romantischen Gefühlen und nach einer harmonischen Liebesverbindung abzielen.

Ausstand: Dieses Traumsymbol deutet daraufhin, daß etwas beendet werden soll. Mit dem Ausstand tritt man aus einem Berufsverhältnis aus und wechselt entweder in ein anderes über oder geht in den Ruhestand. Auch im Traum zeigt dieses Traumbild an, daß man sich in einer Zeit des Übergangs befindet. Tritt dieses Traumsymbol in Ihren Träumen auf, sollten Sie sich überlegen, was in Ihrer beruflichen Karriere einer Veränderung bedarf. In seltenen Fällen kann hier der Beruf oder die Arbeit verwendet werden, um auf eine anliegende Veränderung in Ihrem Privatleben aufmerksam zu machen.

Einstand: Dieses Traumsymbol handelt offensichtlich von einem Neuanfang. Freuen Sie sich darauf, oder befüchten Sie den Eintritt einer neuen Lage? Wahrscheinlich liegt dieser Neuanfang im beruflichen Bereich, was aber nicht in jedem Fall sein muß. – Auch: Wunsch nach oder Widerstand gegen Aufnahme und Anerkennung im Kollegenkreis.

Einweihung: Wenn etwas im Traum eingeweiht wird, dann werden dem Träumer oder der Träumerin damit neue Möglichkeiten gezeigt, die er oder sie unbedingt nutzen sollte. Besonders wenn die Einweihungsfeier harmonisch verläuft, sollte man das Neue, das eingeweiht wird, als Hinweis auf eine Möglichkeit betrachten, die erfolgreich zu nutzen ist.

Erstkommunion: Die Erstkommunion im Traum stellt eine spirituelle Einweihung dar. Man wird damit in das geistige Leben eingeführt. Meiner Beobachtung nach verweist dieses Traumsymbol häufig darauf, seiner inneren Wahrheit zu folgen. Zugleich geht es um eine Erinnerung an Jugendträume.
Wurde jedoch die religiöse Erziehung als Druck und Belastung von dem Träumer oder der Träumerin empfunden, dann deutet das Traumsymbol Erstkommunion auf Verlogenheit, gesellschaftlichen Zwang und tote Konventionen hin.

Firmung: Bei dem Traumsymbol Firmung handelt es sich wie bei der Kommunion um ein religiöses Fest. Alle Traumsymbole, die religiöse Feste betreffen, weisen den Träumer oder die Träumerin darauf hin, daß eine Rückbindung an etwas anliegt, das höher ist als ihr eigenes Ich und weltliche Werte. Wurde allerdings die religiöse Erziehung als Zwang oder Leere empfunden, dann erinnert dieses Symbol an Falschheit, Heuchelei und sinnlose Rituale.

Kino: Das Kino im Traum gilt als deutlicher Hinweis auf die *Projektion.* Freud prägte seinen Begriff der Projektion zur gleichen Zeit, als Projektoren die ersten beweglichen Bilder auf die Leinwand warfen. Ferner ist hiermit auch die Scheinwelt angesprochen.
Das Kino stellt häufig den Ort der ersten erotischen oder sexuellen Erfahrungen dar.
Bei diesem Traumsymbol ist besonders auf den Symbolgehalt des Films zu achten, der gespielt wird.

Kirmes/Jahrmarkt: Die Kirmes erinnert den Träumer und die Träumerin an ihre Kindheit. Dieses Traumbild bezeichnet die Abenteuer und Freuden der Kindheit. Hier ißt man Zuckerwatte, fährt auf dem Karussell und zieht Lose und genießt den Geruch von gebrannten Mandeln. Es ist die Märchen- und Anderswelt, auf die hier verwiesen wird und zugleich ist der prickelnde Geschmack des »Anrüchigen« angesprochen. Viele meiner Klienten und Klientinnen wurden durch dieses Traumsymbol an erste heiße Küsse und fragwürdige Faszinationen erinnert.

Konfirmation: Die Konfirmation stellt eine religiöse Feier dar, bei der der Konfirmand oder die Konfirmandin in die Gemeinde der Gläubigen aufgenommen wird. So deutet dieses Traumsymbol darauf hin, daß man sich nach einer Verbindung mit Menschen sehnt, die ebenso glauben und fühlen wie man selbst. Vergleiche das Stichwort »Erstkommunion«.

Namenstag: Der Namenstag als Traumsymbol ist als Hinweis auf die eigene Identität zu deuten. Der Name ist etwas Individuelles, das zum Beispiel im Märchen »Rumpelstilzchen« ein magisches Geheimnis birgt. Auf der anderen Seite mag hier auch »nur« das freudige Fest mit Geschenken und gutem Essen und Trinken angesprochen sein.

Oper: Der Gang in die Oper ist ein gesellschaftliches Ereignis, bei dem es neben dem Kunstgenuß auch darauf ankommt, sich sehen zu lassen. In diesem Sinne ist auch im Traum die Oper zu deuten. Ferner spielt natürlich die Theatralik wie beim Traumsymbol *Theater* eine wichtige Rolle bei der Deutung.
Deuten Sie, um welche Oper es sich handelt und welche Verwicklungen in ihr dargestellt werden. Ist Ihnen der Inhalt der entsprechenden Oper nicht geläufig, schauen Sie in einem Opernführer nach.

Ostern: Das Osterfest war ursprünglich ein Fruchtbarkeitsfest zu Ehren der Göttin Ostara, woran noch der Brauch der Ostereier erinnert. Im Traum ist jedoch seltener der Fruchtbarkeitsaspekt angesprochen, als der Hinweis auf den Frühling. Frühling hängt mit Freude, einer hellen Zeit und langen Tagen zusammen. Wenn nicht spezielle negative persönliche Erfahrungen mit diesem Fest verbunden sind, zeigt Ostern die Freude über oder auf einen strahlenden Neuanfang. – Bewußt oder unbewußt spielt jedoch ebenfalls der *Inhalt* des Osterfestes hinein: Die Überwindung des Todes und die Gewißheit des ewigen Lebens ...

Pfingsten: Im christlichen Mythos ist Pfingsten das Fest des Heiligen Geistes. Auch als Traumsymbol spricht Pfingsten ein Erwachen des Bewußtseins an. Oftmals ist dem Träumer oder der Träumerin dieses Erwachen nicht bewußt. Dieses Traumsymbol hat die Funktion, dem Träumer oder der Träumerin einen Bewußtseinsfortschritt zu dokumentieren, so daß er genutzt und ausgebaut werden kann.
Außerdem weist das Traumsymbol Pfingsten allgemein auf Ferien und eine warme, helle Zeit der Freude hin.

Polterabend: Der Polterabend geht auf einen alten Brauch zurück, der böse Geister vertreiben soll, um die anstehende Liebesverbindung zwischen zwei Menschen zu schützen. In dieser Bedeutung tritt das Traumsymbol Polterabend besonders häufig während Beziehungskrisen auf, um darauf hinzuweisen, daß die bösen Geister, die zur Krise führen, vertrieben werden müssen. Mit bösen Geistern sind in diesem Falle destruktive Verhaltensmuster gemeint.
Ferner kann jedoch dieses Traumsymbol bei Verheirateten auch eine Erinnerung an den schönen und ausgelassenen Anfang der Liebesbeziehung bedeuten. – Auch: Wunsch danach oder Angst davor, selber zu »poltern«, Wut herauszulassen und »Geschirr« zu zerschmeißen.

Richtfest: Beim Richtfest ist der Dachstuhl des Hauses fertiggestellt und der Rohbau beendet. In diesem Sinn deutet das Richtfest an, daß eine wichtige Grundlage für etwas Neues geschaffen wurde. Nun liegt es an, sich dem Innenausbau zuzuwenden, was soviel bedeutet, wie daß man sich um seine Emotionen und sein Innenleben kümmern muß.

Schützenfest: Dieses Traumsymbol läßt das Wort »Schutz« anklingen. Ursprünglich stellten die Schützen u.a. eine Bürgerwehr zum Schutz der städtischen Bevölkerung dar. Heute ist diese Aufgabe nicht mehr nötig und das Schützenfest ist zu einem gesellschaftlichen Ereignis geworden. Dennoch werden hier militärische Assoziationen geweckt.
Ansonsten besitzt das Schützenfest ähnliche Bedeutungen wie die Kirmes oder der Jahrmarkt im Traum.

Schulentlassung: Diese Feier im Traum holt vor Ihr geistiges Auge, daß eine Lektion oder eine lange Zeit des Lernens abgeschlossen ist. Ein Lebensabschnitt wird beendet, und ein neuer steht bevor. Häufig ist dieses Traumsymbol auch mit der Bedeutung verbunden, daß man sich nun mit dem Gelernten im Alltagsleben bewähren muß - daß man sich danach sehnt und/oder mit bangen Gefühlen darauf schaut!

Sonnenwende: Die Sonne besitzt nicht nur in der Traumsymbolik die Bedeutung des Bewußtseins. Wenn die Sonne sich wendet, dann ist hiermit auch eine Bewußtseinsveränderung angesprochen. Meiner Beobachtung nach tritt dieses

Traumsymbol fast immer als ein Hinweis darauf auf, daß sich das Bewußtsein des Träumers oder der Träumerin zu verändern beginnt oder verändern sollte.

Sylvester: Mit einem neuen Jahr beginnt ein neuer Lebensabschnitt und daher stammt der Brauch, sich zu Sylvester für das neue Jahr bestimmte Verhaltensänderungen vorzunehmen. Im Traum deutet die Sylvesterfeier stets darauf hin, daß man von einer Lebenssituation in eine andere übergeht.
Außerdem werden hier Fröhlichkeit und Unbeschwertheit angesprochen.

Taufe: Die heutige Taufe geht auf alte Bräuche aus dem Christentum, aber auch aus vielen anderen Kulturen wie der keltischen, zurück, bei denen der Initiand beziehungsweise die Initiandin im Wasser untergetaucht wird. Diese Berührung mit dem Wasser deutet auf einen tief emotionalen Vorgang hin, der hier angesprochen wird.
Wie der Jungbrunnen im Märchen symbolisiert die Taufe eine seelische *Wiedergeburt,* die Sehnsucht nach einem emotionalen und spirituell bedeutsamen Neuanfang.

Theater: Das Traumsymbol Theater deutet meiner Erfahrung nach immer auf einen theatralischen, das heißt übertriebenen Gefühlsausdruck hin. So sagt der Volksmund bezeichnenderweise: »Mach nicht solch ein Theater«, wenn eine/r übertrieben reagiert. Natürlich geht es beim Traum-Theater auch um ein gesellschaftliches Ereignis, und es ist wesentlich, den Inhalt des Stückes zu deuten. Ist er Ihnen nicht geläufig, hilft es, sich in einem Schauspielführer zu informieren.
Stärker noch als die Oper oder das Kino symbolisiert das Theater ein Kunst-Leben – mit der Warnung vor lebensferner Künstlichkeit, jedoch der Ermunterung zur kultivierten Lebensqualität und zur *Lebenskunst*!

Totenfeier und Leichenschmaus: Totenfeier und Leichenschmaus stellen Feste dar, die keinen fröhlichen Anlaß haben. Dennoch kennzeichnen sie wie die meisten Feste einen Übergang. Das Alte ist gestorben und muß angemessen verabschiedet werden, auf daß das Neue Platz findet. So sagte man in früheren Zeiten: Der König ist tot, es lebe der König! Wenn Sie danach schauen, wie Sie den Toten charakterisieren, dann gibt Ihnen das einen Hinweis

darauf, was absterben muß, um für etwas Neues Platz zu schaffen. Meistens handelt es sich hierbei um eine Eigenschaft oder Verhaltensweise.
Bei der Totenfeier und dem Leichenschmaus treffen die Familie und viele Verwandte zusammen. Es kann sich hierbei auch für ein Symbol für Familie oder den Abschied von Familienbindung handeln.
Jede Begegnung mit dem Tod im Traum wirft in der Deutung auch die Fragen auf: Was gilt es zu beerdigen oder loszulassen? Was muß jetzt erledigt werden? Und in Anspielung auf den »Tod« als Schnitter: Was kann jetzt geerntet werden? Was soll am tatsächlichen Lebensende zu ernten sein?

Weihnachten: Weihnachten stellt im deutschsprachigen und skandinavischen Bereich das wichtigste Familienfest dar. Insofern schwingt bei diesem Traumsymbol immer auch die Bedeutung Familie mit. Ein harmonisches Weihnachtsfest verweist auf eine angenehme Familienbindung und häufig auch auf die Sehnsucht nach einer solchen intakten Familie. Zeigt der Traum das Weihnachtsfest als unharmonisch und spannungsgeladen, dann sollte man seine Familienbeziehungen genauer betrachten.
Ferner steht das Traumsymbol Weihnachten für etwas Heiliges. Das Licht wird geboren und damit wird auf Erlösung und »Ostern« angespielt. Nach einer dunklen Zeit wird es wieder hell, was heißt, daß es nach Zeiten des Mühsals und Leidens wieder einfacher und leichter wird.
Auch Schenken und Beschenktwerden können symbolisch eine Rolle spielen und die Frage nach Geben und Nehmen aufwerfen.

Beruf und Finanzen

Der Beruf und die Finanzen stellen für viele Menschen eine ständige Quelle von Problemen dar, für viele jedoch eine Quelle der Freude: So oder so ist es nicht verwunderlich, daß Symbole aus diesem Bereich sehr häufig unsere Träume bevölkern. Da treten die Kollegen und der Chef im Traum auf, Verarmungsängste machen sich in bizarren Bildern bemerkbar, und die Sehnsucht nach Reichtum schafft ebenfalls traumhafte Bilder. Wie nun diese einzelnen Symbole konkret zu deuten sind, finden Sie in den folgenden Abschnitten wiedergegeben.

Arbeitsgegenstände

Wir träumen häufig von Arbeitsgegenständen, die entweder mit unserem Beruf oder mit anderen Berufen zu tun haben. Wichtig ist, diese Arbeitsmaterialien und -gegenstände in bezug auf ihre Funktion zu deuten. Ferner ist auch die Farbe dieser Gegenstände wichtig – falls sie erinnert wird.

Büroartikel: Alle Büroartikel verweisen im Traum zunächst einmal auf die Arbeit und meistens besitzen sie auch die Bedeutung von Ordnung. Zur genaueren Deutung ist zu betrachten, wofür dieser Gegenstand benutzt wird und wie er zu charakterisieren ist.

Computer: Das Traumsymbol Computer deutet ebenfalls auf die Ordnung hin und die rationale Seite des Lebens. Auf der anderen Seite stellt das Traumbild Computer auch fast immer einen Hinweis auf die fehlende menschliche beziehungsweise persönliche Kommunikation dar.

Drucker: Der Drucker, die im Traum wie im Leben zunehmend die Schreibmaschine verdrängt, weist schon von seinem Namen her auf den Druck hin, der am Arbeitsplatz empfunden wird.

Fax: Der Fernkopierer (Fax) ist ein Traumsymbol für die problemlose Kommunikation. Allerdings ist dabei zu bedenken, daß diese Kommunikation nicht auf einem persönlichen Zusammentreffen beruht. Es ist eine indirekte Kommunikation. Deswegen kommt es häufig im Traum vor, daß das Fax nicht durchläuft. Damit wird auf eine Kommunikationshemmung verwiesen und häufig auch auf die Sehnsucht nach direkter Kommunikation.

E-Mail: Im Gegensatz zum Fax stellt die E-Mail – die elektronische Post – eine noch indirektere Kommunikation dar. Das sieht man schon daran, daß die meisten E-Mail-Nachrichten (aus Kostengründen) erschreckend kurz und unpersönlich abgefaßt sind. Das Traumsymbol E-Mail deutet auf eine hochentfremdete Kommunikation hin, der die Seele abhanden gekommen ist.

Kopierer: Das Traumsymbol Kopierer zeigt oftmals an, daß man etwas nachmacht und somit nicht den eigenen Impulsen folgt. In seltenen Fällen mag es auch darauf verweisen, daß man etwas – meistens ein bestimmtes Verhalten oder eine spezifische Einstellung – nachahmen sollte.

Papier: Der Volksmund sagt, daß das Papier geduldig ist. Damit ist gemeint, daß man Vieles schriftlich darstellen kann, was der Realität nicht entspricht. Ferner schüchtert ein leeres Blatt ein und symbolisiert damit eine Hemmung in der Darstellung. Sieht man viel beschriebenes oder bedrucktes Papier im Traum ist das häufig ein Hinweis darauf, daß man unter der Informationsflut leidet oder daß man sich besser informieren sollte.

Schreibzeug: Das Schreibzeug weist im Traum auf Reflexion hin, denn wenn man etwas niederschreibt, muß man es genau durchdenken. Es kann übrigens auch ein Hinweis dafür sein, seine Träume niederzuschreiben.

Schreibmaschine: Die Schreibmaschine wurde bisweilen als sexuelles Traumsymbol angesehen. Ich glaube jedoch, daß sie im heutigen Traum eher auf vergangene, computerfreie Zeiten verweist.

Telefon: Das Telefon stellt eines der verbreitetsten Kommunikationssymbole im Traum dar. Es möchte den Träumer oder die Träumerin zur Kommunikation anregen.

Werkzeuge: Werkzeuge wie Hammer, Zange Brecheisen und ähnliche Traumsymbole verweisen auf das Handwerk. Damit wird der Träumerin oder die Träumerin aufgefordert, nicht nur mit dem Kopf, sondern auch mit den Händen zu arbeiten. Allgemein könnte man sagen, daß dieses Traumsymbol zunächst einmal so zu deuten ist, daß der Träumer oder die Träumerin etwas Praktisches tun sollte. Zur genaueren Deutung ist die Funktion des betreffenden Werkzeugs zu betrachten.

Arbeitsumstände und -situationen

Wie die Arbeitsgegenstände treten auch die Arbeitsumstände häufig im Traum auf. Manchmal müssen wir im Traum ein schwieriges Problem lösen, manchmal fällt uns der Erfolg zu. Wie diese Arbeitsumstände und Arbeitssituationen konkret zu deuten sind, finden sind Sie in der folgenden Aufstellung als Anregung wiedergegeben.

Arbeiter/Arbeiterin: Dieses Traumsymbol verweist unter anderem sehr häufig Intellektuelle darauf, daß sie mehr praktisch arbeiten sollten.

Arbeitslosigkeit: Die Arbeitslosigkeit tritt im Traum fast immer nur dann auf, wenn sie entweder befürchtet wird, oder wenn man sich von seiner Arbeit gestreßt fühlt.

Auszeichnung: Im Sinne Freuds träumt man von einer Auszeichnung, wenn man sich nach dieser sehnt. Eine Auszeichnung im Traum hat auch häufig die Funktion, Sie als Träumer oder Träumerin aufzubauen und Ihr Selbstbewußtsein zu stärken.

Baustelle: Siehe auch weiter vorne in diesem Kapitel im Abschnitt »Haus und Wohnung«, wo dieses Traumsymbol ausführlich beschrieben wird. Die Baustelle verweist, was nahe liegt, stets auf einen Neuanfang oder auf eine Veränderung hin.

Büro: Das Büro ist der Ort der Schreibtischarbeit und Organisation. Im Traum verweist es meistens auf die Organisation des Alltagslebens.

Chef/Chefin: Siehe auch Vorgesetzter/Vorgesetzte. Das Traumsymbol des Chefs oder Chefin ist letztendlich auf die Einstellung zum Vater oder auch zur Mutter zurückzuführen. Bei Autoritätskonflikten treten Traumbilder aus diesem Bereich gehäuft auf. Fragen Sie sich, wie Sie selbst mit der Autorität umgehen? Dabei spielt es keine Rolle, ob Sie selbst Chef oder Chefin im Traum sind, oder ob Sie mit Chef oder Chefin konfrontiert werden.

Fabrik: Das Traumsymbol Fabrik weist stets daraufhin, daß etwas fabriziert – im Sinne von produziert – werden sollte. Wie sieht es mit Ihrer Produktivität aus? Ferner wird mit diesem Traumsymbol auf entfremdete Arbeit verwiesen.

Fließband: Mehr noch als das Traumsymbol Fabrik verweist das Traumsymbol Fließband auf entfremdete Arbeit und ungünstige Arbeitsbedingungen hin. In selteneren Fällen kann es auch als Hinweis gedeutet werden, daß man zügig und im Fluß arbeiten sollte.

Gewerkschaft: Wird die Gewerkschaft in irgendeiner Weise im Traum angesprochen, sehen Sie das als Hinweis darauf, für Ihre eigenen Rechte einzustehen.

Kündigung: Die Kündigung im Traum kann zum einen auf reale Kündigungsängste rückführbar sein und zum anderen im übertragenen Sinn zur Beendigung einer untragbaren Situation auffordern. Es muß sich dabei keineswegs um ein Arbeitsverhältnis handeln. Es kann auch eine Beziehung oder Freundschaft gekündigt werden.

Lob: Nach Freud handelt es sich bei diesem Traumsymbol um einen Hinweis auf einen Wunsch, gelobt zu werden. Traumsituationen, in denen man gelobt wird, haben nicht selten die Funktion, den Träumerin oder die Träumerin aufzubauen und deren Selbstbewußtsein in schwierigen Zeiten zu unterstützen.

Montage: Das Traumsymbol Montage möchte fast immer darauf hinweisen, daß etwas Neues aufgebaut werden sollte. Es sagt, daß jetzt die Zeit dafür reif ist. Häufig handelt es sich bei diesem Traumbild um die Nutzung bestehender konkreter Möglichkeiten und Fähigkeiten.

Sitzung: Die Sitzung tritt im Traum vorzüglich dann auf, wenn man sich mit anderen zusammensetzen sollte, um ein Vorhaben genauer zu planen. Allerdings kann das Traumsymbol Sitzung auch auf Langeweile und Unproduktivität verweisen. Die konkrete Deutung ergibt sich aus dem Traum- und Lebenszusammenhang des Träumers oder der Träumerin.

Unternehmer/Unternehmerin: Wie das Wort schon sagt, weist das Auftreten dieses Traumsymbols darauf hin, daß etwas unternommen werden sollte.

Verhandlung: Die Verhandlung verweist im Traum oft direkt darauf, daß man etwas aushandeln sollte, was auch oftmals bedeutet, daß man Kompromisse einzugehen hat. Verhandlung kann als Traumsymbol auch als einen Hinweis angesehen werden, daß man handeln muß.

Verkaufsgespräch: Bei dieser Traumsituation sollten Sie sich zunächst einmal fragen, wie Sie sich selbst verkaufen. Das kann in zweierlei Hinsicht verstanden werden: Wie stellen Sie sich selbst dar, oder im Sinne vom faustischen Verkauf der Seele.

Vorstellungsgespräch: Das Vorstellungsgespräch zeigt im Traum wie im Alltagsleben an, daß man eine neue Stellung annehmen möchte. Man möchte sich also verändern und muß nun einen guten Eindruck machen. Achten besonders bei der Deutung dieses Traumbildes darauf, wie Sie in diesem Vorstellungsgespräch auftreten und wofür Sie sich vorstellen.

Team: Tritt ein Team – meist ein Arbeitsteam, manchmal auch ein Sportteam – im Traum auf, dann verweist das darauf, daß mit gemeinsamen Kräften etwas erreicht werden kann. Es ist der Gegensatz zum individualistischen Einzelkämpfer. Die konkrete Deutung ergibt sich daraus, was das Team erreichen möchte, wie es zusammengesetzt ist und wie die Stimmung im Team aussieht.

Vorgesetzter/Vorgesetzte: Siehe auch Chef/Chefin. Wie beim Traumsymbol Chef/Chefin wird hier auf Autoritätskonflikte angespielt, die letztlich auf die verinnerlichte Autorität der Eltern zurückzuführen sind.

Zahlungen, Schulden, Reichtum

Finanzfragen, Schulden und Reichtum werden im Traum immer als Energiesymbole verwandt, die letztendlich alle auf das allgemeine Traumsymbol Geld zurückzuführen sind. Geld stellt das allgemeinste Energiesymbol im Traum dar, das sowohl auf Macht, als auch auf sexuelle und erotische Energien zu beziehen ist.

Treten Symbole aus diesem Symbolbereich auf, sollten Sie

prinzipiell zuerst einmal darauf achten, wohin die Energie fließt und woher sie kommt. Was wird vermindert und was wird vergrößert? Versuchen Sie diesen Energiefluß auf sich zu beziehen, zum Beispiel auf Ihre emotionale, Ihre sexuelle und intellektuelle Energie. Jede Anstrengung und Arbeit kann ebenfalls unter diesem Aspekt gesehen werden.

Aktie: Bei der Aktie als Traumsymbol wird auf eine Fähigkeit oder Eigenschaft des Träumers oder der Träumerin verwiesen, die ihnen einen Vorteil bringt. Ferner kann die Aktie auch als Traumsymbol für Reichtum auftreten.

Bankrott (Pleite): Dieses Traumsymbol warnt Sie häufig davor, daß Sie – wenn Sie so weitermachen – alles verlieren werden. Wenn dieses Traumsymbol auftritt, dann ist es noch nicht zu spät für eine Veränderung, das heißt der persönliche oder ökonomische Bankrott kann noch abgewandt werden.

Erbe: Das verbreitete Traumsymbol Erbe verweist stets auf die Anteile, die man von seinen Vorfahren mitbekommen hat. Es kann sich beispielsweise beim Erbe um verinnerlichte Wertungen der Eltern oder Großeltern handeln, um eine bestimmte Familienideologie und ähnliches. Ob das nun positiv oder negativ zu bewerten ist, zeigt der Zusammenhang des Traums.

Finanzamt: Das Finanzamt ist immer ein beängstigendes Traumsymbol. Es deutet an, daß man befürchtet, daß einem Energien entzogen werden. Symbol des *Zensors* und der Zensur in der oder dem Träumenden selber!

Gehalt: Gehalt ist im Traum wie Geld ein Energiesymbol. Es fließt einem Energie zu, weil man etwas Bestimmtes geleistet hat.

Geldanlage: Bei der Geldanlage im Traum ist der Energiefluß ins Stocken geraten. Man könnte Sie, um im Bild zu bleiben, mit einem Damm vergleichen. Die Energie fließt nicht mehr, sondern wird konzentriert und gestoppt. Auf der anderen Seite kann das Traumsymbol Geldanlage auch als ein Symbol für Reichtum gedeutet werden.

Gewinn: Hat man einen Gewinn im Traum, dann fließen einem Energien zu, meist handelt es sich um Lebensenergien wie die emotionale Energie. Zum Beispiel ist in diesem Sinne geliebt zu werden eine Form von Gewinn.

Kaufen: Beim Traumsymbol Kaufen kommt es weitgehend darauf an, was gekauft wird. Es stellt sich die Frage, wofür man seine Energien einsetzt.

Konto: Sieht man sein Konto beziehungsweise seinen Kontostand im Traum, dann wird damit stets die Balance von Geben und Nehmen angesprochen.
Haben: Haben hängt mit Nehmen und Anziehung, aber auch eventuell mit Blockade von Energien zusammen.
Soll: Hängt mit Geben zusammen und eventuell auch mit dem Loch, daß durch das Geben entstehen kann.

Mahnung: Mit dem Traumsymbol Mahnung ist eine Ermahnung verbunden, bewußter und verantwortlicher mit seinen Energien umzugehen.

Schulden: Das Traumsymbol Schulden verweist oft auf eine *Schuld*, die man auf sich geladen hat. Wo und wie haben Sie sich schuldig gemacht?

Scheck: Der Scheck ist ähnlich wie Geld als allgemeines Energiesymbol im Traum zu werten.

Sparbuch: Das Sparbuch mahnt Sie im Traum, Ihre Energien frei fließen zu lassen und sie nicht zurückzuhalten. Energie möchte fließen und nicht blockiert werden. Auf der anderen Seite kann es ein Bild des Reichtums darstellen.

Steuern: Mit Steuern wird fast ausnahmslos ein unberechtigter Energieabzug verbunden. Häufig wird auch in diesem Traumsymbol ein schlechtes Gewissen verarbeitet. – Als Traumsymbol jedoch Spiegel der Fähigkeit oder Bereitschaft, etwas beizusteuern und das Gemeinwesen mitzusteuern!

Überweisung: Die Überweisung zeigt im Traum an, daß Energien abgegeben werden müssen. Wohin geht die Überweisung?

Verkaufen: Verkaufen Sie etwas im Traum oder sind Sie Zeuge eines Verkaufs, dann sollten Sie speziell auf den verkauften Gegenstand oder die verkaufte Dienstleistung achten. Sie symbolisieren nämlich, was Sie loswerden sollten – es sind meistens Eigenschaften oder Gefühle.

Verlust: Es wird Ihnen Energie entzogen. Im Traum tritt diese Situation meist bei realen Verlustängsten auf.

Wechsel: Der Wechsel als Traumbild deutet daraufhin, daß Sie etwas verändern sollten. Sie sollten eben wechseln, beispielsweise in ein anderes Projekt in Zukunft investieren.

Abenteuer und Gipfelerlebnisse

Abenteuer und Gipfelerlebnisse, die im Traum auftreten, hängen letztendlich mit Suchen und Finden zusammen. Eines der klassischen Abenteuer ist die Schatzsuche, ein Symbol dafür, den inneren Schatz zu suchen. Es ist das sogenannte Seelengold, das lockt.
Das Gipfelerlebnis drückt die Ekstase aus, die – wie alle Mystiker betonen – in der Vereinigung mit »Gott« zu finden ist. Man könnte auch mit Rudolf Steiner sagen, daß es bei dem Gipfelerlebnissen um die Erfahrung der höheren Welten oder der Anderswelt geht.

Archetypische Bilder

Im Traum sehen wir bekanntlich teilweise Bilder, die aus dem kollektiven Unbewußten stammen. Die Essenz dieser Bilder nennt Jung *Archetyp*. Der Archetyp ist kollektiv und nicht individuell ausgerichtet. Das ist der wichtige Unterschied zwischen dem objektiven Archetyp und dem subjektiven archetypischen Bild, daß der Archetyp kollektiv beziehungsweise überpersönlich ausgerichtet ist, das archetypische Bild dagegen individuell. *Wie* wir die Hexe sehen, ist individuell von uns abhängig, *daß* wir die Hexe sehen, ist vom Archetyp bedingt. Da nun der Archetyp überpersönlich ausgerichtet ist, sollte eine Traumdeutung niemals mit der Betrachtung der archetypischen Dynamik begonnen werden. Das führt nämlich unweigerlich von Ihrer Selbstbetroffenheit weg und hilft Ihnen nicht in Ihrer persönlichen Entwicklung weiter. Ein Grundgesetz der Traumdeutung lautet:

Erst muß die individuelle, persönliche Ebene des Traums geklärt werden, ehe man zur überpersönlichen, objektiven Ebene übergehen kann.

Im folgenden finden Sie eine kleine Auswahl der häufigsten archetypischen Bilder im Traum:

Der weise Mann und die weise Frau: Weise Menschen im Traum sollten vom Träumer stets als Traumführer angesehen werden. Wenn ein weiser Mann oder eine weise Frau im Traum auftreten, sollte man versuchen, sie anzusprechen. Sie können einem wichtige Hinweise geben. Wer das luzide Träumen nicht beherrscht, der sollte mit Hilfe der Tagtraumtechnik seine weise Traumperson visualisieren und ihr dann die Fragen stellen, die einem auf dem Herzen liegen.

Versuchen Sie in Ihren nächsten Träumen Ihren weisen Führer wieder zu treffen. Das können Sie dadurch erreichen, indem Sie sich häufig im Tagtraum, wie gerade beschrieben, mit diesem Traumführer unterhalten oder indem Sie mit Affirmationen arbeiten. Eine Affirmation ist ein einfacher Satz, der das, was geschehen soll, so ausdrückt, als sei es bereits geschehen. In unserem Fall können Sie sich beispielsweise die Affirmation bilden: »Diese Nacht unterhalte ich mich mit meinem Traumführer im Traum«. Man trifft sozusagen eine Verabredung mit seinem Traumführer im Traum.

Achten Sie darauf, inwieweit der weise Mann oder die weise Frau Ihrer Vorstellung vom besseren Vater beziehungsweise der idealen Mutter ähnelt.

Der Trickster (der Narr): Im Gewandt des Tricksters tritt unsere clevere Seite im Traum auf. Der Trickster ist der kluge Narr, der im islamischen Bereich als Mullah Nasrudin, bei uns zum Beispiel als Till Eulenspiegel auftritt. Wir identifizieren uns dann mit dem Trickster im Traum, wenn wir unsere Starrheit überwinden sollten. Er regt uns an, beweglich zu bleiben und nicht unseren Humor zu verlieren.

Die große Mutter: Alle mächtigen Frauen im Männer- wie im Frauentraum sind ein Abbild der Großen Mutter. Sie ist unter anderem die Gestaltwandlerin, die in vielen Gesichtern auftritt. Grundsätzlich kann man jedoch zwei Pole beim archetypischen Bild der Großen Mutter unterscheiden, und zwar die furchtbare und die fruchtbare Mutter. Die furchtbare Mutter begegnet uns im Traum im verschlingenden Tier, wie der Wolf im Märchen »Rotkäppchen«, und verbildlicht so die kindliche Angst, von der Mutter vereinnahmt und verschlungen zu werden. Diese Angst gerinnt dann im Mann häufig zur Angst, von jedem Weiblichen verschlungen zu werden. Diese Angst zeigen gierige Raubtiere im männlichen Traum an. Die fruchtbare Mutter ist der eher liebliche Aspekt der Großen Mutter, dessen Abglanz wir in Maria und jedem schönen Mädchen finden.

Der Held: Der Held ist einmal der Mensch und zum anderen der Mann. Der Held als Mensch gesehen, gibt mit seinen Abenteuern, die er zu bestehen hat, den Entwicklungsweg eines jeden Individuums an. Zugleich symbolisiert der Held aber auch das idealisierte Männerbild in unserer Gesellschaft. Wenn Männer vom Helden träumen, weist das auf eine »unheldische« Zeit im Alltagsleben hin. Es ist ein Hinweis darauf, kühner und tatkräftiger zu sein. Wenn Frauen vom Helden träumen, drückt sich darin die Sehnsucht nach dem glänzenden Männlichen aus, das man im alltäglichen Leben nicht findet. Für Männer wie für Frauen gilt, daß der strahlendste Held in ihrem Inneren wohnt.

Die Schlange: Das Schlangensymbol kann weiblich oder männlich sein. Ich möchte besonders hier die weibliche Seite dieses Symbols ausführlicher betrachten, da meiner Beobachtung nach die Schlange häufiger das Weibliche als das Männliche symbolisiert.
Fast jeder Mensch hat schon einmal von dem archetypischen Bild der Schlange geträumt. Es ist der Jungschen Schule zufolge dasjenige Bild, in dem sich dem Menschen das Geistige und zugleich Sexuelle im Traum am häufigsten zeigt.
Die Theologin Jutta Voss sieht das Schlangensymbol im Energiefeld von Ei und Blut stehen. Die Schlange zieht sich als der »rote Faden« durch die weibliche Mythologie, wo sie die Menstruation bezeichnet. In Persien stellt man sich vor, daß die Menarche, wie die erste Menstruation eines Mädchens genannt wird, durch den Biß einer Schlange hervorgerufen wird. Damit spielt sich im Mädchen das ab, was sich im Kosmos zwischen der Großen Mutter Jahi und der großen Schlange Ahriman bei ihrer Vereinigung abspielte: Der Biß der Schlange Ahriman ließ Jahi bluten. Ähnliche Vorstellungen gibt es in Ägypten, zur matriarchalen Zeit auf Kreta (um 1600 vor unserer Zeitrechnung) und in vielen griechischen Kulten. So erzählte man sich zum Beispiel, daß die Jungfrau Hera ihre Kinder von der Orakelschlange Python des Tempels zu Delphi empfangen habe.
Medusa mit ihrem Schlangenhaupt wird zuerst als Zyklusgöttin verehrt, um dann im Patriarchat dämonisiert zu werden. Noch in heutigen Frauenträumen stellt die Schlange ein

mächtiges Symbol der eigenen Weiblichkeit dar, und sie tritt oft gerade dann im Frauentraum auf, wenn die weibliche Kraft der Träumerin gekränkt oder geschädigt wurde.
Im Männertraum deutet die Schlange häufig auf ein negatives Bild des Weiblichen hin, das der Träumer als falsch, giftig, unverständlich und unberechenbar empfindet. Meistens wird das Traumbild der Schlange von der unterdrückten Aggression auf die Mutter gespeist. Die Schlange kann auch verschlingen, womit wieder die Angst des Männlichen vor der Verschlingung durch das Weibliche angesprochen wird.

Der Oroboros: Der Oroboros oder Uroboros ist der Schwanzfresser, jene Schlange die sich in den eigenen Schwanz beißt und damit einen Kreis bildet. Der Oroboros ist ein erstaunlich häufig auftretendes archetypisches Bild der Schlange, das sich von der mittelalterlichen Alchimie bis heute großer Beliebtheit erfreut. In Ägypten war der Oroboros das Symbol der Großen Göttin, die wie der Kreis ohne Anfang und Ende ist. Das ist auch der sogenannte *Shen*-Ring, den die sumerische Göttin Inanna und die babylonische Göttin Ishtar tragen. Die feministische Theologin Jutta Voss hält das Oroboros-Symbol für eine Verbildlichung des weiblichen Zyklus, der eine der ursprünglichen Erfahrungen jeder Frau darstellt und deswegen zu einem archetypischen Bild gerann.

Streß

Verfolgungsträume: Verfolgungsträume können sowohl als Abenteuerträume als auch als Angstträume angesehen werden. Da Abenteuer und Angst eng zusammengehören, kommt es weitgehend auf den Charakter des Träumers oder der Träumerin an, welche Seite hier mehr betont wird. Ein kühner und mutiger Mensch wird den Verfolgungstraum eher als Abenteuertraum erleben, ein eher ängstlicher und vorsichtiger Mensch wird ihn als reinen Angsttraum bewerten. Warum träumt fast jeder irgendwann einmal, verfolgt zu werden?
Eine typische Art des Angst- oder Alptraums beziehungsweise des Abenteuertraums ist der Verfolgungstraum. Ein Monster oder ein aggressiver, ekelhafter Mensch verfolgt Sie und plötzlich finden Sie sich in einer Sackgasse oder schlimmer noch am Abgrund wieder. Das ist die Art des Angsttraums, die

der Statistik und auch meiner Beobachtung zufolge fast neunzig Prozent der Träumer schon einmal in ihrem Leben gehabt haben.
Gehen Sie davon aus, daß das, was Sie verfolgt, eine von Ihnen ablehnte Eigenschaft symbolisiert, die wahrgenommen werden möchte. Der Verfolger verfolgt Sie, um endlich von Ihnen nicht nur beachtet, sondern auch erkannt und aufgenommen zu werden. Es zeigt sich beispielsweise, daß luzide Träumer solche Verfolgungsträume ein für alle Mal auflösen können, indem Sie sich umdrehen, den Verfolger ansehen oder gar umarmen. Das ist die gleiche Situation wie im Märchen »Der Froschkönig«, in dem das Mädchen das Ekelhafte und Abgelehnte in ihr Bett nehmen muß, um es zu erlösen.
Man kann allgemein sagen, daß Angst- und Alpträume dadurch aufgelöst werden, daß der Träumer sich überwindet und sich offen mit der Angst konfrontiert.

Mord und Tod: Mord und Totschlag kommen wie das Sterben und der Tod relativ häufig im Traum vor. Unter anderem wird bei diesen Träumen immer die Frage nach Ihrer Opfer- oder Täterrolle im Alltagsleben gestellt. Wie gehen Sie mit Ihrer Aggression um? Beim Traumsymbol Tod handelt es sich immer um den Tod eines alten, bisherigen Zustands oder Ego (Ich-Vorstellung). Was bedeutet der Traum vom Tod?
Erstaunlich ist das Phänomen von Träumen, die den Tod eines Angehörigen, Geliebten oder manchmal auch nur entfernt bekannter Personen voraussagen. Solche Träume kommen immer wieder vor und jagen dem Träumer häufig einen großen Schrekken ein, da er fälschlicherweise meint, den Tod dieser Person herhorgerufen zu haben. Grundsätzlich ist zunächst einmal zu sagen, daß sich die meisten Träume vom Tod nicht auf den physischen Tod der entsprechenden Person beziehen, sondern auf eine Art psychischen Tod. Das bedeutet, daß eine bestimmte Lebensweise oder eine spezielle Eigenschaft aufgegeben werden muß. Stirbt im Traum ein Verwandter oder Freund, dann sind damit die Eigenschaften gemeint, die wir lieben. – Häufige Symbole des Todes sind außer dem Tod des Traum-Ichs:

Beerdigung: Achten Sie bei diesem Traumsymbol besonders darauf, wer zu Grabe getragen wird. Was symbolisiert er für Sie? Wie gestaltet sich die Trauerfeier und welche Stimmung herrscht vor?

Friedhof: Der Friedhof wird im Traum oft als Ort der Ruhe eingeführt. Häufig erzeugt die Sehnsucht nach Ruhe und Harmonie das Bild des Friedhofes als jenen Ort, an dem man seinen Frieden findet.

Grab: Um das Grab im Traum zu deuten, kommt es auf den Zustand des Grabes an. Ein offenes Grab zeigt an, daß bald etwas aufgegeben werden muß, ein frisch zugeschüttetes Grab, daß eigentlich schon etwas aufgegeben ist. Ein altes Grab verweist häufig auf etwas vor langer Zeit Verdrängtes.

Grabstein: Der Grabstein findet seine konkrete Deutung fast immer durch seine Inschrift. Die Daten sind auf das Leben des Träumers oder der Träumerin zu beziehen oder man bildet ihre Quersumme solange, bis sich eine einstellige Zahl ergibt, die gemäß der Zahlensymbolik (siehe weiter hinten in diesem Kapitel) zu deuten ist.

Knochen: Knochen verweisen im Traum außer auf den Tod auch auf Verknöcherung im Sinne von Starrheit und Erstarrung.

Leichenhalle: Die Leichenhalle zeigt im Traum an, daß viele Eigenschaften abgelegt werden müssen.

Leichenträger: Der Leichenträger trägt das Tote und symbolisiert, daß der Träumer oder die Träumerin toten Ballast mit sich herumtragen.

Sarg: Der Sarg symbolisiert den Kasten, in dem das Tote weggesteckt wird. Damit kann er als Verdrängungssymbol angesehen werden.

schwarze Trauerkleidung: Die schwarze Trauerkleidung deutet an, daß man seine Trauer nicht verdrängen, sondern zeigen sollte. Dieses Traumsymbol ist als Hinweis auf Trauerarbeit zu deuten.

Stundenglas: Das Stundenglas zeigt an, wie die Zeit verrinnt und war ein beliebtes Barocksymbol für den Tod. Unter dem Stundenglas fand man meistens den lateinischen Spruch »Carpe diem« (nutze den Tag) oder »Memento mori« (gedenke des Todes). In Sinne dieser beiden Sprüche ist auch heute noch dieses Traumsymbol zu deuten.

Trauergemeinde: Die Trauergemeinde als Traumsymbol möchte sagen, daß es leichter ist, mit vertrauten Menschen sein Leid zu teilen, als es alleine zu tragen. Zur weiteren Deutung kommt es darauf an, wie Sie als Träumer oder Träumerin diese Trauergemeinde charakterisieren und empfinden.

Totenkopf: Der Totenkopf teilt uns im Traum mit, daß wir unseren Intellekt abstellen sollen, weil wir ihm zu einseitig frönen.

Trauerfeier: Träumen Sie von einer Trauerfeier sollten Sie zunächst darauf achten, wer gestorben ist. Danach betrachten Sie die einzelnen Teilnehmer und die Speisen, die gegessen werden, beziehungsweise die Musik, die gespielt wird. Wie ist die Stimmung?

verwelkte Blumen: Verwelkte Blumen sind oft ein Traumsymbol für ein Festhalten an alten, schönen Erfahrungen. Eine genauere Deutung ist möglich, wenn Sie die Symbolik der Blumen betrachten. Dazu finden Sie Hinweise weiter vorne in diesem Kapitel im Abschnitt »Natur und Garten«.

Witwe/Witwer: Diese Traumsymbole zeigen an, daß man sich von etwas Geliebtem trennen muß. Meistens handelt es sich um eine Eigenschaft oder Verhaltensweise, bei der man fälschlich meint, daß sie für die eigene Identität notwendig ist.

Wandel, Veränderung

Es tritt bei der Traumarbeit ein Selbstverstärkungseffekt auf: Wenn man erste Veränderung bei sich bemerkt, verstärkt deren bewußte Wahrnehmung weitere und eventuell tiefgreifendere Veränderungen.

Um solche gewünschten Änderungen bei sich festzustellen, kann man wiederum auf seine Träume zurückgreifen. Unsere Träume bilden jegliche psychische Veränderung des Träumers ab, man muß sie nur genau daraufhin betrachten.

Persönlichkeits- oder Verhaltensveränderungen im alltäglichen Leben zeigen sich zunächst im Traum häufig durch ein Auftreten neuer und bislang unbekannter Symbole. Da treten beispielsweise typische Wandlungssymbole auf oder wiederkehrende Symbole, die man vorher jedoch nicht in seinen Träumen fand.

Zu den charakteristischen *Wandlungssymbolen* gehören folgende Bilder:

das Überschreiten einer Brücke und jede Situation, in der man ans andere Ufer oder in ein neues Land gelangt,

das Betreten von Neuland, Konfrontation mit dem Unbekannten oder das Finden eines bislang unbekannten Zimmers in einem Haus,

die Raupe und der Schmetterling, die Häutung der Schlange oder

der Vogel als Bild der Verbindung von Himmel und Erde.

Natürlich gibt es noch viel mehr solcher Wandlungssymbole, aber nach meiner Erfahrung lassen sich die meisten dieser Symbole auf die angeführten vier

Symbolgruppen zurückführen, die ich jetzt genauer betrachten werde.

Das Erreichen des anderen Ufers

Immer, wenn wir im Traum von einem Ort zu einem neuen Ort wechseln, entspricht das einer inneren Veränderung. Wir verlassen unseren alten Standpunkt, der durch den Ort, an dem wir uns im Traum befinden, symbolisiert wird, um zu einem neuen Standpunkt zu gelangen, der den inneren Ort charakterisiert, auf den wir uns hinbewegen möchten. Betrachten Sie den neuen Ort genau, denn er zeigt Ihnen symbolisch, wohin Sie sich entwickeln.

Ein archetypisches Bild dieser Situation stellt die Brücke dar, über die man die Schlucht oder das wilde Wasser überquert, um zum anderen Ufer zu gelangen. Dieses Bild finden wir in Sagen und der Mythologie, wenn beispielsweise der Lanzelot – ein Ritter von König Arturs Tafelrunde – die Schwertbrücke überqueren muß, um Meliagaunce – den Verführer seiner geliebten Guinevra – zu finden, um mit ihm zu kämpfen. Damit setzt sich Lanzelot mit seinem Schatten auseinander, denn er selbst hat ebenfalls Guinevra verführt, obwohl sie die Frau seines Königs ist. Mit der Konfrontation mit dem eigenen Schatten beginnt stets eine Neuorientierung und Veränderung.

Wir kennen das Bild der Brücke auch aus dem *Koran*, der die Brücke über die Hölle schildert. Jene Brücke ist so schmal wie ein Haar und nur der Gerechte kann sie überschreiten, um in einen neuen, paradiesischen Zustand zu gelangen.

C.G. Jung bezieht das Symbol der Brücke auf die unsicheren Stellen in unserem Bewußtsein, das wieder und wieder von den Einbrüchen unseres Unbewußten bedroht wird. Wichtig ist, die Brücke zu überqueren und auf der anderen Seite anzukommen. Egal wie schwierig das auch sein mag, versuchen Sie auf jeden Fall bei solch einem Traum, das andere Ufer zu erreichen. Gelingt Ihnen das nicht im Traum selbst, dann nutzen Sie die Kraft der Tagtraumtechnik aus, indem Sie sich diesen Traum noch einmal so genau wie möglich vorstellen, ihn aber positiv mit dem Erreichen des anderen Ufers enden lassen. Nehmen Sie sich vor – vielleicht in Form einer Affirmation –, wenn dieses Traumbild wieder auftritt, die Brücke wirklich zu überqueren und auf der anderen Seite anzukommen.

Das gilt nicht nur für das Traumbild Brücke, sondern für jede Situation im Traum, bei der Sie von einem bekannten Ort zu einem neuen Ort gehen. Wichtig ist das Ankommen.

Ob der Übergang zum Neuen durch eine Brücke, eine Straße oder eine Reise mit irgendeinem Verkehrsmittel geschildert wird, achten Sie stets genau auf den Zustand der Brücke oder Straße beziehungsweise des gewählten Verkehrsmittels. Zu Beginn einer psychischen Veränderung mag die Brücke noch schmal wie im Koran oder bei Lanzelots Schwertbrücke sein, die Brücke mag auch ausbesserungsbedürftig oder schwankend sein. Das liegt daran, daß der Traum Bewußtseinsveränderungen voraussehen kann, das jetzige Bewußtsein des Träumers aber noch nicht derart gestärkt ist, diese Veränderung ohne Probleme zu durchlaufen. Nehmen Sie sich in Ihren Tagträumen vor, die Brücke sicherer, stabiler und breiter werden zu lassen.

Am liebsten bleiben wir, wie wir sind, und jede persönliche Veränderung wird von uns als bedrohlich empfunden. Auf jeden Fall sind Brücken wie alle Übergänge Orte der Gefahr. Achten Sie also auf Symbole, die Übergänge zu etwas anderem und Neuem symbolisieren und versuchen Sie mit Affirmationen und der Tagtraumtechnik diese Übergänge zu stabilisieren und zu festigen, womit Sie auch in Ihrem Inneren den Übergang zu Neuem einen Weg bereiten.

Der unbekannte Raum oder das unbekannte Land im Traum

Jedes Neuland, das wir im Traum betreten, ist ein Symbol für neue Möglichkeiten. Sehr häufig finden wir ein neues Zimmer in einem uns bekannten oder unbekannten Haus oder wir reisen in ein uns unbekanntes Land. Sei es nun das unbekannte Zimmer oder Land, immer ist darauf zu achten, wie dieses Land oder Zimmer charakterisiert werden kann. Erinnern Sie einen solchen Traum, empfiehlt es sich, den neuen Ort genau zu betrachten. Wer bewußt träumen kann, der sollte erst einmal seinen inneren Film anhalten und schauen, wie das neue Zimmer eingerichtet ist und welche Atmosphäre es ausstrahlt. Handelt es sich um ein unbekanntes Land, sollte jede Einzelheit, die dieses Land charakterisiert, als symbolischer Hinweis auf neue Lebensmöglichkeiten gesehen werden.

Begeben Sie sich noch einmal in diesen Traum und schauen sich nun das Zimmer oder Land genau an. Es kommt nicht darauf an, daß Sie sich so genau wie möglich an Ihren Traum halten, sondern sie können Ihrer Phantasie folgend das Zimmer oder das Land ausgestalten. Wichtig ist jedoch, daß dies nicht von Ihrem Kopf her und Ihren Wünschen her geschieht, sondern daß Sie das Traumbild Ihrer Phantasie übergeben und schauen, wie sich das Bild für Sie weiterentwickelt.

Raupe, Schmetterling und Schlange
Die Raupe wird zum Schmetterling, die Schlange häutet sich. Damit stellen Raupe, Schmetterling und Schlange verbreitete archetypische Bilder des persönlichen Transformationsprozesses dar.
Tritt die Raupe in unseren Träumen auf, so deutet das auf einen gerade erst begonnenen Veränderungsprozeß hin und möchte uns vielleicht sagen, daß wir uns erst einmal einspinnen, das heißt zurückziehen müssen, um zum leichten Schmetterling zu werden. Wer von einer Raupe träumt, sollte mit der Tagtraumtechnik versuchen, aus dieser Raupe einen Schmetterling werden zu lassen und sich dann mit dem Schmetterling identifizieren. Damit hat der Träumer auf der symbolischen Ebene die Verwandlung vollzogen – und was wir auf der symbolischen Ebene vollziehen, das können wir auch im Alltagsleben leichter umsetzen.
Sehen wir einen Schmetterling im Traum, scheint der persönliche Transformationsprozeß schon weiter fortgeschritten zu sein. Aus der häßlichen und gierigen Raupe ist der Schmetterling geworden, der sich frei und leicht bewegen kann. Genauso fühlen wir uns nach unserer Veränderung leicht, beweglich und schön. Wir mögen noch nicht an diesem Punkt angekommen sein, aber der Traum gibt uns immerhin schon einen Ausblick, wohin die Entwicklung geht. Dieser positive Ausblick auf unsere Zukunft ist oftmals als Verstärkung nötig, denn wenn wir einen Geschmack von der Schönheit und Freiheit unseres Ziels bekommen haben, stärkt das unser Durchhaltevermögen auf dem Weg dorthin.
Die Schlange ist sicherlich eines der komplexesten Symbole im Traum westlicher Menschen. Sie mag weiblich oder männlich erscheinen, giftig oder heilbringend sein. Für unsere Betrachtung hier ist es von besonderer Bedeutung, daß die Schlange sozusagen aus ihrer alten Haut schlüpfen kann und sich eine neue Haut bildet. Genau das kennzeichnet menschliche Veränderung, bei der man häufig das Gefühl hat, aus seiner alten Haut zu schlüpfen.
Schauen Sie sich die Schlangenhaut genau an.

Welche Farbe hat sie beispielsweise?
Sehen Sie die neue oder die alte Schlangenhaut?
Der Symbolwert der Farbe der Schlangenhaut vermag Ihnen einen Hinweis zu geben, von wo Sie kommen oder wohin Sie sich begeben werden. Werden Sie sich darüber bewußt, von wo die Schlange kam, und wohin sie wieder verschwunden ist.
Anders als der Schmetterling steht die Schlange für die menschlichen Triebe. Die Häutung der Schlange ist also eine Veränderung in der Triebstruktur.
Ein männlicher Klient von mir, der durch seine leichte Verführbarkeit zunehmend in Konflikte geriet, begann von Schlangen zu träumen, als er versuchte, nicht mehr jede Verliebtheit ernst zu nehmen und jeder Verführung zu erliegen. Seine Triebstruktur war sozusagen in eine neue Haut geschlüpft.
Gleichzeitig stellt die Schlange einen dem Menschen sehr entfernten Kaltblütler dar, mit dem der Mensch nur sehr schwer kommunizieren kann. Damit wird unter anderem ausgedrückt, daß unsere Veränderungsprozesse für uns unverständlich ablaufen. Wir können Sie erkennen, aber nicht verstehen.

Weitere Wandlungssymbole
Jedes Symbol besitzt also eine Vielfalt von Möglichkeiten, Veränderungen im Leben darzustellen. Ich habe diese Symbole deswegen ausführlicher betrachtet, um Ihnen zu zeigen, daß Sie genau hinschauen müssen, um zu verstehen, was dieses Symbol Ihnen konkret sagt. Es ist kein Zufall, daß Sie gerade dieses und kein anderes Symbol geträumt haben. Fällt Ihnen rein gar nichts zu Ihrem Traumsymbol ein, dann überlegen Sie sich drei Eigenschaften, die dieses Symbol treffend charakterisieren. Nun beziehen Sie diese Eigenschaften auf sich – das wird Ihnen sicherlich weiterhelfen.

Veränderungen machen sich auch dadurch bemerkbar, *daß sich die Art der Symbolik ändert* – und zwar häufig bevor einem bewußt Veränderungen bei sich deutlich werden.
Eine Klientin von mir, die sehr im negativen Denken verhaftet war und bei der jede körperliche Berührung Abwehr erzeugte, hatte vor der Therapie und zu Beginn der Therapie auffallend häufig von Autos geträumt. Das Traumbild »Auto« charakterisiert sehr treffend ihre Situation, da es sich um einen PKW handelte, in dem Sie immer allein saß. Besser kann

die Isolation von der übrigen Welt nicht in Szene gesetzt werden. Trotz aller Isolation – und das macht dieses Bild auch deutlich – blieb jedoch diese Frau beweglich. Als die Therapie erfolgreich zu wirken begann, machte sich eine Veränderung in ihrer Traumsymbolik bemerkbar. Jetzt war es an Stelle der Autos das Wasser, das gehäuft als See, als Fluß, als Meer oder nur in der Badewanne in ihren Träumen in den Vordergrund trat. Wasser als archetypisches Bild für das Gefühl deutete in diesem Fall eine emotionale Öffnung der Träumerin an, die Sie selbst noch gar nicht wahrgenommen hatte.

Geburt, Neubeginn

Symbole für Geburt und Neuanfang sind sehr häufig im Traum. Alle Streß- und Wandlungs-Symbole, die auf den hier vorausgehenden Seiten behandelt werden, beziehen ihre Dynamik, ihre Spanung und ihren Sinn aus dem erstrebten und erreichten Neuanfang – aus der Wiedergeburt, nicht nach diesem Leben, sondern *in* diesem Leben.

Zu erwähnen sind hier auch die zahlreichen Heilungssymbole, die im Kapitel »Gesundheit und Wohlbefinden« gesammelt sind.

Hier zusätzlich folgende »klassische« Symbole des neuen Starts:

Baby: Das Traumsymbol verweist wie auch das Traumsymbol Kind auf neue Möglichkeiten und Chancen. Es betont dabei, daß sie diese neuen Möglichkeiten mit großem persönlichen Einsatz stärken müssen. Sie müssen etwas von sich selbst geben ...

Kind: Das Kind verweist im Traum auf neue Möglichkeiten und Chancen. In diesem Fall sind diese Möglichkeiten jedoch schon ansatzweise entwickelt, dennoch brauchen sie noch sorgfältige Zuwendung. – Unabhängig davon und unabhängig von allen Fragen, die Sie gegebenenfalls mit Ihren Eltern und/oder Ihren Kindern zu klären haben, bedeuten Kind und Kinder die *Erneuerung des Lebens*, ein möglicher Beitrag zur Verewigung der Früchte des eigenen Daseins.

Pflügen: Beim Traumsymbol Pflügen sind sich erstaunlicherweise die Traumdeuter aller Schulen einig, daß es sich um ein Symbol des Beischlafs handelt. Dieser Beischlaf steht im engen Zusammenhang mit der

Befruchtung, denn nach dem Pflügen wird gesät. Das alte Land wird umgebrochen und damit werden günstige Verhältnisse geschaffen, die Raum für Neues bieten.

Säen: Das Säen ist im Traum ein verbreitetes Befruchtungssymbol und verweist damit auf die ersten Anfänge von etwas Neuem.

Schwangere Frau: Schwangere Frauen deuten im Traum darauf hin, daß sich etwas Neues ankündigt. Ihre weibliche Seite bringt etwas Neues hervor. Wahrscheinlich gibt Ihnen die übrige Symbolik des Traums Hinweise darauf, was dieses Neue sein könnte.

Lebensträume und Traumziele

Traumsymbole aus dem Bereich von Lebensträumen und Traumzielen sind häufig im Sinne von Sigmund Freud als Wünsche zu deuten, die sich im Traum deutlich zu Wort melden und teilweise konkret gestalten. Lebensträume und Traumziele sollte der Träumer oder die Träumerin nicht gleich als illusorisch ablehnen, sondern als Ansporn nehmen, sie umzusetzen und verwirklichen. Gerade bei diesem Symbolfeld liegt es an, seine Träume zu benutzen, um seine konkrete Alltagswirklichkeit zu verändern. Das Motto lautet hier: Gelebte Träume sind die besten Träume.

Abenteuer: Wer von Abenteuern träumt, der empfindet sein Leben oftmals als zu begrenzt und langweilig und kompensiert dieses Gefühl im nächtlichen Traum. Achten Sie darauf, welchen Symbolwert Ihre nächtlichen Abenteuer besitzen und was von diesem Traum umsetzbar ist.

Alter: Das Alter wird oft mit Weisheit und Ruhe verbunden. Man hat sich mit dem Leben ausgesöhnt und seinen Frieden gefunden. In diesem Sinne kann auch das Alter im Traum gedeutet werden. Dazu kommt noch der Wunsch, sehr alt zu werden, der aber – wie der griechische Mythos schon zeigt – nur dann sinnvoll ist, wenn er auch mit Gesundheit verbunden wird.
Wird das Alter negativ im Traum dargestellt, dann verbirgt sich dahinter ein Problem mit dem Älterwerden, das behoben werden sollte. Befreien Sie sich von dem Jugendkult in unserer Gesellschaft.

Anerkennung: Jeder braucht Anerkennung und dieses Bedürfnis nach Anerkennung zeigt sich besonders dann im Traum, wenn Sie einem im Alltagsleben versagt bleibt.

Angstfreiheit: Agiert das Traum-Ich im Traum völlig ohne Angst, dann ist damit ein idealer Freiheitszustand bezeichnet, den es anzustreben gilt. Angstfreiheit bedeutet immer, aus einer Enge in die Weite zu gelangen, denn Angst macht eng, Freiheit macht weit.

Berühmtwerden: Das Berühmtwerden tritt häufig als Traumsymbol auf. Man möchte im Mittelpunkt der Aufmerksamkeit stehen und wahrgenommen werden. Es ist zu fragen, ob nicht bei diesem Traumsymbol sich das Ich mit seinen Bedürfnissen übermäßig durchsetzt. Auf der anderen Seite wird mit der Berühmtheit (oft fälschlicherweise) auch Freiheit und Unabhängigkeit verbunden, auf die dieses Traumsymbol ebenfalls verweist.

Eigenheim: Der Traum vom Eigenheim ist wohl einer der verbreitetsten in unserer Gesellschaft. Er symbolisiert wie kein anderer Unabhängigkeit und Selbständigkeit. Ferner drückt sich hierin Geborgenheit und oftmals auch der Wunsch nach einer Familie aus. Achten Sie darauf, wie das Haus aussieht. Wie das konkret zu deuten ist, finden Sie weiter vorne im Kapitel »Haus und Wohnung«.

Erleuchtung: Beim Traum von der Erleuchtung muß man zwischen naiven und regressiven Wunderglauben und der Sehnsucht nach Klarheit, Freiheit und Erlösung unterscheiden. Es ist bei diesem Traumsymbol zunächst zu fragen, ob sich das Ich hier nicht zu wichtig nimmt. Was tun Sie denn für die Erleuchtung? Betrachtet man jedoch den Bewußtseinsaspekt der Erleuchtung und sieht sie als Bemühung um Klarheit, größere Freiheit und Erlösung von hinderlichen Automatismen an, dann sollte man das Auftreten dieses Traumsymbols als Ansporn für eine Bewußtseinserweiterung werten. Dabei ist jedoch die Demut nicht zu vergessen.

Friede: Der Friede im Traum kann immer als Hinweis auf den inneren Frieden gedeutet werden. Mit diesem Traumsymbol wird oft geistige Ruhe verbunden.
Ferner kann dieses Traumsymbol auch dann auftreten, wenn Kriegserfahrungen beim Träumer oder der Träumerin vor-

herrschen. Diese Kriegserfahrungen brauchen sich nicht unbedingt auf einen Völker- oder Religionskrieg zu beziehen, sondern es kann auch der Beziehungskrieg oder der Arbeitskampf gemeint sein.

Freiheit: Die Freiheit im Traum kann immer als Hinweis auf die innere Freiheit gedeutet werden.

Glück: Jeder wünscht sich Glück, und so kommen natürlich Glückszustände nicht selten im Traum vor. Sie zeigen uns, zu welchem Glück wir fähig sind – wenn wir es nur zulassen.

Gold: Das Traumsymbol ist einmal im Sinne von Geld zu werten. Ausführungen darüber finden Sie weiter vorne im Kapitel »Beruf und Finanzen«. Zum anderen stellt das Gold ein archetypisches Symbol für die Seele und die Harmonie der Seele dar.

Harmonie: Harmonische Träume treten besonders dann auf, wenn man eine bestimmte Geistesklarheit erreicht hat. Solche Träume zeigen Ihnen, zu welcher inneren Harmonie Sie fähig sind.

Reichtum: Siehe dazu auch den Abschnitt »Beruf und Finanzen«. Das Traumsymbol Reichtum ist als ein Hinweis auf den inneren Reichtum zu werten.

Schatz: Der Schatz symbolisiert im Traum unsere inneren Fähigkeiten, die im Verborgenen schlummern und die ans Tageslicht gebracht werden wollen. In selteneren Fällen kann dieses Traumsymbol auch auf den (inneren) Geliebten oder die (innere) Geliebte verweisen.

Weisheit: Wer von der Weisheit träumt, der sollte das als Ansporn werten, sich mit all seiner Kraft um die Weisheit zu bemühen.

Liebe, Lust und Zärtlichkeit

Bei diesem Symbolfeld handelt es sich immer um Symbole des Männlichen und des Weiblichen, um die Unterscheidung und die Verbindung zwischen beiden, die Hochzeit und die Hoch-Zeiten!
Um diese Traumsymbolik zu verstehen, müssen wir zunächst das Konzept des Weiblichen, der Anima, und das Konzept des Männlichen, des Animus, verdeutlichen.

Animus: Der Animus bringt die Bilder unserer männlichen Seite hervor. Der männliche Archetyp drückt sich in all dem aus, was in den ostasiatischen Weisheitslehren und Philosophien mit *Yang* bezeichnet wird. Das sind im Freudschen Sinn alle phallischen Symbole, das Harte und Eckige genauso wie Eigenschaften, die wir »als typisch männlich« einstufen würden. Dazu gehört beispielsweise Durchsetzungskraft, Intellektualität und Berechnung, Aggressivität (Mars-Qualität, aber auch das Väterliche und der Liebhaber.

Wie Ihnen an den Beispielen schon aufgefallen ist, tritt der Animus in einer befreiten und geschädigten Form auf. In der geschädigten Form kann er dem Schatten gleichen. Zu der befreiten Form gehören zum Beispiel Zielgerichtetheit und Klarheit, Stärke und Bewußtheit. Zu der geschädigten Form gehören die zerstörerische Aggressivität, die Unterdrückung und die Starrheit.

Verbreitete typische Animussymbole im Traum:
der König und Herrscher
der starke Mann
alle männlichen Autoritätspersonen
der Intellektuelle
der Uniformträger
der Abenteurer
der Krieger
der Engel
der Held
Pferd
Bulle
Hahn

Anima: Die Anima bringt die Bilder unserer weiblichen Seite

hervor. Der weibliche Archetyp drückt sich in all dem aus, was in den ostasiatischen Weisheitslehren und Philosophien mit *Yin* bezeichnet wird. Das sind die Symbole des Weiblichen und Mütterlichen wie das Weiche und Runde, alle Gebärmutter(Uterus)-Symbole wie die Höhle und die Muschel und alle Traumpersonen, die Sie spontan »als typisch weiblich« einstufen würden. Dazu kommen alle Symbole, die Schutz und Nahrung, Vervielfältigung und Fruchtbarkeit ausdrücken. In der Mythologie entspricht der Anima die Aphrodite/Venus-Energie.
Auch der weibliche Archetyp bringt zwei gegensätzliche Bildergruppen hervor und zwar die befreite und die geschädigte Anima. Die geschädigte Anima entspricht dem Bild des Patriarchats von der griechischen Göttin Hera oder deren Gegenstück auf der Erde – Xanthippe, die sagenhafte Frau Platons. Das ist die unzufriedene Frau, die »meckert«, intrigiert und launisch ist. Die befreite Anima stellt demgegenüber die weise Frau dar, wie sie von den Griechen in Sophia, der Göttin der Weisheit, verehrt wurde.

Verbreitete Animasymbole:
die Mutter und Herrscherin
die Hexe und weise Frau
die Königin oder Prinzessin
die Priesterin
die Verführerin
die unabhängige Frau
die Jungfrau
die Nixe
die Fee
Katze
Schlange
Tiger

Sie können davon ausgehen, daß jedes männliche und jedes weibliche Wesen im Traum einen Aspekt Ihres Animus und Ihrer Anima ausdrückt.

Liebesobjekte

Aber nicht nur Traumpersonen können unter dem Aspekt des Männlichen und Weiblichen gesehen werden, sondern alle Dinge, die im Traum auftreten und die Sie als Träumer oder Träumerin positiv oder negativ emotional besetzen. Zum Beispiel Gegenstände, die Sie sammeln – im wachen Leben oder im Traum – sind unter diesem Aspekt zu betrachten. Vom Bierdeckel bis zur Sammeltasse, von den Briefmarken bis zu Kunstgegenständen kann alles als ein Verweis auf Ihre männliche beziehungsweise weibliche Seite angesehen werden.

Liebesszenen, Liebes- und Sexualsymbole

Treten Liebesszenen und Liebessymbole im Traum auf, ist das seltener im Sinne Sigmund Freuds als Hinweis auf einen verdrängten sexuellen Wunsch anzusehen, sondern eher als ein Bedürfnis nach Ganzheit. Animus und Anima wollen sich in Ihrem Inneren verbinden. Erst wenn diese Verbindung stattgefunden hat, sind Sie beziehungsfähig.

Sigmund Freud, der Vater der Psychoanalyse, sah überall penisartige und vaginale Symbole. Diese Wahrnehmungsausrichtung war von der Unterdrückung der Sexualität in seiner Zeit geprägt. Heutzutage ist die Sexualität weniger unterdrückt und jeder Mensch wird in der Werbung, im Film und im Fernsehen immer wieder mit dem nackten menschlichen Körper und mit sexuellen Anspielungen bis hin zur offenen Darstellung des Beischlafs konfrontiert. Das hat natürlich unsere Wahrnehmungsausrichtung verändert. Der heutige Mensch sieht nicht mehr sogleich im Schornstein oder im Zwiebelturm einer Barockkirche ein phallisches Symbol, und wenn man aus einer Tasse trinkt, ruft das höchst selten sexuelle Assoziationen hervor.
Ich führe hier beispielhaft einige wenige Sexualsymbole an, um Ihnen einen Geschmack von der Deutung solcher Symbole zu geben. Denn entweder kann man fast alles unter dem Aspekt des Sexualsymbols betrachten, oder es gibt hauptsächlich Symbole, die in bestimmten Situationen auch als Sexualsymbole angesehen werden können.

Brust: Die weibliche Brust stellt ein Traumsymbol für Erotik und Sexualität dar – sowohl im männlichen als auch im weiblichen Traum. Zugleich ist sie aber auch ein Symbol für das Nährende und Mütterliche. Große Brüste sind im Männertraum als große Begierde oder Angst vor der Weiblichkeit zu deuten. Im Frauentraum drükken sie oft eine Sehnsucht nach mehr Weiblichkeit aus. Kleine Brüste sind im Frauentraum als das Knabenhafte oder Mädchenhafte in der Frau zu deuten (das archetypische Bild der Artemis) und häufig auch als Ablehnung der Weiblichkeit. Im Männertraum weisen flache und kleine Brüste entweder auf Ablehnung des Weiblichen hin oder bisweilen auch auf (latente) homosexuelle Wünsche.

Dessous: Das Traumsymbol Dessous kann im Traum von Männern wie auch in dem von Frauen als eines der wenigen eindeutigen Sexualsymbole angesehen werden. Bei Dessous im Traum ist auf die Symbolik deren Farbe zu achten.
rote Dessous: Rote Dessous drücken den Wunsch nach heißer Liebe aus.
schwarze Dessous: Schwarze Dessous betonen das Geheimnis, das gelüftet werden möchte.
weiße Dessous: Weiße Dessous deuten auf Unschuld und Verführung hin.

fallen: Dieses Traumsymbol deutet auf Hingabe hin. Man möchte oder sollte sich fallen lassen.

fliegen: Flugträume lassen mehrere Deutungen zu
Flugträume sind als sexuelle Träume zu werten, die an die Erfahrung des Orgasmus anknüpfen. Sie treten gehäuft bei Orgasmusschwierigkeiten auf. Oder bei Orgasmusbereitschaft.
Flugträume verweisen darauf, daß der Träumer sich einen Überblick über seine Situation verschaffen sollte, da man von oben einen besseren Überblick hat und Dinge und Situationen im Zusammenhang sieht.
Flugträume deuten auf eine Fluchttendenz hin, da der Träumer oder die Träumerin sich aus der Situation durch Fliegen entzieht. Flugträume sind auch als spontanes Aufsteigen der Kundalini (Lebensenergie) anzusehen.
Bei Flugträumen hat sich der Träumer oder die Träumerin auf alte Erinnerungen eingeschwungen, die aus der Vogelphase in der Evolution stammen (das ist die Ansicht einiger amerikanischer Biologen).
Welche dieser Bedeutungen nun zutreffen, kann nur die Betrachtung des Traums im Zusammenhang klären. Es ist auch möglich, daß mehrere Bedeutungen zugleich zutreffen.

fummeln: Unter »Fummeln« versteht man eine Vorform der genitalen Sexualität, die typisch für das Stadium Jugendlicher ist. Dieses Traumsymbol ist regressiv zu deuten, da eine erwachsene genitale Sexualität nicht stattfindet. Auf der anderen Seite kann dieses Traumsymbol auch als Sehnsucht nach Romantik und Zärtlichkeit angesehen werden.

Geschlechtsverkehr: Der Geschlechtsverkehr im Traum ist meiner Erfahrung nach viel häufiger als Integrationssymbol zu deuten, als als Wunsch nach Sexualität. Man möchte etwas anderes integrieren. Achten Sie speziell darauf, wie Sie die Partner charakterisieren würden. Wie ist die Stimmung beim Geschlechtsverkehr?

Filmstars/Idole: Treten in Ihren Träumen Filmstars auf, die bekannte Sexsymbole sind, dann kommt es darauf an, wie Sie sich als Träumer oder Träumerin in dieser Situation fühlen. Lehnen Sie das provokante Auftreten ab, kann das als Ablehnung Ihrer sexuellen Bedürfnisse gedeutet werden. Fühlen Sie sich von Ihnen angezogen und machen einen Kontakt, dann mag das als Sehnsucht nach sexuellen Abenteuern angesehen werden.

Herz: Das Herz ist ein allgemein verbreitetes Traumsymbol für die Liebe. Es geht um die Herzkraft oder das Herz-Chakra, die jede Art der zwischenmenschlichen Liebe und der positiven zwischenmenschlichen Gefühle ausdrückt.

küssen: Der Kuß als Traumsymbol verweist auf die Bedeutungsfelder Nähe, Intimität und Vertrautheit.

Lippen: In vielen Fällen können die Lippen im Traum auch als ein Verweis auf die Schamlippen der Frau gedeutet werden. Um so offener und stärker rot die Lippen sind, um so stärker ist auch das Begehren.

Orgasmus: Der Orgasmus tritt als Traumerfahrung häufiger im Traum von Frauen als von Männern auf. Dahinter verbirgt sich fast immer der Wunsch nach Gipfelerlebnissen. Man möchte seine enge und begrenzte (sinnliche) Erfahrungswelt überwinden und sich neue Erfahrungs- und Erlebnisräume erschließen.

rote Rose: Das Traumsymbol rote Rose verweist immer – zumindest unter anderem – auf die Liebe. Damit ist der Doppelaspekt der Liebe angesprochen: Ihre Schönheit und Harmonie wird von dem Duft, der Farbe und der Form der Rose symbolisiert, die schmerzliche Seite der Liebe wird von den Dornen verdeutlicht.
Vergleiche genauere Angaben zum Traumsymbol Rose weiter vorne im Abschnitt »Natur und Garten«.

Schloß: Das Schloß, das auf- oder abgeschlossen wird, und besonders das Schlüsselloch verweist auf das weibliche Geschlecht, wobei der Vorgang des Aufschließens mehr als der des Abschließens auf den Geschlechtsverkehr hinweist.

Ferner kann dieses Traumsymbol auch dahingehend gedeutet werden, daß man sich öffnet oder öffnen soll, oder daß man zu verschlossen ist beziehungsweise sich eher verschließen sollte.

Schlüssel: Der Schlüssel deutet als Traumsymbol auf das männliche Geschlecht hin. Er stellt ein verbreitetes phallisches Symbol dar.

Spritze: Wie das Traumsymbol Schlüssel verweist auch das Traumsymbol Spritze auf die penetrierende Sexualität. Alle Traumsymbole, deren Funktion das Eindringen ist, können unter anderem als phallische Symbole gedeutet werden. Diese Verschlüsselung kommt dadurch zustande, daß der Träumer oder die Träumerin es sich aus verinnerlichter Moral versagen, direkt vom männlichen Glied zu träumen.
Mit der Spritze werden die Körpergrenzen durchstoßen und verweist damit auch auf Offenheit im emotionalen Sinn hin.

Treppensteigen: Nach Sigmund Freud stellt das Treppensteigen ein klassisches Sexualsymbol dar. Der Rhythmus beim Treppensteigen – so Freud – ist dem Rhythmus beim Beischlaf vergleichbar.
Meiner Erfahrung nach ist es jedoch viel wichtiger, beim Treppensteigen zu beachten, ob man nach oben oder nach unten geht. Geht man nach oben, sollte man sich mehr dem Geistigen zuwenden, steigt man die Treppe hinab, sollte man sich mehr dem Gefühl und den Welten des Unbewußten zuwenden.

umarmen: Das Traumsymbol Umarmen deutet immer auf körperliche Nähe, auf Zärtlichkeit und auf Sicherheit hin. Man möchte nämlich gehalten werden.

Früchte der Liebe

Nicht die Sexualität, sondern die Beziehung ist *das* Thema und die Herausforderung des ausgehenden 20. Jahrhunderts – davon bin ich überzeugt. Offenbar entwickeln wir – nicht unbedingt bewußt – neue Beziehungsmuster. Die Suche nach der »besseren Hälfte«, von der einst Plato schwärmte, ist ebenso wenig erfolgversprechend wie ein unbewußtes oder automatisiertes Familienleben. Wenn der Partner nicht zur »Ich-Abrundung« gebraucht wird, weil jede/r der Partner sich um seine Ganzheit und Vollständigkeit selber küm-

mert, dann braucht man größere, gemeinsame Ziele – und hat auch glücklicherweise die Kraft und die Energie für solche Zwecke frei.
Eine Beziehung – und das gilt für alle menschlichen Verhältnisse, auch für Verwandschafts- und Geschäftsbeziehungen usw. – *lebt*, wenn sie ein »Baby« hat. Das *können* tatsächlich Kinder sein, aber es gibt viele weitere *Früchte der Liebe*.
Jede der Überschriften, mit denen wir in diesem Ratgeber die wichtigsten Themenbereiche der Traum-Symbolik bezeichnet haben, bezieht sich auf solche Früchte der Liebe, auf die Gemeinsamkeiten und die Ziele einer Liebesbeziehung:

Sie und Ihre Mitmenschen

Haus und Wohnung

Wege und Reisen

Natur und Garten

Gesundheit und Wohlbefinden

Beruf und Finanzen

Abenteuer und Gipfelerlebnisse

Liebe, Lust und Zärtlichkeit.

Mögen Ihnen und uns allen die Träume als Wegbegleiter helfen, viele Früchte zu ernten.

Schöne Träume!

Übersicht: Die häufigsten Traum-Symbole nach Themengebieten

Ein Kurs in Traumdeutung

1 Grundlagen der persönlichen Traumarbeit

Für Sie

Mit diesem *Kurs in Traumdeutung* beginnt Ihre intensive Beschäftigung mit dem Thema Traumdeutung.

Sie träumen wahrscheinlich, wie jeder Mensch unter halbwegs normalen Umständen, pro Nacht etwa fünfmal. Das bedeutet, Ihre innere Stimme, die man als den weisen Berater ansehen kann, der uns jede Nacht kostenlos besucht, sagt Ihnen, »wie es weiter geht« und wo Sie gerade stehen. Was fangen Sie damit an?

Meistens lassen wir diese Chance, wirklich Wichtiges über uns zu erfahren, wenig oder unbeachtet an uns vorbeiziehen. Ist das nicht eine Schande?

Dieser Kurs will Ihnen helfen, mehr aus Ihrem Leben zu machen, indem Sie »die nächtlichen Beratungssitzungen« – also Ihre Träume – besser auszuwerten und zu verstehen lernen. Sie werden erstaunlich schnell Erfolge bemerken, wenn Sie sich auf die in diesem Kurs vorgestellte Traumbetrachtung einlassen.

Das erste Kapitel skizziert Grundlagen und Theorien der Traumdeutung. Wie Sie sehen werden, gehen wir auf die verschiedenen wissenschaftlichen Ansätze ein, ohne jedoch dogmatisch einer Richtung zuzuneigen. Wir sind beide Diplompsychologen und Psychotherapeuten, die aus der Richtung Carl Gustav Jungs kommen, sich aber auch mit Sigmund Freud und besonders mit der humanistischen Psychologie eingehend auseinander gesetzt haben. In unserer Arbeit wenden wir unterschiedliche Techniken an.

Heißt es in den Märchen von Tausendundeiner Nacht:

»Die Wahrheit liegt nicht in einem Traum, sie liegt in vielen«,

so kann dieses Zitat auch auf die Wissenschaft von der Traumdeutung angewandt werden: Die Wahrheit liegt nicht in einer Theorie oder Technik, sondern sie liegt in vielen Methoden, die sich gegenseitig ergänzen.

So möchten wir Sie durch diesen Kurs anregen, sich für die verschiedenen Schulen, Methoden und Techniken der Traumdeutung zu öffnen. Betrachten Sie diese als Werkzeugkiste, aus der Sie sich nehmen, was Sie benötigen und was der Sache angemessen ist.

Träume stellen die Aufgabe,
die Vergangenheit zu bewältigen,
die Gegenwart zu erkennen,
die Zukunft zu gestalten.

Träume bahnen den Weg,
die Wahrheit zu achten,
die Selbsterkenntnis zu pflegen,
die Charakterbildung zu fördern.

Träume erschließen den Sinn,
aus den Erlebnissen zu lernen,
den Augenblick zu leben,
für die Pflichten zu planen.

Träume fordern uns auf,
nüchtern der Naturwissenschaft nachzugehen,
sachlich die seelischen Ursachen zu suchen,
ehrfürchtig den göttlichen Geheimnissen zu glauben.

Träume heilen Krankheiten, denn sie helfen,
verdrängte Verletzungen freizulegen,
erkannte Konflikte zu klären,
unerforschliche Leiden zu tragen.

Träume bilden den Charakter,
denn sie geben uns Kraft,
den Tiefen der Triebe uns zu stellen,
der Gewalt des Gewissens uns zu öffnen
und dem Frieden zwischen beiden die Bahn zu bereiten.

(Klaus Thomas)

Viel Freude und Erfolg beim Lesen und Lernen wünschen Ihnen

Klausbernd Vollmar und Konrad Lenz
TraumOnline *(www.traumonline.de)*

Der Kurs

Wer das Leben ändern will,
der muss seine Träume ändern.
(Sufi-Weisheit)

Sie haben sich entschlossen, intensiver mit Ihren Träumen zu arbeiten und diesen *Kurs in Traumdeutung* erworben. Ganz gleich, ob Sie bereits einiges über das Thema wissen, Traumgruppen besucht und Bücher gelesen haben, schon ein Traumtagebuch führen oder sich ganz neu mit dieser Thematik beschäftigen: Es geht um Ihre persönlichen Träume, um eine spannende Reise in Ihre ureigene Symbolsprache und Ihre inneren Bilderwelten. Sie werden nicht nur die Fähigkeit entwickeln, Ihre eigenen Träume zu verstehen und zu nutzen, sondern auch Ihre persönliche Entwicklung wird angesprochen werden. Sie können bei der Beschäftigung mit Ihren Träumen ein gewisses Maß an Selbsterkenntnis nicht vermeiden.

Wir begleiten Sie bei Ihren Ausflügen in Ihr Inneres mit diesem Textmaterial und den Lernschritten.

Als Erstes möchten wir Ihnen raten, ein neues, schönes Traum-Tagebuch zu erwerben. In diesem können Sie all Ihre Erfahrungen aufschreiben, die Sie mit dem Lehrgang und den darin enthaltenen Aufgaben machen. Wenn Sie einen PC besitzen, können Sie diese in digitalisierter Form in den beiliegenden Lehrgang auf CD eintragen.

Anders als bei einem Workshop können Sie Ihr Arbeitstempo frei bestimmen. Damit können Sie die Intensität festlegen, mit der Sie Ihre persönliche Beschäftigung mit dem Traum gestalten.

Allerdings werden Sie feststellen, dass für einen *Kurs in Traumdeutung* ein gewisses Maß an Disziplin notwendig ist. Man muss »dranbleiben«, um Erfolg zu haben. Besonders die Lernschritte mit den einzelnen Aufgaben sind wichtig für die Aneignung und Vertiefung von Fertigkeiten und Methoden. Hier bestimmen Sie, wann Sie etwas beherrschen, wann es gut funktioniert oder wann Sie sich eine neue Fertigkeit in der Traumarbeit angeeignet haben. Es kommt hierbei keineswegs auf Schnelligkeit an, sondern vielmehr auf wirkliche Auseinandersetzung und Vertiefung. So werden Sie die Kunst der Traumdeutung für sich persönlich weiterentwickeln.

Sie werden auch feststellen, dass Sie zunehmend ein guter Berater oder eine gute Beraterin sein können, wenn Sie mit anderen Menschen über deren Träume sprechen. Ihre Erfahrungen sind dann auch für andere von Nutzen.

Aber keine Angst: Traumdeutung ist nicht nur Disziplin, sie ist auch Spaß, Spiel, angenehme Selbsterkenntnis und eine Quelle von Kreativität. Wo einseitig männliche, strenge Disziplin herrscht, im schlimmsten Fall noch gemischt mit »phallischem Ernst«, dort kann die Traumdeutung nicht erblühen. Traumdeutung ist wie ein vielschillernder Kristall: Sie besitzt erstaunlich viele Facetten und setzt im günstigen Fall auch viele Facetten in Ihnen frei.

Also wenden Sie sich diszipliniert, aber nicht verbissen den Träumen zu. Übersehen Sie keinesfalls deren Witz und lassen Sie Ihrer Kreativität auch ihr Spiel, das Sie häufig auf verblüffende Deutungen führt – ja, lassen Sie sich verblüffen, von sich, von Ihren Träumen und den Tipps und Tricks der Traumdeutung.

Der *Kurs in Traumdeutung* ist nicht wie Schule. Sie lernen aus Freude und selbstbestimmt. Mit dieser Haltung wird Ihr Lernen Früchte tragen, die Sie im Alltagsleben genießen können.

Der Aufbau des Kurses

Zu Beginn vermittelt Ihnen jeder Abschnitt theoretische Grundlagen sowie praktische Methoden und Techniken im Umgang mit Träumen.

Im Anschluss daran sind die Lernschritte beschrieben, finden Sie Beispiele, Erläuterungen und Anmerkungen, außerdem finden Sie hier und da ein Zitat eingestreut.

Dieser Kurs besteht aus drei Teilen:

1. Buch mit Informationen und Übungen
2. CD mit dem Text des Kurses und zusätzlichen Lernhinweisen
3. Betreuter Kurs, der über Traumonline *(www.traumonline.de)* zu registrieren ist und eine Kommunikation mit uns als Autoren zulässt. Dazu kommt dort noch als »Bonbon« eine Einführung in das »luzide Träumen«.

Als Bonus erhalten Sie die 60-Tage-Testversion unserer Traumsoftware auf der beiliegenden CD. (Wenn Sie die Vollversion der Traumsoftware bestellen, erhalten Sie ein integriertes Pakt inkl. Traumsoftware und Lehrgang.)

Arbeitsempfehlung

Wahrscheinlich werden Sie sich zunächst einen groben Überblick über den Inhalt und die Aufgaben dieses Kurses verschaffen.

Danach beginnt der Lernprozess. Bevor Sie anfangen, nehmen Sie sich einen Augenblick Zeit: Überlegen Sie einmal, wie Ihre momentane Lebens- und Arbeitssituation aussieht:

- Sind Sie sehr im Stress?
- Haben Sie eine gewisse Freizeit, über die Sie verfügen können?
- Ist es Ihnen möglich, neben Ihren Aufgaben und Verpflichtungen den Kurs unverkrampft und mit gutem Gefühl in Ihre wöchentliche Zeitplanung einzubauen?

Es empfiehlt sich, der persönlichen Traumarbeit einen festen Zeitrahmen zu geben. Einmal wöchentlich mit diesem Kurs zu arbeiten, ist wirkungsvoller als drei Tage hintereinander und dann drei Wochen lang überhaupt nicht.

Bei der Traumarbeit beschäftigen Sie sich mit dem Nachtbewusstsein und damit mit Ihrer weiblich-intuitiven Seite. Unser Tagesbewusstsein, das mehr von unserer rational-männlichen Seite geprägt ist, bewertet das nächtliche Geschehen in unseren Träumen häufig als unsinnig und sinnlos.

Machen Sie sich eins bewusst: Auf dem Weg und im Laufe der Traumarbeit wird es mehr und mehr zur Integration beider Bewusstseinsseiten (Ihrer männlichen und Ihrer weiblichen) kommen und damit zu einer Werteverschiebung in der persönlichen Beurteilung. Auch wenn Sie selbst damit gut umgehen können, werden Sie vielleicht kritische Anmerkungen von Ihren Mitmenschen zu hören bekommen, wenn Sie über den Traum-Kurs sprechen. Das gehört zum Entwicklungsprozess dazu und zeigt Ihnen, dass Sie eine zunehmende Sensibilisierung für Ihre eigene Traumwelt und die anderer Menschen entwickeln.

Die Aufgaben sind so in den Text eingebaut, dass der Lesefluss unterbrochen wird und Sie die Umsetzung in Ihre persönliche Situation vornehmen können. Das sind die entscheidenden Lernschritte bei der Arbeit mit diesem Kurs. Deshalb ist Ihre Aufmerksamkeit bei diesen Punkten besonders wichtig.

Arbeiten Sie den Text aktiv durch. Wie beim Essen heißt das: in kleinen Happen aufnehmen, genügend kauen, nicht zu schnell schlucken. Auf den Kurs angewandt bedeutet das: Sie können beim Lesen den Text farbig unterstreichen (z. B. rot: wichtig; blau: hieran weiter arbeiten; gelb: üben; etc.) oder entsprechende Symbole an den Rand schreiben (z. B.: Ausrufezeichen, Fragezeichen, Pfeil, etc.). Wir werden Sie zwischendurch immer wieder einmal daran erinnern.

Alle Aufgaben können Sie wie erwähnt auch an Ihrem PC in dem beiliegenden Programm auf der CD bearbeiten.

Aufgabe 1

Zu Ihrer Arbeitsweise und zum Umgang mit dem Kurs beantworten Sie bitte folgende Fragen:

1. Für den Verlauf des Kurses habe ich mit welchen persönlichen Mustern zu rechnen? Welche meiner üblichen Verhaltensweisen werden meine Arbeitsfreude …
   a) … behindern?
   b) … fördern?

Nachdem Sie sich Ihre Stärken und Schwächen ins Bewusstsein gerufen haben, legen Sie unter Berücksichtigung dieses Wissens Ihre Arbeitsweise fest:

2. Wie sieht Ihre monatliche Arbeitsstruktur aus? Planen Sie zunächst den kommenden Monat:
   a) Woche
   b) Tag
   c) Uhrzeit

Das Thema

Man träumt nicht nur aus eigener Seele, möchte ich sagen, man träumt anonym und gemeinsam, wenn auch auf eigene Art. Die große Seele, von der du nur ein Teilchen, träumt … durch dich …

(Thomas Mann)

Wie alle, die ein Handwerk und eine Kunst betreiben, benötigen auch Traumdeuterinnen und Traumdeuter Hilfsmittel. Allerdings sind es hier nur sehr wenige und glücklicherweise leicht erschwingliche. Sie helfen sowohl bei der Deutung der eigenen Träume wie auch der anderer Menschen.

Wer systematisch Traumdeutung betreiben möchte, der benötigt unbedingt ein *Traumtagebuch* und ein *Handbuch der Traumsymbole*. Eventuell kann man sich auch mit einem allgemeinen *Symbollexikon* behelfen, allerdings ist ein *Lexikon der Traumsymbole* vorzuziehen, da es auf die spezielle Bedeutung der Symbole im Traum eingeht. Literaturhinweise finden Sie weiter unten. Darüber hinaus finden Sie im Internet eine kostenlose Traumsymboldatenbank unter *www.traumonline.de*.

Ihr Traumverständnis wird unterstützt, wenn Sie sich auf vielerlei Arten mit Symbolen beschäftigen. Carl Gustav Jung (Schweizer Tiefenpsychologe, der sich eingehend mit der Traumsymbolik beschäftigte, 1875–1961) empfahl seinen Studenten, so viel wie möglich zu lesen, und zwar insbesondere Märchen und Mythen, aber auch Romane.

Durch die Rezeption dieser Literatur werden auch Sie mit der Welt der Symbole auf lebendige und unterhaltsame Weise vertraut. Außerdem lohnt es sich, die modernen Romane der Weltliteratur zu lesen, denn was in ihnen fiktional gestaltet wird, sind Ängste, Versagen, Freude, Erfolge und viele andere Gefühle, die auch den »Stoff der Träume« bilden.

Kümmern Sie sich auch um moderne Symbole in der bildenden Kunst. Gehen Sie in Kunstausstellungen, besuchen Sie Galerien. Viele bildende Künstler haben ihre Träume gestaltet: Erinnert sei hier nur an Henri Rousseau (französischer Maler, 1844–1910), Marc Chagall (russischer Maler und Grafiker, 1877–1985) und besonders die Surrealisten und deren Nachfolger.

Letztendlich ist jedes Kunstwerk ein ausgearbeiteter Traum, weswegen die charmante Freud-Freundin Lou Andreas-Salomé (frühe Psychoanalytikerin und Romanautorin, 1861–1937) feststellte, dass der Künstler keineswegs seine Träume deuten, sondern sie gestalten sollte. Während ihrer Liaison mit Rainer Maria Rilke (österreichischer Schriftsteller, 1875–1926) erkannte sie, dass Kunst eine Traumwelt ist. Das Umgekehrte gilt genauso: Der Traum ist wie ein Kunstwerk – aber darauf kommen wir später noch zu sprechen.

Versuchen Sie, Ihr tägliches Leben wie einen Traum zu betrachten. Dabei wird Ihnen bewusst, mit wie vielen Symbolen Sie im Alltag konfrontiert werden. Diese Symbole werden Sie teilweise auch in Ihren Träumen wieder antreffen. Den symbolischen Blick auf die Umwelt können Sie spielerisch üben – wie, das werden Sie gleich erfahren. Er hilft, sich in seinen Träumen besser zurechtzufinden.

Auf der anderen Seite ist jedoch eindringlich davor zu warnen, *alles* symbolisch zu sehen, da man dann in abergläubischer Weise Situationen und Zeichen mit Bedeutungen belegt, die ihnen nicht zukommen. Wenn Sie also Ihre Umwelt mit dem symbolischen Auge betrachten, sehen Sie das als Übung, als Spiel an. Denn das ist es: nicht mehr und nicht weniger als eine Übung.

Wo das nicht berücksichtigt wird, entwickelt sich die in bestimmten esoterischen Kreisen häufig anzutreffende absurde Haltung, die alles, was uns begegnet, mit großer Bedeutung belegt. Dahinter steht der Wunsch, alles erklären und damit auch kontrollieren zu können. Mit dieser Deutungsmanie umgehen die Menschen die Auseinandersetzung sowohl mit dem Leben im Allgemeinen als auch mit ihren Mitmenschen und deren Tun im Speziellen. Die Deutungsmanie zeugt von nichts anderem als einer maßlosen Selbstüberschätzung: Die Götter haben Wichtigeres zu tun, als sich ständig mit uns zu unterhalten!

Nun wenden Sie sich den Hilfsmitteln für die Traumarbeit zu:

Die wichtigsten Hilfsmittel desjenigen, der systematisch seine Träume deuten möchte, sind das Traumtagebuch und das Symbollexikon.

Mit diesen beiden kann man seine Träume in erstaunlich tief greifender Weise deuten und dokumentieren.

Die Dokumentation von Träumen

Wenn Sie sich mit Ihren Träumen intensiver auseinander setzen möchten, ist es ratsam, sich eine gewisse Systematik beim Aufschreiben der Träume anzugewöhnen. Dies verhilft nicht nur dazu, Ihre Träume effizienter aufzuschreiben, sondern auch zu einem späteren Zeitpunkt spezielle Träume wiederzufinden. Wie wir bereits bemerkt haben, unterliegt unser Nachtbewusstsein verstärkt der weiblichen intuitiven Sichtweise. Deshalb ist es sinnvoll und ratsam, dem häufig chaotischen manifesten Trauminhalt eine gewisse Struktur zu geben, damit dieser für uns im Wachbewusstsein besser handhabbar wird. (Wir möchten an diesem Punkt auf unsere Traumsoftware hinweisen, mit deren Hilfe es einfach ist, Träume geordnet aufzuschreiben. Darüber hinaus verhelfen Ihnen die Traumsymboldatenbank und das integrierte Tagebuch, die Bedeutungen der Träume und einzelner Traumsymbole deutlich schneller erkennen zu lernen. Vielleicht testen Sie die Version auf der beiliegenden CD.)

Aufschreiben der Träume

In der Nacht

Bitte legen Sie Stift und Papier oder ein Diktiergerät neben Ihr Bett!

- Wenn Sie die Aufzeichnungen zunächst dazu benötigen, den Traum am kommenden Morgen wieder zu erinnern, reicht es, wenn Sie den Traum in Stichworten aufschreiben. Sie werden bemerken, dass Sie sich Ihren Traum anhand weniger Stichworte auch nach langer Zeit problemlos wieder vergegenwärtigen können. Nicht niedergeschriebene Träume hingegen werden erschreckend schnell vergessen.
- Vielleicht kennen Sie das: Sie wachen nachts auf und können sich genau an einen Traum erinnern. Sie führen sich den Traum noch einmal vor Augen und schlafen dann in der Gewissheit wieder ein, dass Sie diesen Traum am Morgen niederschreiben können. Morgens haben Sie den Traum jedoch zu Ihrem Erstaunen völlig vergessen. Träume sind flüchtige Wesen, die man nur mit ihrer Dokumentation bannen kann.

Träume, die Sie nicht sofort aufschreiben und dennoch im Gedächtnis behalten möchten, müssen Sie im Stillen fünf- bis sechsmal wiederholen, sonst sind sie entgegen aller Gefühle unwiderruflich verloren. Die einzig sichere Methode, seine Träume zu behalten, ist, sie aufzuschreiben. Und fünf- bis sechsmal seinen Traum zu wiederholen, ist vielfach aufwendiger, als sich kurz ein paar Stichworte zu notieren.

Am kommenden Tag

- Bei der ausführlichen Dokumentation des Trauminhalts schreiben Sie den Traum mit den darin enthaltenen Traumsymbolen mit möglichst allen Einzelheiten auf. Dazu gehören besonders die Farben, Töne und Gefühle.
- Achten Sie darauf, dass Sie möglichst alle Kleinigkeiten, die Ihnen einfallen, mit aufschreiben. Häufig stecken beim Traum in den so genannten Nebensächlichkeiten sehr wichtige Informationen bezüglich seiner Bedeutung. Achten Sie nicht auf Ihre innere Stimme, die zensierend meint, dass dieses oder jenes unwichtig sei, da es keinen Sinn ergibt oder gar unanständig ist. Schreiben Sie möglichst viele Einzelheiten des Traumverlaufs auf, ohne dabei auf irgendwelche Art wertend oder selektiv vorzugehen.

Folgende Fragen können Sie beim Aufschreiben beantworten:

- Wie fühlte ich mich während des Träumens?
- Wie fühle ich mich im Moment und während des Aufschreibens?
- Welche ersten, spontanen Assoziationen fallen Ihnen zu Ihrem Traum ein?

Das Traumtagebuch

In Ihrem Traumtagebuch halten Sie jeden erinnerten Traum fest. Darüber hinaus tragen Sie in das Traumtagebuch Ihre Assoziationen und die Deutungen ein.

Das Traumtagebuch (oder ein Diktiergerät, wenn Sie das lieber mögen) neben das Bett zu legen, ist eine rituelle Handlung, die schon als solche unsere Erinnerungsfähigkeit an Träume stärkt. Wir geben uns damit selbst ein Zeichen, dass wir es mit unserer Traumarbeit ernst meinen.

Folgende praktische Tipps sind beim Führen eines Traumtagebuchs hilfreich:

- Das Traumtagebuch sollte so klein sein, dass man es bequem in der Tasche bei sich tragen kann. Denn oft fallen uns im Laufe des Tages Träume oder Traumteile ein, die wir dann gleich eintragen können.
- Ins Traumtagebuch werden nur Träume und die damit zusammenhängenden Assoziationen und Deutungen geschrieben, nichts anderes. So erinnert uns bereits sein Anblick an unsere Träume (Konditionierung).
- Aus demselben Grund sollten wir stets mit dem gleichen Stift ins Traumtagebuch schreiben (oder mit der gleichen Farbe).
- Wer es gewohnt ist, mit dem Computer zu schreiben, sollte seine Träume gleich eingeben. Das besitzt den wesentlichen Vorteil, dass man schnell etwas Bestimmtes suchen und finden kann.

Das Schema der Traumdokumentation

Datum: Datum des Traums
Tag: (Sonntag, Montag, etc.)
Traumnummer: der wievielte Traum in der Nacht
Zeit: ungefähre Uhrzeit des Traums (wenn möglich)
Überschrift: Überschrift des Traums
Text: Ihre Aufzeichnung des Traums
Tagebuch: wichtige Ereignisse an vorangegangenen Tagen und eventuell auch speziell auf den Traum bezogene Ereignisse

Auslöser: wahrscheinliche Auslöser für diesen Traum (da gibt es häufig mehrere)
Assoziationen: alles, was Ihnen zu dem Traum und einzelnen Traumsymbolen einfällt. Auf Assoziationen werden wir noch weiter unten zu sprechen kommen.
Symbole, Bilder und Situationen: wichtige Symbole, Bilder, Situationen und ihre Bedeutung für Sie

Hier ein Beispiel für das Aufzeichnen eines Traums:
Datum: 11.02.2005
Tag: Freitag
Traumnummer: 1
Zeit: 4.00 Uhr nachts
Überschrift: Kreuzspinne im Fensterkreuz
Text: Ich sehe nur ein Bild. Ich sehe eine Spinne, die spinnt ihr Netz in einem Fenster. Das Fenster ist durch ein Fensterkreuz unterteilt. Ich mache eine andere Person, die sich bei mir befindet, darauf aufmerksam. Das Netz der Spinne ist scheinbar beschädigt bzw. noch nicht ganz fertig gestellt. Sie arbeitet eifrig daran, die Löcher zu flicken. Weil es eine relativ große Spinne ist, überlege ich mir, ob es eine Kreuzspinne ist. Ich bin mir dabei jedoch nicht ganz sicher. Sie sieht dafür etwas zu *bräunlich* aus.
Auslöser: Traf am Vortag des Traums meinen Bruder
Assoziationen: Fensterkreuz: Dazu fallen mir die Fenster in meinem Elternhaus ein und dabei speziell unsere Veranda, eine Art Anbau an das Haus, der halb verglast war. Von der Veranda aus ging es sowohl in den Keller als auch in die Küche und das **Schlafzimmer** meiner **Großmutter**, bei der ich zusammen mit meinem Bruder geschlafen habe, bis ich ca. sieben Jahre alt war. Auf der Veranda haben wir uns häufig im Frühjahr und vor allem im Sommer aufgehalten, insbesondere in meinen ersten zehn Lebensjahren. Es fand dort, in diesen Jahreszeiten, ein Teil des häuslichen Lebens statt. Oft saßen dort meine Großmutter und unsere **Haushälterin**, die Gemüse und Salat putzten, bügelten und andere häusliche Tätigkeiten ausführten. Am Wochenende saß die **Familie** auf der Veranda, und wir tranken Kaffee. Es war ein Ort der Kommunikation.
Zu dem **weißen Kreuz der Kreuzspinne und des Fensterkreuzes** fallen mir die weißen Kreuze ein, die es früher auf unserem **Friedhof** gab für Kinder, die sehr früh gestorben sind.

Löcher: Zu diesen fällt mir meine Großmutter ein, die früher die Löcher in unseren Strümpfen gestopft hat.
Kreuzspinne: Als Erstes fallen mir die Kreuzspinnen in meinem ehemaligen Elternhaus ein. Zu diesen hatte ich früher als Kind immer ein sehr zwiespältiges Verhältnis. Einerseits habe ich sie bewundert wegen ihrer Raffinesse, Fliegen und andere Insekten zu fangen, andererseits hatte ich auch Respekt vor ihnen. Wenn sich eine Wespe oder gar Hornisse in einem Spinnennetz verfangen hatte und es zu einem Kampf zwischen der Spinne und dem fliegenden Insekt kam, wusste ich nicht, wem ich innerlich beistehen sollte. Mir fallen auch Spinnen ein, die es früher oft in unserem Keller gab und vor denen ich, als Kind, Angst hatte, da es im Keller immer ziemlich dunkel war.
Spinne, die bräunlich aussieht: Erinnert mich an die »Weberknechte«, von denen es früher bei uns auch sehr viele gab und die ich schon als Kind als harmlos ansah und auch manchmal ärgerte, indem ich sie von ihren häufig sonnigen Plätzen an Mauern vertrieb. Meistens traf man diese nicht alleine, sondern in ganzen Kolonien an.
Symbole, Bilder und Situationen: Die **Spinne** personifiziert für mich die eigene dunkle Seite, eben meinen Schatten. Außerdem verweist sie auf meinen Konflikt mit meiner Mutter.

Sammeln Sie bitte über einen Zeitraum von einer Woche oder 14 Tagen Erfahrungen mit dem Führen eines Traumtagebuches.

Halten Sie danach schriftlich fest, wie es Ihnen damit erging.

Beantworten Sie dabei folgende Fragen:

- Wie leicht oder schwer fällt mir das Dokumentieren meiner Träume?
- Welche Erfahrungen und Erkenntnisse habe ich aus der Praxis des Aufschreibens meiner Träume gewonnen?
- Welche Schwierigkeiten erlebe ich?
- Wie ist mein Gesamtempfinden in Bezug auf die Traumarbeit?
- Haben sich praktische Konsequenzen aus der aktiven Traumarbeit ergeben?

Schreiben Sie die Antworten auf die oben gestellten Fragen in Ihr Traumtagebuch. Dieser Bericht ist wichtig für die persönliche Einschätzung Ihrer Entwicklung. Sie haben außerdem Material für Gespräche mit anderen Menschen, die mit Träumen arbeiten.

Das Symbollexikon

Die traumhafte Welt ist nicht weniger wirklich
als die wache Welt, nur anders wirklich.

(Ludwig Klages)

Die Bedeutung von Träumen scheint oftmals komplex – zumindest auf den ersten Blick. Man kann sie sich mit einem Bild verdeutlichen: Jeder Traum besteht aus vielen Schichten. Mit dem ersten Verständnis eines Traums befindet man sich auf einer der obersten Schichten. Tiefere Schichten darunter sind nicht mehr so leicht zugänglich, da wir normalerweise eine Art Blindheit für unsere eigenen Probleme haben. Zuerst sehen wir also das, was wir ohnehin schon wissen. Wenn wir auf dieser Ebene bleiben, deuten wir konventionell, ohne dass es uns tiefer berührt.

Zu den tieferen Schichten eines Traums können wir mit Hilfe eines Therapeuten oder Traumberaters vordringen. Wenn wir selbstständig dahin gelangen wollen, haben wir eine Chance, wenn wir die Traumsymbole gleichsam von außen betrachten. Das heißt, wir nutzen ein Traumsymbollexikon und deuten den eigenen Traum mit dessen Hilfe.

Hier muss aber sogleich eine Warnung ausgesprochen werden:

Sie dürfen erst dann Ihre Traumsymbole im Lexikon oder Handbuch nachschlagen, wenn Sie schon eine eigene Deutung Ihres Traums versucht haben!

Halten Sie sich nicht an diese Warnung, werden Sie Ihre Träume niemals wirklich verstehen. Dann kehrt sich nämlich die »objektive« Symbolbetrachtung gegen Sie. Sie werden zwar vieles über Symbolgeschichte und -strukturen lernen, aber nichts über sich selbst und Ihre Träume.

Traumdeutung soll jedoch unter anderem Ihrer Selbsterkenntnis dienen. Sie ist kein Selbstzweck.

Die »objektive« Symbolbetrachtung arbeitet mit Symbollexika, vorzüglich mit Traumsymbollexika. Man kann grundsätzlich zwei unterschiedliche Arten von Symbollexika unterscheiden: *selbst erstellte* und *allgemeine* Symbol-Handbücher

Das selbst erstellte Symbollexikon

Bei einem selbst erstellten Symbollexikon geht man bei allen Symbolen eines Traums in gleicher Weise systematisch vor. Das heißt, man schaut bei wichtigen Symbolen nach, ob sie bereits in anderen Träumen vorkamen.

Das ist bei der Dokumentation von Träumen am Computer gar kein Problem, da es die Suchfunktion übernimmt.

Für das Beispiel aus diesem Kapitel müsste man also bei folgenden Symbolen überprüfen, ob sie schon in anderen Träumen auftauchten: Spinne, Netz.

Aufgabe 2

Ergänzen Sie die Symbolliste.
Lesen Sie den Traum von der Spinne (s. o.) aufmerksam durch und ergänzen Sie die Symbolliste. Am Ende dieses Abschnitts finden Sie die vollständige Liste.

Wenn Sie Ihre Träume in das Traumtagebuch eingetragen haben, ist das rasch und völlig unkompliziert möglich. Ergänzend können Sie Ihre Symboldatenbank um eigene Symbole erweitern oder bei den bereits aufgeführten Symbolen einen Verweis auf Ihre Träume anbringen.

Astrologisch Interessierte können zum Traumdatum auch die Mondstände vermerken.

Wenn Sie bei jedem Traum in dieser Weise die Traumsymbole erfassen, dann ist dies relativ wenig aufwändig, und Sie haben in kürzester Zeit Ihr ganz persönliches Symbollexikon erstellt.

Nachdem wir einen Traum gedeutet haben, können wir jetzt nachschauen, in welcher Bedeutung und welchem Zusammenhang dieses Traumsymbol schon in unseren anderen Träumen vorkam. Das mag uns auf neue Ideen bringen, auf die wir vorher nicht gekommen wären. Auf diese Weise sind also tiefere Schichten des Traums zu ergründen. Die Chance, mit dieser Methode weiterzukommen, ist deswegen groß, da sich die persönlichen Traumsymbole nur langsam ändern. Weil sich unsere Träume unbedingt verständlich machen wollen, versuchen sie mit immer neuen Anordnungen ähnlicher oder gleicher Elemente, nämlich der Symbole, uns sozusagen mit der Nase auf die entsprechende Bedeutung zu stoßen.

Schauen wir ein Symbol in mehreren Zusammenhängen an, dann steigt die Wahrscheinlichkeit, dass wir es angemessen verstehen. Somit dient ein persönliches Symbollexikon der Verständnishilfe und der Erforschung tieferer Bedeutungsschichten eines Traums.

Das Schema des persönlichen Traumsymbolbuchs

Das Traumsymbolbuch kann ein Ringordner mit einem alphabetischen Register sein. Wenn Sie das Symbol eines Traums in das Traumsymbolbuch eintragen möchten, setzt dies die Auseinandersetzung mit dem Traum und dem darin vorkommenden Traumsymbol voraus. Das Schema für den Eintrag in das Traumsymbolbuch kann so aussehen:

Traumsymbol: (**z. B. Auto**)
Allgemeine Bedeutung des Symbols für mich:

1. Traum, in dem das Symbol vorkam
   Datum (des 1. Traums, in dem das Symbol vorkam):
   Überschrift:
   Modifikation: (z. B. rotes Cabrio)
   Symbolbedeutung: (Bedeutung des Symbols in diesem Traum)
   Andere bedeutende Symbole in diesem Traum:
   Traumdeutung (1): (Kurzdeutung des Traums)

2. Traum, in dem das Symbol vorkam
   Datum (des 2. Traums, in dem das Symbol vorkam):
   Überschrift:
   Modifikation: (alter VW-Käfer)
   Symbolbedeutung: (Bedeutung des Symbols in diesem Traum)
   Andere bedeutende Symbole in diesem Traum:
   Traumdeutung (2): (Kurzdeutung des Traums)
   etc. …

Aufgabe 3

Legen Sie sich ein eigenes Symbollexikon an.
Beginnen Sie mit einem eigenen Symbollexikon, sollten Sie dabei ebenso verfahren wie in Aufgabe 2, indem Sie alle Symbole Ihrer Träume eintragen. Sie können den Beginn auch mit dem Start Ihres Traumtagebuchs zusammenlegen.

Zu Aufgabe 2:
Vollständige Auflistung der Symbole:

- Kreuzspinne

- Netz
- Loch/Beschädigung
- Fenster/Fensterkreuz
- andere Person (namenlos)

Das allgemeine Symbollexikon

Sie werden im Literaturverzeichnis am Schluss dieses ersten Kapitels eine Fülle von Traumlexika finden, von denen wir allerdings nur einige empfehlen können.

Ein brauchbares Traumsymbollexikon sollte folgende Anforderungen erfüllen:

- Es sollten möglichst mehrere Bedeutungen zu einem Stichwort aufgeführt werden.
- Es sollte die Geschichte der Deutung dieses Symbols dokumentiert werden.
- Soweit möglich, sollten Benutzerinnen und Benutzer zu Fragen angeregt werden.

Es kann nicht die Aufgabe eines Symbollexikons sein, anstelle der Leserinnen und Leser deren Träume zu deuten, sondern sie dazu zu befähigen, neue Schichten der Bedeutung ihrer Träume zu erforschen. Dazu ist es notwendig, nicht autoritär die Bedeutung eines Traumsymbols vorzugeben. Die meisten Traumsymbole haben mehrere Bedeutungen, und letztlich wissen einzig die Träumenden selbst, welche der möglichen Bedeutungen ihnen neue Einsichten vermitteln.

Zur Erinnerung: **Ein Traumsymbollexikon sollte man erst benutzen, nachdem man seinen Traum selbst gedeutet hat.** Haben Sie Ihren Traum gedeutet, schauen Sie die wichtigen Symbole im Lexikon nach. Lassen Sie sich durch die dort angeführten Bedeutungen anregen, zu neuen, weiteren oder tieferen Deutungen zu kommen. Gerade Symbolbedeutungen, die Sie ablehnen, sollten Sie ernst nehmen, denn was man emotional ablehnt, ist zumeist besonders wichtig.

Benutzen Sie ein Symbollexikon wie hier vorgeschlagen, dann kann es zu einem wichtigen Führer in verdrängte Gebiete werden und Ihnen die Augen für das öffnen, was Sie sonst eher übersehen. Für alle, die systematisch oder therapeutisch mit ihren Träumen arbeiten möchten, ist ein Traumsymbollexikon unverzichtbar.

Aufgabe 4

Stellen Sie Ihre vorhandenen Symbolbücher zusammen.
Notieren Sie hier die Symbollexika und Symbolbücher, die in Ihrem Besitz sind, und bewerten Sie sie in Bezug auf ihre praktische Anwendbarkeit.

Märchen und Mythen

Wir möchten Ihnen, da Sie es lieben, auf den Pfaden der Träume zu wandeln, empfehlen, Märchen und Mythen zu lesen.

Märchen und Mythen besitzen eine dem Traum ähnliche Struktur, weswegen C. G. Jung sie als kollektive Träume der Völker bezeichnete.

Wer viele Märchen oder Mythen liest, wird auf eine bestimmte Art des Denkens eingestimmt, die ihm hilft, seine Träume besser zu verstehen – und wahrscheinlich auch zu erinnern.

Aufgabe 5

Stellen Sie Ihre vorhandenen Märchen- und Sagenbücher zusammen.

Suchen Sie in Ihrer persönlichen Bibliothek bzw. der Bibliothek jener Menschen, mit denen Sie zusammen leben, nach Büchern, die Märchen, Mythen oder Sagen beinhalten.

Notieren Sie Ihre Lieblingsbücher – besser noch: alle vorhandenen Bücher in diesem Gebiet. Blättern Sie in ihnen herum, lesen Sie mal hier, mal dort. Vielleicht finden Sie die bezaubernden Kunstmärchen der Romantiker wie J. L. Tiecks (deutscher Schriftsteller und Philologe, 1773–1853) »Der blonde Egbert« oder »Der Runenberg«, die traumhafte Stimmungen schon durch ihren zauberisch vagen Stil verbreiten. Die Grimm'schen Hausmärchen werden Ihnen ja ein Begriff sein, es lohnt auch in die Märchensammlungen von J. K. A. Musäus (deutscher Schriftsteller, 1735–1787, der eine fünfbändige Ausgabe der Märchen der Deutschen herausgab,), H. C. Andersen (dänischer Schriftsteller, der durch seine Märchen weltberühmt wurde, 1805–1875) und L. Bechstein (deutscher Märchen- und Sagensammler, 1801–1860) zu schauen – aber auch Harry Potter ist im Grunde ein modernes Märchen, genauso wie J. R. R. Tolkiens (englischer Philologe und Schriftsteller, 1892–1972) »Der Herr der Ringe«.

Begriffserklärungen zu diesem Kapitel

Konditionierung: Begriff aus der Verhaltenstherapie (Lerntheorie, positivistische Psychologie nach I. P. Pawlow (russischer Physiologe, 1849–1936) und seiner Nachfolger wie z. B. B. F. Skinner (amerikanischer Psychologe und Lerntheoretiker, 1904–1990)). Unter Konditionierung versteht man die Verknüpfung von einer Verhaltensweise oder Emotion mit einer anderen. Vergleiche den »Pawlow'schen Hund«, der lernte, bei Erklingen der Glocke Speichel fließen zu lassen (bedingter Reflex).
Mythos: überlieferte Geschichte, die von archetypischer Symbolik getragen wird
Rezeption: bezeichnet die Wahrnehmung von etwas, meistens von einem Kunstwerk

Literaturhinweise zu diesem Kapitel

Ernst Aeppli: *Der Traum und seine Deutung*, (Knaur) München 1987
Artemidor von Daldis: *Das Traumbuch*, Zürich 1979
Gerald Drews: *Traumsymbole von A bis Z*, (Moewig) Rastatt 1994
Gerald Drews: *Traumdeutung*, (Moewig) Rastatt 1995
Georg Fink: *Traumdeutung. Die Bildersprache unserer Traumwelt entschlüsselt*, (Falken) Niedernhausen 1990
Georg Fink: *Kinderträume mit Traumlexikon*, (Falken) Niedernhausen 1990
Derek und Julia Parker: *Träume offenbaren dein Schicksal*, (Schweizer Verlagshaus) Zürich 1982
Ibn Sirin: *Das arabische Traumbuch des Ibn Sirin*, (Freiburg) 1989; vergriffen
Volkstraumbücher des byzantinischen Mittelalters, (dtv) München 1993
Klausbernd Vollmar: *Das Arbeitsbuch zur Traumdeutung*, (Iris Bücher/Schors) Amsterdam 2002, bes. S. 56–59

Klausbernd Vollmar: *Die Weisheit der Träume*, (Integral) München 2003 (mit & ohne Traumsoftware von Traumonline)
Klausbernd Vollmar: *Vollmars Welt der Symbole*, (Königsfurt) Krummwisch 2003
Klausbernd Vollmar, Konrad Lenz: *Traumdeutung*, (Gräfe und Unzer, Kompass-Reihe) München 2003
Klausbernd Vollmar: *Handbuch der Traum-Symbole*, (Königsfurt) Krummwisch, stets neue Auflagen (mit & ohne CD-ROM)

Fragenarchiv und Themenspeicher

Notieren Sie sich hier Fragen, die sich Ihnen im Laufe der Traumarbeit stellen, und Themen, die Sie noch vertiefen möchten. So kann nichts Wichtiges verloren gehen.

Schreiben Sie jeweils das Datum mit dazu und halten Sie fest, wann und wie sich eine Frage beantwortet hat bzw. wie Sie das Thema vertiefen möchten (dieses oder jenes Buch lesen, jemanden fragen, im Internet recherchieren etc.) und wann Sie das mit welchem Ergebnis getan haben.

2 Der Aufbau unserer Psyche

Psyche und Traum

Was verstehen wir unter der *Psyche*?

Das griechische Wort *Psyche* bedeutet *Seele, Hauch, Leben.*

Die Seele ist somit *die Gesamtheit der geistigen Erscheinungen von Fühlen, Denken und Wollen.*

Was ist ein *Traum*?

Ein Traum ist ein lebendiges, halluzinatorisches Ereignis, das unter anderem regelmäßig während des Schlafs auftritt und alle Sinne einbeziehen kann, wobei der Bewegungsapparat weitgehend gelähmt ist. Allerdings werden der Geschmacks- und der Geruchssinn im Traum seltener angesprochen als die anderen Sinne.

Der Traum stellt eine natürliche Aktivität unseres Gehirns dar.

Warum träumen wir?

Es gibt viele Gründe, warum wir träumen. Der wichtigste Grund besteht darin, dass wir durch Träumen psychisch gesund bleiben. Würden wir nicht träumen, würden wir innerhalb kurzer Zeit psychisch krank werden, wie sich anhand von experimentellen Versuchen gezeigt hat. Das Träumen dient dem Ausgleich der Seele. Wir werden durch die nächtlichen Bilder und Erlebnisse wieder ins seelische Gleichgewicht gebracht.

Ein weiterer wichtiger Grund liegt darin, dass wir durch den Traum lernen, d. h. konkret, dass unsere Wahrnehmung und unser Bewusstsein an eine sich ändernde Welt angepasst werden. Die Perspektive wird erweitert, neue Verknüpfungen werden gebildet und alte Automatismen werden entsorgt. Dies ist die lerntheoretische Begründung des Träumens, die sich schon darin zeigt, dass Babys und Kinder überdurchschnittlich viel träumen, um an ihre Umwelt angepasst zu werden, und dass Menschen, die sich viel mit ihren Träumen beschäftigen, damit ihren IQ (Intelligenzquotienten) erhöhen.

Ferner gibt es eine biologische Begründung: Bei Säugetieren, die durch einen Geburtskanal geboren werden, müssen der Kopf und somit das Gehirn klein gehalten werden. Sehen wir das Gehirn als Hardware an, so ist der Traum die Software, die es ermöglicht, eine relativ kleine Hardware hochleistungsfähig zu machen.

Ein psychologischer Grund des Träumens liegt in der Selbsterkenntnis, die jeder Traum fördert. Der Traum zeigt deutlich, mit welchen Mustern wir Impulse aufnehmen und verarbeiten.

Die Bilder des nächtlichen Traums und des Tagtraums stammen aus unserem *Unbewussten*. Das Unbewusste ist uns, wie sein Namen schon sagt, nicht bewusst. Aus diesem Grund können wir es nur indirekt betrachten. Wäre es uns direkt zugänglich, würde es zum Bewussten. Es war die Devise des österreichischen Arztes und Begründers der Psychoanalyse Sigmund Freud (1856–1939), das Unbewusste bewusst zu machen. Er skizzierte das Ziel der von ihm entwickelten Psychoanalyse, die ausgiebig mit Träumen arbeitet, mit folgenden Worten:

»Wo Es war, muss Ich werden.«

Dabei bezeichnet Es in der Sprache Freuds die Anteile in uns, die uns zumeist unbewusst sind. Sie stammen aus unserer Vergangenheit und sind mit ihr eng verbunden. Das Ich entwickelt sich aus dem Es durch die Auseinandersetzung mit der äußeren Realität. Es integriert bewusst und unbewusst Anteile aus dem »Es«, die bei der Realitätsbewältigung als notwendig erscheinen, und versucht unangepasste Impulse, die aus dem »Es« stammen, zu hemmen.

Man könnte auch sagen, dass in den Träumen unsere *innere Stimme* zu uns spricht. Wir haben sicher alle schon bemerkt, dass diese innere Stimme mehr weiß und sich mit einem größeren Überblick an uns wendet als unser normales Wachbewusstsein. Diese größere Weisheit kommt dadurch zustande, dass das Unbewusste (teilweise auch das »Unterbewusste« genannt) unser Leben nicht nur rational betrachtet, sondern auch intuitiv. Im Kapitel über die Sprache der Symbole werden wir uns noch genauer mit dieser emotional-intuitiven Ausrichtung des Traums beschäftigen.

Aufgabe 6

Beschreiben Sie die Begriffe *Psyche* und *Traum*.

1. Definieren Sie das Wort *Psyche*.
2. Beschreiben Sie, was Sie unter einem *Traum* verstehen.

Hinweis zur Aufgabe:
Für manche Begriffe wird Ihnen bereits eine Definition geläufig sein. Ein Lernerfolg stellt sich dort ein, wo das eigene Wissen durch Fremdwissen ergänzt wird. Das muss allerdings sehr bewusst geschehen. Deshalb empfehlen wir an einigen Stellen, Ihre Definition vor der unseren aufzuschreiben. Sie können durch einen späteren Vergleich Ihr Wissen um weitere Aspekte ergänzen.

Die Struktur unserer Psyche

Unsere Psyche besteht gleich einem Haus aus mehreren Etagen, die alle miteinander verbunden sind. Deswegen steht das Traumsymbol »Haus« oftmals für unsere Psyche mit ihren verschiedenen »Zimmern«.

Im Anschluss an Albert Einsteins (1879–1955) Relativitätstheorie kamen die amerikanischen Physiker Everett, Wheeler und Rhiner zu einem Modell unseres Universums, das sich aus verschiedenen Parallel-Universen zusammensetzt, die alle miteinander kommunizieren können. Unsere Psyche spiegelt diesen Aufbau unseres Universums wider.

Wenn die hermetische Philosophie – wie sie beispielsweise der einflussreiche Arzt und Alchemist Paracelsus (Theophrastus Bombastus von Hohenheim, 1493–1541) in Deutschland vertrat – davon ausgeht, dass alles, was oben (im Himmel) ist, auch genauso unten (auf Erden) zu finden ist, spricht sie unter anderem genau diese *Parallelität zwischen den einzelnen Schichten unserer Psyche und dem Kosmos* an. Ursprünglich stammt diese Idee von den Pythagoräern im antiken Griechenland.

Unsere Psyche stellt ein hochkomplexes Gebilde dar, ein spezialisiertes Werkzeug, mit dem wir uns in der äußeren und inneren Welt orientieren können. Manche Bewusstseinsforscher wie der amerikanische Psychologe Charles Tart (geb. 1937) sprechen in diesem Zusammenhang vom *bio-*

logischen Computer. Denn die Psyche besetzt viele komplexe (hierarchisch und parallel angeordnete) Funktionen, um auf die Umwelt zu reagieren. Unsere nächtlichen Träume reagieren zum Beispiel anders auf unsere Umwelt als unser Tagesbewusstsein, beide Reaktionen ergänzen sich jedoch.

Allerdings darf man nicht vergessen, dass es sich bei solchen Ansichten um eine »Landkarte des Bewusstseins« handelt. Die Landkarte als Theorie ist nicht das Land selbst. Auf unser Beispiel bezogen heißt das: Das Modell der Psyche ist nicht die Psyche selbst. Die Psyche kann nicht direkt, sondern nur mit Hilfe eines Modells beschrieben werden. Dabei kommt es darauf an, dass dieses Modell möglichst anschaulich und einfach die komplexe Wirklichkeit nach dem neuesten Stand unseres Wissens beschreibt.

Durch die Betrachtung von Träumen und Fehlleistungen, durch Untersuchungen an psychisch Kranken (Psychopathologie) und das Studium fremder Völker (Ethnologie) kam die moderne Tiefenpsychologie zu folgender Strukturierung unserer Psyche:

Die überpersönliche Ebene

Das Überbewusste

Das Überbewusste wird von C. G. Jung (1875–1961) auch das *Höhere Selbst* genannt. Es handelt sich hierbei um eine (scheinbar) überpersönliche Instanz. Dieses höchste Bewusstsein findet sein Gegenbild im kollektiven Unbewussten als tiefste und zugleich unpersönliche Schicht des Unbewussten.

Dieses Überbewusste wird nur von spirituell ausgerichteten Psychologen und Therapeuten angenommen. Die spirituelle Traumdeutung der Sufi-Schule – wie der Schüler der kürzlich verstorbenen englischen Sufi-Lehrerin Irina Tweedy (Naqshbandi-Orden) Llewellyn Vaughan-Lee – geht wie C. G. Jung von dieser spirituellen Instanz aus, die als der innere Führer in unseren Träumen angesehen werden kann.

Aufgabe 7

Der Begriff des *Überbewussten*

In welchen Träumen und/oder in welchen Lebenssituationen sind Sie dieser spirituellen Instanz schon begegnet?

Das Über-Ich

Das Über-Ich wurde von Sigmund Freud als höchste Instanz unserer Psyche angenommen. In ihm finden wir (konservative) gesellschaftliche Werte gespeichert. Die gesellschaftlichen Werte des Über-Ichs, die sich in unserem Gewissen niederschlagen, werden uns schon von Geburt an durch unsere Eltern vermittelt. Dem klassischen Rollenverhalten entsprechend vertritt besonders der Vater die Werte der Gesellschaft in der Familie. Ob das jedoch so uneingeschränkt noch für die heutige Familie zutrifft, wagen wir zu bezweifeln.

Aufgabe 8

Welche Verhaltensweisen und/oder Einstellungen haben Sie von Ihren Eltern übernommen? In welchen Traumsymbolen zeigt sich bei Ihnen Ihr Über-Ich?

Die Ebenen des Bewussten

Das Ich (Ego)

Es wird besonders in der amerikanischen Literatur auch das »Ego« genannt, das von Sigmund Freud und den meisten anderen Psychologen als das Zentrum unseres Bewusstseins angesehen wurde. Es handelt sich hierbei um das so genannte Wachbewusstsein.

Allerdings gibt es Weisheitslehrer wie Georg Iwanowitsch Gurdjieff (1866–1949), welche die Wachheit dieses Bewusstseins in Frage stellen, da sie davon ausgehen, dass im unbewussten Menschen (und das sind nach Gurdjieff fast alle Menschen) das Ich meistens schläft, also gar nicht so bewusst ist, wie es sein sollte. Wie Gurdjieff gehen die meisten Weisheitslehren davon aus, dass wir uns mit Bewusstseinsübungen darum bemühen müssen, dass unser Ich wirklich wach wird und es dann auch bleibt.

Aufgabe 9

In welchen Ihrer Träume und Traumsymbole zeigt sich das Ich?

Das Vorbewusste

Der Grenzbereich zwischen Bewusstem und Unbewusstem

Das Vorbewusste trennt das Bewusste vom Unbewussten. Es ist eine Schicht unserer Psyche, die in begrenztem Maß nach beiden Seiten hin offen ist, also sowohl zum Bewussten als auch zum Unbewussten. Im Traum stammen aus diesem Bereich die so genannten hypnagogen Zustände. Das sind Zustände, die wir häufig vor dem Einschlafen als wild bewegte Traumbilder und Muskelzuckungen erleben. Aus diesen hypnagogen Zuständen können wir im Gegensatz zum Traum jederzeit schnell und bewusst wieder in den Wachzustand überwechseln. Wahrscheinlich stammen auch die Freud'schen Fehlleistungen eher aus diesem Bereich des Vorbewussten als aus dem Unbewussten selbst. Im Vorbewussten, so könnte man bildlich sagen, lagern aufgestiegene Inhalte des Unbewussten und abgestiegene Inhalte des Bewussten.

Aufgabe 10

Das Vorbewusste in Realität und Traum
Schreiben Sie Situationen aus Ihrem Alltag auf, in denen die Tätigkeit des Vorbewussten wichtig ist. In welchen Träumen spielt das Vorbewusste eine wichtige Rolle?

Das Unbewusste

Das persönliche Unbewusste

Das ist der Bereich unserer Psyche, den Freud ausgiebig erforscht hat. Wenn wir unsere eigenen und die Träume anderer deuten, sollten wir stets unsere besondere Aufmerksamkeit auf das persönliche Unbewusste richten. Aus diesem Bereich stammen die Träume, die uns helfen, genau das zu sehen, was wir in unserem alltäglichen Leben nicht sehen wollen. Freud ging wie auch Jung und zumindest alle Tiefenpsychologen davon aus, dass in diesem Bereich unsere geheimsten Wünsche und tiefsten Sehnsüchte lagern.

Bei der Deutung eines Traums sollte man immer zunächst den Traum auf der Ebene des persönlichen Unbewussten deuten, ehe man sich der überpersönlichen Ebene des kollektiven Unbewussten zuwendet. Genauso wie nach eigenen Aussagen C. G. Jung auf den Annahmen seines Lehrers Sigmund Freud aufbaut, so sollte man auch erst die persönliche Ebene des Traums klären, bevor man dessen kollektive Struktur betrachtet. Wendet man sich bei der Traumdeutung sogleich dem kollektiven Unbewussten zu, so verdrängt man damit allzu leicht seine persönliche Betroffenheit.

Das kollektive Unbewusste

Dieses wird auch die *archetypische Ebene* genannt und ist die von C. G. Jung angenommene unpersönliche Instanz des Unbewussten. Man könnte sagen, dass es sich hierbei um den tiefsten Keller unseres Unbewussten handelt.

Durch ein solches Traumbild vom tiefen Keller wurde C. G. Jung angeregt, das kollektive Unbewusste zu postulieren, in dem alle grundsätzlichen Erfahrungen der Menschheit gespeichert sind. Die Inhalte des kollektiven Unbewussten finden wir in den Märchen als kollektive Träume der Völker und in den Mythen wieder. Sie sind kulturunabhängig, zeitlos und werden nach Jung vererbt.

Das kollektive Unbewusste stellt die Parallele zum ebenfalls überpersönlichen Überbewussten dar. Im überpersönlichen Bereich wird die Unterscheidung zwischen Bewusstem und Unbewusstem problematisch. Man könnte sich die sechs Stufen der menschlichen Psyche auf einem Kreis angeordnet vorstellen, wobei das kollektive Unbewusste fließend in das Überbewusste übergeht.

Sowohl das persönliche als auch das kollektive Unbewusste ist dadurch geprägt, dass auf dieser Ebene die rechte Gehirnhemisphäre (Gehirnseite) arbeitet, ohne von der linken gestört zu werden. Die linke Gehirnhemisphäre arbeitet hauptsächlich analytisch-logisch, sie wird in der ostasiatischen Philosophie der so genannten männlichen **Yang**-Qualität zugeordnet. Die rechte Gehirnhemisphäre arbeitet weitgehend bildhaft-synthetisch und wird der weiblichen **Yin**-Qualität zugeordnet. Die rechte Gehirnhälfte ist also eher künstlerisch-ästhetisch ausgerichtet, die linke Gehirnhälfte eher mathematisch. Gehen wir von dieser klaren Gliederung aus, verstehen wir sogleich, inwieweit die Traumarbeit die wichtigste Art der Bewusstseinsarbeit darstellt, bei der wir von den tiefen Stufen unseres Unbewussten zu den höheren Stufen unseres Bewusstseins aufsteigen. So sagte Freud in seinem im November 1899 erschienenen Buch »Die Traumdeutung«, dass die Traumdeutung der Königsweg ins Reich des Unbewussten sei. Das heißt, das Bewusstsein bringt Licht ins Dunkel des Unbewussten.

Wir dürfen bei dieser sehr männlichen Sicht aber nicht vergessen, dass das Unbewusste auch das Bewusstsein befruchtet. Ohne den Einfluss des Unbewussten auf das Bewusstsein gäbe es keine Kreativität und keine Intuition.

Aufgabe 11

Traumsymbole des persönlichen und kollektiven Unbewussten
Schreiben Sie fünf typische Traumsymbole des persönlichen Unbewussten und deren Bedeutung für Sie auf.
Schreiben Sie fünf archetypische Traumsymbole auf, von denen Sie schon geträumt haben, und deren individuelle und allgemeine Bedeutung für Sie.

Die große Polarität in unserem Leben besteht jedoch zwischen Überbewusstem und Unbewusstem. Der deutsche Philosoph Friedrich Nietzsche (1844–1900) drückt diesen Sachverhalt klar aus, wenn er schreibt, dass der Mensch wie ein Seil gespannt sei zwischen Übermensch und Tier.

Diese *sechs Unterteilungen* oder Schichten unseres Bewusstseins spiegeln zugleich sechs verschiedene Bewusstseinszustände wider. Jeder einzelne dieser Bewusstseinszustände ist auf besondere Bewusstseinsleistungen spezialisiert:

Das Überbewusste stellt einen überpersönlichen Bewusstseinszustand dar, in dem wir Zugang haben zu den so genannten höheren Welten, ein Ausdruck, den Rudolf Steiner (1861–1925), der Gründer der Anthroposophie, gerne benutzte. Dieser höchste aller menschlichen Bewusstseinszustände ist dadurch charakterisiert, dass wir von unseren egoistischen Bedürfnissen und Sehnsüchten befreit auf eine Welt in Harmonie jenseits von Gut und Böse schauen. Neben dem Traum kann dieser Bewusstseinszustand auch durch die Ekstase, wie beispielsweise bei den mittelalterlichen Mystikern Theresa von Avila (1515–1582) und Johannes vom Kreuz (1542–1591), erreicht werden. Besonders in der Sufi-Tradition wird der Weg der Ekstase betont, aber viele spirituelle Gruppen und Gemeinschaften besitzen ihre Formen, diesen Bewusstseinszustand bewusst herzustellen.

Der vom *Über-Ich* geprägte Bewusstseinszustand ist durch die genaue Einhaltung gesellschaftlicher Normen und Konventionen gekennzeichnet. Er neigt leicht dem Zwanghaften zu und ist häufig durch eine gewisse Starrheit charakterisiert. Ist das Überbewusste mit dem Erlebnis großer Freiheit verbunden, so ist dieser Bewusstseinszustand, der hauptsächlich vom Über-Ich geprägt ist, durch Unfreiheit und Enge gekennzeichnet. Die fast archetypische Figur des Biedermanns lebt in diesem eng begrenzenden Bewusstseinszustand.

Das *Ich-Bewusstsein* entspricht unserem »normalen« Wachbewusstsein als einem Bewusstseinszustand, in dem wir unser Alltagsleben verbringen. Hier versucht das Ich, unser Bewusstsein so zu kontrollieren, dass wir Erfolg und Lust haben und Schmerz vermeiden. Das Problem auf der Ebene dieses Bewusstseinszustandes liegt jedoch darin, dass das Ich aus vielen, sich zum Teil widersprechenden Persönlichkeitsanteilen besteht. Wenn Goethe seinen Helden Faust sagen lässt: *»Zwei Seelen wohnen, ach, in meiner Brust …«*, so ist das maßlos untertrieben, denn meistens melden sich noch viel mehr Ichs in uns zu Wort. Deswegen leiden wir auf der Ebene des normalen Wachbewusstseins häufig an einer Entscheidungslosigkeit, da ein Ich dorthin, das andere Ich hierhin will, und weitere Ichs noch etwas ganz anderes wollen. Auf dieser Ebene des Wachbewusstseins kommt es darauf an, ein stabiles Ich auszubilden, das die anderen Ichs leitet. Diese Ausbildung eines »leitenden Ichs«, die man auch Willensbildung nennen kann, stellt eine wichtige Aufgabe der Traumdeutung dar. Traumdeutung hat nämlich unter anderem die effektive Lebensbewältigung zum Ziel, die wiederum von der Willenskraft des Träumers abhängt.

Die Bewusstseinsebene des *Vorbewussten* ist jene Bewusstseinsstruktur, die wegen ihrer Flüchtigkeit erst in der Neuzeit genauer betrachtet wurde. Unserer Auffassung nach stammen häufig gerade aus dieser Ebene unsere Kreativität und Intuition.

Wer bewusstes oder luzides Träumen erlernen möchte, der sollte sich zunächst einmal diese Ebene bewusst machen. Wir durchlaufen sie täglich, meist unbewusst vor dem Einschlafen. Wenn wir bei diesem Übergang zwischen Wachheit und Traum unser Bewusstsein aufrechterhalten können, dann gelingt es uns in der Regel relativ schnell, das bewusste Träumen zu erlernen. Wer sich für den Klartraum oder das bewusste Träumen interessiert, der sei auf den begleiteten Kurs verwiesen, in dem wir unter anderem systematisch in die Klartraumtechnik einführen (siehe dazu *www.traumonline.de*).

Den Bewusstseinszustand des *persönlichen Unbewussten* erleben wir in den Bildern des normalen Alltagstraums. Diese Bilder verbinden uns unter anderem wieder mit unseren natürlichen Instinkten und Trieben, die in einer hochkultivierten Welt häufig verdrängt sind. Im Unbewussten konnte das Wilde in uns überleben, das sich beispielsweise in Träumen von ungezähmten Tieren und ungezügelten Ausschweifungen bemerkbar macht.

Dieser Bewusstseinszustand, der auch teilweise im schamanischen Ritual mit Drogen hervorgerufen wird (obwohl viele solcher Rituale letztlich auf die Erreichung des höchsten Bewusstseinszustands des Überbewussten zielen), ist das Reservoir unserer verdrängten Triebe, Wünsche und Sehnsüchte, die im Sinne des Überdrucks sich zumindest im Traumbild ausdrücken müssen.

Wer niemals wilde Träume erinnert, verdrängt seine tierische Seite so stark, dass er Gefahr läuft, psychosomatisch zu erkranken. Verdrängte Triebe erzeugen einen psychischen Überdruck, für den der Traum ein Ventil darstellt. Wird die Erinnerung solcher entlastender Träume beispielsweise auf Grund puritanischer Erziehung verdrängt, kommt es zumindest auf die Dauer zu gesundheitsschädlichen Spannungen. Im Traum können wir nämlich Verhaltensweisen symbolisch ausleben, was eine ähnliche Wirkung hat, als ob wir derartiges Verhalten wirklich im Alltagsleben zeigten. Im Traum handeln wir sozusagen stellvertretend für unser Wachbewusstsein, und deswegen reduzieren Träume in ähnlicher Weise unseren inneren Druck wie die entsprechende Handlung im alltäglichen Leben.

Zugleich erzeugt dieser vom persönlichen Unbewussten geprägte Bewusstseinszustand des Traums einen Ausgleich in uns, indem er uns als eine Art Therapeut ständig mit unseren nicht gelebten Anteilen konfrontiert.

Den Bewusstseinszustand des Traums durchlaufen wir in verblüffender Regelmäßigkeit jede Nacht fünf- bis sechsmal – und zwar ziemlich genau alle 90 Minuten.

Werden wir am Träumen gehindert, so stellen sich nach spätestens vier Tagen psychische Störungen ein, die bei weiterem Traumentzug nach etwa einer Woche zu schweren Psychosen führen können. Damit zeigt sich, dass der Bewusstseinszustand des Traums lebensnotwendig ist.

Jede Nacht kommen wir außerdem mit dem Bewusstseinszustand des *kollektiven Unbewussten* in Berührung. Er ist durch eine tiefe Ebene charakterisiert, aus der alle Bilder hervorgehen. Man kann das kollektive Unbewusste als einen Bildgenerator ansehen, der unserer Wahrnehmung zugrunde liegt. Die Bilder des kollektiven Unbewussten prägen und steuern unsere Wahrnehmung.

Um das genauer zu verstehen, müssen wir uns zunächst einmal den von Jung geprägten Begriff des *Archetyps* anschauen:

Seitdem die analytische Psychologie Jungs zur Mode verkam, wurde leider der Begriff »Archetyp« erschreckend inflationär für alle möglichen Bilder gebraucht. Im strengen Sinn ist der Archetyp kein Bild, sondern vielmehr eine abstrakte, allgemein menschliche Wahrnehmungstendenz. Man kann die archetypische Ebene auch als die Grammatik der Bildersprache bezeichnen.

Auf dieser Wahrnehmungstendenz bauen die archetypischen Bilder auf, die jenen Bereich des kollektiven Unbewussten ausmachen, der uns zugänglich ist.

Für Jung gab es zunächst nur vier grundlegende archetypische Bilder, die er als *Schatten* (das, was wir als abstoßend, hässlich oder böse ablehnen wie zum Beispiel die Figur des Teufels), *Animus* (unsere männliche Seite, die von der Figur des Herrschers symbolisiert wird) und *Anima* (unsere weibliche Seite, die von der Figur der Priesterin symbolisiert wird) bezeichnet. Dazu kommt noch der Archetyp des *Höheren Selbst*. Allerdings hat Jung auch noch andere Definitionen des Archetypischen verwandt.

Jede männliche Person im Traum stammt möglicherweise aus dem kollektiven Unbewussten und symbolisiert den *Animus*, wie jede weibliche Person möglicherweise die *Anima* darstellt. Personen, die uns im Traum angreifen, vor denen wir uns ekeln und fürchten, werden demnach von unserem *Schatten* produziert. Nach Jung müssen wir zuerst unseren Schatten integrieren, das bedeutet, dass wir ihn als Teil von uns aufnehmen und anerkennen, ehe wir uns unserer weiblichen und männlichen Seite verstehend zuwenden können. Die so genannte Schattenarbeit ist eine psychologische Kur, die auf der Ebene des kollektiven Unbewussten ansetzt.

Aufgabe 12

Männliche und weibliche Anteile und deren Vorkommen im Traum
Nennen Sie typisch männliche und weibliche Eigenschaften, die Sie an sich kennen. In welchen Traumsymbolen begegnen Ihnen diese beiden Seiten wieder. Was vermitteln Ihnen diese Traumsymbole bezüglich Ihrer männlichen und weiblichen Seite?

Aufgabe 13

Ihre »Schattenseiten«
Benennen Sie mindestens zwei Schattenseiten von Ihnen? (Falls Ihnen spontan nichts einfällt, fragen Sie sich, was Sie an anderen Menschen am meisten ablehnen und ob Sie dies nicht auch von sich selbst kennen?)
In welchen Traumsymbolen oder Traumsituationen begegnet Ihnen der Schatten?

Zusammenfassung der sechs Bewusstseinsebenen

Ein jeder achte wohl darauf, welche Träume er im heimlichen Winkel seiner Seele hegt; denn wenn sie erst groß gewachsen sind, werden sie leicht seine Herren, strenge Herren.

(Gustav Freytag, *Soll und Haben)*

Die sechs Ebenen unseres Bewusstseins unterscheiden sich wie folgt:

1. In der Art der Kontrolle, die wir über unsere Umwelt ausüben können.
2. In der Art und Klarheit des Bewusstseins, das wir in Bezug auf unsere Umwelt besitzen.
3. In unseren Kommunikationsmöglichkeiten.
4. In der Ausrichtung unserer Aufmerksamkeit.
5. In der Intensität unserer Konzentration.
6. Im Grad der Ruhe bzw. Erregung im jeweiligen Zustand.

Im *Überbewussten* wird unser Bewusstsein von etwas Höherem angezogen, das über das Fassungsvermögen unseres Ichs hinausgeht. Oftmals sind wir hier wie in tiefsten Stufen der Meditation oder des so genannten Samadhi-Zustands zugleich hochgradig aufmerksam und wach und tief entspannt und passiv. Unser Bewusstsein ist klar auf die »göttliche Stimme in uns« gerichtet. Wir sind voll konzentriert auf deren Informationen. Diesen Zustand gibt es nicht nur als ruhige, meditative Erfahrung, sondern auch als (religiöse) Ekstase, von der die mittelalterlichen Mystiker berichten und welche die wirbelnden Derwische (ein Sufi-Orden) während ihrer Drehtänze erleben.

Das *Über-Ich* prägt ebenfalls einen außengeleiteten und letztlich ichfremden Bewusstseinszustand, der jedoch im Gegensatz zum Überbewussten nicht von Höherem, sondern von gesellschaftlichen Normen geprägt ist. Dass wir uns nach dem Überbewussten oder nach den Normen des Über-Ichs richten, beruht sicherlich in beiden Fällen auf unserer Sozialisation. Durch das Über-Ich kontrolliert uns die Umwelt. Wir besitzen oftmals kein kritisches Bewusstsein für diese Kontrolle. Unsere Aufmerksamkeit wird nämlich weitgehend davon absorbiert, ob wir »nicht aus der Rolle fallen«, das heißt, ob wir den Normen und Erwartungen der Gesellschaft entsprechen. Die Befürchtung, nicht alle Regeln zur Zufriedenheit unserer Umwelt einhalten zu können, nimmt unsere gesamte Konzentration in Anspruch.

Das *Ich oder das normale Tagesbewusstsein*, das weitgehend vom Ich geprägt wird, möchte seine Innen- und Außenwelt so steuern, dass es ihm gut geht und dass es Leiden vermeidet. Um so handeln zu können, benötigt es ein hohes Bewusstsein von seiner Umwelt, was es dadurch zu erzeugen hofft, dass es seine Kommunikation und Aufmerksamkeit auf die Außenwelt richtet. Das Ich ist meistens viel weniger bewusst und konzentriert, als es von sich selbst annimmt.

Träumen wir oft schon im Tagesbewusstsein, und sind wir uns häufig unserer Tagträume gar nicht bewusst, so ist das *Vorbewusste* weitgehend vom Bewusstseinszustand des Traums geprägt. Die Realität unseres Vorbewussten ist nicht unsere äußere, »reale Realität«, in der wir im Bett liegen, sondern die Realität unserer unbewussten Bilder, die uns in diesem Bewusstseinszustand in schneller Folge heimsuchen. Wie im Traum kommunizieren wir hier nicht mit der Außenwelt, Konzentration und Aufmerksamkeit sind vielmehr nach innen gerichtet.

Das persönliche Unbewusste ist jener Teil unseres Bewusstseins, in dem unsere Wünsche, Begierden und Triebe leben. Er ist zugleich der

Teil, der uns an die Vollständigkeit mahnt, indem er uns stets das inszeniert, was wir im Tagesbewusstsein weder leben noch sehen wollen. Unsere Umwelt wirkt hier durch den Traum auf uns, der sich in Bildern unserer Umwelt mitteilt und diese symbolisch verarbeitet. Die Kommunikation und Aufmerksamkeit des Träumers ist fast ausschließlich auf die Innenwelt gerichtet. Das Bewegungszentrum ist während des Schlafs weitgehend blockiert. Allerdings gibt es auch Träumer, deren Bewegungszentrum während der Traumphase nicht gehemmt ist und die schlafwandeln. Kurze Phasen des Schlafwandelns sind häufig in Übergangssituationen wie der Pubertät, den Wechseljahren oder auch bei Vollmond zu beobachten. Sie sind jedoch meistens weder gefährlich, noch halten sie länger an.

Damit haben wir nun das notwendige Werkzeug zum Verständnis unserer Psyche zur Hand. Wir werden im weiteren Verlauf dieses Kurses immer wieder auf diese Begriffe zurückkommen, da sie die Basis zum Verständnis der Träume darstellen.

Machen Sie sich immer wieder bewusst, dass der Traum einen besonderen Bewusstseinszustand darstellt, der vom Vorbewussten und Unbewussten geprägt wird.

Wenn wir das weite, unbekannte Land der Träume betreten, benötigen wir zumindest zu Beginn eine genaue Landkarte, um uns nicht zu verlaufen. Die folgende Ansicht der verschiedenen Ebenen unserer Psyche dient uns als eine solche Karte, damit wir uns in unserem Bewusstsein nicht »verirren«:

Die überpersönliche Ebene

Für diesen Bewusstseinszustand ist die Fremdbestimmung charakteristisch. Man hält sich an von außen vermittelte Werte.

Überbewusstes

- Die Kontrolle geht von höherer Instanz außerhalb von einem selbst aus (Hingabe), sie ist fremdbestimmt.
- Klares Bewusstsein in Bezug auf die eigene Innenwelt und die überpersönliche Welt.
- Meist keine Kommunikation nach außen.
- Aufmerksamkeit konzentriert nach innen gerichtet.
- Meistens ruhiger Zustand, aber auch Erregung möglich.

Über-Ich

- Die Kontrolle geht von verinnerlichten Regeln der Eltern und der Gesellschaft aus.
- Klares Bewusstsein von gesellschaftlichen Regeln und Normen, Moral und Gewissen.
- Kommunikation nach außen auf Kosten der Kommunikation nach innen.
- Die Aufmerksamkeit ist nach außen gerichtet.
- Angepasster Zustand, stark ausgeprägtes Gewissen.

Die Ebene des Bewussten

Für diesen Bewusstseinszustand ist die Balance der Aufmerksamkeitsausrichtung zwischen innen und außen charakteristisch, außerdem die Illusion der bewussten Kontrolle über das eigene Bewusstsein.

Ich

- Die Kontrolle geht vom Bewusstsein aus, das innere und äußere Informationen schnell auswertet.
- Die Illusion eines klaren Bewusstseins herrscht vor, auch wenn man oft unbewusst ist.
- Die Kommunikation nach außen ist bei extravertierten Typen, die Kommunikation nach innen bei introvertierten Typen betont.
- Die Aufmerksamkeit ist gleichermaßen nach außen und innen gerichtet.
- Idealerweise Zustand des Selbstbewusstseins und der Zentrierung, oftmals sind wir hier jedoch nicht so konzentriert, wie wir es uns wünschen.

Der Grenzbereich zwischen Bewusstem und Unbewusstem

Dieser Bewusstseinszustand steht dem Unbewussten näher als dem Bewussten, da sein Erleben vom Unbewussten geprägt ist, wenn auch das Tagesbewusstsein nicht völlig ausgeschaltet ist.

Vorbewusstes

- Kontrolle geht zum größten Teil vom Unbewussten aus, wenn auch das Tagesbewusstsein nicht vollständig abwesend ist. Man kann Träume im hypnagogen Zustand leichter steuern als im Zustand des Unbewussten.
- Aufsteigende Impulse werden traumhaft und als vom Unbewussten gelenkt erlebt.

- Keine Kommunikation nach außen.
- Die gesamte Aufmerksamkeit ist automatisch auf die inneren Bilder gerichtet. Allerdings kann man aus diesem Zustand sehr leicht und schnell in den Wachzustand überwechseln.
- Meist passiver Zustand; Muskelzuckungen, die zum Aufwachen führen können.

Das Unbewusste

Hier befinden wir uns im eigentlichen Traumzustand, der von inneren Impulsen erzeugt wird. Die Aufmerksamkeit ist nach innen gerichtet. Man wacht nicht so leicht auf (»Der Traum ist der Hüter des Schlafes« [Freud]) und nimmt nur noch wenige Außenimpulse wahr.

Persönliches Unbewusstes

- Die Kontrolle geht vom Unbewussten aus, es herrscht die rechte Gehirnhemisphäre, ohne von der linken gestört zu werden.
- Der Bereich des Traums, der im Traum selbst als real, in der Erinnerung als irreal erlebt wird.
- Hauptsächlich Kommunikation nach innen, auch wenn im Traum gesprochen wird und Unterhaltungen möglich sind. Diese laufen jedoch für den Träumer unbewusst ab.
- Die Aufmerksamkeit ist zum größten Teil nach innen gerichtet.
- Es sind passive und erregte Traumzustände möglich. Schnelle Bewegungen der geschlossenen Augen (REM: rapid eye movements).
- Angstträume können zum Aufwachen führen.

Kollektives Unbewusstes

- Die Kontrolle geht vom überpersönlichen Bereich im Unbewussten aus. Es herrschen die archetypischen Bilder, die wir aus Märchen, Mythen und Sagen kennen.
- Der Bereich des (großen) Traums, der (im Gegensatz zum Traum des persönlichen Unbewussten) nicht so leicht vergessen wird, da seine Bilder eindringlich und mächtig sind. Oft anfängliche Schwierigkeiten nach dem Aufwachen, die Realität des Tagesbewusstseins zu akzeptieren.
- Die Kommunikation ist vollständig nach innen gerichtet.
- Die gesamte Aufmerksamkeit ist ebenfalls nach innen gerichtet.
- Es sind passive und erregte Zustände möglich.

Schema zur Struktur unseres Bewusstseins

- Die überpersönliche Ebene
- Überbewusstes
- Über-Ich
- Die Ebene des Bewussten
- Ich
- Die Grenze zwischen Bewusstem und Unbewusstem
- Vorbewusstes
- Das Unbewusste
- persönliches Unbewusstes
- kollektives Unbewusstes

Begriffserklärungen zu diesem Kapitel

Anima: (lat.: Seele) Einer der vier grundlegenden Archetypen nach Jung. Die weibliche Seite in Mann und Frau.
»Jeder Mann trägt das Bild der Frau von jeher in sich, nicht das Bild *dieser* bestimmten Frau, sondern *einer* bestimmten Frau. Dieses Bild ist im Grunde genommen eine unbewusste, von Urzeiten herkommende und dem lebenden System eingegrabene Erbmasse, ein ›Typus‹ (Archetypus) von allen Erfahrungen der Ahnenreihe am weiblichen Wesen, ein Niederschlag aller Eindrücke vom Weibe, ein vererbtes psychisches Anpassungssystem« (C. G. Jung, Gesammelte Werke, Bd. 17, § 338).
Animus: (lat.: Geist) Einer der vier grundlegenden Archetypen nach Jung. Die männliche Seite in Frau und Mann.
»Dieses Wort heißt Verstand oder Geist. Wie die Anima dem mütterlichen *Eros* entspricht, so entspricht der Animus dem väterlichen *Logos*. Es liegt uns fern, diesen beiden intuitiven Begriffen eine allzu spezifische Definition geben zu wollen. Wir gebrauchen Eros und Logos bloß als begriffliche Hilfsmittel, um die Tatsache zu beschreiben, dass das Bewusstsein der Frau mehr durch das Verbindende des Eros als durch das Unterscheidende des Logos charakterisiert ist. Bei Männern ist der Eros, die Beziehungsfunktion, in der Regel weniger entwickelt als der Logos. Bei der Frau dagegen bildet der Eros einen Ausdruck ihrer wahren Natur« (C. G. Jung, Gesammelte Werke, Bd. 9/II, § 29).
Archetyp: Der Archetyp ist nicht ein fassbares Bild, sondern ein Strukturprinzip oder eine Wahrnehmungseinstellung, die uns Menschen ein be-

stimmtes Bild sehen lässt. »Die archetypischen Vorstellungen, die uns das Unbewusste vermittelt, darf man nicht mit dem *Archetypus an sich* verwechseln. Sie sind vielfach variierte Gebilde, welche auf eine an sich *unanschauliche* Grundform zurückweisen. Letztere zeichnet sich durch gewisse Formelemente und durch eine gewisse prinzipielle Bedeutung aus, die sich aber nur annährend erfassen lassen. [...] Es scheint mir wahrscheinlich, dass das eigentliche Wesen des Archetypus bewusstseinsunfähig, das heißt transzendent ist, weshalb ich es als psychoid bezeichne« (C. G. Jung, Gesammelte Werke, Bd. 8, § 417).

Bewusstsein: Das Ich bzw. die psychischen Inhalte des Ich.

»Unter Bewusstsein verstehe ich die Bezogenheit psychischer Inhalte auf das Ich, soweit sie als solche vom Ich empfunden wird. Beziehungen zum Ich, soweit sie von diesem nicht als solche empfunden werden, sind *unbewusst*« (C. G. Jung, Gesammelte Werke, Bd. 6, § 758).

Biocomputer: Begriff des amerikanischen Bewusstseinsforschers Charles Tart

Derwisch: Persisch von »*darvesh*«, was arm bedeutet. Der Derwisch ist ein praktizierender Sufi. Tanzende Derwische gehen auf Jellal Ud'din Rumi (persischer Mystiker und Dichter des 13. Jahrhunderts) zurück.

Es: Unbewusstes

Das Es ist eine der drei Instanzen, die S. Freud in seiner zweiten Theorie des psychischen Apparates entwickelt hat. Die Inhalte des Es sind unbewusst. Sie sind Ausdruck der Triebe, die einesteils angeboren und anderenteils erworben sind. Im Es sieht nicht nur Freud das Hauptreservoir der psychischen Energie. Vom psychodynamischen Standpunkt aus betrachtet steht es zumeist im Konflikt mit dem Ich und dem Über-Ich, die sich aus dem Es entwickelt haben.

extravertiert (auch: extrovertiert): Begriff der analytischen Psychologie C. G. Jungs, Gegensatz von ↗ introvertiert. Nach außen gerichtete psychische Funktion im Menschen. Extraversion heißt Auswärtswendung der *Libido*. »Mit diesem Begriff bezeichne ich eine offenkundige Beziehung auf das Objekt im Sinne einer positiven Bewegung des subjektiven Interesses zum Objekt. Jemand, der sich in einem extravertierten Zustand befindet, denkt, fühlt und handelt in Bezug auf das Objekt, und zwar in einer direkten und äußerlich deutlich wahrnehmbaren Weise, so dass kein Zweifel über seine positive Einstellung auf das Objekt bestehen kann« (C. G. Jung, Gesammelte Werke, Bd. 6, § 799).

Fehlleistung: Begriff aus der klassischen Psychoanalyse S. Freuds. Eine Fehlleistung bezeichnet einen unbewussten, spontanen Fehler in einer Handlung, der auf verdrängtes Material zurückzuführen ist. Beispiel: Kohl meinte in seiner Amtszeit in einer für ihn politisch schwierigen Situation in Bezug auf die Koalition mit der FDP:
»Wir werden schon wissen, wie wir in solch einer Situation miteinander untergehen.« Schnell verbesserte er sich: »Natürlich umgehen.«
Sigmund Freud: *06.05.1856 Freiberg/Mähren, †23.09.1939 London. Begründer der Psychoanalyse und der modernen Traumdeutung.
Großer Traum: Bilder aus dem kollektiven Unbewussten beherrschen diesen Traum, der nicht so leicht vergessen wird und besondere optische Qualitäten aufweist (er ist überscharf).
Georg Iwanowitsch Gurdjieff: *Januar 1866, †29.10.1949. »Sicherlich gehört Gurdjieff zu den faszinierendsten Weisheitslehrern unseres Jahrhunderts. Als Tanzlehrer, Magier, Teppich- und Antiquitätenhändler, Hypnotiseur, als Schriftsteller und Pädagoge trat er in den unterschiedlichsten Verkleidungen auf und beeinflusste viele berühmte Künstler seiner Zeit« (Kb. Vollmar, Das Enneagramm, München 1993, S. 265). Gurdjieff lehrte in seinem »Institut zur harmonischen Entwicklung des Menschen« in Fontainebleau, wo er ein System der inneren Arbeit zum Erwachen des Menschen entwickelte.
Höheres Selbst: Überbewusstes; Bewusstsein des höchsten Chakras; höchstes Bewusstsein
hypnagoge Zustände: Zustände tiefer Entspannung kurz vor dem Einschlafen
Ich: auch »Ego«. Bewusstes; Zentrum des persönlichen Bewusstseins
»Unter Ich verstehe ich einen Komplex von Vorstellungen, der mir das Zentrum meines Bewusstseinsfeldes ausmacht und mir von hoher Kontinuität und Identität mit sich selbst zu sein schein«, so drückte es C. G. Jung aus (Gesammelte Werke, Bd. 6, S. 471).
introvertiert: Begriff aus der analytischen Psychologie C. G. Jungs, Gegensatz von ↗extravertiert; nach innen gerichtete Funktion des Menschen
Intuition: Eine der vier psychischen Funktionen nach C. G. Jung, die von ganzheitlicher Wahrnehmung gekennzeichnet ist. Wahrnehmung auf unbewusstem Wege.
»Die I[ntuition] ist diejenige psychologische Funktion, welche Wahrnehmung auf *unbewusstem Wege* vermittelt. [...] Das Eigentümliche der I ist, dass sie weder Sinnesempfindung noch Gefühl noch intellektueller Schluss

ist, obschon sie auch in dieser Form auftreten kann. Bei I präsentiert sich irgendein Inhalt als fertiges Ganzes, ohne dass wir zunächst fähig wären, anzugeben oder herauszufinden, auf welche Weise dieser Inhalt zustande gekommen ist« (C. G. Jung, Gesammelte Werke, Bd. 6, § 834).

Carl Gustav Jung: * 26.07.1875 Kesswil/Schweiz, † 06.06.1961 Küsnacht/Schweiz. Von 1900 bis 1909 Arbeit als Psychotherapeut unter Ernst Bleuler, bis 1913 enge Verbindung zu S. Freud (galt als dessen »Kronprinz«), danach Trennung von Freud und Gründung der analytischen Psychologie.

kollektives Unbewusstes: Tiefste Schicht des ↗ Unbewussten, die aus den ↗ Archetypen besteht.

persönliches Unbewusstes: Ort, in dem nach Freud die Wünsche und Bedürfnisse lagern, die man sich selbst versagt.

Psyche: Gesamtheit aller psychischen Vorgänge

Psychoanalyse: Die von S. Freud begründete tiefenpsychologische Therapie und Theorie

Schatten: Einer der vier grundlegenden ↗ Archetypen nach C. G. Jung. Derjenige Teil des Menschen, den er nicht lebt und bei sich selbst ablehnt, weswegen er ihn auf andere Personen projiziert. Man kann seinen Schatten selbst meistens nicht wahrnehmen, er entspricht dem »blinden Fleck« in unserem Bewusstsein.

Tagtraum: Am Tage geträumter Traum, bei dem man sich nicht unbedingt bewusst ist, dass man träumt.

Charles Tart: * 1937; führender zeitgenössischer amerikanischer Bewusstseinsforscher, der sich eingehend mit Methoden der spirituellen Bewusstseinserweiterung beschäftigt hat.

Überbewusstes: ↗ Höheres Selbst

Über-Ich: Begriff der Psychoanalyse für die verinnerlichte Elternautorität, die als Zensurinstanz in einem lebt.

Unbewusstes: Es. Im Gegensatz zum ↗ Bewussten eine Beziehung zum ↗ Ich, die als solche nicht empfunden wird.

Unterbewusstes: wie Unbewusstes, Es

Llewellyn Vaughan-Lee: * 1953 in London; zeitgenössischer Traumdeuter der Sufi-Schule

Verdrängung: motiviertes Vergessen von Bewusstseinsinhalten

Vorbewusstes: Der Bereich, der zwischen ↗ Unbewusstem und ↗ Bewusstem liegt.

Wachbewusstsein: vom ↗ Ich geprägtes Bewusstsein

Anmerkungen zu diesem Kapitel

Relativitätstheorie: Es gibt sehr viele Parallelen zwischen der Relativitätstheorie, der modernen Quantenphysik und der Traumdeutung. Dem Schweizer Arzt und Psychologen Carl Gustav Jung fiel diese Parallelität zuerst auf. Er diskutierte mit seinem Freund, dem Nobelpreisträger und Schüler Einsteins, Wolfgang Pauli gerade diese Übereinstimmungen zwischen Traumdeutung und moderner Physik. Bei diesen Diskussionen wurden unter anderem folgende Probleme ausführlich betrachtet:

1. der hier im Text schon angesprochene Unterschied zwischen Modell (Landkarte, Traumtheorie) und Wirklichkeit (Realität, Traum),
2. die Bedeutung des Begriffs »verstehen« in der modernen Physik und in der Traumarbeit,
3. der subjektive und der objektive Standpunkt in der Traumdeutung und der modernen Physik, wobei für beide Bereiche Einstens Ausspruch »Der einzig objektive Standpunkt des Beobachters ist sein subjektiver Standpunkt« gilt,
4. das Problem der Synchronizität, über das Jung und Pauli gemeinsam veröffentlichten. Unter Synchronizität versteht man ein sinnvolles zeitliches Zusammentreffen von zwei Ereignissen, ohne dass diese kausal voneinander abhängig wären.

Das sind nur einige wenige Beispiele, welche die enge Verbindung zwischen moderner Physik und Traumdeutung andeuten sollen.
Luzides Träumen: Der Begriff »luzides Träumen« stammt von dem holländischen Dichter und Autor Willem Frederik van Eeden, der zu Beginn des 20. Jahrhunderts das bewusste Träumen systematisch untersuchte.
Traumentzug: Friedrich II. führte im Hochmittelalter auf Sizilien sehr unethische Experimente durch, bei denen er Menschen stets dann wecken ließ, wenn sie in ihre Traumphase eintraten. Diese Menschen starben angeblich alle in kürzester Zeit, obwohl sie nicht am Schlafen gehindert wurden. Dies zeigt zugleich, dass schon im Mittelalter bekannt war, dass die Augenbewegungen bei geschlossenem Lid (REM-Phase, abgeleitet vom englischen Begriff *rapid eye movement* [schnelle Augenbewegungen]) die Traumphase anzeigen. Dieses Wissen war schon im klassischen Griechenland bekannt (vergleiche dazu genauer das Kapitel über die Geschichte der Traumdeutung).

Anmerkungen zu den Themen Schatten, Anima, Animus

Der *Schatten* stellt die Seite von uns dar, die wir ablehnen und auf andere Menschen zu projizieren pflegen, da sie nicht in unser Selbstbild passt.

Beispiele für klassische Schattenprojektionen: der Teufel, alle möglichen Ungeheuer, die der klassische Held besiegen muss (Drachen wie Fafnir aus der Nibelungen-Sage und die Medusa aus der griechischen Mythologie), die Hexe oder beispielsweise abgelehnte Volksgruppen wie die Juden im Faschismus.

Der *Animus* stellt unsere männliche Seite dar, die von der Abgrenzung und Differenzierung geprägt ist (Analyse). Der Animus bedarf der Anima, um nicht an seiner eigenen Starrheit zugrunde zu gehen.

Beispiele für typische Animus-Bilder: Götter wie Zeus, Jupiter, Donar und Shiva, der klassische Held wie Herakles, Odysseus und der moderne Cowboy, Superman, Batman und ähnliche Comic-Figuren, die gegen den Schatten/das Böse kämpfen.

Die *Anima* stellt unsere weibliche Seite dar, die von der Ausdehnung und Erweiterung geprägt ist. Die Anima bedarf des Animus, um sich nicht zu verströmen.

Beispiel für klassische Anima-Bilder: die Prinzessin im Volksmärchen, weibliche Göttinnen (besonders die Mondgöttinnen) wie z. B. Astarte, Isis und Maria.

Literaturhinweise zu diesem Kapitel

Sigmund Freud: *Die Traumdeutung*, (Fischer Verlag) Frankfurt/Main (auch in: Freud Studienausgabe, Bd. II, Frankfurt/M. 1972)

Sigmund Freud: *Psychopathologie des Alltagslebens*, (Fischer Verlag) Frankfurt/Main (auch in Freud Studienausgabe, Bd. IV, Frankfurt/M. 1973)

Carl Gustav Jung; Aniela Jaffé: *Erinnerung, Träume, Gedanken von C. G. Jung*, (Walter Verlag) Olten, Freiburg/Br. 1987 (Studienausgabe)

Klausbernd Vollmar: *Sich erfolgreich träumen*, (Königsfurt) Krummwisch 2000

Klausbernd Vollmar: *Träume als Wegweiser auf der Reise des Lebens*, (Iris Bücher/Schors) Amsterdam 2002

Klausbernd Vollmar: *Helfende Träume*, (Iris Bücher/Schors) Amsterdam 2002

Fragenarchiv und Themenspeicher

Notieren Sie sich hier Fragen, die sich Ihnen im Laufe der Traumarbeit stellen, und Themen, die Sie noch vertiefen möchten. So kann nichts Wichtiges verloren gehen.

Schreiben Sie jeweils das Datum mit dazu und halten Sie auch fest, wann und wie sich eine Frage beantwortet hat bzw. wie Sie das Thema vertiefen möchten (dieses oder jenes Buch lesen, jemanden fragen, im Internet recherchieren etc.) und wann Sie das mit welchem Ergebnis getan haben.

3 Hilfestellung zur Traumerinnerung

Einführende Gedanken

Wenn der Traum heraufzieht,
liege nicht unbewusst wie ein Leichnam.
Beachte deine Träume und schlafe nicht
wie ein Tier.

(Tibetischer Buddhismus)

Im ersten Kapitel sind wir davon ausgegangen, dass man seine Träume erinnert. Viele Menschen kommen jedoch zu uns, weil sie lernen möchten, ihre Träume besser zu erinnern. Sie sind der Ansicht, dass sie nicht träumen. Das ist falsch. Jeder Mensch träumt, sonst würde er sterben. Aber nur wenige dieser Träume werden erinnert. Amerikanische Traumforscher gehen davon aus, dass ein »Durchschnittsträumer« mindestens 80 Prozent seiner Träume vergisst.

Aber man kann lernen, seine Träume besser zu erinnern. Davon handelt dieser Teil des Kurses. Nehmen Sie sich Zeit, mit den hier vorgeschlagenen Techniken Erfahrungen zu sammeln. Wichtig ist, dass Sie möglichst alle diese Techniken zumindest einmal ausprobieren, um sie dann anwenden oder auch weiterempfehlen zu können.

Nicht alle Techniken sind bei jedem Menschen gleichermaßen wirksam. Probieren Sie einfach selbst aus, welche Techniken bei Ihnen gut wirken und bei welchen Sie sich zu sehr anstrengen müssen oder nur wenig Wirkung verspüren.

In diesem Zusammenhang muss allerdings erwähnt werden, dass das Leben und damit auch unsere Traumerinnerung periodisch verläuft. Es gibt natürliche Phasen, in denen wir unsere Träume leichter, vollständiger und klarer erinnern, und es gibt Phasen, in denen wir trotz aller Bemühungen Schwierigkeiten haben, auch nur ein Traumfragment in unser Gedächtnis zurückzuholen. Grundsätzlich gilt: Je entspannter man schlafen geht, desto leichter wird man seine Träume erinnern. Es ist – wie so oft – auch das Gegenteil wahr: Wenn Sie sehr unter großem Stress leiden, dann ist es auch natürlich, seine Träume zu erinnern.

Wenn man nicht gerade unter großem Leidensdruck steht, sollte man auch eine Zeit ohne Traumerinnerung akzeptieren. Sie sollen sich ja keinen zusätzlichen Stress mit der Traumarbeit machen, sondern Traumarbeit sollte den bestehenden Stress abbauen.

Wir möchten allerdings betonen, dass jeder es erlernen kann, tagtäglich zumindest einen (meist seinen letzten) Traum zu erinnern.

Aufgabe 14

Zum Stand Ihrer momentanen Traumerinnerung
Notieren Sie den derzeitigen Stand Ihrer Traumerinnerung und vermerken Sie dazu das Datum.
Notieren Sie sich, wann Sie wie viele Träume erinnerten und wie ausführlich Sie diese erinnerten.
Traumarbeit hat viel mit Selbstwahrnehmung und Selbstbeobachtung zu tun. Notizen bieten dabei einen objektiven Anhaltspunkt für Ihre persönlichen Fortschritte.
Schreiben Sie hier stichwortartig den Stand Ihrer Traumerinnerung auf und formulieren Sie das Ziel, das Sie mit diesem Kapitel erreichen wollen.

Noch einmal der Hinweis:
Sobald beim Durcharbeiten Fragen auftreten, die Sie generell, jedoch nicht sofort klären wollen, halten Sie diese im Fragenarchiv fest. Ebenso verfahren Sie mit Themen, die Sie später noch eingehender bearbeiten möchten.

Die Einstellung zum Traum

Wesentlich für die Traumerinnerung ist die persönliche Einstellung zum Traum – wir behaupten sogar, dass sie unter allen Faktoren, welche die Traumerinnerung beeinflussen, der wichtigste ist. Einstellungen, wonach Träume nur »Schäume« sind oder lediglich belanglose Nervenentladungen darstellen (wie es teilweise von der naturwissenschaftlichen Traumforschung vertreten wurde), erschweren die Traumerinnerung.

Zum Nachdenken: Auch wenn die Träume nur zufällige Nervenimpulse wären, ist es doch erstaunlich, dass wir diese Impulse mit Sinn versehen. Der Mensch ist nämlich eine sinnschaffende Maschine. Wie dieser Sinn geschaffen wird, das sagt Wesentliches darüber aus, wie wir uns selbst unsere Welt gestalten. Wir sind verdammt dazu, Sinn zu schaffen, da wir ein sinnloses Chaos nicht ertragen können. Sinn ist Ordnung – Ordnung ist Sicherheit.

Gehen Sie davon aus, dass Ihre Träume Sie Nacht für Nacht mit sinnvollen Informationen versorgen und Sie sicher durch Ihr Leben leiten, dann erleichtern Sie sich mit dieser inneren Haltung die Traumerinnerung. Wenn Sie sich des Öfteren sagen: »Meine Träume sind mir wichtig«, wird sich mit Ihrer Einstellung dem Traum gegenüber auch Ihre Traumerinnerung verändern.

Meistens ist es jedoch so, dass wir unsere Träume durchaus ernst nehmen, dass aber die Betrachtung unserer Traumwelten im Stress des alltäglichen Lebens erst in den Hintergrund tritt und schließlich ganz vergessen wird. Carl Gustav Jung erwiderte einmal einem Klienten, der meinte, dass er vor lauter Arbeit nicht mehr zur Traumarbeit komme, dass die Traumarbeit für sein Leben wichtiger sei als seine Arbeit. – Jung hatte gut reden, da seine Arbeit weitgehend die Traumarbeit war.

Unser größtes Problem besteht darin, dass wir vermuten, die Traumarbeit erfordere zu viel Zeit. Deswegen beginnen wir gar nicht erst mit ihr und lehnen unsere Träume ab, da wir sowieso keine Zeit für sie zu erübrigen haben. Man kann sich jedoch die Traumarbeit nach der Zeit, die einem zur Verfügung steht, einteilen. Es ist möglich, in nur fünf Minuten pro Tag sinnvolle Traumarbeit zu leisten. Wenn Sie sich von dem Druck befreien, dass Sie täglich ausführlich und lange mit Ihren Träumen arbeiten müssen, dann begünstigen Sie damit auch Ihre Traumerinnerung. Wenn wir uns durch die Traumarbeit zusätzlichen Stress machen, reagiert die Psyche erstaunlich klug, indem sie nämlich unsere Traumerinnerung reduziert.

Die Kultur des Einschlafens

Bearbeiten Sie vor dem Lesen des nächsten Abschnittes die Aufgabe 15:

Aufgabe 15

Ihre bisherige Einschlafkultur
Beschreiben Sie Ihre zurzeit geübte Praxis des Einschlafens
Was tun Sie die letzte Stunde vor dem Einschlafen?
Wie müde gehen Sie ins Bett?
Wie schnell schlafen Sie ein?
Auf welcher Seite pflegen Sie einzuschlafen?

Wesentlich für die Traumerinnerung ist neben unserer Einstellung zum Traum die Art, wie wir einschlafen. Leider gibt es in unserer Gesellschaft keine Kultur des Einschlafens. Sagt man: »Wie man sich bettet, so schläft man«, so könnte man daran anschließend genauso gut sagen: »Wie man einschläft, so träumt man.«

Wenn uns Klienten berichten, dass sie nur schwer ihre Träume erinnern, so ist das in den meisten Fällen auf »falsches« Einschlafen oder Aufwachen zurückzuführen. Natürlich gibt es auch psychologische Gründe, warum man seine Träume nicht erinnert, aber diese sind viel seltener der Grund für fehlende Traumerinnerung als die verkehrte Kultur des Einschlafens und des Aufwachens.

Die psychologischen Gründe für eine mangelnde Traumerinnerung hängen zumeist damit zusammen, dass man seine Träume aus Angst vor den Wahrheiten des Unbewussten sofort nach dem Aufwachen verdrängt. Aber zurück zur Kultur des Einschlafens:

Folgende Punkte erleichtern erheblich die Erinnerung der nächtlichen Träume:

1. Gehen Sie mit klarem Kopf zu Bett:
   - ohne Schlaftabletten, denn die stören den Schlafrhythmus tief greifend
   - ohne zuvor viel Alkohol oder psychedelische Drogen genossen zu haben
   - nicht übermüdet

2. Gönnen Sie Ihrer Psyche und besonders Ihrem Kopf vor dem Einschlafen tiefe Entspannung:
   - meditieren Sie vor dem Einschlafen
   - wenden Sie Entspannungstechniken an
   - verwöhnen Sie sich vor dem Einschlafen mit Reiki und Fußmassage oder einem warmen Bad mit einigen Tropfen Ingweröl
3. Sehen Sie nicht bis kurz vorm Einschlafen fern, da die Fernsehbilder uns unsere Fantasie rauben.
4. Lesen Sie vorm Einschlafen, da man während des Lesens innerlich Bilder produziert und so seine Psyche auf die nächtliche Bilderproduktion einstellt. Auch deswegen liest man Kindern eine Gutenacht-Geschichte vor.
5. Es scheint erwiesen, dass Vitamin B6 die Traumerinnerung fördert – zumindest zeigt sich deutlich, dass ein Vitamin-B6-Mangel die Traumerinnerung blockiert.

Wenn Sie diese fünf Punkte beachten, werden Sie leicht und sanft in den Schlaf fallen. Damit erhöht sich die Wahrscheinlichkeit, dass Sie mindestens einen Traum ohne Probleme und Tricks erinnern.

Zur Sammlung vor dem Einschlafen möchten wir Ihnen noch eine Technik empfehlen, die Hermann Hesse (deutscher Schriftsteller, der großen Einfluss auf die deutsche Jugendkultur der sechziger bis achtziger Jahre des 20. Jahrhunderts ausübte, 1877–1962) in seinem Roman »Das Glasperlenspiel« erwähnt, nämlich vor dem Einschlafen den vergangenen Tag rückwärts durchzugehen. Oberflächlich gesehen stärkt das zunächst Ihre Erinnerungsfähigkeit. Auf einer tieferen Ebene wirkt sich diese Übung reinigend auf Ihre Psyche aus. Sie leeren Ihre Psyche und machen sie frei, damit die nächtlichen Traumeindrücke aufgenommen werden können. Bei dieser Übung kommt es besonders darauf an, alles ohne die geringste Bewertung zu betrachten und sich die eigenen Gefühle so klar wie möglich bewusst zu machen. Einer unserer Lehrer hat uns empfohlen, am Ende alle Erfahrungen des vergangenen Tages in der Fantasie in einen Ballon zu geben, den wir dann hinaus ins All schweben lassen.

Sie können eine traumerinnerungsfördernde Atmosphäre auch durch Ihre Schlafumgebung unterstützen:

- Ihr Schlafzimmer sollte freundlich und aufgeräumt sein.
- Ihr Schlafzimmer sollte in beruhigenden Farben gestaltet sein (hier empfehlen sich unserer Beobachtung nach die kalten Farben des Blau-

spektrums von Fliedertönen bis hin zu einem tiefen Blau, wie es der Maler Ives Klein benutzte).

- Sie können eine Duftlampe mit ätherischen Ölen aufstellen, wobei besonders Pampelmuse und Lavendel zu empfehlen sind.
- Manche Menschen schwören darauf, im Schlafzimmer Kräuterbüschel aus Rosmarin, Thymian und Lavendel aufzuhängen (man kann diese Kräuter auch in ein Säckchen füllen und als Kräuterkissen neben das Kopfkissen legen).

Da jeder Mensch auf andere Weise einschläft, lassen sich kaum allgemeine Aussagen zum Gebrauch von Visualisierungen vor dem Einschlafen machen. Menschen, die sofort einschlafen, können solche Visualisierungen nicht durchführen, da sie beim ersten Nachlassen der Aufmerksamkeit sofort in den Schlaf fallen, wohingegen andere, die sehr nervös sind und Einschlafprobleme haben, sich häufig noch die ganze Nacht mit dieser Visualisierung beschäftigen.

Sind Sie ein Typ, der gut visualisieren kann und die beiden zuvor erwähnten Schwierigkeiten nicht hat, dann können Sie mit Hilfe einer entspannenden Visualisierung Ihre nächtlichen Träume vorbereiten und im gewissen Sinn auch planen. Träume sind viel leichter zu planen, als wir gemeinhin annehmen. Visualisieren Sie vor dem Einschlafen ein bestimmtes Bild, steigt die Wahrscheinlichkeit drastisch, dass dieses Bild von Ihrem Traum übernommen wird. Außerdem erhöht jede Visualisierung die Fähigkeit zur Traumerinnerung.

Wenn man sich abends vor dem Einschlafen mit einer Affirmation zur mühelosen Traumerinnerung beruhigt, erinnert man merklich besser und leichter seine Träume. Die Affirmation könnte wie folgt aussehen:

»Ich erinnere morgens meine Träume leicht und mühelos.«

Sie können diese Affirmation natürlich nach Ihren Bedürfnissen abwandeln. Dies ist nur eine Modell-Affirmation. Affirmationen, die Sie sich selbst ausdenken, wirken ohnehin besser.

Der Affirmation verwandt ist eine Technik, die man in Gurdjieff-Gruppen (Gruppen, die auf den russischen Weisheitslehrer G. I. Gurdjieff zurückgehen, der seine Lehre als »Kampf gegen den Schlaf« bezeichnete, 1866–1949) häufig anzuwenden pflegt, nämlich sozusagen zu schwören, dass man alles unternehmen wird, um sich seiner Träume bewusst zu werden. Diesen Schwur dürfen Sie natürlich nicht brechen, denn wenn man solch einen Schwur nur einmal bricht, dann zerstört man seine Wirkung auf lange Zeit. Das bedeutet, dass Sie sich vorher genau überlegen müssen, ob Sie den Schwur wirklich halten wollen und können. Der Schwur ist der männliche Weg der Traumarbeit, der über die Disziplin geht.

Aufgabe 16

Experimentieren Sie mit Vorbereitungen zum Einschlafen.
Ihre neue Einschlafkultur:
Beschreiben Sie die Einschlafkultur, die Sie jetzt praktizieren wollen.
Was kann bleiben wie bisher?
Was wollen Sie ändern?
Experimentieren Sie mit den vorgeschlagenen Möglichkeiten.

Sie können hierzu gut Techniken wie das autogene Training nach Schultz oder die progressive Muskelentspannung nach Jacobson durchführen. Falls Sie eine solche Entspannungstechnik nicht beherrschen, genügt es völlig, wenn Sie sich vor dem Einschlafen entspannt auf den Rücken legen und sich bei jedem Einatmen sagen: »Ich atme tiefe Entspannung ein«, und bei jedem Ausatmen: »Ich atme alle meine Spannungen aus«.

Die Kultur des Aufwachens

Beim normalen Verlauf der Dinge werden wir alle durch Traumdiebstahl wach … Jeden Morgen bestehlen wir uns systematisch, aber ganz unterschwellig, und beschlagnahmen jedes Überbleibsel von dem, was wir vor dem Aufwachen wussten. Wir haben alle gelernt, dieses Exerzitium … mit präziser und automatischer Gründlichkeit zu erledigen. Der Wecker läutet, und sofort saust ein Beil auf das Kontinuum des Bewusstseins nieder und ruft eine scharfe Trennung zwischen Wachen und Schlafen hervor … eine Stunde nach dem Aufwachen sind für die meisten von uns die Träume verschwunden.

(Theodore Roszak)

Die Form des Aufwachens ist genauso wichtig für die Traumerinnerung wie die Art des Einschlafens. Gestatten Sie uns hier zur weiteren Erklärung kurz einen kleinen Ausflug in ein Modell des menschlichen Bewusstseins.

Man kann wie von G. I. Gurdjieff angenommen beim Menschen drei verschiedene Zentren unterscheiden, die unsere Wahrnehmung und Erinnerung maßgeblich steuern:

- das Zentrum des Kopfs (Intelligenz),
- das Zentrum des Bauchs (Gefühl),
- das motorisch-physiologische Zentrum (Bewegung).

Wenn eines dieser Zentren eine Information erhält, bevor der Traum erinnert werden kann, dann verdrängt diese neue Information die Erinnerung an den Traum. Der Traum muss erst einmal eine Erinnerungsspur bilden können, um im Langzeitgedächtnis abgespeichert werden zu können.

Lässt man sich nun durch einen Radiowecker mit den Nachrichten wecken, wird das Kopfzentrum sogleich mit neuer Information »bombardiert«, bevor es die alte, nämlich den Traum, im Langzeitgedächtnis abspeichern konnte. Aus diesem Grund hilft es, sich entweder durch einen Intervallton-Wecker oder die eigene innere Uhr wecken zu lassen. Das Piepsen eines Intervallton-Weckers trägt wenig Information und stört deswegen die Traumerinnerung geringfügig bis gar nicht. Wenn man jedoch täglich zur gleichen Zeit aufwachen muss, kann man auch sehr gut seine eigene innere Uhr aktivieren. Jeder Mensch besitzt eine erstaunlich präzise innere Uhr, die ihn mit einiger Übung exakt wie ein Wecker wecken kann.

Wenn Sie es üben, Ihre innere Uhr zu aktivieren, dann nehmen Sie sich eine bestimmte Zeit vor, zu der Sie aufwachen wollen. Sie sagen sich wie bei einer Affirmation, dass Sie wirklich am Morgen zu dieser Zeit aufwachen werden. Sie können auch visualisieren, wie Sie morgens zum vorgesehenen Zeitpunkt aufwachen. In der Übungsphase möchten wir Ihnen empfehlen, zugleich auch den Wecker auf ein paar Minuten später zu stellen – zur Sicherheit. Die meisten Menschen lernen nach ein bis zwei Wochen, auf Grund ihrer inneren Uhr sicher aufzuwachen.

Viele Personen schneiden ihre Traumerinnerung dadurch ab, dass sie sich nach dem Aufwachen gleich schnell bewegen. Sie gehen auf die Toilette oder unter die Dusche. Damit wird auf der Ebene des Bewegungszentrums eine neue Information in das System eingegeben, welche die Traumerinnerung verdrängt. Es ist notwendig, nach dem Aufwachen noch ein bis drei Minuten still liegen zu bleiben und dem nachzusinnen, was in der Nacht gewesen ist. Nehmen Sie in dieser kurzen, aber ausreichenden Zeit wahr, was Ihr erster Gedanke ist und wie Sie sich fühlen. Das bringt normalerweise die Erinnerung an einen oder gar mehrere Träume zurück.

Falls Sie wider Erwarten dann immer noch keinen Traum erinnern, können Sie sich langsam und vorsichtig auf die Seite im Bett drehen, auf der Sie normalerweise schlafen. Jeder Mensch besitzt eine Seite, auf der er zu schlafen pflegt, und das ist natürlich auch jene Seite, auf der er geträumt hat. Begibt man sich wieder auf diese Seite, steigt die Wahrscheinlichkeit, dass die Träume, die man auf dieser Seite hatte, zurückkommen. Die Erinnerung ist nämlich über die Körperlage konditioniert.

Auf der emotionalen Ebene können Sie dadurch Ihre Traumerinnerung verscheuchen, dass Sie gleich nach dem Aufwachen mit Ihrem Partner kuscheln oder schlafen. Das tut sicherlich Ihrer Psyche gut, behindert aber leider Ihre Traumerinnerung.

Als letztes Hindernis der Traumerinnerung treten noch unrealistische Erwartungen auf. Wir nehmen oft an, dass eine Art großer Regisseur in unserem Kopf lebt, der umfangreiche Traumepen inszeniert. Das ist aber oftmals nicht der Fall. Die meisten Träume sind relativ kurz und entsprechen auch eher der Form des Fragments (Bruchstück).

Unterschätzen Sie nicht die festgefahrenen Muster Ihrer Einschlaf- und Aufwachpraxis. Veränderungen werden nur über die Primärmotivation möglich sein, die von Ihrem Interesse an einer intensiveren Traumarbeit abhängig ist.

Lassen Sie sich einerseits Zeit mit der Veränderung Ihrer Gewohnheiten beim Einschlafen und Aufwachen. Behalten Sie dabei aber andererseits Ihr Ziel fest im Auge, das Sie in Aufgabe 16 beschrieben haben.

Aufgabe 17

Experimentieren Sie mit Ihrer Aufwachkultur.
Wie sind Sie bisher aufgewacht und welche Veränderungen der »Aufwachsituation« möchten Sie vornehmen?
Welche Auswirkungen hatten die einzelnen Veränderungen?

Begriffserklärungen zu diesem Kapitel

Erinnerungsspur: Notwendige Voraussetzung dafür, dass sich eine Erinnerung im Langzeitgedächtnis bilden kann.
Traumfragment: Teil eines vermuteten größeren Traums
Langzeitgedächtnis: Gedächtnis, das am weitesten zurückreicht und im Alter am längsten funktionsfähig ist.
psychodelisch: bewusstseinserweiternd und wahrnehmungsverändernd
Reiki: Eine der populären alternativen Heilformen, die hochgradig vermarktet ist; Handauflegen

Literaturhinweise zu diesem Kapitel

Klausbernd Vollmar: *Traumzeit – Übungen zur Traumarbeit,* in: Klausbernd Vollmar; Johannes Fiebig: *Traum und Traumdeutung – erleben und verstehen*, (Königsfurt), Krummwisch 2001, S. 77–100

4 Was ist der Traum?

Einführende Gedanken

Alles ist ein Traum
oder ein magisches Theater.
(Tibetischer Buddhismus)

Klausbernd Vollmar erzählt: »Mehrere Jahre lang arbeitete ich mit einem Lehrer der Gurdjieff-Schule (Schule des vierten Weges), der stets betonte, dass wir fast immer schlafen, wenn wir auch meinen, wach zu sein. Mir wurde das deutlich, als ich die Übung bekam, mir eine Uhr (ich machte es mit dem Handy) alle zwei Stunden zu stellen. Wenn sie dann piepst, sollte ich mir für etwa fünf Atemzüge so bewusst wie möglich werden, was ich gerade denke, empfinde und wie ich mich in meinem Körper fühle. Man beobachtet das, ohne sich zu bewerten und die Situation zu verändern. Ich war erschrocken, als mir klar wurde, wie selten ich wirklich ›voll da war‹ – und das in allen möglichen Situationen. Dieses Ausmaß des Träumens hat mich zunächst einmal schockiert. Dann hat es mich aber angeregt, mir meiner Träume bewusster zu werden. Wenn ich schon fast immer träume, möchte ich zumindest mit meinen Träumen konstruktiv umgehen und aus ihnen und mit ihnen etwas machen.

Was mich ferner zur Traumarbeit gebracht hat, war ein Nahtod-Erlebnis, das ich vor über 20 Jahren in der inneren Sahara hatte. Dort wurde ich sehr krank (mit einer Sepsis) und war bisweilen ohne Bewusstsein. Nur mit Mühe konnte ich in ein Hotel gebracht werden, in dem ein alter arabischer Arzt vorbeikam. Er behandelte mich nach seiner ›persönlichen Methode‹, wie er es nannte. Nachdem er mich wie J. P. Marat (französischer Revolutionär, der wegen einer Hauterkrankung die meiste Zeit in der Badewanne verbrachte; 1793 in der Badewanne erstochen) in die Badewanne auf den Balkon des Hotelzimmers gelegt hatte, kam er jeden Morgen mit seinem Spezialgetränk vorbei, das mich den ganzen Tag über in süße und wilde Träume sinken ließ. Abends besuchte er mich mit ausgesucht schönen Frauen, denen ich meine Träume erzählte. In dieser Atmosphäre wie in Tausendundeiner Nacht gesundete ich wieder, und innerhalb von zwei Wochen konnte ich meine Reise fortsetzen.

Dieses Erlebnis hat mich zu den Träumen gebracht, die ich heute noch wie vor über 20 Jahren atemberaubend spannend finde.«

Wir hoffen, Ihnen auch etwas von dieser Faszination der Träume vermitteln zu können, und wünschen Ihnen neue Entdeckungen im folgenden Abschnitt.

Traum und Wachheit

Im Zeitalter des Barock dichtete der große spanische Dichter Calderon de la Barca (1600–1681) sein berühmtes Drama »Das Leben ist ein Traum« und inspirierte damit die deutsche Barockdichtung, die sich dieses archetypischen Themas annahm.

Hier stoßen wir auf Vorformen der Ansicht Gurdjieffs, dass wir in unserem Alltagsleben meist, wenn nicht sogar immer träumen, ohne es zu bemerken. Haben Sie sich nicht selbst schon viele Male dabei ertappt, dass Sie ganz mechanisch vor sich hinträumen? Dieses Träumen findet im Alltagsleben oft in automatisierten Situationen wie beim Autofahren, Lesen, Musikhören und Spazierengehen statt.

Diese Tagträume kann man genauso wie seine nächtlichen Träume deuten, da auch in ihnen unsere Wünsche und Sehnsüchte aufsteigen. Wie im nächtlichen Traum werden wir im Tagtraum ebenfalls mit unserem ungelebten Leben und unserer Gegenwelt konfrontiert. Haben wir beispielsweise gerade einen Misserfolg erlebt, träumen wir uns geradezu kindlich eine Welt der Erfolge herbei.

Betrachten wir unser Alltagsleben, so scheint es, als bezeichne der Traum den »normalen« Bewusstseinszustand, während die Wachheit eher außergewöhnlich ist. Um unsere Wachheit müssen wir uns bemühen, in den träumerischen Zustand verfallen wir automatisch. So sagten

Weisheitslehrer wie Gurdjieff, dass der nächtliche Traum dem Tagtraum vorzuziehen sei, da wir uns beim nächtlichen Traum (zumindest im Nachhinein) bewusst sind, dass wir geträumt haben. Tagträume nehmen wir oft gar nicht wahr, sondern wir gehen naiv davon aus, dass wir tagsüber bewusst und wach leben, was nur in seltenen Momenten tatsächlich der Fall ist.

Wachheit ist ein Zustand, der sich niemals automatisiert und um den wir ständig kämpfen müssen. In allen Meditations- und Weisheitsschulen geht es hauptsächlich darum, wach zu werden, d. h., bewusst statt schlafend durchs Leben zu gehen. Wie wenig wach wir für gewöhnlich sind, können wir an unseren Wiederholungen sehen: In der Partnerschaft beispielsweise verlieben wir uns in einen neuen Menschen, nur um nach einiger Zeit zu bemerken, dass wir uns mit ihm oder ihr wieder in der gleichen Situation wie füher befinden, obwohl wir meinten, dass dieses Mal alles völlig anders verlaufen sei. Wir haben also in Bezug auf unser Verhalten unmerklich geschlafen. Wir haben uns sozusagen eine Situation erträumt, die nicht der Realität entsprach. Das Erwachen aus solchen Situationen ist meist bitter.

Merksätze:

- Unsere Träume ergänzen unser Wachbewusstsein.
- Was wir bei Tag nicht sehen wollen und nicht zu leben wagen, das sucht uns in Form der nächtlichen Traumbilder oder der Inhalte unserer Tagträume wieder auf. Wir können unserem ungelebten Leben nicht entgehen.

C. G. Jung sprach in diesem Zusammenhang von der *komplementären Funktion des Traums*. Damit meinte er die ergänzende Funktion, mit welcher der Traum die Ganzheit in unserem Leben wiederherstellt.

Aufgabe 18

Ihre Neigungen zu Wiederholungen im Leben
In welchen Lebenssituationen neigen Sie zu Wiederholungen, bzw. in welchen Lebensbereichen fällt es Ihnen besonders schwer, Neues zu entwickeln und umzusetzen?

Die Vision

Wird der Traum hauptsächlich vom persönlichen und kollektiven Unbewussten bestimmt, so wird die Vision weitgehend vom überpersönlichen Bewussten bzw. vom Höheren Selbst beeinflusst. Dabei sind jedoch die Übergänge fließend. Auch im Traum kommt bisweilen das Überbewusste als weise innere Stimme zu Wort, wie auch die Vision nicht frei von Einflüssen des persönlichen Unbewussten ist.

Eine moderne, weit verbreitete Form der Vision stellt das so genannte »Channeling« dar, das von Eingaben geprägt ist, die in meist leichter Trance empfangen werden. Das Medium führt dabei in Anlehnung an die Theosophie diese Eingaben am liebsten auf so genannte Geistwesen wie verstorbene Persönlichkeiten oder postmodern auf Intelligenzen von anderen Sternen zurück. Channeling steht an der Grenze zwischen Traum und Bewusstsein, wahrscheinlich stammt es weitgehend aus der Ebene des Vorbewussten.

Die meisten historischen Visionen gehen auf die Apokalypse des Johannes zurück (eine literarische Vision über das Weltende), und selbst das moderne Channeling ist diesem Text der Bibel vergleichbar. Meistens geht es darum, dass der Mensch seine Göttlichkeit verleugnet und deswegen ein Weltuntergang bevorsteht. Viele Visionen bieten mit oftmals aufdringlicher Moral bestimmte Lösung an.

Interessierte Leserinnen und Leser möchten wir auf das spezielle Kapitel »Spirituellle Traumdeutung« verweisen, in dem wir noch genauer auf das Verhältnis von Traum und Vision eingehen.

Projektion oder Realität – der Schleier der Isis

»Ein Blick in andere Kulturen: ... Tiefer und tiefer versenkt sich Ram in sich selbst. Jede Wahrnehmung von Dingen aus der äußeren Welt schwindet. Tief in seinem Inneren sammelt er seine Aufmerksamkeit auf einen winzigen Punkt. Ram hat viele Jahre gebraucht, um dieses »Auf-einen-Punkt-Gerichtetsein« zu erreichen. Zuerst galt es, seinen Körper zu bezwingen und vollständige Herrschaft über sein niederes Selbst zu gewinnen, bevor er dazu übergehen konnte, seine seelisch-geistigen Vorgänge willentlich zu lenken. Ein alter Lama schrieb vor mehr als 300 Jahren die geheimen Lehren auf, welche den Schülern mündlich schon während Hunderten von Jahren vor dieser Zeit gelehrt worden waren. Ram hat diese Lehren unter der Leitung seines Gurus gewissenhaft befolgt. ...« (Patricia Garfield, *Kreativ träumen*).

Haben wir oben festgestellt, dass wir selten wirklich bewusst sind, so bietet uns die Traumarbeit eine Möglichkeit, wacher und bewusster zu werden. Das mag zunächst einmal paradox klingen, aber bei tieferer Betrachtung werden wir erkennen, dass ein wichtiger Sinn der Traumarbeit in der Steigerung unseres Bewusstseins, ja man könnte sogar sagen, in unserer Wachheit, liegt.

Es gibt eine japanische Zen-Geschichte von einem Professor, der zu einem Meister der Teezeremonie kommt mit der Bitte, ihn zu lehren. Der Meister bereitet zeremoniell den Tee und schenkt dem Professor in seine Tasse ein. Zur Verwunderung des Professors hört der Zen-Meister nicht auf, den Tee einzugießen, selbst als die Tasse schon randvoll ist, so dass der Tee überläuft. Ganz verwirrt und entsetzt fragt der Professor den Meister, was er da mache, worauf der Zen-Meister ruhig antwortet, mit seinem Geist verhalte es sich wie mit der Tasse: Der Geist des Professors sei nämlich randvoll, so dass kein neues Wissen in ihm Platz fände.

Genauso verhält es sich mit unserem Bewusstsein: Unser Bewusstsein ist nämlich randvoll mit Bildern, die wir unbewusst ständig projizieren. Von diesen projizierten Bildern leben unsere Träume. Die Traumarbeit hilft uns, uns dieser Bilder bewusst zu werden, damit wir aufwachen und uns klar wird, wie wir unsere Umwelt wahrnehmen. Betrachten Sie Ihre Träume als clevere Inszenierungen Ihrer Projektionen – diese kommen im Traum zu Ihnen zurück, oder psychologisch ausgedrückt: Sie werden bewusst und deswegen können sie zurückgenommen werden.

Wahrnehmung und Bewusstsein hängen eng miteinander zusammen. Wenn uns bewusst wird, wie wir wahrnehmen, dann können wir unser Bewusstsein so einsetzen, wie wir es brauchen. Das heißt mit anderen Worten: Wir erwachen. Das ist mit dem Lüften des Isis-Schleiers gemeint: Normalerweise stellen wir ganz unbewusst die projizierten Bilder zwischen uns und die Wirklichkeit. Werden wir uns dieser Bilder bewusst, reinigen wir unsere Wahrnehmung und beginnen, bewusst zu sehen.

Hierzu ein kleines Beispiel: Sie treffen in der Realität eine Person. Diese ist Ihnen unsympathisch und Sie machen dieses ablehnende Gefühl an der auffälligen Kleidung dieser Person fest, die Sie als unpassend empfinden. Nach der kurzen, für Sie eigentlich relativ bedeutungslosen Begegnung bleibt nur das ablehnende Gefühl dieser Person gegenüber zurück. In der Nacht träumen Sie von Ihrem älteren Bruder, der sie, wegen seiner intellektuellen Fähigkeiten, immer von oben herab behandelt hat. Durch den Traum wird Ihnen bewusst, dass Sie innerlich genauso mit dieser Person umgegangen und diese abgewertet haben, wie dies Ihr Bruder bei Ihnen tat.

Dadurch wird Ihnen bewusst, dass Sie die von Ihnen eigentlich abgelehnte Verhaltensweise Ihres Bruders unbewusst übernommen haben. Dadurch wird Ihre Wahrnehmung von bestimmten Personen verfälscht.

Aufgabe 19

Verfälschende Wahrnehmungstendenzen
Suchen Sie ein ähnliches Beispiel für eine verfälschende Wahrnehmungstendenz bei Ihnen und beschreiben Sie, wie diese sich im Traum zeigt.

Merksatz:
Traumarbeit reinigt unsere Wahrnehmung, lässt uns wach werden und bewusst unsere Umwelt wahrnehmen. Ohne die Traumarbeit nehmen wir stets unsere Projektionen, also unsere eigenen inneren Bilder statt unsere Umwelt wahr.

Nun haben wir schon des Öfteren von der *Projektion* gesprochen. Was verbirgt sich hinter dem psychischen Mechanismus der Projektion, der so wesentlich für unsere Träume ist?

Was wir in unseren Träumen erleben, sind unsere Projektionen, die immer unbewusst sind. Wenn wir uns unsere Träume bewusst machen, dann machen wir uns damit auch unsere Projektionen bewusst. Die Bewusstheit löst jedoch die Projektion sogleich auf.

Wir sehen, dass Projektion und Schatten eng zusammenhängen: Was wir an uns ablehnen, schauen wir in Menschen unserer Umwelt hinein, wodurch wir nicht diese Menschen, sondern im Grunde nur uns selbst sehen. Daraus folgt, dass wir auch im Traum in jeder Situation und in jeder Person, in jedem Gegenstand, kurzum in jedem Traumelement einzig und allein uns selbst sehen.

»Alle Lücken, wo wirkliches Wissen fehlt, werden immer noch mit Projektionen aufgefüllt. Wir sind immer noch beinahe sicher, dass wir wissen, was andere Leute denken oder was ihr wahrer Charakter ist. Wir sind überzeugt, dass gewisse Leute all jene schlechten Eigenschaften haben, die wir in uns selbst nicht finden, oder dass sie all diese Laster leben, die natürlich niemals unsere eigenen sein können« (C. G. Jung, *Gesammelte Werke*, Bd. 4, S. 86).

Wir werden in dem Kapitel bei der Behandlung des Symbolverständnisses auf der Subjekt- und Objektstufe noch näher auf dieses Erkenntnis eingehen, wonach der Traum eine Spiegelfunktion für uns selbst besitzt.

In der Literatur finden Sie die Spiegelfunktion des Traums in dem Fantasy-Roman »Der Zauberer der Nacht« der englischen Autorin Catherine Webb spannend gestaltet.

Vom Sinn der Traumarbeit

Eine der schönsten und prägnantesten Aussagen über die höhere Vernunft unserer seelischen Prozesse im Schlaf stammt von R. W. Emerson (1904):

»Träume besitzen eine dichterische Integrität und Wahrheit. In dieser Rumpelkammer und Abfallgrube des Denkens herrscht auch eine gewisse Vernunft. Ihre Abweichung von der Natur vollzieht sich auf einer höheren Ebene. Sie scheinen uns ein Hinweis auf eine Fülle und Beweglichkeit des Denkens zu sein, die wir im Wachen nicht kennen. Sie irritieren uns durch ihre Unabhängigkeit von uns, und trotzdem erkennen wir uns in diesem verrückten Durcheinander wieder und verdanken unseren Träumen eine Art Hellsicht und Weisheit.

Meine Träume sind nicht ich. Sie sind nicht die Natur oder das Nicht-Ich; sie sind beides. Sie haben ein doppeltes Bewusstsein, sie sind gleichzeitig sub- und objektiv. Wir bezeichnen die aufsteigenden Phantome als Schöpfung unserer Fantasie, aber sie benehmen sich wie Meuterer und schießen auf ihren Befehlshaber, sie zeigen uns, dass jede Handlung, jeder Gedanke, jede Ursache bipolar ist, dass in jeder Handlung bereits die Gegenhandlung enthalten ist. Wenn ich zuschlage, werde ich geschlagen, wenn ich jage, werde ich verfolgt ...« (zitiert von Erich Fromm, *Märchen, Mythen, Träume).*

Warum ist es wichtig, mit seinen Träumen zu arbeiten?

Sagten wir eben, dass der Traum ein Spiegel ist, so gibt uns er uns damit die Möglichkeit, uns selbst zu sehen.

Im »Talmud« (neben dem Alten Testament das Hauptwerk des Judentums, das zwischen 500 und 600 n. Chr. abgeschlossen wurde), dem Weisheitsbuch der Juden, heißt es, dass ein ungedeuteter Traum wie ein ungelesenes Buch ist. Auch ein nicht gedeuteter Traum wirkt, denn auf der Ebene des Unbewussten ordnet er die Gefühle und inneren Bilder.

Möchte man jedoch systematisch die tiefere Weisheit seiner Träume nutzen, ist es unumgänglich, sie zu deuten.

Wenn wir uns weiterentwickeln, geschieht dies nämlich ganzheitlich, und zwar auf der Ebene von Körper, Bewusstsein und Gefühl. Das heißt in Bezug auf den Traum, dass wir auch intellektuell verstehen müssen, was der Traum uns sagt. Wir können nur behalten und ausbauen, was wir verstanden haben.

Auf der körperlichen Ebene lernen wir die Bewegungsabläufe im Traum. Im Traum findet nämlich eine Art Probehandeln statt, was bedeutet, dass wir im Traum etwas einüben, das wir dann im Wachbewusstsein besser durchführen können.

Wenn Sie beispielsweise einen Verfolgungstraum haben, so können Sie in diesem Traum lernen, gerade nicht vor der vermeintlichen Gefahr wegzulaufen, sondern sich ihr zu stellen. Man stellt im Verfolgungstraum häufig fest, dass die Flucht die unproduktivste Verhaltensweise ist. Besser ist es, sich der Gefahr zu stellen. Oftmals kehren solche Träume wieder, und es kann sein, dass das Verhalten des Traum-Ichs sich automatisch ändert, indem es nicht mehr flieht. Man kann dieses Lernen aber auch verstärken, indem man sich hinlegt und sich einen Verfolgungstraum, den man kürzlich träumte, so klar wie möglich vorstellt. Das Ende dieses Traums verändert man jedoch bewusst dahingehend, dass man den Verfolger anspricht oder indem man ganz ins Paradox geht und umarmt, was einen verfolgt. So wird man auch im Leben bei Herausforderungen nicht mehr erstarren, sondern sich ihnen stellen. Das ist ein Lernen auf der körperlichen Ebene.

Weiter oben haben wir geschrieben, dass man einen Traum verstehen muss. Aber was bedeutet »verstehen«?

Auf diese Frage werden wir im Kapitel über die Symbole noch genauer zurückkommen. Hier sei schon einmal vorab gesagt, dass Verstehen keineswegs einseitig ein intellektuelles Verstehen bedeutet, sondern auch ein emotionales Erfassen und Berührtsein. Verstehen heißt in der Traumarbeit, eine Traumlehre sowohl gefühlsmäßig als auch emotional verarbeitet zu haben.

Daraus ergibt sich folgende **Grundregel der Traumarbeit:**

Einen Traum zu verstehen, heißt, ihn gefühlsmäßig und intellektuell verarbeitet zu haben. Man lässt sich von dem Traum in seinem Gefühl be-

rühren, und man kann sich zugleich auch intellektuell erklären, was dieser Traum bedeutet.

Schauen wir uns den intellektuellen Anteil des Verstehens genauer an, können wir bemerken, dass es im Gegensatz zu der uns gewohnten Alltagslogik oftmals viele Möglichkeiten gibt, einen Traum zu verstehen. Es gibt stets viele gültige Deutungen eines Traums. Man kann sich das so vorstellen, dass ein Traum viele verschiedene Bedeutungsebenen besitzt, die alle »richtig« im Sinne von »zutreffend« sind. Das wahre Verständnis eines Traums liegt in der Gesamtheit aller dieser Bedeutungen. Andersherum betrachtet: Ein Traum besitzt so viele Bedeutungen, wie Sie als Träumer in ihn hineinsehen können. Damit verhält sich der Traum wie ein Kunstwerk, das so viele Bedeutungen wie Betrachter aufweist. Durch diese Eigenschaft des Traums wird unsere intellektuelle Starrheit aufgelöst, die stets nach einer eindeutigen, griffigen Lösung sucht, um dann alles dieser Lösung zu unterwerfen.

Das Leben ist aber mehrdimensional. Der Traum bildet ein Abbild des Lebens, indem er das Spiel betont. Er lockert Starres auf.

Wenn wir einen Traum in diesem Sinn verstehen, dann steht am Ende unserer Interpretation nicht »die Moral von der Geschicht'«, sondern vermeintliche Sicherheiten sind fragwürdig geworden, Starrheiten unseres Denkens haben sich aufgelöst. Das ist der Vorgang, den C. G. Jung in Anlehnung an die mittelalterliche Alchemie »Conjunctio« nannte: Der weibliche Archetyp (des Traums) hat den männlichen Archetyp (des Intellekts) vor seiner eigenen Starrheit gerettet.

Betrachten Sie folgenden Traum:
Herr Bernhard (57 Jahre alt, geschieden, in leitender Position bei einer Bank tätig) träumte eines Nachts, dass er mit seinem Segelboot an einen großen Strudel kam, der ihn verschlang. Aber anstatt vor Schreck zu erwachen, gelangte er zu einer glitzernden Unterwasserwelt, in der er eine wunderschöne Frau sah, die ihn mit den Worten empfing: »Endlich bist du gekommen!«

Interpretation:
Herr Bernhard war stolz darauf, ein Mann der Tat zu sein, der wusste, wo es lang ging, und auch darauf, sich eine hohe Position erkämpft zu haben. Seine Männlichkeit hatte etwas Cowboyhaftes. Im Traum sieht sich unser »echter Mann« nun auf einem See, der das Gefühl symbolisiert, und wird

von einem Strudel, der großen Vagina, eingesogen. Hieraus spricht zwar zum einen die Urangst des Mannes, vom Weiblichen verschlungen zu werden (das drückt sich in der Befürchtung aus, von der Arbeit weg in die Lust gelockt zu werden, die derart fasziniert, dass alle Arbeit vergessen wird), zum anderen seine Sehnsucht, vom Weiblichen empfangen und befruchtet zu werden. Er hat die Initiation bestanden, um die Conjunctio, die Verbindung mit dem Weiblichen zu erleben, indem er nicht vor Schreck im Strudel erwacht, sondern bis zu seiner Anima-Figur vorstößt. Hier kann er nun den Kontakt mit seiner weiblichen Seite herstellen.

In der sich anschließenden therapeutischen Aufarbeitung dieses Traums wurde der Klient aufgefordert, sich vorzustellen, wie er sich mit dieser Frau vereinigt. Denn erst die Vereinigung stellt die abgeschlossene Conjunctio dar.

Träume dieser Art zeigen an, dass der Träumer bereit ist, sich auch in seinem Alltagsleben der Seite zu öffnen, die er bislang vernachlässigt oder gar missachtet hat. Man könnte hier von einer Verbindung von Gefühl und Intellekt, von intuitivem Einfühlungsvermögen und realistischer Durchsetzungskraft reden, die der Träumer nun in seinem Leben vollziehen kann. Damit dies gelingt, ist es notwendig, die Ankündigung dieser Synthese in den Träumen zu verstehen, um sich ihr öffnen zu können. Der Traum bereitet also den Träumer vor, sich bestimmten Einsichten zu öffnen.

Obwohl wir diesen Traum zugegebenermaßen ziemlich schematisch gedeutet haben, möchten wir Ihnen empfehlen, die Analyse oder Interpretation eines Traums nicht wie eine mathematische Aufgabe abzuschließen, die man ein für alle Mal in der einzig richtigen Weise gelöst hat, sondern die Lösung eines Traums offen zu lassen. Auch für diesen Traum gibt es freilich noch andere Deutungsebenen, die uns aber hier nicht weiter interessieren. Wir lassen sie zumindest vorläufig offen.

Der humanistische Psychologe Carl Rogers (1902–1987) betonte, dass er niemals einen Patienten mit dem Gefühl aus einer Sitzung entlassen habe, alles verstanden zu haben, weil eine Erkenntnis dann sogleich wieder vergessen werde. Was man meint, verstanden zu haben, legt man leicht »ad acta«, hakt es innerlich ab und beschäftigt sich nicht mehr damit. Bleibt dagegen ein Verständnis in der Schwebe, wirkt es innerlich weiter und ein Veränderungsprozess kann stattfinden. Aus diesem Grund sollte man einen Traum niemals so behandeln, als ob man ihn vollständig und ein für alle Mal verstanden habe. Wie im vorigen Traum verstehen wir stets nur einige aktuelle Aspekte.

Ein Traum birgt immer ein Geheimnis, das sich niemals ganz offenbart. So waren sich selbst S. Freud und C. G. Jung trotz aller Unterschiede darüber einig, dass ein Traum niemals vollständig zu entschlüsseln sei.

Aufgabe 20

Analysieren Sie einen »alten« und gedeuteten Traum aus dem heutigen Blickwinkel.
Schauen Sie Ihr Traumbuch durch und suchen sich einen Traum, der schon länger zurückliegt und den Sie schon gedeutet haben. Schauen Sie sich den Traum aus Ihrer jetzigen Perspektive an und suchen Sie nach neuen Bedeutungen.

Das haben Sie wahrscheinlich auch schon selbst erfahren: Träume, die Sie beispielsweise vor einem Jahr interpretierten, können heute völlig neue Bedeutungen erlangen, an die Sie zuvor niemals gedacht haben. Träume entschleiern ihre Bedeutung über die Zeit.

»Während Menschen träumen, empfinden sie nicht, dass es ein Traum ist. Einige werden sogar einen Traum im Traum haben und erst nach dem Erwachen wissen, dass alles ein Traum war. Und wenn das große Erwachen über uns kommt, werden wir wissen, dass dieses Leben ein großer Traum ist. Nur Narren glauben, jetzt wach zu sein.

Einst geschah es, dass ich, Tschuangtse, träumte, ich sei ein Schmetterling, ein flatternder Schmetterling, der sich wohl und glücklich fühlte und nichts wusste von Tschuangtse. Plötzlich erwachte ich und lag da und war wieder ich selbst. Nun weiß ich nicht, war ich ein Mensch, der träumte, er sei ein Schmetterling, oder bin ich ein Schmetterling, der jetzt träumt, er sei Tschuangtse? So ist es mit der Wandlung der Dinge …« (MacKenzie, *Träume*).

Wenn wir die Traumarbeit in diesem Sinne durchführen, kann sie ihren vollen Sinn entfalten, der darin liegt

- den eigenen Blickpunkt zu erweitern und
- sich selbst besser zu erkennen.

Beide Aspekte hängen eng miteinander zusammen. Jede Selbsterkenntnis bringt eine Erweiterung des eigenen Blickwinkels, wie auch letztlich jede

Erweiterung des eigenen Blickwinkels Rückwirkungen auf die Selbsterkenntnis hat.

In der Praxis sollten Sie bei der regelmäßigen Traumarbeit Folgendes unbedingt beachten:

- Alle Einfälle, die ich zu einem Traum habe, sind sinnvoll.
- Auch sich widersprechende Einfälle haben ihre Berechtigung.

Schauen Sie sich bei Ihrer Traumarbeit besonders die Einfälle genau an, die Sie spontan ablehnen.

Merksatz:
Erschlagen Sie einen Traum nicht mit seiner Interpretation! Lassen Sie das Verständnis eines Traums offen in dem Bewusstsein, dass jeder Traum viele Bedeutungsebenen besitzt, die sich oftmals erst über die Zeit entfalten.

Begriffserklärungen zu diesem Kapitel

Apokalypse: Die Apokalypse des Johannes ist ein »gechanneltes« Buch der Bibel, das bis zum zeitgenössischen Channeling immer wieder Nachahmer fand.
Channeling: Postmoderne Form, mit Visionen umzugehen, wobei es oft äußerst fraglich ist, ob es sich hierbei wirklich um Visionen als Eingaben von »höheren Quellen« handelt. Channeling wird oft bewusst herbeigeführt und findet häufig in leichter Trance statt. Wie bei den Visionen gibt es hier wenig neue Themen, und die meisten der Botschaften ähneln der ↗ Apokalypse des Johannes.
Conjunctio: Aus der Alchemie übernommener Begriff der analytischen Psychologie C. G. Jungs, der die harmonische Verbindung von weiblicher und männlicher Seite anzeigt.
Komplementäre Funktion: Mit der komplementären Funktion des Traums wird die ganzheitliche und ergänzende Eigenschaft der Träume betont. Das bedeutet, dass der Traum ständig ein Gegenbild zu der von uns erlebten und gelebten Realität schafft, indem er uns gerade das vorstellt, was wir nicht sehen oder leben wollen.
Theosophie: Die Theosophie ist eine von Helena Blavatsky (1831–1891), Charles Leadbeater (1854–1934) und Annie Besant (1847–1933) gegrün-

dete Vereinigung, die sich stark mit ostasiatischer Spiritualität beschäftigte. Sie spielte besonders im England des viktorianischen Zeitalters eine große Rolle und brachte die erste Welle spiritueller Gedanken zu Beginn des 20. Jahrhunderts ins Rollen. Letztlich waren auch die großen englischen Freimaurer-Logen wie beispielsweise »The Order of the Golden Dawn« vom theosophischen Gedankengut beeinflusst, das noch heute maßgeblich populäre Karma-Auffassungen prägt.

Traum-Ich: Das im Traum erlebte eigene Ich, das dort agiert oder beobachtet.

Vision: Die Vision ist dem Tagtraum vergleichbar und entspricht strukturell einem überpersönlichen Traum, der jedoch oftmals am Tag empfangen wird. Die große Zeit der Visionen war das Mittelalter. Die Tradition der Visionäre wurde in jüngerer Zeit wieder vom so genannten Channeling aufgenommen.

Literaturhinweise zu diesem Kapitel

Ann Faraday: *Deine Träume, Schlüssel zur Selbsterkenntnis.* (Fischer Taschenbuch Verlag) Frankfurt 2000

Klausbernd Vollmar: *Das Arbeitsbuch zur Traumdeutung.* (Iris Bücher/Schors) Amsterdam 2002

Klausbernd Vollmar; Johannes Fiebig: *Traum und Traumdeutung – erleben und verstehen.* (Königsfurt) Krummwisch 2001

Klausbernd Vollmar; Martin Haeusler: *Der letzte Schrei aus dem Jenseits. Channeling-Buch I*, (Verlag Simon & Leutner) Berlin 1986 (nur noch antiquarisch oder über mail@kbvollmar.de zu beziehen)

Fragenarchiv und Themenspeicher

Notieren Sie sich hier, wie bereits bekannt, Fragen, die sich Ihnen im Laufe der Traumarbeit stellen, und Themen, die Sie noch vertiefen möchten. So kann nichts Wichtiges verloren gehen.

Schreiben Sie jeweils das Datum mit dazu und halten Sie fest, wann und wie sich eine Frage beantwortet hat bzw. wie Sie das Thema vertiefen möchten (dieses oder jenes Buch lesen, jemanden fragen, im Internet recherchieren etc.) und wann Sie das mit welchem Ergebnis getan haben.

5 Deutungstechniken I

Zur Vorbereitung

Bevor Sie weiterlesen, überprüfen Sie bitte den Stand Ihrer Traumarbeit anhand des Arbeitsbarometers:

Das Arbeitsbarometer zu den bisherigen Schritten in Ihrer Traumarbeit

Kreuzen Sie an:

Zufrieden ***Nicht zufrieden***

Stand der Arbeit mit dem Traumtagebuch

3 2 1 0 1 2 3

Stand der Arbeit mit dem Symbollexikon

3 2 1 0 1 2 3

Aufgaben mit den Bewusstseinszuständen

3 2 1 0 1 2 3

Veränderung von Einschlaf- und Aufwachkultur

3 2 1 0 1 2 3

Ungedeutete Träume sind wie Chancen, die man nicht wahrnimmt. Träume wollen also gedeutet werden – aber wie?

Darauf gibt Ihnen das folgende Kapitel dieses Kurses Antworten.

- Fragen Sie sich selbst vor und nach jeder Deutung Ihrer Träume, wohin Sie mit Ihrem Traumverständnis gelangen wollen.

- Werden Sie sich über Ihre Ziele klar.
- Denken Sie einmal darüber nach, warum und wozu Sie Ihre Träume deuten wollen.

Machen Sie sich eines vor jeder Deutung Ihrer Träume bewusst: Wenn Sie sich für die Traumarbeit, gleich welcher Art, entscheiden, dann entscheiden Sie sich zugleich für eine Veränderung auf irgendein Ziel und Ideal hin und damit gegen die Akzeptanz dessen, wie Sie jetzt sind. Sie entscheiden sich für eine Veränderung. Deshalb kann man sagen, dass Sie mit der Traumarbeit zu dem werden können, was Sie sind.

Trotz aller Disziplin, die (leider) zur Traumarbeit notwendig ist, möchten wir Ihnen zugleich empfehlen, Ihre Träume auch augenzwinkernd und aus der Distanz zu betrachten. Werden Sie kein bitterernster Traumdeuter und nicht abhängig von Ihren Träumen, sondern spielen Sie mit Ihren Träumen im Sinne Friedrich Schillers (Johann Christoph Friedrich von Schiller, deutscher Dichter der klassischen Periode, 1759–1803), der in seinen Briefen zur Ästhetik sagte: »Der Mensch ist Mensch nur, wenn er spielt.«

Mit der Traumdeutung begeben Sie sich auf eine »Abenteuertour«, indem Sie Ihrem eigenen Inneren folgen. Dieser Weg ist nicht gerade der einfachste, aber er lohnt sich, obwohl er bisweilen durch tiefe Ängste und Unsicherheiten führt.

»Im Traum können wir das Urstadium der Psyche am leichtesten wiederfinden, das wie alle anderen vergangenen Weltstufen in uns weiter existiert und jederzeit wieder belebbar ist, wenn eine gewisse Bewusstseinsveränderung eintritt, wie z. B. im Schlaf.«

So sieht der Jung-Schüler Erich Neumann (Autor grundsätzlicher Arbeiten zum männlichen und weiblichen Archetyp, 1905–1960) den Traum. Er spricht von früheren Weltstufen und Bewusstseinsveränderungen. Aber das »Frühere« ist eigentlich gar nicht vergangen, sondern es existiert zugleich auch heute. Das Urstadium der Psyche reagiert im Traum auf die Gegenwart.

Wir möchten Sie anregen, einmal über Folgendes nachzudenken:

- Was ist heute – was ist früher im Traum?
- Wie verändert sich mein Bewusstsein im nächtlichen Traum?
- Warum wende ich mich der Traumdeutung zu?
- Was möchte ich an mir verändern?

Traumdeutung für sich und andere

Bedeutend fand ich stets die sanften Träume,
die der Morgen uns ums Haupt bewegt.

(Goethe, *Nausikaa)*

Bei der Traumdeutung ist es wesentlich, ob man seine eigenen Träume deutet oder die anderer Menschen. Deuten Sie die Träume anderer Menschen, machen Sie sich während der Deutung ständig klar, dass Träumer oder Träumerin am besten über die Bedeutung ihrer Träume Bescheid wissen. Das mag zwar dem Träumer oder der Träumerin oftmals nicht deutlich sein, aber Ihre Aufgabe als Traumdeuter besteht darin, das tiefe, innere Wissen des Träumers zu aktivieren. Traumdeutung für andere ist im Grunde Hebammenkunst, da Sie einem inneren Wissen des Träumers zur Geburt verhelfen.

Deutung fremder Träume

Halten Sie sich beim Deuten der Träume anderer stets vor Augen, dass alles, was Ihnen zu dem berichteten Traum einfällt, zunächst einmal *Ihre* Projektion darstellt. Ob man will oder nicht, man betrachtet den Traum einer anderen Person immer, als ob man diesen Traum selbst geträumt hätte. Glücklicherweise bedeutet Menschsein, dass wir uns alle vergleichbaren Herausforderungen stellen müssen, die allerdings durch den individuellen Lebensweg stark modifiziert werden.

Beim Deuten konfrontieren Sie den Träumer am besten mit Fragen, statt ihm Ihre fertigen Interpretationen vorzulegen. Das heißt keineswegs, dass Sie nicht eine Deutung im Kopf haben, aber diese Deutung ist Ihre eigene. Sie sagt zunächst einmal mehr über Sie als über den Traum des Träumers oder der Träumerin aus. Ihre wichtige Aufgabe besteht darin, den Träumer auf seiner emotionalen Ebene zu halten oder ihn überhaupt erst einmal dazu zu bringen, dass er seine Gefühle spürt, und ihn bei Abschweifungen immer wieder zum Traum zurückzuführen. Achten Sie stets darauf, dass Sie selbst nicht zu viel reden!

Deutung eigener Träume

Der Schlüssel zur Deutung der eigenen Träume liegt in Ihrem Gefühl. Damit wollen wir nicht sagen, dass Sie Ihren Intellekt bei der Traumdeutung an der Garderobe abzulegen haben, wohl aber, dass Sie sich beim Deuten Ihres Traums ständig fragen, welche Emotionen die verschiedenen Symbole, Bilder und Situationen in Ihnen ansprechen. Schauen Sie sich besonders eingehend an, was Ihnen Angst macht.

Schweifen Sie, wie bei der Deutung von Träumen anderer, nicht zu weit von Ihrem Traum ab. Kehren Sie nach jeder Deutungsidee wieder zum konkreten Traum zurück. Schauen Sie, wie sich diese Idee in Ihrem Traum konkret zeigt.

Beim Deuten eines Traums sollten Sie stets genau unterscheiden, was Wunsch und was Befürchtung ist. Es ist nur menschlich, dass wir dazu neigen, unsere Träume im Hinblick auf die Erfüllung unserer Wünsche zu deuten, und dabei leicht übersehen, dass sie auch unsere Befürchtungen ansprechen.

Wenn Sie diese Hinweise beherzigen, vermeiden Sie die häufigsten und zugleich grundsätzlichen Fehler bei der Traumdeutung.

Übersicht zur Traumdeutung

Eigene Träume

- *Achten Sie auf Ihre Gefühle.*
- *Fragen Sie sich, welche Deutungen Sie aus Angst ablehnen.*
- *Bleiben Sie im engen Kontakt mit Ihrem konkreten Traum.*

Träume anderer Menschen

- *Achten Sie auf Ihre Projektionen.*
- *Stellen Sie Ihre eigene Deutung zurück.*
- *Halten Sie den Träumer in seinem Gefühl.*
- *Halten Sie den Träumer in Kontakt mit seinem konkreten Traum.*

Aufgabe 21

Deuten Sie einen Ihnen unbekannten Traum.
Versuchen Sie folgendes Traumbild »Flucht vor dem Mann« zu deuten:

Eine Frau träumt Folgendes: Ich fliehe vor meinem Freund. Er ist böse und verfolgt mich. Ich habe das Gefühl, er ist überall. Immer wenn er mich fast hat, fliege ich weg. Im Traum möchte ich mich trennen und zu einem anderen Mann gehen. Er ist kurzzeitig auch da, dann aber wieder weg. In einem Abschnitt des Traums sehe ich auch Drogen.

Es handelt sich bei der Träumerin um eine 26-jährige Frau, die folgende Zusammenhänge zu ihrem momentanen Leben herstellt: Ich bin in einer Beziehung, welche die letzten Jahre nicht leicht war. Manchmal denke ich, dass ich mich trennen möchte.

Dieser Traum soll Ihnen einen ersten Eindruck Ihres Umgangs mit Träumen anderer Menschen vermitteln.

(Am Ende dieses Kapitels finden Sie unsere Anmerkungen zu diesem Traum.)

Aufgabe 22

Ihre Projektionen bei Deutungen
Bei welchen Ihrer Aussagen über den gedeuteten Traum vermuten Sie eigene Projektionen?

Sprachliche Formen der Deutung

In diesem Abschnitt wenden wir uns den sprachlichen Formen der Traumdeutung zu. Die verbale Deutung ist jedoch keineswegs die einzige und vielleicht nicht einmal die effektivste Form der Traumdeutung, wie wir im nächsten Kapitel noch sehen werden. Sie ist allerdings die am weitesten verbreitete Form der Traumdeutung und vielleicht auch diejenige, die mit dem geringsten Aufwand erstaunliche Einsichten und emotionale Betroffenheit erzeugt. Wir nehmen an, dass über 90 Prozent der Traumdeutung sprachlich geschieht.

Letztendlich beginnt die sprachliche Form der Traumdeutung schon damit, dass wir einen Traum aufschreiben oder erzählen. Bei der Niederschrift oder der Erzählung des Traums ordnen wir dessen Inhalt und formen ihn zumeist in eine Art kürzere oder längere Geschichte. Der Ursprungstraum wird dabei schon in der Erinnerung bearbeitet. Das nannte Freud »Traumarbeit«, denn der eigentliche, nicht bearbeitete Traum ist höchstwahrscheinlich viel chaotischer, als wir annehmen. Deswegen fällt die Niederschrift eines Traums manchmal so schwer, da er nicht so geordnet ist, wie es unsere Alltagssprache verlangt. Folgende sprachliche Deutungstechniken mit ihren Vor- und Nachteilen stellen wir Ihnen in diesem Kapitel vor:

- Assoziationstechnik
- Fragetechnik
- Beobachtung des Traum-Ichs
- Betrachtung der Dramenstruktur des Traums
- Identifikation mit dem Traumsymbol

Diese fünf grundlegenden Techniken der sprachlichen Traumdeutung gehen alle davon aus, dass Sprache und Emotionen eng miteinander verbunden sind. Über sprachliches Verstehen soll eine emotionale Berührtheit oder Betroffenheit entstehen. Es kommt weniger darauf an, den Traum logisch zu verstehen, als ihn zu »erspüren«.

Alle fünf Grundtechniken der verbalen Traumdeutung kann man sowohl zur Deutung seiner eigenen Träume als auch zur Deutung der Träume anderer benutzen.

Die Assoziationstechnik

Die Assoziationstechnik stellt sicherlich die am weitesten verbreitete und bekannteste Traumdeutungstechnik dar. Sie geht auf eine Beobachtung Freuds zurück, dass nämlich der freie Fluss der unzensierten Einfälle zu einem Traumsymbol den Träumer unweigerlich über kurz oder lang zu seinem Problem führt. Man könnte auch sagen, dass ein Problem einen Magnetismus bildet, der alle Gedanken und Einfälle beherrscht. Freud arbeitete fast ausnahmslos mit dieser Assoziationstechnik und brach damit eine Tradition der Traumdeutung, nämlich den Träumer unter Hypnose seinen Traum berichten und deuten zu lassen. Böse Zungen behaupten, dass Freud nicht hypnotisieren konnte, was sicherlich nicht zutrifft.

Bei der Assoziationstechnik unterscheidet man zwischen der **freien und gebundenen Assoziation**. Bei der freien Assoziation geht man davon aus, dass jegliche Assoziation zu einem Traumsymbol, wie weit sie auch vom konkreten Traum wegführt, sinnvoll ist. Man bearbeitet dann die Stelle, wohin einen die Assoziation geführt hat.

Die gebundene Assoziation, die C. G. Jung vorzog, geht davon aus, dass jegliche Assoziation zu einem Traumsymbol immer wieder auf den betreffenden Traum zurückbezogen werden muss, da man sonst keine Traumdeutung , sondern allgemeine Psychotherapie betreibt.

Die freie Assoziation

Die freie Assoziation kann man gut mit Papier und Bleistift ausüben. Man schreibt ohne nachzudenken alle Einfälle zu einem seiner Traumsymbole nieder, und zwar solange, bis einem entweder nichts mehr einfällt oder man tief emotional berührt wird. Die Stelle, an der die Einfälle stocken, betrachtet man genauer.

Beispiel:

Ein 28-jähriger unverheirateter Mann träumt von einem VW-Bus. Der Traum endet damit, dass der Träumer seinen Bus auf einem Basar in der Wüste gut verkauft, nachdem er nur unter Schwierigkeiten eine Grenze passieren konnte. Seine Assoziationskette zum Symbol VW-Bus lautet: Reisen, ferne Länder, Orient, Freak-Leben. Hier gerät seine Assoziation ins Stocken und ihm fallen keine neuen Stichworte mehr ein.

Die weitere Bearbeitung ergibt, dass dieser Mann sich in seinem Beruf und seiner Lebenssituation äußerst unglücklich fühlt, was er sich aber nicht eingesteht, da er einen sehr angesehenen und gut bezahlten Beruf ausübt. Im tiefsten Innern seiner Seele träumt er vom freien, unabhängigen Leben, das er ein Jahr lang geführt hat, als er mit einem VW-Bus durch Asien fuhr.

Bei der freien Assoziation wird nun diese Unzufriedenheit genauer betrachtet, ohne unbedingt weiter auf den Traum einzugehen.

Was in diesem Beispiel in der Traumtherapie geschah, kann man auch gut alleine durch Aufschreiben erreichen.

Aufgabe 23

Zur Methode der »freien Assoziation«
Wählen Sie zwei Symbole aus Ihren letzten Träumen und praktizieren Sie die freie Assoziation.

Die gebundene Assoziation

Nehmen wir dasselbe Beispiel von eben. Auch hier wird die Unzufriedenheit mit der neuen Lebenssituation des Träumers betrachtet, allerdings werden alle Aussagen wieder auf den gesamten Traum zurückgeführt.

Betrachtet man die Trauminformation, zeigt sich deutlich, dass die neue Arbeit und Lebenssituation für den Träumer eine Grenzüberschreitung darstellt, die ihm aber Gewinn bringt. Das entspricht dem positiven Gefühl des Träumers, mit dem er aus diesem Traum aufwachte.

Dieses kurze Beispiel zeigt, dass die gebundene Assoziation stets zum konkreten Traum zurückkehrt und damit den Traum differenzierter deutet als die freie Assoziation, für die der Traum nur ein Ausgangspunkt darstellt.

Auch die gebundene Assoziation können alle Träumenden allein durch Aufschreiben durchführen.

Aufgabe 24

Zur Methode der »gebundenen Assoziation«
Wählen Sie einen Ihrer letzten Träume und bearbeiten Sie diesen mit der gebundenen Assoziation

Die Assoziationstechnik auf verschiedenen Ebenen

Eine Art Mischform der freien und gebundenen Assoziation ist die Assoziation auf verschiedenen Ebenen.

Bei dieser speziellen Technik werden die Assoziationen als Ausgangspunkt für weitere (tiefer gehende) Assoziationen benutzt. Dies könnte bei dem oben genannten Beispiel so aussehen:

1. Assoziationsebene: »ferne Länder«
2. Assoziationsebene (zu »ferne Länder«): Sein Vater hat auch häufig von fernen Ländern geträumt.
3. Assoziationsebene (zu seinem Vater und dessen Wunsch nach Fernreisen): Seine Eltern, die für unterschiedliche Seiten in ihm stehen. Seine Mutter mit ihrer eher konservativen Seite und sein Vater mit seinem nicht gelebten Drang, aus dem Alltag auszubrechen.

Aufgabe 25

Zur Methode der Assoziationstechnik auf verschiedenen Ebenen
Wählen Sie einen Ihrer Träume und bearbeiten Sie diesen nach der oben beschriebenen Methode (Assoziationstechnik auf verschiedenen Ebenen).

Aufgabe 26

Ihre Erfahrungen mit den drei Techniken
Beschreiben Sie Ihre Erfahrungen diesen Techniken.

Die Fragetechnik

Alle Träume bestehen aus Symbolen. Diese Symbole bleiben in ihrer Bedeutung oftmals unklar. Bei jedem Symbol kann man jedoch fragen, was es einem mitteilen möchte. Das ist natürlich sofort einsehbar bei Personen im Traum. Wie im Märchen können aber auch Tiere und selbst Gegenstände bei der Traumbefragung sprechen.

Sie gehen wie folgt vor:

Nachdem Sie den Traum gehabt haben, stellen Sie sich am nächsten Abend vor dem Einschlafen in tiefer Entspannung mit geschlossenen Augen das Ihnen unklare Symbol so deutlich wie möglich vor. Wenn Sie es klar vor Ihrem inneren Auge sehen, sprechen Sie dieses Symbol an. Fragen Sie es, was es Ihnen mitteilen möchte. Sie werden zu Ihrer Verwunderung bemerken, dass dieses Symbol sogleich antwortet.

Überraschend ist, dass diese Antwort außerdem weiser zu sein scheint als Ihr normales Alltagsbewusstsein.

Fragen Sie sich jedoch niemals, woher diese Antwort kommt. Das zerstört die Magie dieser Situation, und die Antworten bleiben aus. Sind Sie in dieser Technik etwas geübter, können Sie sich auch mit Ihren anderen Traumsymbolen unterhalten.

Falls Sie diese Übung über längere Zeit durchführen, werden Sie sicherlich Ihrem Traumführer begegnen, der eine Verkörperung Ihres Höheren Selbst darstellt. C. G. Jung beschreibt in »Erinnerungen, Träume und Gedanken von C. G. Jung«, wie er seit seiner großen Krise nach dem Bruch mit Freud von einem weisen Mann und einer weisen Frau geleitet wurde.

Aufgabe 27

Methode der Fragetechnik
Versetzen Sie sich in tiefe Entspannung und arbeiten Sie mit einem Traumsymbol aus Ihren letzten Träumen, das Sie noch nicht geklärt haben. Befragen Sie eventuell mehrere Symbole und notieren Sie Ihre Erfahrungen.
Für diese Methode benötigen Sie Zeit und Ruhe.
Sie können gleichzeitig üben, entspannt zu sein.

Die Beobachtung des Traum-Ichs

Eine sehr effektive und leicht anwendbare Technik der Traumdeutung besteht in der Beobachtung des Traum-Ichs. Wie gesagt, das Traum-Ich ist jene Person im Traum, mit der sich der Träumer oder die Träumerin identifiziert Dieses Traum-Ich tritt grundsätzlich in zwei verschiedenen Situationen auf: als Beobachter oder als Handelnder.

Oft kann man beobachten, dass zu Beginn einer Therapie das Traum-Ich relativ passiv ist und sich wenig in die Handlung des Traums einmischt. Häufig wird es im Traum gar nicht wahrgenommen. Ein passives Traum-Ich kann nur reagieren und zieht deswegen auch Leiden auf sich, da es die Situation nicht gemäß seinen Bedürfnissen gestaltet.

Sprachen wir zu Beginn dieses Kurses davon, dass der Traum uns unser nicht gelebtes Leben zeigt, so kommt es auch vor, dass der Traum uns genau vor Augen führt, wie wir uns im Alltagsleben verhalten. Sie erinnern sich: Gegensätze sind im Traum gleich. Ein passives, reaktives Traum-Ich verweist fast immer auf einen Leidensdruck des Träumers oder der Träumerin, der durch deren Passivität zustande kommt. Bringe ich nun mein passives Traum-Ich zum Handeln, dann wird damit normalerweise automatisch auch der Leidensdruck im Alltagsleben verringert. Das erklärt sich dadurch, dass wir im Traum sozusagen zur Probe handeln. Was wir im Traum tun können, das können wir auch leichter in unserem alltäglichen Leben verwirklichen.

Wie wird nun das passive oder reaktive Traum-Ich aktiviert?

Es gibt dazu zwei Möglichkeiten:

1. durch luzides Träumen
2. durch Visualisierungstechniken

Über das luzide Träumen möchten wir hier nicht weiter sprechen, da dieses Thema zu komplex ist und wir uns an anderer Stelle mit dieser Technik ausführlich beschäftigen.

Wenden wir uns also der Visualisierungstechnik zu. Diese Technik wurde schon im vorigen Abschnitt beschrieben, in dem es um die Kommunikation mit Traumsymbolen ging:

Wie bei der Visualisierungstechnik lege ich mich hin, entspanne mich tief und stelle mir bei geschlossenen Augen den betreffenden Traum so deutlich wie möglich vor. Dabei ist anzumerken, dass manchen Menschen das Visualisieren schwer fällt. Will es Ihnen nicht gelingen, klare Bilder zu bekommen, dann denken Sie so konzentriert wie möglich an Ihren Traum, was die gleiche Wirkung wie die Visualisierung zeigt. Haben Sie sich nun Ihren Traum verdeutlicht, können Sie Ihr Traum-Ich aktiv werden lassen. Statt zu beobachten, stellen Sie sich vor, wie sich Ihr Traum-Ich in das Geschehen, das es zuvor beobachtete, einmischt. Eine Möglichkeit dazu besteht darin, dass Sie zunächst einmal Ihr Traum-Ich so klar wie möglich sehen und es dann in die Handlung einbinden.

Wenn Sie diese Übung öfters oder gar regelmäßig durchführen, wird Ihr Traum-Ich relativ schnell (spätestens nach einem Monat) auch im nächtlichen Traum zunehmend aktiver reagieren. Das wiederum bewirkt eine aktivere Haltung in Ihrem Alltagsleben. Wer aktiver durchs Leben geht, reduziert damit normalerweise auch seinen Leidensdruck.

Neigen Sie allerdings eher dem manischen Reaktionstyp zu, das heißt, Sie sind überaktiv, immer beschäftigt und stets im Stress, dann mag eine Reduzierung der Aktivität des Traum-Ichs Ihnen helfen, ins Gleichgewicht zu kommen. Beobachten Sie, dass Ihr Traum-Ich hyperaktiv ist, dann wenden Sie, wie oben beschrieben, die Visualisierungstechnik an, um Ihr Traum-Ich zu beruhigen. In diesem Fall mag es dem Traum-Ich nutzen, sich bisweilen als Beobachter aus dem Geschehen zurückzuziehen.

Aufgabe 28

Arbeit mit dem Traum-Ich
Beobachten Sie mit Hilfe der Visualisierung Ihr Traum-Ich. Steigern Sie Ihrer Situation entsprechend seine Aktivität oder beruhigen Sie es.

Dramenstruktur des Traums

Bei Träumen, die ausführlich erinnert werden und relativ umfangreich sind, führt die Entschlüsselung des Traums gemäß der Technik der Interpretation von Dramen schnell zu einem Ergebnis. Allerdings sind die meisten Träume entweder nicht so umfangreich, oder sie werden nicht ausführlich genug erinnert. Dennoch, manche Träume ähneln einem Drama oder einem Film, und es gibt Träumende, die allnächtlich große »Epen« träumen.

Nach Aristoteles (griechischer Philosoph, 384–324 v. Chr.) kann man in einem Drama folgende Strukturen sinnvoll unterscheiden:

- Einleitung (Exposition)
- Umschlagspunkt (Peripetie)
- Schluss oder die Lösung (Lysis)

Genau diese Struktur entdeckte Jung in vollständig erinnerten Träumen.

Die Einleitung (Exposition)

Hier werden der Ort, die Zeit und die Personen des Geschehens eingeführt.

Bei dem Ort oder den Orten, an denen der Traum spielt, sollten Sie sich stets fragen, was dieser Ort für Sie bedeutet. Kennen Sie diesen Ort aus Ihrem Leben? Haben Sie von diesem Ort gehört, und wenn ja, was? Was symbolisiert dieser Ort? Können Sie die Eigenschaften dieses Ortes auf sich beziehen? Falls Sie diesen Ort kennen, sollten Sie sich auch fragen, in welcher Lebenssituation Sie sich an diesem Ort aufhielten.

Bei der Zeit im Traum sollten Sie zunächst beachten, wie alt Sie selbst als Traum-Ich und wie alt die anderen Personen in diesem Traum sind. Zu welcher Tageszeit, Jahreszeit und eventuell in welchem Jahr spielt dieser Traum? Was symbolisiert diese Zeit? Wenn Sie im Traum jünger sind, fragen Sie sich, in welcher Lebenssituation Sie sich in diesem Alter befanden.

Traumpersonen

Bei den Traumpersonen fragen Sie sich zunächst, ob Sie diese Menschen aus Ihrem Alltagsleben oder aus anderen Träumen kennen. Wie zuvor über die Symbole ausgeführt, symbolisiert jede Person im Traum auch einen Anteil von Ihnen. Unterscheiden Sie bei Traumpersonen zwischen

- gleich- oder andersgeschlechtlichen Menschen,
- Geliebten,
- Freunden,
- Verwandten,
- Vorgesetzten,
- Arbeitskollegen,
- Bekannten,
- Unbekannten.

Gleichgeschlechtliche Menschen symbolisieren im Traum häufig unsere Schattenseite.

Andersgeschlechtliche Menschen personifizieren oft Persönlichkeitsanteile, die von uns aufgenommen werden wollen.

Geliebte verkörpern diejenigen Seelenanteile, die von uns geliebt werden wollen und die wir zumeist auch im Alltagsleben ausdrücken können. Zugleich kann hier wie auch bei Freunden, Verwandten, Vorgesetzten, Arbeitskollegen und Bekannten unser Verhältnis zu diesen Personen angesprochen sein.

Freunde symbolisieren wie teilweise auch Geliebte Persönlichkeitsanteile, die wir liebevoll pflegen und deren herausragende Eigenschaften wir selbst mehr in unserem Leben umsetzen sollten.

Verwandte stellen Seiten und Anteile von uns dar, die von Kindheit an Eigenschaften von uns selbst waren und sind.

Vorgesetzte und Arbeitskollegen können wie Verwandte (besonders Mutter und Vater) unser Verhältnis zu Autoritäten beschreiben. Außerdem schwingt bei diesen Personen auch stets die Symbolik Erdung, Arbeit, eventuell auch Mühe und Last mit.

Bekannte personifizieren je nach Traum entweder Persönlichkeitsanteile, mit denen wir uns bekannt machen sollten oder die uns schon bekannt sind, aber vielleicht noch mehr gefördert werden müssen.

Bei **Unbekannten** handelt es sich fast ausnahmslos um verdrängte Anteile und Eigenschaften, die wieder ins Bewusstsein gehoben werden möchten.

Inwieweit alle Menschen und überhaupt alle Traumsymbole Anteile von uns darstellen, zeigt bildhaft der hinduistische Mythos von der Erschaffung der Welt: Der sich langweilende Gott teilt sich in viele Teile auf, die das Universum der Träume und Illusionen bilden. Interessanterweise ist im Hinduismus *Maya,* der Traum und die Illusion, auch die Mutter

Buddhas. Wie im Traum werden auch hier Illusion und Erleuchtung als zwei unterschiedliche Aspekte des Gleichen angesehen.

Mit der Einführung von Ort und Zeit sowie der Vorstellung der Personen wird zugleich das Thema des Traums aufgezeigt.

Der Umschlagspunkt (Peripetie)
Am Umschlagspunkt kommt das Unvorhergesehene in den Traum. Wie im Märchen kommt auch oft im Traum eine Wendung vor, die uns verwundert. Bei dieser Wendung ist insbesondere zu betrachten, in welcher Weise sie von unserem Erwartungshorizont abweicht. Alles, was im Traum von unserem Erwartungshorizont abweicht, ist besonders aufmerksam zu betrachten. Hier werden wir vom Traum durch die Diskrepanz zum Normalen ausdrücklich auf etwas verwiesen, das uns »wachrütteln« soll.

Gerade die Technik des luziden Träumens trainiert die Lernenden, an solchen Diskrepanzen oder Unwahrscheinlichkeiten zu erkennen, dass es sich um einen Traum handelt.

Der Schluss (Lysis)
Der Schluss ist im Traum meist sehr kurz, oder der Traum endet mit dem Aufwachen, wenn der Schluss zu sehr von unseren Erwartungen abwich. Bei den meisten uns bekannten Träumen besteht der Schluss in einem mehr oder weniger deutlichen Gefühl, das uns den Traum letztendlich stimmig deuten lässt.

Die Lösung des Traums besteht paradoxerweise oftmals deswegen im Aufwachen, weil das Verstehen der Traumbotschaft die bewusste Bearbeitung des Traums voraussetzt. Allerdings gibt es auch Träume, deren Traumbotschaften am Schluss des Traums deutlich dargestellt werden.

Aufgabe 29

Traumdeutung mit der Drama-Technik
Wählen Sie einen Traum aus Ihrem Traumtagebuch, der sich für eine Entschlüsselung mit Hilfe des Drama-Aufbaus eignet, und gliedern Sie ihn nach Einleitung, Umschlagspunkt und Schluss.

Hier ein Beispiel eines ungekürzten Traums:

Einleitung oder Exposition: Ich befinde mich auf der Buchmesse, bin jedoch in einem großen Saal, wo ein paar Leute vom Königsfurt Verlag sind, mit denen ich mich unterhalte.

Ausführung: Sie gehen an einen Tresen, weil sie dort Essen bekommen. Ich gehe mit und unterhalte mich mit einem Königsfurt-Mitarbeiter. Dabei bekomme ich am Rande mit, dass seine Freundin Vorträge in den Niederlanden organisiert.

Umschlagspunkt oder Peripetie: Als ich mich dieser Frau zuwenden will, kommt ein Telefongespräch dazwischen. Zu meiner Überraschung gibt mir diese Frau (mit der ich reden wollte) das Telefon. Meine Mutter ist am anderen Ende der Leitung, was ich aber zuerst nicht weiß. Ich nehme das Telefon, sage meinen Namen. Keine Antwort. Ich sage ärgerlich, dass der Anrufer mich während der Messe über Handy oder E- Mail erreichen kann. Ich sage das zweimal und gehe dabei nach draußen auf die Straße. Erst jetzt kommt ein verzagtes Ja. Irgendwie kommt es zu einer Unterhaltung, bei der ich weiter um den Block gehe. Dabei bleibt das Telefonkabel an einem Behälter für Streusalz hängen. Ich bin sauer, aber da sind zwei Männer, welche das Kabel befreien. Ich bedanke mich, indem ich ihnen zuwinke.

Schluss oder Lysis: Als ich weitergehe, bleibt die Schnur wieder hängen. Ich kann sie aber selbst befreien, dann wache ich auf.

Die Identifikation mit einem Traumsymbol

Diese Methode, sich der Bedeutung von Traumsymbolen anzunähern, stammt aus der Gestalttherapie nach F. Perls (1893–1970). Perls geht dabei von der Annahme aus, dass jedes Traumsymbol und damit auch jede Person, die in den Träumen vorkommt, ein entfremdeter Teil der eigenen Seele ist.

Wir empfinden diese Teile als Bedrohung des Bildes, das wir bewusst von uns selbst haben, schließen sie deshalb aus der bewussten Wahrnehmung aus und behaupten: »Das bin nicht ich.« So erkennen z. B. viele Menschen unseres Kulturkreises die schwache, verletzliche Seite in ihrem Innern nicht an. Andere unterdrücken ihre aggressiven und sexuellen Persönlichkeitsaspekte, die sie für »unmoralisch« halten.

Auch wenn wir diese unerwünschten Eigenschaften in uns ablehnen, so bleiben sie doch ein Bestandteil unserer seelischen Struktur. Wie Jung es ausdrückt, bilden sie unser »Schatten-Ich«. Wir können solche verleugneten Aspekte leicht entdecken, indem wir uns fragen, was wir an anderen Menschen am meisten ablehnen. Mit hoher Wahrscheinlichkeit sind dies Eigenschaften, die wir aus den oben angeführten Gründen an uns selbst ablehnen müssen und die nur auf eine Gelegenheit warten, an die Oberfläche des Bewusstseins zu kommen.

Der große Vorteil der Identifikation mit Traumsymbolen ist, dass sich ihre Bedeutung mit ein bisschen Übung fast von selbst erschließt. Man braucht bestenfalls am Rande, meist aber überhaupt nicht nachzudenken, da man dabei häufig spontan-emotional zur richtigen Bedeutung findet. Wie es geht, wollen wir Ihnen anhand dreier Beispiele zeigen:

Beispiel 1: Jemand träumt von einem »großen, wuchtigen Eichenschrank in einem Wohnzimmer«.

Die Identifikation mit dem Schrank könnte sich folgendermaßen anhören:

»*Ich bin ein großer, wuchtiger Eichenschrank. Man kann mich nicht übersehen. Ich stehe im Wohnzimmer, an einem zentralen Platz, inmitten meines Hauses. Meine Türen sind verschlossen, und es steckt auch kein Schlüssel, so dass mich nur derjenige öffnen kann, der den Schlüssel zu meiner Tür besitzt. Aus diesem Grund mache ich auf die Menschen, die mich sehen, einen geheimnisvollen und verschlossenen Eindruck. Wenn man mich öffnet und die Türen offen stehen lässt, wirke ich ganz anders. In mir sieht es eher etwas unaufgeräumt und chaotisch aus. Man müsste mich mal dringend wieder aufräumen, aber ich wirke dadurch auch wesentlich freundlicher als in geschlossenem Zustand. Deshalb weiß ich gar nicht, ob ich so erfreut wäre, wenn mich jemand aufräumen würde …*«

Offensichtlich handelt es sich bei dem Symbol »Schrank« um eine plastische Beschreibung, wie sich der Träumer in bestimmten Situationen wahrnimmt, und zwar als eine Person, die man nicht übersehen kann und die eine zentrale Rolle in der Familie spielt. Dem Träumer wird weiter durch das Symbol vermittelt, dass er auf andere eher einen verschlossenen Eindruck macht und dass er sich nur speziellen Menschen gegenüber öffnet. Wenn er dies tut, wirkt er plötzlich ganz anders, nämlich liebevoll und auch etwas chaotisch.

Zugegebenermaßen ist die Deutung bzw. das Empfinden nach der Identifikation mit einem Traumsymbol nicht immer ganz so eindeutig wie in diesem Fall. Das Beispiel soll Sie aber ermutigen, einfach mit der Identifikation mit Traumsymbolen zu beginnen.

Aufgabe 30

Identifikation mit drei gegenständlichen Symbolen mit unbekannter Bedeutung

Suchen Sie sich drei gegenständliche Symbole, die in einem Ihrer Träume eine wichtige Rolle spielen und deren Bedeutung Sie noch nicht erschlossen haben. Wenden Sie die oben erläuterte Technik an und schreiben Sie hinterher die Identifikation auf. (Es ist hilfreich, wenn Sie bei der Identifikation ein Tonbandgerät mitlaufen lassen, dann können Sie hinterher ohne Probleme Ihre Identifikation schriftlich festhalten.)

Aufgabe 31

Identifikation mit einem gegenständlichen Symbol mit bekannter Bedeutung

Wählen Sie ein gegenständliches Symbol, mit dem Sie sich schon ausführlicher beschäftigt haben, und führen Sie bei diesem die Identifikation durch. – Vergleichen Sie hinterher das Ergebnis der Identifikation mit Ihren früheren Überlegungen zu diesem Symbol.

Etwas anders fühlt es sich an, wenn wir uns mit einer Traumperson identifizieren. Denken Sie daran, dass auch die Traumpersonen, ja auch Sie selbst, zumeist nur einen Teil Ihrer Persönlichkeit darstellen. Im Folgenden ein Beispiel für die Identifikation mit einer Traumperson:

Beispiel 2: Ein Mann träumt von einer Frau, die er kennt und mit der er hin und wieder geschäftlich zu tun hat. Im Traum arbeitet sie als Verkäuferin und verkauft ihm ein Brot. Als er zu Hause das Brot essen möchte, sieht er, dass es schimmelig ist.

Identifikation mit der Frau:
»Ich bin eine Geschäftsfrau und arbeite als Verkäuferin in einem Kaufhaus, in einer Brotboutique. Da kommt Herr W. und kauft ein Brot. Ich kenne ihn, mag ihn aber nicht besonders, deshalb achte ich auch nicht sehr darauf, was ich ihm für ein Brot verkaufe. Hinterher fällt mir ein, dass

das Brot vielleicht zu alt war, und ich bekomme bei diesem Gedanken dann doch ein schlechtes Gewissen.«

Durch diese Identifikation wurde dem Träumer sein Umgang mit negativen Gefühlen anderen Personen gegenüber verdeutlicht. Er scheint einen verdrängten Persönlichkeitsanteil zu haben, dem es schwer fällt, sich selbst und anderen negative Gefühle anderen Menschen gegenüber einzugestehen, was sich in der darauf folgenden Besprechung bestätigte. Diese Gefühle zeigen sich bei ihm indirekt in versteckt aggressivem Verhalten diesen Menschen gegenüber.

Aufgabe 32

Identifikation mit einer Traumperson, die Sie aus dem realen Leben kennen
Nehmen Sie einen Traum von sich und identifizieren Sie sich mit den darin vorkommenden Traumpersonen, die Sie auch in Ihrem realen Leben kennen.

Wenn es Ihnen nach einiger Übung relativ gut gelingt, sich mit bekannten Personen zu identifizieren, können Sie sich mit dieser Methode auch Traumpersonen zuwenden, die Sie nicht kennen. Das ist deshalb schwieriger, weil man sich ganz allgemein schlechter mit jemandem identifizieren kann, den man nicht kennt.

Es empfiehlt sich deshalb, das Äußere der Person in der Ich-Form zu beschreiben, und zwar mit möglichst vielen Details, die Sie im Traum erkennen konnten.

Dies gilt übrigens für alle Traumsymbole. Häufig sind es gerade die kleinen Abweichungen von der Realität, die Details, die etwas Wichtiges mitteilen wollen.

Versuchen Sie danach, in der Identifikation Ihren Fantasien zu dieser Person freien Lauf zu lassen. Äußere Auffälligkeiten führen unsere Fantasie mit etwas Übung auf den richtigen, d. h. auf den Weg, den auch unser Traum vollzogen hat, als er das Bild kreierte.

Beispiel 3: In einem Traum kommt ein Mann mittleren Alters vor, der die Träumerin zu bedrohen scheint, indem er sich ihr zuwendet und dabei einen Schritt auf sie zugeht.

Identifikation mit dem Mann:
»Ich bin ein Mann mittleren Alters. Ich bin von großer Statur und werde deshalb von anderen Personen häufig als Autorität wahrgenommen. Ich habe schwarze, lange Haare, die hinten an meinem Kopf zusammengebunden sind. Ich bin im Rotlichtviertel als Bodyguard tätig. Das einzig Auffällige ist meine Nase, die sehr dick und rot ist und die nicht zu meiner sonstigen Statur passt. Dies kommt von meinem inzwischen regelmäßigen Alkoholkonsum. Aus diesem Grund wirke ich auch nicht mehr so frisch wie vor ein paar Jahren. Zurzeit bin ich arbeitslos. Ich treffe auf eine junge Frau, der ich mich zuwende, weil ich sie fragen möchte, ob sie eine Zigarette für mich hat. Doch aus irgendeinem Grund erschrickt sie sehr vor mir und rennt schnell weg, was ich nicht verstehen kann.«

Diese erste Fantasie der Träumerin (Bodyguard im Rotlichtviertel) wurde von einem Film inspiriert, den sie vor kurzem zusammen mit ihrem Freund angesehen hat und in dem ein Mann vorkam, der in derselben Position war und auch die Haare zusammengebunden trug.

Die zweite Fantasie stammt aus ihrer Kindheit. Sie hatte einen Onkel, der auch solch eine rote Nase hatte und von dem man munkelte, er trinke hin und wieder übermäßig. Ihr Verhältnis zu dem Onkel war sehr ambivalent.

Wir möchten hier nicht näher auf die Bedeutung dieses Traums eingehen, sondern aufzeigen, wie die Fantasien der Träumerin über diesen Mann die Handlung aus der Sicht des Mannes verändert. Damit bekam der Traum für sie eine ganz andere Bedeutung, als sie zuerst vermutet hatte.

Bei dieser Methode kommt es darauf an, seinen Fantasien zu folgen, ohne zu glauben, man bilde sich alles nur ein oder die Fantasien hätten sowieso nichts mit dem Traum zu tun. Wenn dies gelingt, erschließt die Identifikation mit dem Traumsymbol oft Bedeutungsebenen, die sonst leicht verborgen geblieben wären.

Aufgabe 33

Identifikation mit einer für Sie fremden Traumperson
Identifizieren Sie sich mit drei für Sie fremden Personen aus verschiedenen Träumen von Ihnen.

Aufgabe 34

Identifikation mit Traumsymbolen

Identifizieren Sie sich

- mit einem Gegenstand,
- mit einer bekannten Person,
- mit einer unbekannten Person, mit sich selbst.

Verbale Deutungstechniken im Überblick

Jede der hier vorgestellten verbalen Traumdeutungstechniken besitzt ihre Stärken und Schwächen. Um besser entscheiden zu können, welche Technik Sie wann am besten anwenden, müssen Sie diese ausprobiert haben. Die folgende Zusammenfassung kann Ihnen dabei helfen, den Überblick zu behalten. Dabei ist jedoch zu bedenken, dass man in der Praxis der Traumdeutung selten nur eine dieser Techniken anwendet, sondern vielmehr zumindest zwei oder mehrere kombiniert.

Wir benutzten ja bereits zu Beginn dieses Traumkurses die Metapher der Werkzeugkiste: Stellen Sie sich vor, alle Methoden befinden sich in dieser Werkzeugkiste. Nehmen Sie sich diejenige heraus, die Sie benutzen und gebrauchen können.

Assoziation

Die Assoziation wird am besten bei Träumen angewandt, die ein herausragendes Symbol aufweisen. Sie ist von allen Traumdeutungstechniken am schnellsten durchführbar.

Die *freie Assoziation* wird angewandt, wenn der Therapieaspekt im Vordergrund steht.

Die *gebundene Assoziation* wird angewandt, wenn der Traumdeutungsaspekt im Vordergrund steht.

Fragetechnik

Die Fragetechnik wendet man am besten dann an, wenn eine Person im Traum auftaucht, deren Bedeutung man genauer erforschen möchte.

Falls diese Person dem Archetyp der weisen Frau oder des weisen Mannes entspricht, lohnt es sich, sich mit ihr zu unterhalten.

Nicht nur Personen, sondern auch Tiere und Gegenstände können mit Hilfe der Fragetechnik erforscht werden.

Beobachtung des Traum-Ichs
Diese Technik bietet sich dann an, wenn man an seinem Aktivitätsniveau im Alltagsleben arbeiten möchte. Sie ist vor allem bei Träumen erfolgreich, in denen das Traum-Ich entweder meistens die Beobachterfunktion einnimmt oder überaus aktiv handelt.

Traum als Drama
Diese Technik ist nur bei ausführlich erinnerten, umfangreicheren Träumen anwendbar. Bei solchen Träumen führt sie schnell zu einem umfassenden Verständnis des Traums.

Identifikation mit dem Traumsymbol
Diese Technik ist insbesondere dann geeignet, wenn man sich den emotionalen Bedeutungsgehalt der einzelnen Symbole bewusster machen möchte. Bei Symbolen, zu denen dem Träumer nichts oder nur wenig einfällt, führt sie rasch zu erstaunlichen Ergebnissen.

Alle anderen verbalen Traumdeutungsmethoden bauen auf diesen Grundtechniken auf. So kann man beispielsweise einen Traum als Märchen, Kurzgeschichte oder Krimi erzählen lassen, aber auch diese Technik geht letztlich darauf zurück, den Traum als ein Drama zu verstehen.

Begriffserklärungen zu diesem Kapitel

Assoziation: Ursprünglich Begriff der klassischen Psychoanalyse Freuds. Die Assoziation bezeichnet die unzensierten Einfälle des Träumers oder der Träumerin zu einem bestimmten Traumsymbol. Sie ist der spontane Ablauf von Gedanken, Vorstellungen und Bildern. Es wird zwischen freier und gebundener Assoziation unterschieden.
Die *gebundene Assoziation* hält sich enger am ursprünglichen Symbol.
Die *freie Assoziation* entfernt sich öfter weiter vom ursprünglichen Symbol.
Exposition: Einleitung
Lysis: Lösung

Peripetie: Umschlagspunkt
Projektion: Eigene, nicht gebilligte Gefühle werden in andere Menschen hineingesehen.
Traumarbeit: Ursprünglich nach Freud die Verarbeitung des Traums im Prozess der Traumerinnerung. Heute wird dieser Begriff eher gebraucht, um die Arbeit mit den Träumen zu bezeichnen.
Traum-Ich: Die Person im Traum, mit der sich der Träumer oder die Träumerin identifiziert.
Verbale Traumdeutung: Deutungstechniken, bei denen das Wort und somit die gesprochene oder seltener geschriebene Sprache im Vordergrund steht.
Visualisierung: Vorstellung von (Traum-)Bildern im entspannten Zustand und mit geschlossenen Augen.

Literaturhinweise zu diesem Kapitel

Ernst Aeppli: *Der Traum und seine Deutung*, Zürich 1950 (als Taschenbuch bei Knaur, München)
Medard Boss: *Der Traum und seine Auslegung*, (Huber) Bern, Stuttgart 1978
Hans Dieckmann: *Träume als Sprache der Seele*, (Königsfurt) Krummwisch 2002
Hans Dieckmann: *Umgang mit Träumen*, Stuttgart, Berlin 1978
F. W. Doucet: *So deute ich meine Träume*, Stuttgart 1973
Sigmund Freud: *Die Traumdeutung*. In: Freud Studienausgabe, Bd. II, (Fischer) Frankfurt 1972 (auch als Fischer Taschenbuch)
James A. Hall: *Jungian Dream Interpretation*, Toronto 1983
Carl Gustav Jung: *Seminare Kinderträume*, (Walter) Olten, Freiburg 1987
Aniela Jaffé (Hrsg.): *Erinnerungen, Träume, Gedanken von C. G. Jung*, (Rascher), Zürich 1963 (auch als Studienausgabe bei Walter)
Carl Gustav Jung: *Seminare Traumanalyse*, (Walter) Olten, Freiburg 1991
Fritz Perls: *Grundlagen der Gestalt-Therapie*, (Klett-Cotta)
Hildegard Schwarz; Norbert Teupert: *Das Bilderbuch der Träume*, (Ariston) Genf, München 1992; 2004 neu erschienen im Kreuz Verlag

Klausbernd Vollmar: *Das Arbeitsbuch zur Traumdeutung*, (Iris Bücher/Schors) Amsterdam 2002
Klausbernd Vollmar: *Die Weisheit der Träume*, (Integral) München 2003
Klausbernd Vollmar; Konrad Lenz: *Traumdeutung – großer GU Kompass*, (Gräfe und Unzer) München 2003

Anmerkungen zu diesem Kapitel

Zu Aufgabe 21: *Unsere Bearbeitung des Traums 1 »Flucht vor dem Mann«:*

Wir wussten, dass die Träumerin über längere Zeit eine problematische Beziehung zu einem Mann hatte und immer wieder mit dem Gedanken spielte, die Beziehung zu beenden; wir schlugen ihr deshalb Folgendes vor:

Dieses kurze Traumbild spiegelt deinen Frust wider, aber auch deine Ambivalenz gegenüber deinem Freund im Speziellen, möglicherweise auch gegenüber Männern im Allgemeinen. Vielleicht macht es dir Probleme, dich tiefer auf eine Zweierbeziehung einzulassen. Vielleicht hast du auch Angst, von dem Mann abhängig zu werden, wenn du dich auf eine Zweierbeziehung einlässt. Dafür sprechen auch die Drogen, die oft auf Abhängigkeiten von Personen aufmerksam machen. Von daher denken wir, dass du dich intensiver mit dem Thema »Autonomie versus Abhängigkeit von anderen Menschen« auseinander setzen solltest. Ob du dich dann von deinem Freund wirklich trennen sollst oder nicht, wirst du dann eher spüren bzw. beurteilen können.

6 Das Symbol

Einführende Gedanken

Was die Brust im Wachen enget,
aber treu verschließt den Mund,
hat der Schlaf das Band gesprenget,
tut es sich in Träumen kund.

(Grillparzer, *Melusina)*

Wir kommen nun zum Zentralaspekt der Traumdeutung, nämlich zu den Symbolen. Leider haben wir in unserer heutigen Zeit den Bezug zu den Symbolen weitgehend verloren. Deshalb ist es für viele Menschen so schwierig, symbolisch zu denken und sich symbolisch auszudrücken. In früheren Zeiten lebte der Mensch tief verankert in der Welt der Symbole, die ihm ein Gefühl von Sicherheit und Zugehörigkeit vermittelte.

Heute sind die Symbole vor allem von der Werbung übernommen und damit vereinnahmt worden. Das hat verheerende Wirkungen, denn wie jeder weiß, nimmt es die Werbung mit der Wahrheit nicht immer so ernst. Und damit vertrauen wir auch den Symbolen nicht mehr, die ursprünglich einen Bezug zwischen den Menschen und den Göttern als Garanten der kosmischen Wahrheit herstellten. Aus der kosmischen Wahrheit ist heutzutage eher eine komische Wahrheit geworden, und das Symbol verkommt zum Statussymbol. Der Luftgeist Ariel wird zum Waschmittel, Lastenaufzüge heißen Herkules, und der Mercedesstern ersetzt die Flügelschuhe des Hermes, der heute einer internationalen Hotelkette seinen Namen gibt.

Aber glücklicherweise sind Symbole äußerst zäh und sterben nicht so schnell aus. In der Traumdeutung treffen wir auf eine Fülle von Symbolen, die oftmals noch im alten Sinn verstanden werden können, auch wenn neuer Sinn sie überlagert. So werden die Symbole zunehmend vielschichtiger und dadurch auch bedeutungsträchtiger.

Unsere Psyche ist ohnehin erstaunlich konservativ: Auch wenn sich in der Außenwelt die Bedeutungen der Symbole längst verändert haben, so hängt unsere Innenwelt noch am Alten. Deswegen sollte sich jeder Traumdeuter in den Mythologien und Sagen der Völker möglichst gut auskennen, denn dort lernen wir, Symbole zu verstehen.

Die Sprache unserer Träume

Häufig verstehen wir unsere Träume nicht. Sie scheinen ein undurchschaubares Chaos zu sein. Woran liegt das?

Unsere Träume sprechen in der Sprache der Symbole zu uns, die für viele von uns wie eine Fremdsprache ist. Diese Sprache können Sie jedoch mit jeder Traumbetrachtung besser erlernen.

Der Traum teilt sich uns deswegen symbolisch mit, weil ihm für seine meist doch sehr differenzierten Botschaften nur wenig Zeit und Raum bleiben. Träume sind bestenfalls einige Minuten lang. Um in einem derart kurzen Zeitabschnitt so viele differenzierte Informationen unterzubringen, muss zur Sprache der Bilder und Symbole gegriffen werden, da jede andere Sprache viel zu viel Raum brauchen würde, um diese Informationen auszudrücken. Das merken Sie schon daran, wie verblüffend viel Raum und Zeit es oft beansprucht, einen Traum niederzuschreiben.

Was ist ein Symbol?

Definition: Das Symbol ist ein wahrnehmbares Zeichen beziehungsweise Sinnbild (Gegenstand, Vorgang, Handlung, Zeichen), das stellvertretend für etwas nicht Wahrnehmbares, einen Sinngehalt, oft einen Komplex von Sinnbezügen steht; im engeren Sinn jedes Schrift- oder Bildzeichen mit verabredeter oder unmittelbar einsichtiger Bedeutung (vgl. *Der Brockhaus*).

Das Symbol ist ein Mittler zwischen unserer Gefühlswelt und unserem Intellekt. Es stellt einen Ausdruck für etwas relativ Unbekanntes dar. Für Freud verweist ein Symbol auf unbewusste Hintergründe, während Jung betont, dass ein Symbol die bestmögliche Bezeichnung oder Formel für das ist, was es ausdrückt. Der Bruch zwischen Jung und Freud entzündete sich unter anderem an der Streitfrage, was ein Symbol sei.

Kein Symbol ist rein intellektuell verstehbar, sondern es bedarf stets des Gefühls, um ein Symbol angemessen zu erfassen.

Aus diesem Grund kommt es bei jeder Traumdeutung darauf an, dass wir uns unserer Gefühle während des Traums und danach bewusst werden. Wie ein Symbol konkret zu verstehen ist, zeigt uns erst unser Gefühl. In unserem Unbewussten sind nämlich gegensätzliche Bedeutungen der Bilder und Symbole eng, wenn nicht gar unterschiedslos miteinander verbunden. Träumen wir beispielsweise von einem aggressiven Tier, dann mag dies bedeuten, dass wir unsere aggressive tierische Seite stärker ausleben müssen. Es kann aber auch sein, dass der Traum uns darauf hinweist, dass wir zu einseitig unseren aggressiven und tierischen Impulsen folgen. Nur unser Gefühl kann uns sagen, was für uns konkret eher zutrifft. Zumeist sind beide konträre Seiten eines Symbols für uns wichtig, auch wenn uns die eine oder andere Seite emotional deutlich stärker anspricht.

Aufgabe 35

Gegensätzliche Bedeutung von Traumsymbolen
Suchen Sie sich aus Ihren letzten Träumen drei Symbole heraus und überprüfen Sie, ob nicht auch die gegenteilige Bedeutung für Sie wichtig sein könnte.

Zur Erinnerung:
Nutzen Sie Ihr Fragenarchiv und Ihren Themenspeicher für Eintragungen.

Die männliche und die weibliche Sprache

Die Sprache der Bilder und Symbole gehört dem weiblichen Archetyp an. Der weibliche Archetyp zeichnet sich dadurch aus, dass er eine Synthese schafft, das heißt konkret, dass er Bedeutungen anreichert. Er erweitert das Feld der Bedeutungen, und so kommt es zu der Mehrdeutigkeit von Traumsymbolen. Der Hund im Traum kann beispielsweise sowohl die tierisch-aggressive Seite des Träumers bezeichnen als auch auf die domestizierte, das heißt gebändigte Seite des Träumers verweisen, genauso wie ein Auto im Traum sowohl Fortbewegung als auch Isolation bedeuten kann. Letztlich ist jedes Symbol vieldeutig.

Durch diese Vieldeutigkeit schafft die Sprache des weiblichen Archetyps einen großen Bedeutungsraum. Deshalb ist es notwendig, einen Traum nicht mit seiner Deutung zu erschlagen. Lassen Sie Traumbedeutungen offen und sehen Sie, dass jeder Traum vielschichtig ist und somit viele Bedeutungen hat. Genauso wie ein Kunstwerk so viele Bedeutungen wie Betrachter besitzt, so besitzt auch der Traum so viele Deutungen, wie Sie in ihn hineinlesen. Die Sprache des weiblichen Archetyps ist stets von der »Sowohl-als-auch-Logik« geprägt: Sowohl die eine als auch die andere Deutung trifft zu. Das entspricht der Struktur unseres Unbewussten, das auch nicht eindeutig, sondern vielschillernd ist.

Von diesen Verhältnissen her gesehen sollte man sich trauen, eine Traumdeutung nicht nach dem Prinzip »... und die Moral von der Geschicht« abzuschließen, sondern die Bedeutung eines Traums auch offen und in der Schwebe zu lassen. Das wird nicht nur dem weiblichen Archetyp gerecht, der stets auch ein Geheimnis wahrt, sondern verhindert die unproduktive Haltung, dass man sich mit einem eindeutig gedeuteten Traum nicht mehr auseinander setzt. Man legt ihn »ad acta«, und er wirkt nicht mehr. Ein Traum dagegen, der nicht vollständig entschlüsselt wurde – und selbst Freud und Jung gehen davon aus, dass kein Traum je vollständig zu entschlüsseln ist – wirkt im Inneren weiter, und so können tiefere innere Veränderungen geschehen.

Charakterisierung des weiblichen Archetyps

Die Sprache des weiblichen Archetyps im Traum ist also durch folgende Eigenschaften charakterisiert, die bei jeder Traumdeutung unbedingt berücksichtigt werden müssen, jedoch leider viel zu häufig missachtet werden:

- Bedeutungsvielfalt bzw. Vieldeutigkeit
- Verständnis durch Gefühle
- Wahrung des Geheimnisses
- »Sowohl-als-auch-Bezug«

Diese dem weiblichen Archetyp angemessene Form der Traumdeutung steht Verhaltensweisen unseres alltäglichen Lebens entgegen. Im Wachbewusstsein leben wir weitgehend vom männlichen Archetyp geprägt, der im Gegensatz zu seinem weiblichen Gegenstück die Dinge auf den Punkt bringt und Eindeutigkeit herstellen möchte. Der männliche Archetyp ist zielgerichtet, neigt zum Abstrakten, liebt die klare Aussage und die Haltung des »Entweder-oder«. Das ist jedoch der vom Weiblichen geprägten Traumsprache fremd. Wir hoffen, jetzt ist auch klarer geworden, was wir damit meinen, wenn wir sagen, ein Traum dürfe nicht durch seine Deutung erschlagen werden. Eine eindeutige Deutung würde nämlich dem männlichen Archetyp ent-, dem weiblichen jedoch widersprechen.

Aufgabe 36

Neue Bedeutungsebenen in einem Ihnen bekannten und gedeuteten Traum

Nehmen Sie einen Traum von sich, den Sie Ihrem Eindruck nach »fertig gedeutet« haben, und suchen Sie bei diesem nach neuen Bedeutungsebenen.

Häufige Traumsymbole

Farbe im Traum

Man träumt öfter in Farbe, als man meint, allerdings werden die meisten Träume in Grautönen wie bei der Schwarz-Weiß-Fotografie erinnert. Hier treten jedoch deutliche Unterschiede zwischen den Geschlechtern auf: Frauen können besser farbige Träume oder ein farbiges Symbol im Traum erinnern als Männer. Das hängt sicherlich damit zusammen, dass Frauen viel mehr unterschiedliche Farben unterscheiden können als Männer, was darauf hinweist, dass die Farbe im Leben der Frauen eine wichtigere Rolle spielt als im Leben der Männer.

Johann Wolfgang von Goethe (1749–1832) beschreibt schon in seiner Farbenlehre im Kapitel über »Die sinnlich sittliche Wirkung der Farbe«, dass die Farbe mit ihren vielen Abstufungen und Schattierungen sowohl unsere Gefühle gut symbolisieren als auch diese vorzüglich ansprechen kann. Kommen wir nun zu der symbolischen Bedeutung der einzelnen Farben, die bei jedem farbigen Symbol mitbeachtet werden muss:

Blau: Nach Goethe der farbige Stellvertreter der Finsternis, da in der Natur der blaue Farbeindruck dadurch entsteht, dass wir durch ein seitlich beleuchtetes Medium auf die Finsternis schauen. Wir sehen den Himmel blau, da wir durch die von der Sonne beleuchtete Atmosphäre auf den schwarzen Weltraum blicken. Mit dieser Dunkelheit des Blaus hängt das Geheimnisvolle der Farbe zusammen. Blau zieht sich vom Betrachter zurück und ist daher traditionell die Symbolfarbe der Seele. Aus diesem Grund wird Maria seit der Renaissance im blauen Himmelsmantel dargestellt. Maria ist die »Anima«, das bedeutet, sie symbolisiert die Seele, die so tief wie das blaue Meer (lateinisch: mare ↗ Maria) und so hoch wie der blaue Himmel ist.

Bedeutung von Blau: Seele, Gefühl, Weiblichkeit (Schutz), Rückzug (Introversion).

Gelb: Nach Goethe der farbige Stellvertreter des Lichts, da in der Natur der gelbe Farbeindruck dadurch entsteht, dass wir durch ein trübes Medium aufs Licht schauen. Wir sehen die Sonne gelb, da wir ihr Licht durch die Atmosphäre hindurch betrachten. Gelb und Blau stellen die Grundpolaritäten der Farben dar. Das Licht der Farbe Gelb strahlt aus, deswegen ist Gelb auch nicht scharf abgegrenzt in der Fläche zu halten. Diese zentrifugale oder ausstrahlende Tendenz der Farbe entspricht unserem Geist oder unserem Bewusstsein. Deswegen wird in der Malerei Gabriel, der Engel der Verkündigung, stets gelb dargestellt.

Bedeutung von Gelb: Geist, Bewusstsein, Männlichkeit, Aktivität (Extraversion).

Rot: Die beiden polaren Farben Gelb und Blau steigern sich zu Rot, das die Farbe der Lebendigkeit darstellt, weswegen man seit der jüngeren Steinzeit die Gebeine der Toten mit rotem Ocker bemalte, auf dass sie wieder belebt würden. Rot ist die Farbe des Bluts und die Lieblingsfarbe der Kinder in allen Kulturen der Welt. Mit Rot zeigt sich der Herrscher, und Rot gilt traditionell weitgehend als seine Symbolfarbe, die beispielsweise im Römischen Reich und teilweise auch im Mittelalter kein anderer tragen durfte. Aus diesem Grund besetzt im Farbenkreis die Farbe Rot die höchste Stelle.

Bedeutung von Rot: Körper, Bewegung, Herrschaft.

Alle weiteren Farben stellen Mischungen aus diesen drei Primärfarben dar. Das heißt, dass im Traum die weiteren Farben wie Violett, Orange und

Grün sich auch in ihrer Bedeutung aus diesen Primärfarben mischen. Grün ist also der Ausgleich von Licht und Finsternis und der Ruhepol des Farbspektrums als Komplementärfarbe von Rot. Orange als der Wärmepol des Spektrums vereinigt Geist und Körper, Violett am Übergang zum unsichtbaren Ultraviolett stellt die Mischung von Gefühl und Körper dar.

Aufgabe 37

Die persönliche Bedeutung von Farben im Traum
Welche Farben bevorzugen Sie in Ihren Träumen (aktuell und in der Vergangenheit)? Welche Bedeutung haben diese in Ihren Träumen? Was bedeuten diese für Ihr momentanes Leben?

Die vier Grundelemente im Traum

Die vier Elemente Wasser, Erde, Feuer und Luft kommen im Traum oft vor. Dabei kann das Wasser in unterschiedlichster Form beispielsweise als Fluss, See, Meer, Regen, Pfütze und Trinkwasser vorkommen. Die Erde stellt sich ebenfalls sehr vielfältig als Berg, Wüste, Erdhaufen oder Ackerboden dar. Das Feuer kann sich vom Feuerzeug bis zum Flächenbrand in verschiedensten Bildern ausdrücken, und die Luft wird im Traum häufig durch den Wind erlebt.

Es handelt sich hierbei genau wie bei der Farbsymbolik nur um Hinweise, worauf man bei entsprechenden Traumbildern achten sollte. Die konkrete Bedeutung ergibt sich aus dem Traumzusammenhang, dem Gefühl des Träumers und seiner Biographie.

Die weiblichen Elemente (Yin)

Wasser: Das Symbol des Gefühls, das wie das Wasser höchst anpassungsfähig und beweglich ist. Bei der Traumdeutung kommt es zum einen auf die Beschaffenheit des Wassers an, zum anderen darauf, in welcher Art und Weise wir Kontakt mit dem Wasser haben. Einige Beispiele:

Wasserbeschaffenheit
- trübes Wasser: unklare, störende Gefühle
- klares Wasser: Gefühlsklarheit
- wildes Wasser: wilde oder überwältigende Gefühle

- ruhiges Wasser: innerer Friede oder Gefühlstiefe
- stehendes Wasser: Stagnation
- Meer: Fülle; Anfang (es kommt darauf an, welches Gefühl mit diesem Symbol verbunden ist)
- Fluss: im Fluss sein

Kontakt mit dem Wasser
- Schwimmen: direkter Gefühlskontakt
- Schifffahrt: indirekter Gefühlskontakt
- Schiffbruch: Angst vor Gefühlen
- ins Wasser fallen: im Gefühl versinken
- Ertrinken: größte Angst vor überwältigenden Gefühlen

Aufgabe 38

Das Traumsymbol »Wasser« in Ihren Träumen
Schauen Sie Ihre Träume in Bezug auf das Symbol Wasser durch. In welcher Form trat es bisher auf? Inwiefern hat es sich im Laufe der Zeit in Ihren Träumen verändert?

Erde: Das Symbol der Erdung. Die Qualität der Erde ist eher langsam bis träge und kann dem Starren zuneigen.

Wir sprechen von der Erdung, wenn wir bezeichnen wollen, wie gut die betreffende Person sich im alltäglichen Leben zurechtfindet. Es gibt im Deutschen den Ausdruck »man steht mit beiden Beinen voll im Leben«. Das ist mit Erdung gemeint. So weisen nicht nur Erdmassen wie Felder, Berge, Hügel und Ähnliches auf die Erdung des Träumers hin, sondern auch seine Füße, Schuhe und teilweise auch Strümpfe und Socken. Oftmals charakterisieren auch andere Symbole wie z. B. ein Elefant, ein Nashorn, ein Berg oder ein schwer beladener Lastwagen unsere Erdung.

Die männlichen Elemente (Yang)

Feuer: Das Symbol der Leidenschaft und Verwandlung. Die Qualität des Feuers ist beweglich und veränderlich.

Das Feuer bringt als Traumsymbol Licht und Wärme. Es kann das Herdfeuer sein, über das die griechische Göttin Hera herrscht, oder der verzehrende Brand, der davor warnt, uns nicht unsere Finger zu verbrennen. Feuer tritt hauptsächlich in Zeiten der Veränderung im Traum auf, oder es verweist auf eine anstehende Veränderung.

Luft: Das Symbol des Geistes, der wie der Wind alles umhüllt und durchdringt. Die Luft ist als unsichtbares Element dem Bewusstsein vergleichbar, das überall ist und alles verbindet. Außer der bewegten Luft im Wind finden wir im Traum noch den Nebel als Verbindung von Luft und Wasser sowie die lichtdurchflutete Luft als Verbindung von Luft und Feuer (das stets auch leuchtet). Schlechte Luft kann auch im Traum wahrgenommen werden.

Einige Beispiele:
- Nebel: Illusion, Täuschung
- klare Luft: Bewusstseinsklarheit
- schlechte Luft: Verwirrung

Aufgabe 39

Die vier Grundelemente in Ihren Träumen
Welches der vier Grundelemente kommt in Ihren Träumen am häufigsten vor? Was könnte dies für Ihren Alltag bedeuten? Vernachlässigen oder überbetonen Sie dieses Element bzw. dessen symbolische Bedeutung? Inwiefern wird Ihre Wahrnehmung durch dieses Element beeinflusst?
Welches Grundelement tritt kaum oder überhaupt nicht auf? Welche Gründe können Sie dafür in Ihrem Leben finden?

Weitere häufige Symbole

Tier: Symbolisiert das Tierische in uns, wobei darauf geachtet werden muss, ob es sich um ein wildes oder ein gezähmtes Tier (Haustier) handelt. Dementsprechend verweist das Tiersymbol auch auf wilde oder gezähmte Gefühle und Leidenschaften.

Haus: Entspricht unserer Persönlichkeit mit ihren verschiedenen Bewusstseinsräumen. Dabei ist jeder Raum symbolisch zu verstehen:

- Dachstube: Kopf, Intelligenz, Klugheit
- Küche: Verwandlung, Nahrung
- Schlafzimmer: Sexualität, Trieb
- Bad: Reinigung
- Keller: Unbewusstes, Vergessenes

Verkehrsmittel: Stets handelt es sich bei dieser Symbolik um die Beweglichkeit und den eigenen Lebensweg, der zurückgelegt werden muss. Bei diesem Symbol ist unbedingt darauf zu achten, um welche Art von Verkehrsmittel es sich handelt.

- Eisenbahn: festgelegter, starrer Lebensweg, der kollektiv gegangen wird
- Bus: auch festgelegt, starr und kollektiv, aber nicht so stark wie bei der Eisenbahn
- LKW: Man hat eine schwere Last zu tragen.
- PKW: individueller Lebensweg, große Beweglichkeit
- Fahrrad: Man bewegt sich aus eigener Kraft.

Brücke: Bezeichnet den Übergang zu etwas anderem, dem so genannten »anderen Ufer«. Oftmals führt sie auch über den Abgrund. Die Brücke zu überschreiten, ist im Traum stets ein wichtiger Akt, mit dem man etwas hinter sich lässt, um etwas Neues zu erreichen.

Tor/Tür: Hier kommt es darauf an, ob der Träumer Tor oder Tür eher spontan als Eingang oder Ausgang bezeichnet. Als Eingang wird hier der Einstieg in etwas Neues bezeichnet, als Ausgang, dass man etwas Vergangenes hinter sich lassen muss. Insofern ähnelt diese Symbolik in gewisser Weise dem Symbol »Brücke«.

Höhle: Ist nicht nur nach Freud und Jung ein zutiefst weibliches Symbol, das häufig regressive Tendenzen des Träumers kennzeichnet. Zurückzukehren in die Höhle, deutet im übertragenen Sinn darauf hin, dass man sich zurück in den Mutterbauch sehnt. In der Höhle ist man sicher.

Blume: Besonders die Blüte der Blume ist unter anderem ein häufiges Symbol für das weibliche Genital. Gleichzeitig verweist dieses Symbol auf Schönheit, die Kraft der Natur und ein Erblühen im Sinne von gesund und kräftig werden. Bei Blumen ist besonders auf die Farbe und auf die Jahreszeiten zu achten, denen sie zugeordnet werden.

Baum: Möglicherweise phallisches Symbol. Auf jeden Fall ein Symbol für Stärke und Erdung. Beim Baum kommt es sehr auf seinen Zustand an. Sehen wir den winterlich kahlen Baum, oder erblicken wir ihn im frischen Frühlingsgrün? Handelt es sich um einen voll belaubten sommerlichen Baum oder gar um einen Baum mit herbstlichen Früchten? Wirkt der Baum stark oder krank? Um welche Baumart handelt es sich und wo steht dieser Baum? – All diese Fragen sollte man sich beim Baumsymbol stellen.

Zur genaueren Information sollten Sie auf unsere Datenbank auf *www.traumonline.de*, in ein »Handbuch der Traum-Symbole« oder in ein Symbollexikon (z. B. »Vollmars Welt der Symbole«) schauen, wo Sie eine Fülle weiterer Symbole finden.

Aufgabe 40

Häufigkeit des Auftretens von Traumsymbolen in Ihren Träumen
Lesen Sie sich Ihr Traumtagebuch durch und notieren Sie die Symbole, die auftreten. Versuchen Sie herauszufinden, welche Kategorie von Symbolen Sie besonders häufig träumen.

Begriffserklärungen zu diesem Kapitel

Symbol: vom griechischen »symbolon«(zusammenpassen); Sinnbild und Zeichen
Yang: der männliche Aspekt aller Dinge und Wesen; Animus
Yin: der weibliche Aspekt aller Dinge und Wesen; Anima

Literaturhinweise zu diesem Kapitel

Ernst Aeppli: *Der Traum und seine Deutung*, (Knaur) München 1987
Karin Anderten; Verena Kast; Ingrid Riedel; Gisela Riess; Viktor Zielen: *Die vier Elemente im Traum*, (Walter) Solothurn, Düsseldorf 1993

Artemidor von Daldis: *Symbolik der Träume*, Wien, Leipzig 1881 (auch neuere Ausgaben erhältlich; das am weitesten verbreitete Traumbuch bis zum Beginn des 20. Jahrhunderts)

Hajo Banzhaf: *Der Mensch in seinen Elementen. Feuer, Wasser, Luft und Erde. Eine ganzheitliche Charakterkunde*, (Hugendubel) München 1993

Medard Boss: *Der Traum und seine Auslegung*, (Huber) Bern, Stuttgart 1978

Carl Gustav Jung (Hrsg.): *Der Mensch und seine Symbole*, (Walter, Studienausgabe) Olten, Freiburg 1980

Carl Gustav Jung; Marie-Louise von Franz; Joseph Henderson; Jolande Jacobi; Aniela Jaffè: *Der Mensch und seine Symbole*, (Walter) Olten, Freiburg 1980

Verena Kast: *Die Dynamik der Symbole. Grundlagen der Jungschen Psychotherapie*, (Walter) Olten, Freiburg 1990

Werner Kemper: *Der Traum und seine Bedeutung*, (Knaur) München 1977

Maeder: *Die Symbolik in den Legenden, Märchen, Gebräuchen, Träumen*. In: *Psychiatrisch-neurologische Wochenschrift*, Nr. 10, 1912, Heft 3 und 4

Erich Neumann: *Die große Mutter*, (Walter, Studienausgabe) Olten, Freiburg 1985

Robert von Ranke-Graves: *The White Goddess*, London 1984 (deutsch: *Die weiße Göttin*, (Rowohlt) Reinbek 1985)

Alfons Rosenberg: *Einführung in das Symbolverständnis*, Freiburg 1959

Henry G. Tietze: *Imagination und Symboldeutung*, (Knaur) München 1986

Klausbernd Vollmar: *Vollmars Welt der Symbole*, (Königsfurt) Krummwisch 2003

Klausbernd Vollmar: *Handbuch der Traum-Symbole*, (Königsfurt) Krummwisch, stets neue Auflagen (mit & ohne CD-ROM)

Klausbernd Vollmar: *Schwarz-Weiß. Bedeutung und Symbolik der beiden gegensätzlichsten Farben*, (Goldmann) München 1992

Klausbernd Vollmar: *Geheimnis der Farbe Rot*, (edition tramontane) St. Goar 1993

Klausbernd Vollmar: *Farben – ihre natürliche Heilkraft*, (Gräfe & Unzer) München 1993

Fragenarchiv und Themenspeicher

Notieren Sie sich hier, wie bereits bekannt, Fragen, die sich Ihnen im Laufe der Traumarbeit stellen, und Themen, die Sie noch vertiefen möchten. So kann nichts Wichtiges verloren gehen.

Schreiben Sie jeweils das Datum mit dazu und halten Sie auch fest, wann und wie sich eine Frage beantwortet hat bzw. wie Sie das Thema vertiefen möchten (dieses oder jenes Buch lesen, jemanden fragen, im Internet recherchieren etc.) und wann Sie das mit welchem Ergebnis getan haben.

Bevor Sie sich mit dem folgenden Kapitel befassen, überprüfen Sie den Stand Ihrer Traumarbeit anhand des Arbeitsbarometers:

Das Arbeitsbarometer zu den bisherigen Schritten in Ihrer Traumarbeit

Kreuzen Sie an:

Zufrieden ***Nicht zufrieden***

Stand der Arbeit mit dem Traumtagebuch

3 2 1 0 1 2 3

Stand der Arbeit mit dem Symbollexikon

3 2 1 0 1 2 3

Aufgaben mit den Bewusstseinszuständen

3 2 1 0 1 2 3

Veränderung von Einschlaf- und Aufwachkultur

3 2 1 0 1 2 3

7 Deutungstechniken II

Zur Einführung

Warum sieht das Auge die Dinge klarer in den Träumen, als sie das Wachbewusstsein sieht?
(Leonardo da Vinci)

Nachdem wir bereits einiges über die verbale Traumdeutung gelernt haben, wenden wir uns jetzt dem sicherlich kreativsten Feld der Traumdeutung zu – nämlich der Frage, wie man mit künstlerischen Techniken seinen Traum gestalten und dadurch erfassen kann.

In meinem ersten Studium habe ich mich (Klausbernd Vollmar) unter anderem als Examensthema mit Ästhetiktheorien in der Philosophie beschäftigt. Mich verblüffte immer wieder, welche Parallelen es doch zwischen Traumdeutung und Kunstbetrachtung gibt. Jeder Traum, so wurde mir klar, ist das persönliche Kunstwerk eines jeden Träumers. Deswegen haben auch so viele Künstler immer wieder ihre Träume gestaltet.

Wenn Sie Ihre Träume als kleine Kunstwerke ansehen, dann haben Sie damit den Schlüssel zu Ihrer eigenen Kreativität an der Hand. Da der kreative Ausdruck auch immer mit Harmonie und Ganzheit zusammenhängt, können Sie sich durch ihn psychisch und letztlich auch physisch heilen, so wie auch viele Künstler versucht haben, sich durch ihre Kunst zu heilen. Ich erinnere nur an den niederländischen Maler Vincent van Gogh (1853–1890), der versuchte, sich insbesondere mit der Farbe Gelb in seinen Bildern zu heilen.

Wir hoffen, Sie mit diesem Kapitel anregen zu können, sich in Ihrer Freizeit mit Malen, Zeichnen, Modellieren, Schnitzen oder einer anderen künstlerischen Betätigung, die Ihnen liegt, zu beschäftigen. Das hilft nicht nur Ihrer Entwicklung in der Traumdeutung, sondern macht auch Spaß.

Während Sie dieses Kapitel durcharbeiten, können Sie das Gesagte vertiefen, indem Sie Buntstifte, Aquarell- oder Acrylfarben bereitlegen, um mit ihnen zu malen. Gestalten Sie einfach einmal zur Übung alle Ihre erinnerten Träume in Farbe. Das scheint uns für den Laien der einfachste Weg zur künstlerischen Traumdeutung zu sein. Sie können aber auch, falls Ihnen das mehr zusagt, andere künstlerische Ausdrucksformen wählen und mit ihnen spielen.

Wären die Träume vielleicht nur unvollkommene Gedichte?
Ist ein gutes Gedicht ein vollkommener Traum?
In die wirkliche Welt sind viele mögliche andere
eingeschachtelt, der Schlaf lässt sie wieder heraus,
sei es der tiefe der Nacht, der alle Menschen bewältigt,
sei es der helle des Tags, der nur den Dichter befällt.

(Hebbel, *Traum und Poesie*)

Haben wir im vorletzten Kapitel die wichtigsten sprachlichen Deutungstechniken besprochen, so wenden wir uns in diesem Kapitel den nichtsprachlichen (nonverbalen) Deutungstechniken zu. Viele dieser Deutungstechniken stammen ursprünglich aus dem Bereich der Kunst. Sie setzen den Traum mit künstlerischen Techniken wie beispielsweise Malen, Zeichnen, Tanz und Bildhauerei um.

Der Vorteil dieser nonverbalen Deutungstechniken liegt darin, dass sie dem weiblichen Archetyp, also der Sprache des Traums, bedeutend näher stehen als die mehr vom männlichen Archetyp geprägten verbalen Deutungstechniken. Die weibliche Sprache des Traums ist nämlich von Bildern geprägt. Die Bilderwelten gehören seit Menschengedenken in den Bereich der Kunst. Dass unsere Träume in Bildern zu uns sprechen, liegt daran, dass sie in kürzester Zeit hochkomplexe Informationen vermitteln wollen. Nur unser letzter Traum am Morgen ist viele Minuten lang. Er kann bis zu maximal 30 Minuten dauern. Die Träume davor sind wesentlich kürzer, teilweise dauern sie nur wenige Sekunden. Der Traum, den wir morgens erinnern, ist fast in jedem Fall der letzte Traum der Nacht, und seine Erinnerung löscht meistens die Erinnerung an alle anderen nächtlichen Träume aus.

Da der Traum in Bildern zu uns spricht, kann er am besten in künstlerischen Medien ausgedrückt werden, die ebenfalls aus dem Bereich der Bilderwelten stammen. Der enge Bezug eines Traums zur Kunst wird auch durch die innere Struktur des Traums klar. So hat zum Beispiel ein Kunstwerk so viele Deutungen, wie es Rezipienten gibt. Genauso verhält es sich mit dem Traum: Jede Deutung des Traums, auf die ein Träumer kommt, ist angemessen und gehört zum Bedeutungsspektrum des Traums. Wie ein Kunstwerk besitzt ein Traum also viele Bedeutungen, die man sich wie übereinander angeordnete Schichten vorstellen kann. Letztendlich macht *die* Bedeutung eines Traums die Gesamtheit aller seiner Bedeutungen aus (die man natürlich niemals vollständig überblicken kann).

Die Nähe zum Kunstwerk zeigt sich auch in der symbolischen Struktur des Traums. Wir möchten das an einem Beispiel erläutern:

Man träumt, dass man in seinem blauen Auto nach München fährt, wobei man kurz vor München am Meer vorbeikommt.

Versteht man diese Information nicht symbolisch, bewertet man sie als Lüge, da man kein blaues, sondern ein rotes Auto besitzt und München bekanntlich nicht am Meer liegt. Jede Information wird in diesem Fall auf die äußere Wirklichkeit bezogen. Betrachtet man jedoch in angemessener Weise diesen Traum symbolisch, dann bezieht man jede Information des Traums auf seine innere Wirklichkeit. Man fragt sich also, was es bedeutet, dass das Auto die Farbe der Seele besitzt und München am Meer liegt, aus dem alles Leben hervorging?

Wir gehen mit dem Traum also um wie mit einem Gedicht. Finden wir in einem Gedicht die Zeile »draußen scheint die Sonne«, schauen wir auch nicht zur Bewertung und zum Verständnis des Gedichts aus dem Fenster, um zu sehen, ob dort wirklich die Sonne scheint. Uns interessiert vielmehr, welche Stimmung der Künstler ausdrücken will und ob zum Beispiel dieser Satz einen Refrain oder einen Reim bildet – wie er sich also zur inneren Struktur des Gedichts verhält.

Aus diesen kurzen Anmerkungen ist, so glauben wir, die Nähe von Traum und Kunst deutlich geworden. Und genau auf Grund dieser Nähe ist es so fruchtbar, den Traum mit künstlerischen und speziell mit nonverbalen Mitteln zu bearbeiten.

»In jüngerer Zeit ist das Malen und Zeichnen von Traumbildern sehr beliebt geworden. Diese Ausdrucksform wurde auch in der Jung'schen Richtung sehr gepflegt. Jacobi (1969) nannte das Malen eines ›Bildes aus dem Unbewussten‹ einen ›psychischen Aderlass‹, der die innerseelische Dynamik verwandelt. Man könnte sogar von einer schöpferischen ›Katharsis‹ sprechen, die durch das Bild bewirkt wird. ›Denn das Anschauen und Verfertigen der inneren Bilder bedeutet das Lebendigmachen der

Seele‹, sagt Jung (1935). Er setzt einen Prozess von innerer Aktivität in Gang und löst Spannungen« (G. Cramer-Bochow, *Ur-Energie Traum*).

Malen und Zeichnen

Aus dem bisher Gesagten wird klar, dass es sich anbietet, Träume zu malen und zu zeichnen. Hierbei sollte jedoch nicht die Qualität des künstlerischen Ausdrucks im Vordergrund stehen. Es kommt nicht darauf an, dass Sie ein ästhetisch gelungenes Kunstwerk schaffen, sondern darauf, dass Sie Ihren Traum – und damit auch sich selbst – beim Malen oder Zeichnen ausdrücken. Das Bild steht im Dienst der Traumdeutung und Selbsterkenntnis. Deswegen ist es kein Argument, wenn man sagt, man könne nicht malen oder zeichnen. Sie brauchen keinerlei technische Fähigkeiten, um einen Traum zu malen oder zu zeichnen.

Beim Malen und Zeichnen eines Traums ist das Ergebnis ein grundlegend anderes als bei den verbalen Techniken der Traumdeutung. Das Bild, das wir gemalt haben, vertieft unsere Gefühle und/oder erschließt neue Ebenen des Traums. Dies bedeutet, dass diese »Technik« sich insbesondere bei Menschen bewährt, welche die Tendenz haben, den Traum eher von der männlich-rationalen Sichtweise aus zu betrachten. Zugegebenermaßen bedeutet es gerade für diese Menschen eine gewisse innere Überwindung, den Zeichenstift oder Pinsel in die Hand zu nehmen.

Zwei Möglichkeiten, den Traum zu malen oder zu zeichnen

Meistens greift man eine zentrale Traumszene heraus, die man so ausdrucksvoll wie möglich darstellt. Sie brauchen das Bild nicht zu planen, malen Sie einfach drauf los und versuchen Sie wie ein Kind ganz im Vorgang des Malens oder Zeichnens zu versinken. Jede Überlegung und Distanz stört nur den freien Fluss Ihrer Gefühlskräfte.

Die zweite Möglichkeit besteht darin, dass Sie sich den Traum, am besten mit Hilfe einer Visualisierungstechnik, nochmals bewusst ins Gedächtnis rufen. Davor sollten Sie sich alles, was Sie zum Malen benötigen, bereitlegen. Achten Sie nach der Visualisierung auf Ihre Gefühle und beginnen Sie ein Bild anzufertigen. Dabei müssen Sie nichts aus dem Traum darstellen, sondern malen Sie ein Bild aus Ihren Gefühlen heraus.

Häufig steigen diffuse oder klare Bilder nach der Visualisierung auf, die Sie in einem Bild umsetzen können. Dies kann ein abstraktes Bild sein oder eines mit konkreten Inhalten.

Aufgabe 41

Malen Sie einen Traum.
Malen Sie ein Bild, das sich an einer konkreten Szene oder einem Symbol im Traum orientiert. (Wählen Sie einen Traum aus, der Sie gefühlsmäßig beeindruckt hat, den Sie aber noch nicht aufgeschlüsselt haben.)

Aufgabe 42

Analysieren Sie das gemalte Bild anhand der genannten Fragen.
Malen Sie ein Bild, nachdem Sie sich den Traum nochmals vergegenwärtigt haben, das entweder abstrakt ist und/oder sich an Bildern, die Sie visualisiert haben, orientiert. (Wählen Sie einen Traum aus, der Sie gefühlsmäßig beeindruckt hat, den Sie aber noch nicht aufgeschlüsselt haben.)

Nachdem Sie das Bild gemalt haben, ist es wichtig, dieses in aller Ruhe auf sich wirken zu lassen. Hängen Sie es am besten an einem Platz auf, an dem Sie es immer wieder betrachten können.

Sie können es auch als Meditationsvorlage benutzen. Das heißt, Sie meditieren fünf bis zehn Minuten vor diesem Bild. Achten Sie darauf, welche Gefühle und Gedanken in Ihnen aufsteigen.

Nachdem Sie auf dieses Traumbild meditiert haben, können Sie es auch analysieren. Diese Analyse ist allerdings nicht notwendig. Manche Träumer haben das Gefühl, dass eine Analyse den intuitiven Prozess des künstlerischen Traumverständnisses stört. Falls Sie sich dennoch für die Analyse von Traumbildern entscheiden sollten, seien hier einige Fragen, Anregungen und grundsätzliche Gestaltprinzipien aufgeführt:

Schauen Sie sich das Bild so an, als ob nicht Sie, sondern jemand anders es gemalt hätte. Denken Sie dabei möglichst nicht an den Traum, da dies den Blick für das Bild behindern kann. Beachten Sie dabei folgende Fragen:

- Wie geht es Ihnen, wenn Sie das Bild betrachten?
- Was fällt Ihnen an dem Bild auf? (Formen, Farben, Bildaufteilung)
- Was fällt Ihnen an den verschiedenen Bildelementen auf? (Formen, Farben, Realität)
- Gibt es etwas, was Ihnen in dem Bild in der Nachbetrachtung fehlt?

Betrachten Sie nun das Bild in Bezug auf Ihren Traum und stellen Sie sich folgende Fragen:
Wenn Sie ein Bild zu einer konkreten Situation oder einem Symbol aus dem Traum gemalt haben:
- Was fällt Ihnen an dem Bild auf, wenn Sie an die Situation im Traum denken?
- Drückt sich im Bild das aus, was das Wesentliche für Sie an der Situation ist?
- Haben Sie etwas aus dem Traum bewusst oder unbewusst weggelassen?
- Kommt im Bild gegenüber dem Traum etwas Neues zum Ausdruck?
- Drückt sich im Bild etwas Widersprüchliches gegenüber dem Traum aus?

Wenn Sie ein abstraktes Bild zum Traum gemalt haben:
- Wie sind die Stimmungen im Bild und im Traum?
- Stimmen sie überein oder sind sie eher widersprüchlich bzw. verschieden ausgedrückt?

Aufgabe 43

Das Traumbild betrachten
Betrachten Sie Ihre Bilder und beantworten Sie hierzu die oben gestellten Fragen.

Der Bildaufbau im Überblick

Rechte Seite: Auf der rechten Seite pflegt sich alles das zu zeigen, was unserem männlichen Archetyp (*Animus* nach Jung) entspricht. Konkret bedeutet das: Man achtet auf alle Bildelemente auf der rechten Seite, die über- oder unterbetont sind, und betrachtet ihren Symbolwert bezogen auf den eigenen männlichen Ausdruck. Sind diese Elemente unterbetont, dann muss unsere männliche Seite gestärkt werden, sind sie überbetont, sollten unsere weiblichen Anteile mehr gepflegt werden.

Hat ein Träumer beispielsweise von einem Baum geträumt und diesen Traumbaum so gezeichnet, dass die Äste sich alle nach rechts wenden oder gar das gesamte Bild seinen Schwerpunkt auf der rechten Seite hat, dann sollte er darüber meditieren, inwieweit er seine männliche Seite überbetont. Besondere Ausdifferenzierungen zum Beispiel der Ast- oder Blätterstruktur auf der rechten Seite verweisen auf eine differenzierte – das heißt auch meistens weitgehend bewusste – männliche Seite.

Linke Seite: Auf der linken Seite pflegt sich alles das zu zeigen, was unserem weiblichen Archetyp (*Anima* nach Jung) entspricht. Ausprägungen von Bildelementen auf der linken Seite und Verlagerung des Bildschwerpunkts hierhin legen eine Überbetonung der weiblichen Seite des Träumers nahe. Das, was für die rechte Seite gesagt wurde, gilt links entsprechend für den weiblichen Archetyp.

Oben: Ist im Bild oder der Zeichnung der obere Teil betont, kann man annehmen, dass der Träumer oder die Träumerin einseitig von einem intellektuellen Standpunkt aus auf die Welt zugeht und sie vom Intellekt her betrachtet.

Unten: Ist im Bild oder der Zeichnung der untere Teil betont, verweist das entweder auf eine starke Abhängigkeit von den Gefühlen, die aus dem Unbewussten aufsteigen, oder auf eine gute Erdung (d. h. eine problemlose Bewältigung des Alltagslebens).

Man kann des Weiteren auch auf ein Vorherrschen von runden oder spitzen Formen, auf die Art der Eingebundenheit der Bildelemente und vieles mehr achten. Letztlich hat alles eine symbolische Bedeutung.

Zusammenfassung

Rechte Seite: männlicher Archetyp (Animus)

- zielgerichtet
- analytisch
- Funktionen der linken Gehirnhemisphäre
- Logik

Linke Seite: weiblicher Archetyp (Anima)
- ausweitend
- verbindend, Synthese
- Funktionen der rechten Gehirnhemisphäre
- Intuition

Obere Seite: Denkfunktion nach C. G. Jung
- Intelligenz
- Überblick

Untere Seite: intuitive Funktion nach Jung
- Gefühlsabhängigkeit
- Erdung

Beispiele für den Symbolwert von Bildelementen
- spitze Formen: männlicher Archetyp (Animus), Aggression
- runde Formen: weiblicher Archetyp (Anima), Synthese
- verbundene Bildelemente: gute Integration der einzelnen Funktionen
- unverbundene Bildelemente: schlechte oder fehlende Integration der entsprechenden seelischen Funktionen
- Kreis: weiblicher Archetyp (Anima), Seele
- Quadrat: Erdung, Körper
- Dreieck: Bewusstsein, Geist
- gerade Linie: männlicher Archetyp (Animus)

Modellieren

Wie man malerisch und zeichnerisch seine Träume ausdrücken und verstehen kann, so ist dies auch durch Modellieren möglich. Hier gilt ebenfalls wieder der Grundsatz: Es geht nicht um die Qualität des künstlerischen Ausdrucks, sondern um ein Verstehen des Traums und damit um Selbsterkenntnis.

Insbesondere solche Träume bieten sich zum Modellieren an, in denen eine spezielle Person oder ein bestimmter Gegenstand als Traumsymbol hervorragt. So eignen sich beispielsweise die klassischen Verfolgungsträume für diese Form der Bearbeitung. Modelliert wird in diesem

Fall der böse Mensch oder das Angst erzeugende Monster. Überhaupt haben wir immer wieder bei der Bearbeitung von Angstträumen gute Erfahrungen machen können, wenn die Träumenden das Wesen modellierten, das ihnen Angst einjagte. Durch die eingehende Beschäftigung mit dem, was uns Angst macht, können wir diese Ängste fast immer abbauen.

Modellieren Sie zügig, ohne lange nachzudenken, und benutzen Sie dann Ihre Plastik als Meditationsgrundlage. Manche lieben es, mit geschlossenen Augen zu modellieren. Sie können das einmal versuchen. Es verbindet Sie tiefer mit Ihrem Gefühl.

Zum Modellieren arbeitet man am besten mit relativ feinem, feuchtem Ton oder Plastellin. Man kann auch Knetmasse benutzen, wie wir sie als Kinderspielzeug kennen.

Falls Sie in Ton arbeiten, möchten wir Ihnen davon abraten, Ihre Plastik brennen zu lassen, da Sie das zwingt, Techniken einzuhalten, was Sie wiederum von der Konzentration auf Ihre Gefühle abbringen könnte. Werden bestimmte Töpfertechniken nicht eingehalten, laufen Sie Gefahr, dass beim Brennen Ihre Figur auseinander fällt.

Die modellierten Figuren können wieder analytisch betrachtet werden, wobei die gleichen Prinzipien wie für den Bildaufbau gelten, die wir im vorigen Abschnitt genauer beschrieben haben.

Aufgabe 44

Modellieren Sie einen Traum.
Für diese Aufgabe brauchen Sie Zeit und Muße. Suchen Sie sich das Material, mit dem Sie modellieren wollen, und wählen Sie einen Traum, den Sie gestalten möchten. Hier ist es für Ihre Selbsterfahrung sinnvoll, einen noch kaum bearbeiteten, aber emotional intensiven Traum zu wählen.
Sorgen Sie dafür, dass Sie etwa eine Stunde ungestört sind. Legen Sie Ihre Lieblings-Entspannungsmusik auf, visualisieren Sie den Traum, bis Sie Kontakt zu ihm haben, und modellieren Sie. Am günstigsten ist es, wenn Sie eine abstrakte Form schaffen.

Bewegung und Tanz

Traumarbeit lässt sich gut mit Körperarbeit verbinden, wie wir sie aus dem Yoga, Tai Chi Chuan und Chi Gong, der Bioenergetik und der Gymnastik bis hin zu Aerobic und anderen Formen moderner Kombinationen aus Tanz und Sport her kennen.

Besonders der Ausdruckstanz bietet sich dazu an, Träume darzustellen und zu bearbeiten. Mir (Klausbernd Vollmar) wurde das sehr deutlich, als vor Jahren eine junge Frau in einem meiner Traumworkshops in Salzburg spontan ihren Traum tanzte. Sie tanzte mit geschlossenen Augen und drückte dabei all ihre Gefühle deutlich aus, die mit diesem Traum verbunden waren.

Träume, in denen widerstrebende Kräfte, Kämpfe und viel Aktivitäten vorkommen, lassen sich besonders gut durch Tanzen ausdrücken. Hier kommt es abermals darauf an, diesen Kräften durch seine Bewegungen freien Lauf zu lassen. Vergessen Sie alles, was Sie über Tanzen wissen, und drücken Sie Ihre Gefühle aus. Es hilft, mit geschlossenen Augen zu tanzen und alle Gefühle hochsteigen zu lassen, die wahrgenommen werden wollen. Verstärken Sie diese Gefühle etwas! Im Grunde ist dieses Tanzen eine Art des Assoziierens mit Körperbewegungen.

Man kann das Tanzen eines Traums dahingehend ausbauen, dass man seinen Traum – so gut es geht – pantomimisch darstellt. Greifen Sie allerdings nur dann zu dieser Technik, wenn Ihnen der körperliche Ausdruck Spaß macht, sonst verkommt diese Traumbearbeitung leicht zu Krampf und Mühe. Und was uns keinen Spaß macht, das geben wir viel zu schnell auf.

Auch Techniken des Psychodramas eignen sich zur Traumbearbeitung, wobei hier pantomimisches Spiel und Sprache zusammenkommen. Unserer Erfahrung nach eignen sich allerdings nur wenige Träume zur psychodramatischen Aufarbeitung. Es hilft bei dieser Technik sehr, wenn sie unter Anleitung durchgeführt wird. Das Gleiche gilt für das Stellen von Träumen.

Aber nicht nur der Ausdruckstanz und die Pantomime eignen sich zur körperlichen Traumarbeit, sondern, wie schon gesagt, auch Yoga und ähnliche meditative Körperübungen.

Zunächst zur Theorie: Nach dem Freudschüler *Wilhelm Reich* (einer der Begründer der Bioenergetik, 1897–1957) wirkt sich jedes unterdrückte und nicht ausgelebte Gefühl in bestimmten Muskelverspannungen aus. Werden diese Muskelverspannungen abgebaut, kann sich das entsprechende Gefühl wieder äußern. Es besteht eine psychische Verbindung zwischen dem Abbau einer Muskelverspannung und dem Traum, weil nämlich beide verdrängte und nicht zugelassene Gefühle befreien.

In Yoga-Kursen ist immer wieder zu beobachten, dass bei vielen Menschen Träume hochsteigen, wenn sie langsam und konzentriert in eine Körperanspannung hineingehen, um dann tief zu entspannen. Von diesen Beobachtungen und Überlegungen ausgehend hat Klausbernd Vollmar in den 1980er Jahren eine Technik entwickelt, mit der man langsame, konzentrierte Körperübungen in den Dienst der Traumdeutung stellen kann: Dabei geht man langsam und konzentriert beispielsweise in eine Yoga-Übung hinein, nachdem man sich einen nächtlichen Traum in tiefer Entspannung – so klar es geht – mit geschlossenen Augen vorgestellt hat. Man führt sich während der Körperübung zum einen den Traum vor Augen und atmet zum anderen so tief wie möglich in jede auch nur kleinste körperliche Verspannung hinein, die man bemerkt. Die sich auflösenden Verspannungen sind auf den Traum zu beziehen. Sie setzen Vorstellungen und Gefühle frei, die unmittelbar mit dem Traum zusammenhängen.

Sie müssen das selbst einmal durchführen, um zu erfahren, was man alles durch die Verbindung von Körperübungen und Traumarbeit erreichen kann. Wir befinden uns hier auf einem noch völlig neuen Gebiet, bei dem es darum geht, erst einmal Erfahrungen zu sammeln.

Aufgabe 45

Tanzen Sie einen Traum.
Ob Sie es gewohnt sind, sich nach Bildern zu bewegen, oder nicht: Probieren Sie es ruhig aus. Es wird eine gute Erfahrung für Sie sein! Schaffen Sie sich wieder einen ungestörten Zeitraum von etwa einer Stunde. Wählen Sie Ihre Musik und einen Traum aus. Tanzen Sie sich zunächst nach der Musik etwas warm. Suchen Sie sich immer neue Bewegungsabläufe. Dann halten Sie einen Moment inne und visualisieren Sie den Traum, bis Sie Kontakt zu ihm haben. Nun beginnen Sie, ihn mit zunächst langsamen Bewegungen darzustellen. Die Bewegungen werden mit der Zeit ganz von selbst schneller und entsprechen bald Ihrem Empfinden. Seien Sie achtsam und nehmen Sie wahr, was Sie empfinden und fühlen. Gehen Sie einzelnen Szenen des Traums nach, indem Sie das zulassen, was sich entwickelt. Alles, was kommt, ist richtig.

Nonverbale Deutungstechniken im Überblick

Zum Abschluss dieses Kapitels möchten wir Ihnen zur schnelleren Orientierung noch einen Überblick darüber geben, welche nonverbalen Methoden sich für welche Art von Träumen besonders eignen:

- Malen: für jede Art des Traums geeignet, besonders jedoch für in Farbe erinnerte Träume
- Zeichnen: für jede Art des Traums geeignet, besonders jedoch, wenn ein Traumsymbol oder eine Traumsituation hervorsticht
- Modellieren: speziell für Angstträume aller Art geeignet
- Tanzen: speziell für Träume voller Aktivität geeignet und für solche mit Konflikten und Kämpfen
- Pantomime: speziell für handlungsreiche Träume geeignet
- Psychodrama: speziell für ausführliche, handlungsreiche Träume geeignet
- Yoga: für jeden Traum geeignet

Damit haben wir die wesentlichen Techniken zur Traumdeutung besprochen. In der Realität werden Sie normalerweise je nach Traum und Träumer verschiedene Techniken miteinander kombinieren. Sie werden bemerken, dass Ihnen einige dieser Techniken mehr zusagen als andere.

Grundsätzlich kann man sagen, dass nonverbale Deutungstechniken vor allem von und bei Intellektuellen angewandt werden sollten. Wer die meiste Zeit im Kopf und in seinen Gedanken ist, braucht die konkrete Sinnlichkeit der künstlerischen Traumbearbeitung, um sich wieder zu erden. Wer jedoch im Gegensatz dazu seinen Launen und Gefühlen ausgeliefert ist, der sollte sich der verbalen Traumdeutung zuwenden, da sie eine feste Struktur gibt, die ebenfalls erdet.

Ein Nachteil der künstlerischen beziehungsweise nonverbalen Traumarbeit besteht darin, dass sie aufwändiger ist als die verbale Traumarbeit. Sie braucht teilweise Materialien wie Farben, Pinsel und so weiter oder eine aufwändigere Vorbereitung. Außerdem dauert sie meistens länger und ist ungewohnter. Wir haben jedoch immer wieder festgestellt, dass diese Art der Traumarbeit einen sehr tief mit seinen Emotionen verbinden kann. Es gibt Menschen, die bei der nonverbalen Traumarbeit mit erstaunlicher Schnelligkeit tiefe Einsichten bekommen, die sie mit verbaler Traumarbeit niemals in derselben Zeit gewonnen hätten. Besonders die so genannten »gelernten Klienten«, die viele Therapien durchlaufen haben, sind fast nur noch durch solche nonverbalen Techniken ansprechbar, da sie alles schon zu kennen meinen und deswegen keine tiefen Einsichten mehr erfahren.

Begriffserklärungen zu diesem Kapitel

Bioenergetik: Von Alexander Lowen (* 1910 in New York) auf der Grundlage von Wilhelm Reichs Ideen entwickelte Körperarbeit, die Muskelverspannungen lockert, um die damit verbundenen zurückgehaltenen Gefühle freizusetzen.
Erdung: Mit diesem häufig benutzten Begriff bezeichnet man das Zurechtkommen im alltäglichen Leben. Wer gut zurechtkommt, ist gut geerdet. Wer das Alltagsleben nur schlecht meistert, ist schlecht geerdet.
Gehirnhemisphäre: Gehirnhälfte. Das Gehirn zerfällt in zwei Hälften, die durch einen als Balken bezeichneten Nervenstrang (*Corpus callosum*) miteinander verbunden sind. Die rechte Gehirnhemisphäre ist mit dem weiblichen Archetyp vergleichbar, indem sie synthetisch arbeitet. Die linke Gehirnhemisphäre ist mit dem männlichen Archetyp vergleichbar, indem sie analytisch arbeitet.
Meditation: (ostasiatische) Technik, um den Geist zu beruhigen und die Identifikation mit dem eigenen Ich zu lockern.
nonverbale Traumarbeit: Traumarbeit, bei der nicht-sprachliche Mittel im Vordergrund stehen.
Psychodrama: Psychotherapeutische Technik nach Moreno (Jacob Levy Moreno, Begründer des Psychodramas, 1892–1974), bei der Situationen, beispielsweise aus Träumen, wie auf der Bühne gespielt werden. Durch dieses Spiel wird dem Spieler emotional bewusst, was ihm vorher unklar war.
Refrain: Wiederholung in einem Lied
Tai Chi Chuan: Chinesische Technik, die mit sehr langsamen Bewegungsabläufen das Bewusstsein des Übenden verändert und ihn gesund hält.
Yoga: Ostasiatische Technik, um mit Körperübungen und Meditation den Bewusstseinszustand zu ändern.

Literaturhinweise zu diesem Kapitel

Carl Gustav Jung; Marie-Louise von Franz; Joseph Henderson; Jolande Jacobi; Aniela Jaffè: *Der Mensch und seine Symbole*, (Walter) Olten, Freiburg 1980 (Studienausgabe)

Jolande Jacobi: *Vom Bilderreich der Seele. Wege und Umwege zu sich selbst*, (Walter) Olten, Freiburg 1992

Hanscarl Leuner; G. Horn; E. Klessmann: *Katathymes Bilderleben*, Frankfurt/M. 1980

Ingrid Riedel: *Farben*, (Kreuz) Stuttgart 1984

Ingrid Riedel: *Formen*, (Kreuz) Stuttgart 1985

Klausbernd Vollmar: *Das Arbeitsbuch zur Traumdeutung*, (Iris Bücher/Schors) Amsterdam 2002 (dort bes. S. 92–132)

Klausbernd Vollmar: *Träume als Wegzeichen auf der Reise des Lebens*, (Iris Bücher/Schors) Amsterdam 2002

Klausbernd Vollmar: *Die Weisheit der Träume*, (Integral) München 2003

Fragenarchiv und Themenspeicher

Notieren Sie sich hier, wie bereits bekannt, Fragen, die sich Ihnen im Laufe der Traumarbeit stellen, und Themen, die Sie noch vertiefen möchten. So kann nichts Wichtiges verloren gehen.

Schreiben Sie jeweils das Datum mit dazu und halten Sie auch fest, wann und wie sich eine Frage beantwortet hat bzw. wie Sie das Thema vertiefen möchten (dieses oder jenes Buch lesen, jemanden fragen, im Internet recherchieren etc.) und wann Sie das mit welchem Ergebnis getan haben.

Bevor Sie sich mit dem folgenden Kapitel befassen, überprüfen Sie den Stand Ihrer Traumarbeit anhand des Arbeitsbarometers:

Das Arbeitsbarometer zu den bisherigen Schritten in Ihrer Traumarbeit

Kreuzen Sie an:

Zufrieden ***Nicht zufrieden***

Stand der Arbeit mit dem Traumtagebuch

3 2 1 0 1 2 3

Stand der Arbeit mit dem Symbollexikon

3 2 1 0 1 2 3

Aufgaben mit den Bewusstseinszuständen

3 2 1 0 1 2 3

Veränderung von Einschlaf- und Aufwachkultur

3 2 1 0 1 2 3

Erfahrungen mit der Assoziations- und Fragetechnik

3 2 1 0 1 2 3

8 Geschichte der Traumdeutung

Vorab

In diesem Kapitel wenden wir uns der Geschichte der Traumdeutung zu. Die geschichtliche Betrachtung der Traumdeutung zeigt Ihnen, dass viele der heute noch gebräuchlichen Techniken ihre Vorläufer in der historischen Traumdeutung haben. Sigmund Freud und die Psychoanalyse wären kaum denkbar gewesen ohne die Traumdeutung der Israeliten in der Bibel und im Talmud. Selbst die modernsten Techniken des luziden Träumens gehen auf den griechischen Kult des Asklepios zurück, bei dem durch ein bestimmtes Setting Heilträume hervorgerufen wurden.

Im Grunde handelt sich bei der modernen Traumdeutung um eine Wiederentdeckung alter Techniken. Neu in der Beschäftigung mit dem Traum ist die naturwissenschaftlich ausgerichtete Traumdeutung, die Gehirnstrukturen und bestimmte Traumphasen erforscht. Allerdings hat es uns sehr verwundert, dass selbst schon im Kult des Asklepios vor etwa 4000 Jahren die REM-Phase des Schlafs bekannt gewesen sein muss, denn sonst hätten die Priester des Asklepios den Schläfer nicht genau am Ende eines Traums wecken können. Wenn amerikanische Forscher sich in den 1950er Jahren damit brüsteten, die REM-Phase des Schlafs entdeckt zu haben, zeugt dies nur von der historischen Ignoranz, die in der amerikanischen Schlaf- und Traumforschung üblich ist.

Wir wünschen Ihnen viele Einsichten beim Durcharbeiten dieses Kapitels über die Geschichte der Traumdeutung. Sie können den Lernstoff noch vertiefen, wenn Sie sich bei jeder vorgestellten historischen Periode fragen, wie Sie noch heute diese Technik praktisch anwenden könnten. Versuchen Sie auch einmal, über die Traumdeutung in einer der hier geschilderten geschichtlichen Perioden zu träumen. Wie wäre es mit einem

Traum, der Sie zu einer Traumdeuterin des Mittelalters versetzt oder in den Tempel des Asklepios auf Kos?

Geschichte kann im Traum heraufbeschworen werden, spielen Sie ruhig einmal mit solchen so genannten induzierten Träumen.

Einführende Gedanken

> *If modern physics is to be believed, the dreams we call waking perceptions have only a very little more resemblance to objective reality than the fantastic dreams of sleep.*
> (Schenken wir der modernen Physik Glauben, dann zeigt unser so genanntes Wachbewusstsein nur eine geringfügig größere Übereinstimmung mit der objektiven Realität als unsere nächtlichen Träume.)
>
> (Bertrand Russell)

Die Traumdeutung hat wie keine andere Therapie die Frühzeit der Menschheitsgeschichte geprägt. Schamanen in der ganzen Welt, von Sibirien bis nach Nordamerika, haben mit Hilfe der Traumdeutung geheilt beziehungsweise die bösen Geister ausgetrieben, wie sie es nannten. Traumdeutung bedeutete in prähistorischen Zeiten Heilen mit Hilfe der inneren Bilder des Kranken, der immer als Besessener angesehen wurde.

Dieses Heilen mit Bildern (*mythos*) ist an den weiblichen Archetyp gebunden, der dann vom männlichen Archetyp zunehmend an den Rand gedrängt wurde. Der männliche Archetyp ist dem Wort zugetan (*logos*). Er heilt auf Grund von Unterscheidung und Zuordnung. So löste die Kräuterkunde das Heilen mit den Traumbildern ab. Das Bild erschließt Bedeutungen und verbindet das Auseinandergefallene im Leben des Träumers. Die Kräuterkunde dagegen ist vom Geist der Differenzierung, Eingrenzung und eindeutigen Zuordnungen geprägt.

Obwohl sich der männliche Archetyp im Heilen wie in allen Bereichen unserer Gesellschaft durchgesetzt hat, konnte er dennoch die Traumdeutung nicht verdrängen. Traumdeutung hat es immer gegeben, auch wenn sie wie ab Mitte des 13. Jahrhunderts für einige Zeit verboten war, um dann bis zum Zeitalter der Romantik nur eine geringe Rolle zu spielen. Im 20. Jahrhundert erlebte jedoch die Traumdeutung zumindest in Westeuropa und Nordamerika eine Renaissance, die als Gegenbewegung zum Rationalismus, Materialismus und der Sinnkrise in unserer postmodernen Gesellschaft anzusehen ist.

In den traditionellen Kulturen wird der Traum oftmals nach einem festgelegten religiösen und ethischen Bezugssystem gedeutet. Jedes Symbol hat seine bestimmte Bedeutung, und die Interpretation besteht in der Auslegung dieser festgelegten Bedeutungen der Symbole.

Ein Beispiel für diese Art der Deutung gibt J. S. Lincoln (1947) in seiner Arbeit über die Navaho-Indianer:

»*Der Traum:* Ich träumte von einem großen Ei aus einer steinharten Substanz. Ich schlug es auf, und heraus flog ein junger, aber bereits voll ausgewachsener Adler. Es geschah im Hausinnern, und der Adler flog hin und her und versuchte hinauszufliegen, doch konnte er nicht hinausgelangen, weil das Fenster geschlossen war.

Die Deutung: Der Adler gehört zur Vogelgruppe der höheren Geister, die eine der drei verbündeten Geistergruppen ist, der Geister des Windes, des Blitzes und der Vögel, die alle auf dem Gipfel des San-Francisco-Berges wohnen. Wenn diese Geister beleidigt werden, können sie große Verwüstungen und Zerstörungen anrichten. Sie können auch freundlich sein. Der Adler kann nicht hinausfliegen, weil du den Vogelgeist beleidigt haben musst, vielleicht, wie du auf sein Nest getreten bist, oder vielleicht war es auch dein Vater, der ihn gekränkt hat …«

Klassisches Griechenland

Das klassische Griechenland kannte als einzige Heilmethode diejenige durch den Traum. Etwa vom Jahr 2000 vor unserer Zeitrechnung bis zur Zeitenwende und teilweise bis ins dritte Jahrhundert hinein wurde mit Hilfe des Traums geheilt. Nie zuvor in der überlieferten Geschichte gab es eine ähnlich lange Periode, in denen nur eine einzige Heilmethode angewandt wurde.

Der Heilgott *Asklepios* sandte durch seinen Gehilfen, den Zwerg *Telesphoros* (griech. »telos« das Ziel), die heilenden Traumbilder. Asklepios als Vorläufer des römischen Äskulaps galt als der beliebteste Gott, dem zu Ehren viele Tempel errichtet wurden (zu seiner Blütezeit über 200). Die bekanntesten Tempel, die heute noch als Ruinen zu besichtigen sind, sind auf Kos und in Epidauros.

Der Kranke begab sich zu einem Tempel des Asklepios und musste sich zunächst heiligen Waschungen unterziehen, bevor er in das *Abaton* (den Schlafsaal) eingelassen wurde. Dort wurde ihm eine *Kline* (die Schlafbank, von der das Wort »Klinik« abstammt) zugewiesen, auf der er sich zum Schlafen hinlegte.

Da das Symbol- und Krafttier des Heilgotts die Schlange war, befand sich in der Nähe des Schlafsaals ein Ort, an dem Schlangen gehalten wurden. Mit einer Schlange in der Nähe wird man natürlich leicht zu Träumen angeregt. Die Schlafenden wurden von Priestern beobachtet, die um die REM-Phase des Schlafs wussten und darauf achteten, wann die sich bewegenden Augen der Schlafenden wieder zur Ruhe kamen. Der Schläfer wurde sogleich geweckt und besprach mit dem Priester seinen Traum. Weil die gesamte griechische Kultur der damaligen Zeit davon ausging, dass Asklepios heilende Träume brachte, wurde die Tendenz des Träumers, die Träume als Heilung anzusehen, unterstützt. Oftmals waren allerdings die Träume so klar, dass keine priesterliche Interpretation nötig war.

Um das neunte Jahrhundert vor unserer Zeitrechnung unterteilte der griechische Dichter Homer die Träume in zwei Kategorien:

- die Träume, die uns durch die elfenbeinerne Pforte gesandt werden und die wahr und gut sind, und
- die Träume, die uns durch die Pforte aus Horn gesandt werden und die falsch und schlecht sind.

Beide Traumarten aber kommen von den Göttern, namentlich von Asklepios oder von Zeus.

Fünf Jahrhunderte später nahmen *Pythagoras* und der exzentrische Heraklit an, dass sich die Seele im Schlaf vom Körper löst und zu den Göttern und höheren Wesen hingezogen wird, mit denen sie sich im Traum unterhält. Nicht Asklepios oder Zeus sind also aktiv und schicken den Traum, sondern die Seele des Träumers selbst ist aktiv und sucht den Gott auf. Eine ähnliche Auffassung findet sich auch bei Rudolf Steiner und der Anthroposophie.

Rom

Welchem Geschäft man nun im Geist am eifrigsten obliegt,
Oder wobei sich zuvor das Gemüt am meisten verweilt hat,
Sich der Verstand darauf mit strengerem Fleiße verwendet,
Ebendasselbe kommt gewöhnlich uns wieder im Traum vor.
Rechtsgelehrte verfassen Gesetz' und führen Prozesse,
Feldherrn ordnen das Heer und liefern blut'ge Schlachten,
Schiffer führen den Kampf, den sie mit den Winden beschlossen;
Und ich treibe nun dies und forsche der Dinge Natur nach,
Lege dann, was ich erforscht', im vaterländischen Vers dar.

(Lukrez, *De rerum natura*)

Bereits in der spätgriechischen Periode begann der Niedergang der Traumdeutung als Heilmethode, bis sie in Rom schließlich nur noch ganz pragmatisch betrieben wurde: Jeder Träumer, jede Träumerin musste nämlich in Rom einen politischen Traum dem Senat melden. Nicht-politische Träume wurde wenig betrachtet. Jeder Traum, der von einer einflussreichen Person des öffentlichen Lebens geträumt wurde, wurde sowohl als vorausweisend als auch als ein politischer Traum betrachtet. Man nahm an, dass die Götter ihren Willen durch den Traum kundtaten. Dieser göttliche Wille konnte freilich am besten durch die Einflussreichen durchgesetzt werden.

Selbst der Traum von Gaius Iulius Cäsars zweiter Frau Calpurnia, dass ihr Mann im Senat erstochen würde, konnte den Imperator nicht davon abhalten, im Senat aufzutreten. Auch die Träume der Seherin Cassandra wurden eher verlacht, obwohl sie im höchsten Maße politisch waren und übrigens auch eintrafen. Aber so geht es bis in die heutige Zeit: Personen, die vorausweisend träumen, wird selten geglaubt.

Mittelalter

> *Wenn Träume die Zukunft voraussagen, wenn Erscheinungen, die sich während des Schlafes der Seele darbieten, einige Indizien geben, nach denen man Zukünftiges vorausahnen kann – dann werden Träume gleichzeitig wahr und dunkel sein, und selbst in ihrer Dunkelheit wird noch die Wahrheit wohnen.*
>
> (Synesius von Cyrene, Schriftsteller des 4. Jahrhunderts)

Die Haltung zum Traum war im Mittelalter zwiespältig. Auf der einen Seite spielte die Traumdeutung im Mittelalter eine wichtige Rolle, die zunächst von der Kirche unterstützt wurde. Immerhin heißt es ja, der Tradition der Israeliten folgend, im Alten Testament, dass Träume von Gott gesandt werden. Es sind die Propheten, zu denen Gott im Traum spricht. Joseph profiliert sich beispielsweise in Ägypten als hervorragender Traumdeuter. Allerdings sei hier kurz angemerkt, dass wir Eugen Drewermann zustimmen, der bereits sagte, dass die Träume der Bibel eher literarische Fiktionen seien.

Die Träume in der Bibel wirken alle eigenartig fingiert. Sie scheinen von der Haltung des gesamten Mittelalters geprägt zu sein, mit konstruierten angeblichen Träumen Politik zu machen. Der Traum war seit spätrömischer Zeit bis ins späte Mittelalter hinein ein beliebtes PR-Medium. Ich erinnere nur an den Traum von Nebukadnezar (auch Belsazar genannt), in dem der König von Babylon als mächtiger Gegenspieler der Christen diskreditiert wird. Es war gängige Praxis, dass sich Fürsten und Kirchenherren Träume ausdachten, die dann als Auftrag Gottes dargestellt wurden und jedes Handeln rechtfertigten. Diese Praxis wurde besonders beliebt, als der Papst 1248 die Traumdeutung verbot. Das ist zwar ein absurder Widerspruch zur Bibel, aber auf der anderen Seite durchaus verständlich, da man die Traumdeutung in der Hand der Hexen und Häretiker vermutete, die wiederum eine Konkurrenz zur Kirche darstellten.

Eine absurde Wendung beinhaltete das Verbot insofern, als die Kirche bestimmte, dass Gott sich einzig den Fürsten durch den Traum mitteile, zur normalen Bevölkerung dagegen spräche der Teufel im Traum, der deswegen nicht beachtet werden dürfe.

Seit Mitte des 13. Jahrhunderts wurde die Traumdeutung an den Rand der Gesellschaft gedrängt und spielte bis zur Romantik keine große Rolle mehr. Besonders während der Aufklärung und der Zeit der spanischen Inquisition entsprach der Traum nicht mehr dem Zeitgeist. Träumer galten als gefährliche Subjekte, die sich dem Fortschritt in den Weg stellten und verfolgt werden mussten.

Das Zeitalter der Romantik

Im Zeitalter der Romantik wurde als Gegenbewegung zum aufklärerischen und naiv materialistischen Gedankengut die Seele des Individuums wiederentdeckt. Damit wurde natürlich auch der Traum wieder wesentlich, der in den Romanen der Romantiker eine große Rolle spielt. In dem Romanfragment »Heinrich von Ofterdingen« von Novalis (Friedrich von Hardenberg, einflussreicher deutscher Dichter der Romantik, 1772–1801) spricht Heinrich von Ofterdingen von der Sehnsucht, die sich in seinen Träumen ausdrückt. In ihnen sieht er das schöne Mädchen (die Tochter des Zauberers Klingsohr) in der blauen Blume der Romantik. Dem sehnenden, hochindividuellen Lebensgefühl der Romantik entsprach der Traum in perfekter Weise.

Außerdem bot der Traum speziell den Dichtern der romantischen Kunstmärchen wie Ludwig Tieck (der auch unter den Namen Peter Lebrecht und Gottlieb Färber veröffentlichte, 1773–1853) die Möglichkeit, sowohl bestimmte intensive Stimmungen im Text als auch die Spannung im Leser zu erzeugen, ob die Vorausahnungen im Traum sich bewahrheiten – was übrigens in Literatur meistens der Fall war.

Vom Zeitalter der Romantik an sollte der Traum zunehmend wichtiger werden und bis zur Wende des 18. zum 19. Jahrhundert einen erstaunlichen Aufstieg erleben.

Mesmer, Charcot und Freud

»Freud berichtet: ›Ich fand die Traumprobleme auf meinem Wege, während ich Psychoneurosen zu heilen bemüht war, indem mir die Kranken unter anderen Vorfällen aus ihrem Seelenleben auch von ihren Träumen berichteten …‹

Eine Anzahl von Grunderkenntnissen erschloss dem unbestechlichen Sinn Freuds das Wesen der Träume:

- *Träume sind der Zugang auf dem Weg zur Selbstanalyse*
- *Träume sind die ›via regia‹, der königliche Weg zum Unbewussten*
- *Träume sind die Wächter des Schlafes*
- *Traum als Wunscherfüllung erkennen*
- *Träume haben oft ›körperliche Quellen‹*
- *Träume zeigen häufig einen typischen Ablauf*
- *Träume sind der psychische Vorgang, der den latenten Trauminhalt in den mir aus der Erinnerung bekannten manifesten überführt*
- *Träume sind das Ergebnis der Arbeit des ›Verhüllens‹.* (Klaus Thomas, *Träume selbst verstehen*).

Im 19. Jahrhundert waren es besonders Franz Anton Mesmer (1734–1815) und Jean-Martin Charcot (1825–1893), die sich dem Traum zuwandten und wieder wie im klassischen Griechenland mit dem Traum zu heilen versuchten.

Freud veröffentlichte im November 1899 sein maßgebliches Werk »Die Traumdeutung«, das er auf 1900 datieren ließ, um so zu zeigen, dass es sich um ein Jahrhundertwerk handelt. Mit dieser Veröffentlichung setzte Freud völlig neue Maßstäbe in der Traumdeutung, die bislang nie zuvor derart systematisch und zugleich umfangreich betrachtet worden war.

Es gab zwar schon seit altägyptischen Zeiten Traumbücher wie zum Beispiel »Das hieratische Traumbuch«, aber sie alle waren Symbollexika, die sich nicht mit der Theorie und Systematik des Traums auseinander setzten. Insofern kann Sigmund Freud sehr wohl als Pionier der Traumdeutung angesehen werden.

Heutzutage gilt jedoch Freuds »Die Traumdeutung« teilweise als überholt, da sie unter anderem, geprägt vom prüden Geist des viktorianischen Zeitalters, ihr Hauptaugenmerk einseitig auf verdrängte sexuelle Wünsche richtet. Wissenschaftshistorisch gesehen ist dies jedoch ein Missverständnis. Gerade die moderne Physik, die sich heutzutage mit dem Phänomen des Traums beschäftigt, bestätigt Freuds grundlegende Thesen vom Wirken und der Dynamik des Unbewussten. Ferner gründen alle postmodernen Traumforscher auf Freuds Modelle.

Was man Freud jedoch aus heutiger Sicht »ankreiden« kann: Seine Auffassung der menschlichen Psyche ist weitgehend vom mechanistischen Modell des 19. Jahrhunderts geprägt, das bereits zu Freuds Zeiten als überholt galt. Ein typischer Ausdruck hiervon ist Freud beliebte Druck-Metaphorik: Ein nicht befriedigter Trieb baut wie ein erhitzter Dampfkochtopf Druck auf und muss dann ein Ventil dafür finden.

Die analytische Psychologie

Jeder Archetyp ist zu unendlicher Entwicklung und Differenzierung fähig. Es ist daher möglich, dass er mehr oder weniger entwickelt ist. In einer äußerlichen Religionsform, wo aller Nachdruck auf der äußeren Figur liegt, ist der Archetypus identisch mit äußeren Vorstellungen, bleibt aber als seelischer Faktor unbewusst. Wenn ein unbewusster Inhalt durch ein Projektionsbild dermaßen ersetzt ist, so wird er vom Miterleben im und Einflussnehmen auf das Bewusstsein ausgeschlossen. Damit büßt er sein Leben weitgehend ein, weil er an der ihm natürlichen Gestaltung des Bewusstseins verhindert ist; ja mehr noch: er verbleibt unverändert in seiner ursprünglichen Form, denn im Unbewussten verändert sich nichts.

(Carl Gustav Jung, *Psychologie und Alchemie*)

Zur analytischen Psychologie werden der Freudschüler Carl Gustav Jung und dessen Nachfolger gezählt. Eine wichtige Pionierrolle auf diesem Gebiet kommt Jungs Mitarbeiter Erich Neumann (1905–1960) zu, der sich in seinen beiden Werken »Ursprungsgeschichte des Bewusstseins« und »Die große Mutter« besonders dem männlichen und weiblichen Archetyp zuwandte (mit denen sich sonst nur noch neben C. G. Jung dessen Frau Emma Jung differenziert und systematisch auseinander gesetzt hat).

Die analytische Psychologie nimmt unter Freuds persönlichem Unbewusstem noch ein unpersönliches Unbewusstes an, das von den Archetypen geprägt ist. Allerdings ist Jungs Archetypenlehre trotz ihres positiven Einflusses auf die moderne Traumdeutung unseres Erachtens sehr angreifbar, da der Begriff des Archetyps äußerst abstrakt ist und niemand so recht weiß, was nun eigentlich konkret zu den Archetypen gehört. Sind es nur die vier von Jung angenommenen Grundarchetypen *Schatten*, *Anima*, *Animus* und *Höheres Selbst* oder – wie Jung genauso nahe legt – beispielsweise die zwölf Prinzipien der Sternzeichen oder gar die 22 des Tarot? Jung ist da selbst nicht eindeutig, obwohl er nahe legt, dass der Archetyp im engeren Sinne nur eine abstrakte Wahrnehmungseinstellung wiedergibt. Diese Wahrnehmungseinstellung bringt dann die archetypischen Bilder hervor.

Es bleibt jedoch in der analytischen Psychologie unklar, was ein spezielles Bild zum archetypischen Bild macht. Somit stellt sich die Frage, wo die Grenze zwischen archetypischem und »normalem« Bild liegt. Da bei Jung keine eindeutige Antwort auf diese Frage zu finden ist, entstand bei seinen Nachfolgern eine Inflation des Archetyp-Begriffs. Jedes Symbol, das nicht gerade extrem individuell ist, wurde als Archetyp betrachtet und damit der Begriff des Archetyps im Grunde völlig entwertet.

In diesem Dilemma spiegelt sich Jungs Art und Weise des Denkens wider. Im Gegensatz zu Freud, der stets die Dinge auf den Punkt brachte, schrieb Jung heute dies und Jahre später über den gleichen Sachverhalt anderes. Auch sah Jung über die patriarchalische Einstellung seiner Zeit nicht hinaus. Das zeigt sich deutlich an seinen Ausführungen zu Animus und Anima. Die Anima des Mannes nimmt in seinem Werk breiten Raum ein. Sie wird positiv betrachtet. Der Animus der Frau dagegen wird nur selten verstreut über das Gesamtwerk erwähnt und durchweg negativ betrachtet.

Die amerikanische Schule

> *Wenn ich manchmal von der Traumkontrolle erzähle, dann sagen mir die Zuhörer, dass so etwas einfach unmöglich sei ... so mache ich ... auf das Zeugnis von verschiedenen Kulturen aufmerksam, in denen sie klar erkennbar existiert ...*
> *Dann erzähle ich ihnen von meinen eigenen Erfahrungen mit der Traumkontrolle und von denen meiner Studenten in den Traumseminaren. Ich zeige ihnen ausführlich die Regeln der Traumkontrolle und rate ihnen, diese auch an sich selbst auszuprobieren. Selbst, wenn sie dann sagen, dass es nicht gelinge, werden sie oft feststellen, dass sich ihre eigenen Träume ändern! Das erstaunt sie und sie meinen: »Nun gut – Sie können eben Ihre Träume kontrollieren und es gelingt Ihnen sogar in unserem eigenen Kulturbereich – aber soll man das überhaupt tun?«*
> *Ja! Man soll – wenn man das möchte. Wer nicht bereit ist, sich auf diese Weise mit seinen Träumen auseinander zu setzen, wird als Traumwesenheit von sich aus alle entsprechenden Hinweise verwerfen. Ein Versuch hat also noch niemandem geschadet. Wenn Sie aber bis in die Tiefen des Verständnisses, das Sie als Traumwesen von sich selber haben, diese Vorschläge annehmen, dann steht Ihnen der Weg zu einer völlig neuartigen Welt offen, einer Welt, die in Ihnen liegt – Ihre Innenwelt.*
>
> (Patricia Garfield, *Kreativ träumen*)

Zur amerikanischen Schule der Traumdeutung werden Ann Faraday, Patricia Garfield und all jene Anhänger des luziden Träumens gerechnet, die weitgehend auf Stephen LaBerge zurückgehen. Typisch für diese Schule der Traumdeutung, die erst seit den 1960er Jahren besteht, ist einmal der Einfluss der naturwissenschaftlichen Traumforschung und zum anderen die typisch amerikanische Einstellung, dass alles im inneren wie im äußeren Leben technisch lösbar ist.

Die naturwissenschaftliche Traumforschung, die besonders an den großen Kliniken wie dem Maimonides Hospital betrieben wird, bezog schnell gegen jede tiefenpsychologische Traumdeutung Stellung. Freud und Jung wurden zu den Hauptfeinden dieser Forschung, die im Extrem den Traum auf zufällige Zellentladungen reduziert, die keinerlei Sinn besitzen. Neuste Forschungen in dieser Richtung haben ergeben, dass die

Traumphasen unter anderem physiologisch wichtig sind, um dem Absinken der Körpertemperatur während des Schlafs entgegenzuwirken.

Von einem solchen Klima geprägt, ist die amerikanische Traumarbeit weitaus weniger an Deutungen interessiert als ihre viel ältere europäische Schwester. Die Traumdeutung ist letztendlich ein Kind der klassischen Kultur, und sie setzt bei Deutenden ein gehöriges Maß an Bildung voraus. Eine mit Europa vergleichbare Bildungstradition und eine Kenntnis der klassischen Traditionen hat es in Nordamerika nie gegeben, und deswegen wirkt die amerikanische Traumarbeit eigenartig platt und flach.

Die erschreckend oberflächliche Beschäftigung mit der Traumarbeit zeigt sich sehr deutlich am Beispiel von Strephon Williams, der in den USA ein Trauminstitut gründete, das er »Jung-Senoi-Schule« nannte. Als er dieses Institut (ein Ein-Mann-Institut) eröffnete, folgte man vielerorts der Meinung eines Anthropologen, der in den 1950er Jahren behauptet hatte, dass die harmonische Gesellschaftsstruktur der Senoi auf Traumarbeit beruhe. Diese hohe Traumkultur der Senoi gab es einfach nicht, wie alle Anthropologen, die dieses Volk besuchten, einstimmig bestätigten. Das konnte Strephon Williams jedoch nicht davon abhalten, sich mit seinem Institut und seinen Büchern immer wieder auf diese fantasierte Traumarbeit zu berufen und obendrein das höchst Unvereinbare – nämlich C. G. Jung und die Senoi – zu verbinden.

In Europa konnte sich freilich diese Traumarbeit nicht durchsetzen, wenn sie auch einen positiven Ansatz aufwies, von dem europäische Traumdeuter lernen können. Williams betont nämlich, dass ein Traum erst dann als gedeutet angesehen werden kann, wenn seine Lehre in das alltägliche Leben integriert wurde.

Statt die Frage nach der Deutung des Traums zu stellen, wendet sich der pragmatische amerikanische Geist vielmehr der Anwendbarkeit des Traums zu. Sah Williams als Ziel der Traumarbeit die Umsetzung der Traumlehren im Alltagsleben an, so war der Weg von hier bis zum luziden Träumen nicht mehr weit. Im Grunde gibt uns nämlich das luzide Träumen die Möglichkeit, systematisch, schnell und tief greifend unser Alltagsleben zu verändern. Freilich ist dieses luzide Träumen völlig vom amerikanischen Pioniergeist geprägt. Seitdem es nun im Westen nichts mehr zu erobern gibt und alles Wilde domestiziert wurde, wendet man sich der Kolonisierung der Innenwelten zu. Den Königsweg zur Innenwelt stellt der luzide Traum dar, über den das männliche Bewusstsein das weibliche Unbewusste geschickt zu manipulieren versucht, auf dass es uns zu noch größeren und besseren Leistungen im alltäglichen Leben führe.

Allerdings wäre es auch einseitig, das luzide Träumen nur negativ zu bewerten. Wer sich über diese Traumtechnik genauer informieren möchte, dem empfehlen wir in Klausbernd Vollmars Buch »Die Weisheit der Träume« das ausführliche Kapitel über das luzide Träumen. Für diejenigen, die mit der Luzidität schon einige Erfahrungen machen konnten, ist auch »Die Kunst der Träumens« von Carlos Castaneda zu empfehlen. Alle Bücher Castanedas können letztendlich als ein luzider Traum betrachtet werden.

Die esoterische Sicht des Traums

Diese Sicht des Traums bildet den radikalen Gegenpol zur amerikanischen Schule der Traumarbeit. Wenn auch die esoterische Traumarbeit auf jahrhunderte-, wenn nicht gar auf jahrtausendealte Traditionen zurückgeht, wurde sie erst in den siebziger Jahren des 20. Jahrhunderts mit Aufkommen der modernen esoterischen Bewegung wiederentdeckt. In dieser Sicht des Traums wird der Schwerpunkt auf die Deutung und Bedeutung der Träume gelegt. Sie unterscheidet besonders zwischen zwei verschiedenen Traumarten:

- Träume, die Tagesreste verarbeiten, und
- Träume, die uns aus höheren Ebenen gesandt werden.

Die spirituelle Traumarbeit wendet sich speziell der zweiten Traumart zu.

Jeder, der seine Träume über einen längeren Zeitraum betrachtet, kann beobachten, dass sie unterschiedliche Qualitäten aufweisen: Da gibt es die Träume, deren Erinnerung sogleich vergeht, wenn wir sie nicht nach dem Aufwachen fixieren. Das sind die Träume, die unser psychisches System reinigen und für die Ökologie unserer Innenwelt verantwortlich sind. Daneben gibt es aber ganz spezielle Träume, die optisch überscharf geträumt werden, uns ganz besonders berühren und nach dem Aufwachen nicht vergessen werden.

Diese Träume kann man oft auch als »Große Träume« bezeichnen. Innerhalb dieser Träume tritt man, gemäß der esoterischen Traumtheorie, in Kontakt mit den so genannten höheren Welten. Häufig trifft man in ihnen archetypische Figuren wie den weisen Mann oder die weise Frau, oder man wird in unbeschreibbare Räume geführt und sieht Farben, die es im realen Leben nicht gibt. All das berührt einen zutiefst, so dass diese Träume eine nachhaltige Wirkung hinterlassen.

Sicherlich sind wir in diesen Träumen mit anderen Welten in Kontakt. Es fragt sich nur, ob es sich hierbei um äußere oder innere Welten handelt. Nehmen wir in diesen Träumen mit unserem Höheren Selbst Kontakt auf oder mit der Welt der Engel und höheren Wesen, die im Außen gedacht wird?

Wir glauben, geschickte Traumdeuterinnen und Traumdeuter lassen das in der Schwebe, genauso wie sie auch klugerweise sich nicht dazu äußeren, ob im Traum andere Leben eine Rolle spielen. Auch hier kann man fragen, wo diese anderen Leben stattgefunden haben: im Inneren oder real in der Außenwelt?

Solche Fragen prägen die moderne spirituelle Traumdeutung, die oftmals relativ autoritär vorgeht, indem sie die Träume der Klienten deutet und diese nicht dazu anregt, selbst zu einer Deutung zu gelangen. So deutet beispielsweise der Sufi und Irena-Tweedie-Nachfolger Llewellyn Vaughan-Lee auf Massenveranstaltungen in kühner Weise spontan die Träume der Teilnehmer und das, obwohl er in der analytischen Psychologie C. G. Jungs ausgebildet wurde. Allerdings geht Vaughan-Lee mit sehr viel Feingefühl vor, es gibt wesentlich abschreckendere Beispiele »wilder Traumdeutung«.

Begriffserklärungen zu diesem Kapitel

Abaton: geheiligter Schlafsaal in den Tempeln des Asklepios
Äskulap: römischer Gott des Heilens
Asklepios: Griechischer Heilgott, der mit Träumen heilte. Vorläufer des römischen ↗ Äskulap
Epidauros: einer der wesentlichen Tempel des Asklepios, bei Athen
Kline: Schlafbank im ↗ Abaton
Kos: Insel, auf der einer der bedeutendsten Tempel des Asklepios stand.
Senoi: Volksstamm in Malaysia, dessen Sozialstruktur angeblich auf der Traumarbeit beruhte.
Talmud: Geschichtensammlung der Juden, die auf die babylonische Zeit zurückgeht.

Telesphoros: Zwergenhafter Begleiter des ↗ Asklepios, der in dessen Auftrag den Menschen die heilenden Träume sendet.

Literaturhinweise zu diesem Kapitel

M. H. Baege: *Naturgeschichte des Traumes*, Leipzig 1928
Ludwig Binswanger: *Wandlung in der Auffassung und Deutung des Traumes von den Griechen bis zur Gegenwart*, Berlin 1928
B. Büchsenschütz: *Traum und Traumdeutung im Altertum*, Wiesbaden 1967
Carlos Castaneda: *Die Kunst des Träumens*, (Fischer) Frankfurt/M. 1994
E. Diamond: *Schlafen wissenschaftlich*, Hamburg 1967
Mircea Eliade: *Schamanismus und archaische Ekstasetechnik*, Zürich, Stuttgart 1954
Ann Faraday: *The Dream Game*, (Harper & Row) New York 1976 (deutsche Ausgabe: *Deine Träume, Schlüssel zur Selbsterkenntnis*, Frankfurt/M. 1978)
Ann Faraday: *Dream Power*, (Coward, McCann & Geoghegan) New York 1972 (deutsche Ausgabe: *Die positive Kraft der Träume*, Bern 1973)
Marie-Louise von Franz: *Träume*, (Königsfurt) Krummwisch 2003
Patricia Garfield: *Kreativ Träumen*, (Ansata) Schwarzenburg 1980
Patricia Garfield: *Der Weg des Traummandala*, (Ansata) Interlaken 1981
Malcolm Goodwin: *The Lucid Dreamer. A Waking Guide for the Traveller Between Worlds*, (Element Books) Shaftesbury 1995
Gutram Haag: *Traum und Traumdeutung in mittelhochdeutscher Literatur*, (Hirzel) Stuttgart, Leipzig 2003
Michael Harner: *Der Weg des Schamanen*, (Ansata) Interlaken 1983
Ernest Hartman: *The Biology of Dreaming*, Springfield/Ill. 1967
Laura Hermes: *Träumen wie die alten Römer*, (Königsfurt) Krummwisch 2002
Holger Kallweit: *Traumzeit und innerer Raum*, Bern, München 1984
Jackson S. Lincoln: *The Dream in Primitive Cultures*, Baltimore 1935
C. A. Meier: *Der Traum als Medizin*, Zürich 1985
Theodore Papadakis: Epidauros. *The Sanctuary of Asclepios*, Athen 1971

Llewellyn Vaughan-Lee: *Spirituelle Traumarbeit*, (Ansata) Interlaken 1984

Klausbernd Vollmar: *Das Arbeitsbuch zur Traumdeutung*, (Iris Bücher/Schors) Amsterdam 2002

Klausbernd Vollmar: *Schritte auf dem Königsweg. Zur Geschichte der Traumdeutung*, in: Klausbernd Vollmar; Johannes Fiebig: *Traum und Traumdeutung – erleben und verstehen*, (Königsfurt) Krummwisch 2001, S. 45–76

Klausbernd Vollmar: *Die Weisheit der Träume*, (Integral) München 2003 (mit & ohne Traumsoftware)

Fragenarchiv und Themenspeicher

Notieren Sie sich hier, wie bereits bekannt, Fragen, die sich Ihnen im Laufe der Traumarbeit stellen, und Themen, die Sie noch vertiefen möchten. So kann nichts Wichtiges verloren gehen.

Schreiben Sie jeweils das Datum mit dazu und halten Sie auch fest, wann und wie sich eine Frage beantwortet hat bzw. wie Sie das Thema vertiefen möchten (dieses oder jenes Buch lesen, jemanden fragen, im Internet recherchieren etc.) und wann Sie das mit welchem Ergebnis getan haben.

Bevor Sie sich mit dem folgenden Kapitel befassen, überprüfen Sie den Stand Ihrer Traumarbeit anhand des Arbeitsbarometers:

Das Arbeitsbarometer zu den bisherigen Schritten in Ihrer Traumarbeit

Kreuzen Sie an:

Zufrieden ***Nicht zufrieden***

Stand der Arbeit mit dem Traumtagebuch

3 2 1 0 1 2 3

Stand der Arbeit mit dem Symbollexikon

3 2 1 0 1 2 3

Aufgaben mit den Bewusstseinszuständen

3 2 1 0 1 2 3

Veränderung von Einschlaf- und Aufwachkultur

3 2 1 0 1 2 3

Erfahrungen mit der Assoziations- und Fragetechnik

3 2 1 0 1 2 3

Erfahrungen mit den verschiedenen Deutungstechniken (I und II)

3 2 1 0 1 2 3

9 Hauptfehler der Traumdeutung

Vorab

Doch vergiss es nicht:
Die Träume,
sie erschaffen nicht
die Wünsche,
die vorhandenen wecken sie,
und was jetzt verscheucht
der Morgen,
lag als Keim in dir verborgen.
(Grillparzer, *Der Traum, ein Leben)*

In diesem Kapitel behandeln wir ein Thema, das leider oft verdrängt wird: Es geht um die häufigsten Fehler und Ungeschicklichkeiten bei der Traumdeutung. Leider gibt es hier nämlich viel »Wildwuchs«.

Einige esoterische und spirituelle Organisationen nutzen beispielsweise die Traumdeutung, um ihre Auffassung von der rechten Lebensführung zu verbreiten. Aber es brauchen nicht immer Gruppen zu sein, die derart vorgehen, leider kommt es viel zu häufig vor, dass auch Individuen sich nicht als Traumdeuter zurückhalten können und sie statt einen Traum zu deuten ihre Weltsicht verbreiten. Damit gehen sie an den Träumenden vorbei, und statt ihnen zu helfen, kultivieren sie ihr Ego.

Diese Art der Traumdeutung erkennt man daran, dass sie mit angelesenen (und meist unverdauten) Schlagworten arbeitet und einen gewissen Hang zum Fanatischen aufweist. Wer als Deutender zu wissen meint, was für den Träumer gut ist, hat sich schon disqualifiziert. *Es kann nicht häufig genug betont werden, dass einzig die Träumenden selber wissen, was für sie gut ist, und damit auch, was der Traum letztendlich für sie bedeutet.*

Wie Sie wahrscheinlich schon bemerkt haben, umgehen wir in diesem Kurs zur Traumdeutung die Benutzung von Fachwörtern aus der Tiefenpsychologie und anderen therapeutischen Techniken und Systemen. Das geschieht bewusst, denn wir schließen uns hier Sigmund Freud an, der stets betonte, dass die Benutzung von Fachwörtern in der Arbeit mit Klienten einen großen Fehler darstelle. Fachwörter sind dazu da, dass sich Spezialisten eindeutig und schnell über bestimmte Sachverhalte austauschen können. Dem Klienten gegenüber schaffen sie jedoch ein unnötiges Autoritätsgefälle und kaschieren meist halbverdautes Wissen oder Unwissen.

Bleiben Sie in Ihrem Ausdruck immer konkret. Bedenken Sie, dass es darum geht, dass die Träumenden Sie verstehen. Es geht auf keinen Fall darum, zu zeigen, wie klug, gut oder gebildet Sie sind!

Es ist aber auch menschlich – besonders zu Beginn der Traumdeutung für andere – Fehler zu machen. Wer handelt, macht Fehler. Einen Fehler zu machen, ist nur dann unverzeihlich, wenn er wiederholt wird. Einen Fehler zu erkennen und aus ihm zu lernen, verwandelt diesen in eine Chance.

Einführende Gedanken

»Eine junge Frau, die sich für die Probleme der Traumdeutung interessiert, erzählt ihrem Mann beim Frühstück: Heute Nacht hatte ich einen Traum, der zeigt, dass es auch Träume gibt, die keine Bedeutung haben. Ich habe lediglich geträumt, dass ich dir Erdbeeren zum Frühstück vorgesetzt habe. Der Mann lachte und sagt: Offenbar hast du nur vergessen, dass Erdbeeren das einzige Obst sind, das ich nicht esse.« (Erich Fromm, *Märchen, Mythen, Träume*).

In der Traumdeutung bei Laien und selbst bisweilen bei professionellen Therapeuten sind immer wieder gewisse Fehler zu beobachten. Die Hauptursache für diese Fehler liegt darin, dass wir den Traum so betrachten, als entspringe er der Logik des Tagesbewusstseins, also dem männlichen Archetyp und nicht derjenigen des Nachtbewusstseins – also dem weiblichen Archetyp. Mit anderen Worten, wir verstehen den

Traum nicht symbolisch, sondern als eindeutige logische Aussage. Wie wir jedoch bereits sahen, ist eine solche logische Eindeutigkeit dem Traum fremd.

Häufige Fehler bei der Deutung eigener Träume

Missachtung der subjektiven Funktion von Symbolen

Der Hauptfehler bei der Deutung der eigenen Träume liegt in der Art der Betrachtung von Traumpersonen, die wir aus unserem Alltag kennen. Der Träumer neigt dazu, diese Personen als das zu sehen, was sie sind. Damit begibt er sich in dieselbe Einseitigkeit, die man schon bei Sigmund Freud beobachten konnte, der nämlich auch jegliche dem Träumer bekannte Personen im Traum in Bezug auf das Verhältnis des Träumers zu diesen Personen betrachtete. Das trifft allerdings zumindest in modernen Träumen nur in seltenen Fällen zu. Meist sind mit den Traumpersonen zunächst einmal innere Anteile von uns angesprochen. Man könnte sagen, dass in den Träumen unsere verschiedenen Ichs auftreten, die sich im Gewand uns bekannter Personen präsentieren.

Daraus kann man folgende **Regel** ableiten:

Jeder Traum ist zunächst auf der Subjektstufe zu deuten, bevor man sich der Objektstufe zuwendet.

Beispiel:
Ich träume von einem Kind, das in aggressiver Weise anderen Kindern ihr Spielzeug wegnimmt.

Da ich das Kind kenne, neige ich dazu, dieses Kind wirklich als aggressiv zu sehen, einen Aspekt, den ich nie zuvor zugelassen habe, auch wenn mich dieses Kind einer Freundin bisweilen ziemlich nervt.

Darum geht es aber nur indirekt in diesem Traum. Hauptsächlich stellt mir dieser Traum meine eigene aggressive Seite vor, die undifferenziert und kindlich geblieben ist. In Bezug auf meinen Aggressionsausdruck fehlt eine meinem Alter angemessene Reife. Aus diesem Grund kann ich zwar auch meine Aggression diesem Kind gegenüber nicht angemessen ausdrücken, hauptsächlich aber geht es um dieses aggressive Kind in mir.

Aufgabe 46

Übung zur Subjektstufe eines Traums
Suchen Sie sich einen Traum, den Sie noch nicht bearbeitet haben und in dem eine Ihnen bekannte Person vorkommt.

- Beschreiben Sie diese Person.
- Wie erleben Sie diese im Alltag?
- Vergleichen Sie Ihre Beziehung zu dieser im Alltag und im Traum.
- Welche Anteile könnte diese Person in Ihnen darstellen?

Sofort die Bedeutung des Traums »wissen« wollen

Wir Menschen haben das Bedürfnis, wenn wir einen Traum erinnern oder hören, sofort dessen Bedeutung wissen zu wollen. Dies bedeutet, dass wir mit Hilfe unseres Verstandes den Traum zu ergründen versuchen. Besonders beliebt ist dabei das Nachschlagen von Symbolen in Traumsymbollexika. Wir haben in dem Kapitel über Traumsymbole schon darauf hingewiesen, dass dies erst dann geschehen soll, wenn wir den Traum und die darin vorkommenden Symbole intensiv betrachtet haben. Durch die verstandesmäßige Vorgehensweise lassen wir zumeist unsere Gefühle außer Acht. Dies hat damit zu tun, dass wir mit den entsprechenden Gefühlen, die uns häufig beängstigen oder gar bedrohen, nicht in Berührung kommen möchten. Diese Problematik tritt auch bei archetypischen Deutungen auf. In diesem Fall neigen wir dazu, über die Symbole gelehrt zu reflektieren und klug Zusammenhänge zu finden, statt uns den angesprochenen Gefühlen zuzuwenden.

Regel: *Schreiben Sie Ihren Traum auf, bzw. wenn es sich um einen Traum einer anderen Person handelt, hören Sie sich den Traum in aller Ruhe an.*

Spüren Sie nach, welche Gefühle der Traum in Ihnen auslöst. Welche Bilder tauchen in Ihnen auf, unabhängig davon, wie verrückt diese sein mögen? Schreiben Sie diese auf bzw. teilen Sie diese dem Träumer/der Träumerin mit.

Vorschnelle »archetypische« Deutung

Ein weiteres Problem bei der Deutung der eigenen Träume liegt darin, dass viele Deutende spontan dazu neigen, in ihren Träumen sogleich archetypische Strukturen zu sehen. Wer sich unmittelbar diesen archetypischen Strukturen im Traum zuwendet, der lernt zwar viel über Symbolgeschichte, versteht aber wenig von seinen Träumen, da er zumeist seine Betroffenheit nicht zulässt (wie im vorangegangenen Abschnitt beschrieben). Diese Haltung können wir beim späten Jung betrachten: Er deutete zunehmend weniger die Träume seiner Patienten, als dass er symbolgeschichtliche Abhandlungen schrieb.

Indem man seine Träume sogleich auf der archetypischen Ebene zu deuten versucht, bleibt man im Kopf, statt in sein Herz zu gelangen. Statt zu deuten, rationalisiert man. Gurdjieff nannte diese Haltung treffend »klügeln«.

Hieraus ergibt sich folgende **Regel** für die Traumdeutung:

Bei jedem Traum muss ohne Ausnahme zuerst die persönliche Ebene ausgiebig gedeutet werden, bevor man sich der überpersönlichen, archetypischen Ebene zuwendet.

Beispiel: *Eine vierzigjährige, geschiedene Klientin träumt, dass sie in eine Höhle gebracht wird, in der ein großes Feuer brennt.*

Die Frau fing bei der Deutung dieses Traums sogleich an, darüber zu sprechen, wie sie zum Erdheiligtum der großen Mutter gebracht würde und dass die Große Mutter immer mit dem Orakelfeuer verbunden wird, wie wir es aus der Zeit des klassischen Griechenlands von der Pythia her kennen. Danach berichtete sie mir von einer Reise nach Malta und über die Geschichte der unterirdischen Heiligtümer der Großen Mutter oder Erdmutter dort.

Das ist natürlich alles sehr interessant und hängt auch indirekt mit dem Traum zusammen, aber es bringt die Träumerin in der Auseinandersetzung mit ihrem Traum und ihrem Leben nicht weiter, sondern führt auf »Nebenschauplätze«.

Bei diesem Traum, der eine zentrale Stellung in einer Traumserie von zwölf Träumen dieser Träumerin einnimmt, geht es zunächst einmal darum, dass diese Träumerin ganz und gar nicht ihre eigene Innenwelt betrachten möchte. Es ist typisch, dass sie sich sogleich der archetypischen Struktur ihres Traums zuwendet, da sie in die Höhle gebracht werden muss und nicht freiwillig ihr Inneres und speziell ihre Weiblichkeit betrachtet. Obwohl sie große Schwierigkeiten mit ihrer eigenen Sexualität besitzt, wehrt sie die Erkenntnis der eigenen Betroffenheit durch Geschichten über das Matriarchat ab.

Dieser Traum möchte die Träumerin darauf aufmerksam machen, dass sie das eigene innere Feuer entdecken muss, um glücklich zu werden. Statt distanziert durchs Leben zu gehen, sollte sie sich ihrer Betroffenheit und Bedürfnisse bewusst werden.

Gibt es Falschdeutungen? Natürlich können in der Deutung der Träume Fehler vorkommen. Aber das sollte Sie keineswegs abhalten, Ihre Träume zu deuten. Denn wir können Sie beruhigen, ein »falsch« gedeuteter Traum gibt Ihnen mehr Chancen als ein ungedeuteter Traum. Auf eine »falsche« Deutung – die es eigentlich nicht gibt, da jede Deutung berechtigt ist (aber es gibt oberflächliche Deutungen) – reagieren nämlich sogleich die folgenden Träume der nächsten Nächte, die versuchen, Ihr Missverständnis oder einseitiges Verständnis wieder zu beheben. Auf ungedeutete Träume dagegen reagieren die folgenden Träume »beleidigt«. Sie machen sich rar und werden schwerer zu erinnern sein.

Übliche Fehler bei der Deutung fremder Träume

Ungefragte Deutungen

Fehler bei der Deutung der eigenen Träume sind nicht so wesentlich, da sie wie gesagt von den nachfolgenden Träumen korrigiert werden. Das geschieht zwar auch bei falscher Deutung der Träume anderer Personen, jedoch besteht hier die Gefahr der bewussten oder unbewussten Manipulation.

Besonders drastisch ist der leider häufig zu beobachtende Fehler, dass Menschen, die sich gerade mit der Traumdeutung zu beschäftigen beginnen, anderen Personen ungefragt Traumdeutungen aufdrängen. Es ist ein Gesetz der Traumdeutung, dass der Traum eines anderen nur dann gedeutet werden darf, wenn dieser darum gebeten hat.

Merksatz:
Deuten Sie niemals ungefragt einen Traum.

Der falsche Ort

Deuten Sie also niemals beispielsweise auf einer Party einen Traum, den jemand zum Cocktail erzählte. Drängen Sie sich niemals als Traumdeuterin oder Traumdeuter auf. Bieten Sie nie ungefragt Ihre Dienste an, auch wenn es ein noch so interessanter Traum sein mag. Die Traumdeutung benötigt, um wirken zu können, eine bestimmte Atmosphäre. Diese Atmosphäre können Sie nur dann erzeugen, wenn der Träumer oder die Träumerin freiwillig zu Ihnen kommt und die Traumdeutung in einem privaten, abgeschlossenen Raum stattfindet.

In früheren Zeiten pflegten die Schamanen und Heiler die Träume zu deuten, was in einer speziellen magischen Atmosphäre stattfand, welche die Träumenden in die Anderswelt entführte.

Auch heute noch hilft es, wenn die Traumdeutung in einem so genannten »magischen« Raum stattfindet. Wie Sie diesen Raum gestalten, in dem Sie die Träume Ihrer Klienten deuten, bleibt Ihnen überlassen. Es ist hilfreich, wenn dieser Raum eine Atmosphäre schafft, in der die Träumerin oder der Träumer einen leichten Zugang zu den eigenen inneren Welten findet.

Merksatz:
Traumdeutung braucht einen geschützten, privaten Raum.

Sich selbst und nicht den anderen in den Mittelpunkt stellen

Es ist notwendig, sich als Traumdeutende ständig zu vergegenwärtigen, dass es nicht um Sie, sondern um die Träumenden und deren Träume geht. Dazu gehört, dass Sie jeden Traum, der Ihnen erzählt wird, so deuten, dass der Träumer ihn leicht verstehen kann und zugleich gefühlsmäßig Kontakt zu seinem Traum aufnimmt. Machen Sie sich klar, dass es letztlich der Träumer ist, der seinen Traum am besten kennt. Daraus folgt, dass Ihre Rolle als Traumdeuterin oder Traumdeuter darin besteht, sich möglichst zurückzuhalten. Der häufigste Fehler von Traumdeutenden liegt darin, dass sie die Träume selbst interpretieren und somit ihre Sicht des Traums den Träumenden »überstülpen«.

Sie können diesem »Überstülpen« dadurch entgegenwirken, insbesondere wenn Sie sich beim Traumdeuten für andere noch unsicher fühlen, wenn Sie Ihre Aussagen über den Traum *immer* mit folgenden Worten beginnen: »Wenn dies mein Traum wäre, ...«. Dies macht sowohl Ihnen selbst als auch dem/der Träumer/in bewusst, dass dies Ihre subjektive Meinung zu dem Traumbild ist, die für die oder den Träumende/n nicht zutreffen muss.

Merksatz:
Beginnen Sie jede Aussage über den Traum von einer anderen Person mit folgendem Satz: »Wenn dies mein Traum wäre, ...«

Wir empfehlen Ihnen, mit einem Tonband zu kontrollieren, wie viel Sie in einer Deutungssituation reden. Der Laie unterschätzt grundsätzlich seinen Redebeitrag. Als Faustregel gilt, dass Sie nicht mehr als ein Drittel der gesamten Redezeit bestreiten sollten. Ihre Aufgabe besteht keinesfalls darin, für andere deren Träume zu deuten, sondern die Träumenden dazu anzuregen, wesentliche Einfälle zu ihren Träumen zu beachten und ihre Emotionen bei der Betrachtung ihrer Träume wahrzunehmen.

Merksatz:
Halten Sie sich als Traumdeuter mit Ihren Redebeiträgen und Ihrer Interpretation zurück. Es ist die Aufgabe des Traumdeuters, den Träumenden zu dienen, sie vorsichtig zum eigenen Verständnis ihrer Träume zu leiten, sie in den Gefühlskontakt zu bringen und darin zu halten.

Fehlende Einschwingung auf den anderen

Ein weiterer Fehler bei der Deutung der Träume anderer kann als fehlende Einschwingung auf den Träumer bezeichnet werden. Spontan neigt der Laie dazu, den Traum eines anderen sogleich als Projektionsfläche für seine eigenen Probleme zu sehen. Was ist darunter zu verstehen?

Wir Menschen haben die Tendenz, alles, was wir erleben, aus unserer eigenen Sichtweise zu betrachten. Dies trifft insbesondere auf Traumbilder zu. Projizieren wir unsere Sichtweise auf unsere eigenen Traumbilder, ist dies ein sinnvoller Prozess. Damit erfahren wir mehr über das, was wir unbewusst fühlen, wünschen und vorstellen. Betrachten wir hingegen die Träume anderer Menschen, stellt dies ein gravierendes Problem dar. Deshalb ist es wichtig, sich diese Tatsache ins Bewusstsein zu rufen und dies auch zu kommunizieren.

Wenn wir allerdings im Umgang mit Träumen erfahrener sind, können wir gerade die persönlichen Assoziationen benutzen, um ein Gefühl dafür zu bekommen, was der Traum für die/den Träumende/n bedeuten kann. Wir können dann bewusst unterscheiden zwischen unseren eigenen subjektiven Ideen zum Traum und den möglichen Ideen, die für den/die Träumer/in eine Bedeutung haben könnten. Aus dieser Fähigkeit heraus entwickelt man zusammen mit der Erfahrung die für die Traumdeutung so wichtige Intuition.

Eine weitere Schwierigkeit ist der Wunsch, dem Träumenden sofort eine passende Deutung geben zu wollen. Dahinter steht nicht nur unser Ego, das sich möglichst als qualifizierter Traumdeuter darstellen möchte, sondern auch das bereits angesprochene Unvermögen, sich auf den gefühlsmäßigen Gehalt des Traums einzuschwingen. Gerade bei der Deutung von Träumen anderer ist bei vielen Anfängern zu beobachten, dass sie die Tendenz haben, über ihr Wissen die Traumbedeutung herauszufinden. Dabei ist es wichtiger, in sich hinein zu spüren und die Gefühle, die der Traum in einem auslöst, wahrzunehmen und dies in der oben empfohlenen Art und Weise auszusprechen. Mit dem rein verstandesmäßigen Wissen über Traumsymbole sollte man sich prinzipiell zuerst einmal zurückhalten.

Aus diesen Gründen ist es wichtig, dass ausnahmslos jeder Traumdeuter und jede Traumdeuterin, die dies professionell betreiben möchten, durch eine eigene Therapie gegangen sind, da diese ihnen die eigenen Projektionen bewusst macht und ihnen dabei hilft, sie zurückzuziehen. Gerade eine Traumtherapie hilft späteren Traumdeuterinnen und Traumdeutern vorzüglich, ihre eigenen Projektionen zu erkennen und aufzulösen.

Merksatz:
Wer selbst in beratender Weise mit anderen Menschen arbeitet, sollte zuvor selbst durch eine Therapie oder zumindest viele Beratungssitzungen gegangen sein.

Es sind aber nicht nur die Traumdeutenden, die in der Deutungssituation projizieren, sondern auch die Träumenden neigen dazu, auf die Deutenden zu projizieren und zu übertragen. Solche Projektionen und Übertragungen sind unbedingt sogleich aufzulösen, wenn man sie erkannt hat. Da diese Auflösung therapeutisches Geschick voraussetzt, hilft eine therapeutische Ausbildung den Deutenden sehr. Weil wir alle unsere Eitelkeiten besitzen, sind von der Situation her Deutende wie Therapeutinnen und Therapeuten anfällig dafür, die positiven Projektionen ihrer Klienten für

Tatsachen zu nehmen. Sie fühlen sich dann besonders gut und erfolgreich und sind gefährdet, sich als spezielle Menschen »mit besonderem Durchblick« zu erleben. Das ist eine höchst ungesunde Selbstüberschätzung. Machen Sie sich stets klar, dass die Traumdeutung ein Handwerk wie jedes andere ist.

Was ist eine Übertragung?

Unter Übertragung wird der Vorgang verstanden, bei dem unbewusste Wünsche oder Ängste im Rahmen einer Beziehung durch einen bestimmen Menschen aktualisiert werden.

Beispiel: Wenn wir in unserer Kindheit zu unserem autoritären Vater eine eher unterwürfige Haltung hatten, werden wir später dazu neigen, diese bei so genannten Autoritäten (Vorgesetzte etc.) unbewusst zu wiederholen.

Fehlende Konzentration

Ein weiteres Problem ist die fehlende Konzentration während der Traumdeutung. Wenn Sie sich selbst einmal während einer Traumdeutung beobachten, werden Sie bemerken, dass Sie als Deutender oder Deutende häufig an Ihre Deutung des Traums denken, statt sich voll und ganz auf den Träumer oder die Träumerin zu konzentrieren. Eine gute Traumdeutung setzt aber voraus, dass wir uns voll und ganz auf den Träumer und seinen Bericht konzentrieren und nicht schon während des Berichts an unsere Deutung denken.

In der Therapeutenausbildung hieß es immer, dass der Therapeut dem Klienten folgen solle und nicht umgekehrt. Dieses Prinzip ist unseres Erachtens auch für jede Traumdeutung wichtig. Daraus folgt, dass Sie als Deutende nicht voraus-, sondern nach-denken sollten.

Die freischwebende Aufmerksamkeit

Außerdem ist es notwendig, dass Sie sich mit »freischwebender Aufmerksamkeit, wie Freud es nannte, dem Träumer zuwenden. Diese freischwebende Aufmerksamkeit ist eine konzentrierte Haltung, bei der die Deuterin oder der Deuter auf den Klienten konzentriert ist, ohne jedoch ein bestimmtes Ziel zu verfolgen. »Freischwebend« heißt, dass man für all das offen ist, was der Klient berichtet.

Der freischwebenden Aufmerksamkeit widerspricht es allerdings nicht, nachzufragen, wo man etwas nicht verstanden hat und noch klären möchte. Wo Ihnen als Deutende/r etwas unklar ist, fragen Sie nach. Das bringt oftmals auch die Träumenden zu einer Klärung ihrer eigenen Position.

Man sollte auch seine eigenen Träume mit freischwebender Aufmerksamkeit betrachten. Hören Sie dem eigenen Traumtext mit dieser Haltung zu, werden Ihnen viele Einfälle geschenkt werden, die Sie mit einer anderen Haltung wahrscheinlich niemals bekommen hätten.

Es würde keinen Traum aus dem Unterbewussten geben, es sei denn, der Träumer setzt sich mit irgendeinem Problem in seinem bewussten Leben auseinander – einem Konflikt, einer Angst, einer Verwirrung, einem Kreuzweg, einem Rätsel oder einer Situation von unwiderstehlicher Merkwürdigkeit. Es heißt, der Anreiz zum Träumen – das, was meinen bestimmten Traum in einer bestimmten Nacht auslöst – ist mein Bedürfnis, aus der Welt, in der ich in diesem Augenblick lebe, »etwas zu machen« (Rollo May).

Aufgabe 47

Selbsteinschätzung bezüglich typischer Fehler bei der Deutung von Träumen
Nehmen Sie eine Selbsteinschätzung vor:
Zu welchen Fehlern in der Traumdeutung neigen Sie und vor welchen sind Sie eher geschützt?

Aufgabe 48

Konsequenzen aus der Selbsteinschätzung
Welche Konsequenzen ziehen Sie aus der Selbsteinschätzung?
Worauf werden Sie künftig besonders achten?

Wenn Sie alle hier angesprochenen Punkte berücksichtigen, werden Sie Ihre eigenen Träume sicher deuten und erfassen und andere beim Verständnis ihrer Träume hilfreich unterstützen können. Traumdeutung ist nicht nur eine Technik, sie hat auch viel mit Intuition zu tun. Wenn Sie freischwebend aufmerksam sind, öffnen Sie sich damit der Intuition und können so zu einem sensiblen Führer ins Reich der Träume werden.

Begriffserklärungen zu diesem Kapitel

freischwebende Aufmerksamkeit: Von Sigmund Freud geprägter Begriff, um die ideale Haltung des Therapeuten in der Psychoanalyse zu beschreiben. Die Aufmerksamkeit des Therapeuten ist konzentriert, ohne fixiert zu sein.

Gegenübertragung: Gemäß der Psychoanalyse eine unbewusste Reaktion auf die ↗ Übertragung. Übertragung und Gegenübertragung kommen in der Therapiesituation häufig vor. Beispielsweise löst ein Patient, der unbewusst seine aggressiven Gefühle auf den Therapeuten überträgt, verständlicherweise auch bei diesem wiederum bestimmte Gefühle aus. Diese sind das Resultat einer Gegenübertragung.

Manipulation: Veränderung einer Situation, ohne dass betroffene Personen davon etwas bemerken.

Objektstufe: Wird auch »objektive Funktion« genannt. Begriff aus der analytischen Psychologie C. G. Jungs, um das Vorgehen der Psychoanalyse zu charakterisieren. Im Gegensatz zur ↗ Subjektstufe werden im Traum auftretende Personen, Dinge und Tiere auf die entsprechenden realen Personen, Dinge oder Tiere im Wachleben zurückgeführt. Jedes Traumsymbol charakterisiert die Einstellung oder Beziehung des Träumers zu diesem Gegenstand oder Tier oder zu dieser Person im Alltagsleben des Träumers.

Projektion: Unter Projektion wird die Tendenz verstanden, eigene Wünsche und Impulse unbewusst anderen Menschen zuzuschreiben. Dies trifft insbesondere für Gefühle oder Bedürfnisse zu, die wir an uns selbst ablehnen. Lehnen wir einen Menschen wegen bestimmter Eigenschaften besonders heftig ab, sollten wir uns fragen, ob nicht diese Eigenschaften ein Teil von uns selbst sind.

Subjektstufe: Wird auch »subjektive Funktion« genannt. Im Gegensatz zur ↗ Objektstufe werden im Traum auftretende Personen, Tiere und Dinge ausschließlich auf die inneren Vorgänge des Träumers bezogen. Jedes Traumsymbol charakterisiert einen Persönlichkeitsanteil des Träumers.

Terminologie: Fachbegriff, Fachsprache

Übertragung: Unter Übertragung wird der Vorgang verstanden, bei dem unbewusste Wünsche oder Ängste im Rahmen einer Beziehung durch einen bestimmen Menschen aktualisiert werden. Die Übertragung ruft fast immer die ↗ Gegenübertragung hervor.

wilde Traumdeutung: Von Freud eingeführter Begriff, um die von Laien durchgeführte Traumdeutung zu charakterisieren. Bei der wilden Traumdeutung kommt es meistens zu unkontrollierten ↗ Projektionen des Deutenden.

Literaturhinweise zu diesem Kapitel

Medard Boss: *Es träumte mir vergangene Nacht*, (Huber) Bern 1975
Robert Bossard: *Traumpsychologie*, (Walter) Olten 1976
F. W. Doucet: *So deute ich meine Träume*, Stuttgart 1973, vergriffen
James Hall: *Jungian Dream Interpretation*, Toronto 1983
Werner W. Kemper: *Der Traum und seine Bedeutung*, München 1977, vergriffen
Klausbernd Vollmar: *Die Weisheit der Träume*, (Integral) München 2003
Klausbernd Vollmar: Das Buch der Traumdeutung, (Königsfurt) Krummwisch 2004

Fragenarchiv und Themenspeicher

Notieren Sie sich hier, wie bereits bekannt, Fragen, die sich Ihnen im Laufe der Traumarbeit stellen, und Themen, die Sie noch vertiefen möchten. So kann nichts Wichtiges verloren gehen.

Schreiben Sie jeweils das Datum dazu und halten Sie fest, wann und wie sich eine Frage beantwortet hat bzw. wie Sie das Thema vertiefen möchten (dieses oder jenes Buch lesen, jemanden fragen, im Internet recherchieren etc.) und wann Sie das mit welchem Ergebnis getan haben.

Bevor Sie sich mit dem folgenden Kapitel befassen, überprüfen Sie den Stand Ihrer Traumarbeit anhand des Arbeitsbarometers:

Das Arbeitsbarometer zu den bisherigen Schritten in Ihrer Traumarbeit

Kreuzen Sie an:

Zufrieden ***Nicht zufrieden***

Stand der Arbeit mit dem Traumtagebuch

3 2 1 0 1 2 3

Stand der Arbeit mit dem Symbollexikon

3 2 1 0 1 2 3

Aufgaben mit den Bewusstseinszuständen

3 2 1 0 1 2 3

Veränderung von Einschlaf- und Aufwachkultur

3 2 1 0 1 2 3

Erfahrungen mit der Assoziations- und Fragetechnik

3 2 1 0 1 2 3

Erfahrungen mit den verschiedenen Deutungstechniken (I und II)

3 2 1 0 1 2 3

10 Philosophie und Ethik in der Traumdeutung

Ich glaube, dass sich die beiden scheinbar widersprüchlichen Bewusstseinszustände Traum und Realität in der Zukunft zu einer absoluten Realität hin verändern werden, zur so genannten Surrealität.

(André Breton)

Philosophische Betrachtungen zum Traum

Wir möchten Sie anregen, über die Traumarbeit zu philosophieren. Leisten Sie sich den Luxus, etwas zu tun, das »nichts bringt«. Das mag Ihnen persönlich für Ihr Wohlergehen gerade das meiste bringen. Philosophie und Kontemplation haben nicht nur im Mittelalter gewirkt, sondern heilen auch und gerade in unserer hektischen Zeit.

Traumarbeit und Philosophie verbinden sich bestens zu einem gesunden Lebensstil.

Aufgabe 49

Ihre persönliche Ethik bei der Deutung von Träumen

Machen Sie sich Ihre persönliche Ethik der Traumarbeit bewusst: Welcher Umgang mit der Traumdeutung liegt für Sie innerhalb, welcher Umgang außerhalb Ihres persönlichen ethischen Rahmens?

Nehmen wir an, der Traumdeuter ist ein konventioneller, moralischer Mensch, der mit einem Traum vom lustvollen Fremdgehen konfrontiert wird. Wahrscheinlich wird er den Träumer darin behindern, dieses Fremdgehen als lustvolle Möglichkeit des Ausbruchs aus seiner Ehe zu erkennen. Immer wenn Träume persönliche Wertungen des Deutenden missachten, tritt dieser Konflikt auf.

> *Sind die Pforten der Wahrnehmung gereinigt,*
> *erscheint alles als das, was es wirklich ist.*
> (William Blake)

Wir haben jetzt viele Aspekte der Traumarbeit betrachtet und sind stillschweigend stets davon ausgegangen, dass es sinnvoll und hilfreich ist, mit seinen Träumen zu arbeiten. Man kann sich auf den bequemen Standpunkt stellen und sagen, die Erfahrung zeige, dass die Traumarbeit positiv wirke und sinnvoll angewandt werden könne. Insbesondere die Psychoanalyse kann auf eine Fülle von Fällen verweisen, bei denen die Traumarbeit Heilung oder zumindest Besserung gebracht hat. Die berühmt-berüchtigte Frage, ob Traumarbeit denn überhaupt etwas nütze und ob sie nicht vielmehr vergeudete Zeit sei, die man besser für anderes aufgewendet hätte, ist praktisch mit klinischen Heilerfolgen zu beantworten. Dennoch enthebt uns dies nicht der philosophischen und ethischen Reflexion der Traumarbeit, der wir uns hier zuwenden möchten.

Die Ethik der Traumdeutung

Das Geheimnis

Unsere Art der Traumarbeit geht davon aus, dass jeder Traum wie auch jeder Mensch ein Geheimnis birgt, das nicht gelüftet werden sollte. Die Träumerin oder der Träumer haben ein Anrecht auf ihr Geheimnis. Sie werden als Deutende bisweilen an Grenzen stoßen, bei denen Ihnen klar ist, dass der Träumer sich nicht weiter öffnen möchte. Diese Grenzen sind unseres Erachtens in jedem Fall zu respektieren.

Merksätze:

Man darf in der Traumarbeit niemals weitergehen,
- als der Klient oder die Klientin es sich wünscht,

- als der Klient oder die Klientin es verkraften kann,
- als man den Klienten/die Klientin selbst sicher führen kann.

Keine Überschreitung des Weges der eigenen Erfahrungen

Ein wichtiger Punkt der Ethik der Traumarbeit besteht darin, dass man als Traumdeuter einen Klienten nur dorthin führen sollte, wo man sich auch selbst auskennt. Wir halten es für ethisch nicht vertretbar, dass man beispielsweise Klienten in psychische Abgründe schauen lässt, in die man selbst bei sich noch nie geschaut hat. Aus diesem Grund ist die zuvor angesprochene Forderung so wichtig, dass jeder Traumdeuter und jede Traumdeuterin nicht nur regelmäßig und sorgfältig die eigenen Träume betrachtet, sondern auch eine Therapie oder zumindest eine seriöse Ausbildung zur Traumdeutung durchlaufen hat, die ihn oder sie jene Gefühlsunsicherheiten, Zweifel und Verwirrungen hat spüren lassen, in die auch seine/ihre Klienten bisweilen fallen werden.

Mitgefühl – ein zentraler Begriff der Traumdeutung – kommt nur dadurch zustande, dass man selbst durch das Leiden gegangen ist, in das hinein man seine Klienten bisweilen zu führen hat. Es genügt keineswegs, wenn man theoretisch, sei es aus Büchern oder sonst woher, um die psychischen Prozesse weiß, die bei der Traumdeutung ins Rollen kommen, man muss sie selbst erlitten und erlebt haben. Nur durch Erfahrung wird echtes Mitgefühl erzeugt. Wenn nicht Mitgefühl und Liebe die Traumarbeit leiten, dann handelt es sich um kalte Psychotechnik und Manipulation, welche die ohnehin schon große Entfremdung in unserer Gesellschaft noch vergrößert.

Merksatz:
Traumarbeit muss von Mitgefühl und Liebe getragen sein.

Manipulative Haltungen reduzieren

Es gehört ferner zur Ethik der Traumarbeit, dass Deuterin oder Deuter dann eine Traumdeutung ablehnen, wenn sie sehen, dass ihre persönlichen Ansichten über das alltägliche Leben und diejenigen ihrer Klienten weit auseinander klaffen. Wenn der Traumdeuter beispielsweise vom Sinn treuer Liebesbeziehungen überzeugt ist, der Träumer jedoch gerade diese Einstellung als spießig und starr ablehnt und nicht in sein Leben integrieren möchte, dann sollte ein verantwortungsvoller Traumdeuter seine Dienste für diesen Klienten aufkündigen. Nichts ist schlimmer und ethisch verwerflicher als Traumdeutende, die ihre Weltsicht direkt oder indirekt ihren Klienten überstülpen.

Es ist ausnahmslos abzulehnen, dass Traumdeutende den Klienten ihre eigenen Ideologien als Lebenshilfe anbieten. Wer zum Beispiel Anhänger einer bestimmten Weisheitsschule ist, darf die Traumdeutung auf keinen Fall direkt oder indirekt dazu benutzen, den Klienten seine Weltsicht »zu verkaufen«, es sei denn, er stellt seine Traumdeutung unmissverständlich als diejenige dieser Schule dar (was beispielsweise die Anhänger von Irina Tweedy [Sufismus] tun).

Abstinenz im sexuell-erotischen Bereich

Dass sich Traumdeuterin und Traumdeuter wie alle Therapeuten abstinent in Bezug auf erotische und sexuelle Berührungen verhalten sollen, brauchen wir wohl nicht speziell zu betonen. Verliebtheitsgefühle sind in der Beratung und Traumdeutung wie in der Therapie niemals auszuschließen. Es muss dem Traumdeuter jedoch bewusst sein, dass diese Gefühle auf der zuvor angesprochenen Übertragung und Gegenübertragung beruhen und nicht eine Verliebtheit unter Gleichrangigen darstellen. Wie alle Therapeuten stellen auch Traumdeuterin und Traumdeuter bewusst oder unbewusst Autoritätspersonen dar, auch wenn sie das nicht wollen. Es ist ihre Rolle in der Gesellschaft, dass sie den Klienten, die sie mit einem Traum aufsuchen, helfen. Wer Hilfe sucht, ist stets in der schwächeren Position gegenüber dem, der Hilfe gewährt. Sexualität und Erotik sollten jedoch nur im gleichberechtigten Bereich ausgelebt werden.

Philosophische Grundlagen der Traumarbeit

Traumrealität und Alltagsbewusstsein

Die Traumarbeit funktioniert nur deswegen, weil das Leben wie ein Traum und der Traum wie das Leben anzusehen ist. Es gibt also eine enge Verbindung zwischen Traum und alltäglichem Leben.

Allerdings gibt es auch wichtige Unterschiede zwischen unserem Leben in der Alltagswelt und im Traum: Im Traum kann man zum Beispiel keinen körperlichen Schmerz empfinden, weswegen der Volksmund einem empfiehlt, sich zu kneifen, um festzustellen, ob man wach ist oder träumt. Dafür besitzt man aber wiederum im Traum Fähigkeiten, die man im Alltagsleben nicht besitzt: Man kann fliegen, sich verwandeln und in Blitzesschnelle von einem Ort zum anderen wechseln. Im Gegensatz zum Leben ist man im nicht-luziden Traum stets das Opfer, im Traum geschieht alles wie ein von den Göttern verhängtes, unabwendbares Schicksal.

Dem Schöpfungsmythos der Hinduisten zufolge entsteht die Welt aus einem Traum des Gottes Vishnu, der Brahma, den Welterschaffer, entstehen lässt. Der Traum schafft nach diesem uralten Mythos also Realität, während unsere heutige Zeit der Ansicht zuneigt, dass die Realität des Alltagslebens den Traum schafft.

Man könnte das Stadium des Traums und das der so genannten Wachheit als zwei Pole ansehen, zwischen denen sich unser Leben abspielt. Im Traum sind wir frei, unsere Visionen und Vorstellungen von einer anderen Welt zu bilden. Im Wachbewusstsein sind wir an Sachzwänge gebunden, die wir mit unseren Träumen wenn nicht ändern, so doch zumindest besser ertragen können.

Der Rückzug der Projektionen

Was der Traum zeigt, ist der Schatten dessen, was an Weisheit im Menschen vorhanden ist, selbst wenn er im Wachzustand nichts davon wissen mag … Wir wissen nichts davon, weil wir unsere Zeit mit äußerlichen und vergänglichen Dingen vertrödeln und dem, was in uns real ist, keine Aufmerksamkeit schenken.

(Paracelsus)

Bis jetzt haben wir in allen Kapiteln stets von den Bilderwelten der Träume gesprochen, die auf unsere Tageseindrücke reagieren. Das Bild und das Symbol sind jedoch ein Schleier, den wir selbst zwischen die Realität und uns als wahrnehmendes Subjekt ziehen. Dieser Schleier verhindert unseren direkten Blick auf die Wirklichkeit. Die Traumarbeit macht uns diesen Schleier bewusst, indem wir sozusagen das Material dieses von uns unbewusst produzierten Schleiers vorgestellt bekommen. Die Traumbilder sind nämlich Gestalten unserer Projektionen, die diesen Schleier ausmachen. Das Ziel der Traumarbeit und jeglicher Therapien liegt darin, sich diese Projektionen zunächst bewusst zu machen, um sie dann zurückziehen zu können.

Die Projektion stellt nämlich eine verinnerlichte konservative Struktur dar, die stets mit unseren Erfahrungen vergleicht und uns so in der Vergangenheit festhält. Wir vergleichen alles, was wir sehen und erleben, mit vorangegangenen Erfahrungen und sind so im Grunde nicht für neue Eindrücke offen. Wir sehen also durch unsere ständig ablaufenden Projektionen unsere Umwelt nicht so, wie sie ist, sondern schauen in die Vergangenheit, die überholt ist.

Die Traumarbeit verdeutlicht uns unsere Projektionen und damit auch unsere Wahrnehmung, indem sie uns anleitet, unsere Traumsymbole und -bilder bewusst wahrzunehmen. Durch den Traum wird uns klar, wie wir unsere Umwelt und besonders uns selbst wahrnehmen. Wenn und weil wir uns unsere Wahrnehmung bewusst machen, verändert sie sich, und mit dieser Veränderung der Wahrnehmung verändert sich unser Bewusstsein.

Die Traumarbeit ist von dem Paradox geprägt, dass sie uns zur Wachheit verhilft. Sie weckt uns aus dem Schlaf auf, der dadurch gekennzeichnet ist, dass wir unbewusst projizieren, statt in unserer Umwelt stets uns selbst wahrzunehmen. Die hier vorgestellte Arbeit mit den eigenen Träumen reinigt unsere Wahrnehmung, und durch diese gereinigte Wahrnehmung können wir die Welt als das erkennen, was sie ist.

Um diesen Vorgang zu verstehen, ist es notwendig, sich klarzumachen, dass Wahrnehmung und Bewusstsein aufs Engste zusammenhängen, was Mystiker wie beispielsweise der englische Grafiker William Blake (1757–1827) und der Schriftsteller Aldous Huxley (1894–1963) schon immer betont haben. Wenn es uns gelingt, unsere Wahrnehmung zu verändern, dann verändern wir damit zugleich unser Bewusstsein. Eine Erweiterung unserer Wahrnehmung ist zugleich eine Bewusstseinserweiterung. Insofern wirkt jeder Traum bewusstseinserweiternd. Diese Bewusstseinserweiterung ist freilich beim ungedeuteten Traum geringer als beim gedeuteten Traum.

Begriffserklärungen zu diesem Kapitel

Amplifikation: Jung geht im Gegensatz zu Freud davon aus, dass ein Symbol nicht so sehr in einer feststehenden, sondern vielmehr in seiner individuellen Bedeutung für den Träumer zu sehen ist. Den Vorgang, diese individuelle Bedeutung zu finden, nennt die analytische Psychologie nach Jung Amplifikation.
Antizipierender Traum: vorausweisender Traum (vgl. dazu genauer: Jung, Gesammelte Werke, Bd. 12, S. 75)
Apollinisch: Dieser Begriff geht auf den deutschen Philosophen Friedrich Nietzsche zurück. Er bezeichnet das nach innen gerichtete Hören auf Träume und innere Visionen. (vgl. dazu genauer: Jung, Gesammelte Werke, Bd. 6, S. 144–155)
Assimilation: Angleichung eines neuen Bewusstseinsinhalts an das schon bestehende Material. Hierbei ist die subjektive Ähnlichkeit des neuen Inhalts mit dem schon vorhandenen wesentlich.
Bild (Traumbild): konzentrierter Ausdruck der psychischen Gesamtsituation, sowohl der bewussten wie auch der unbewussten (vgl. Jung, Gesammelte Werke, Bd. 6, S. 451)
Brahma: Gott des Hinduismus; der Erschaffer der Welt
chtonisch: Der Erde zugehörig; chtonische Götter symbolisieren das tiefste Unbewusste.
Dissoziation: Zustand, bei dem die normale Hemmung aufgehoben wird und die Person den ungehemmten Einflüssen des Unbewussten ausgeliefert ist, z.B. völlige Abhängigkeit von den eigenen Traumbildern (vgl. Jung, Gesammelte Werke, Bd. 11, S. 561)
final: Wenn ein Traumbild ein bestimmtes Ziel oder eine künftige Entwicklung vermuten lässt. (vgl. Jung, Gesammelte Werke, Bd. 6, S. 499)
Individuation: Vorgang der Bildung eines Individuums. Die Individuation befindet sich stets mehr oder weniger im Gegensatz zur Kollektivnorm. Sie ist eine Differenzierung, die das Besondere schafft.
Inflation: Zustand, in dem eine Person ein unrealistisch hohes oder niedriges Selbstbild besitzt. Sie entsteht dadurch, dass das Ich zu viele unbewusste Inhalte aufnimmt und/oder sich mit Archetypen identifiziert.
Initialtraum: Erster Traum in der Analyse oder kurz vor ihrem Beginn, dem die analytischen Psychologen besondere Bedeutung zusprechen. (vgl. Jung, Gesammelte Werke, Bd. 12, S. 66–117)

Initiationstraum: Einweihungstraum, durch welchen dem Träumer Bilder präsentiert werden, die seine weitere Entwicklung maßgeblich bestimmen.
Kompensation: Bezeichnet die komplementäre Funktion des Traums, das heißt, dass der Traum gerade das am Tage Unberücksichtigte in Szene setzt. (vgl. Jung, Gesammelte Werke, Bd. 8, S. 273 und Bd. 12, S. 65)
latenter Traumsinn: Der gedeutete Traumsinn, nach dem gesucht wurde.
manifester Traumsinn: im Gegensatz zum latenten Traumsinn die unmittelbare, ungedeutete Aussage des Traums (vgl. Jung, Gesammelte Werke, Bd. 6, S. 495)
Maya: die Illusion und zugleich nach hinduistischer Überlieferung die Mutter Buddhas
Mystiker: Mensch, der den Weg der Innenschau geht.
Ödipus-Komplex: Grundpfeiler der Psychoanalyse nach Freud. Die Sexualbestrebung, deren Objekt beim zwei- bis fünfjährigen Knaben die Mutter ist und die ihn in Rivalität mit dem Vater bringt. Jung führte den Begriff »Elektra-Komplex« ein, der das entsprechende Konkurrenzverhalten des Mädchens zur Mutter betont.
Prospektion: Probehandeln im Traum durch Antizipation von Leistungen. (vgl. Jung, Gesammelte Werke, Bd. 8, S. 283)
Rationalisierung: die Abwehr der emotionalen Qualität unbewusster Inhalte durch ihre Intellektualisierung
Regression: Rückfall in die Kindheit
Selbst: »*Als empirischer Begriff bezeichnet das Selbst den Gesamtumfang aller psychischen Phänomene im Menschen. Es drückt die Einheit und Ganzheit der Gesamtpersönlichkeit aus*« (Jung, Gesammelte Werke, Bd. 6, S. 512).
Synchronizität: Inhaltlich zusammenhängende Folge von Ereignissen, deren Verbindung akausal aus Raum und Zeit herausfällt. (Beispiel: Eine mir nahe stehende Person stirbt an einem von mir weit entfernten Ort, im Moment des Todes bleibt meine Armbanduhr stehen.)
Trauminkubation: Durch bestimmte Methoden wird ein bestimmter Traum hervorgerufen. (vgl. z.B. im Kult des Asklepios: Durch das Ritual und gesellschaftliche Erwartungen wurden Heilträume inkubiert.)
Verdichtung: Zusammenfassung von Bildern, Vorstellungen und Gedanken zu Komplexen, die in der Wirklichkeit nicht vorkommen.
Verschiebung: Wechsel des Objekts eines Affekts, da der direkte Ausdruck gegen das Objekt zu angstbesetzt ist.
Vishnu: Gott des Hinduismus

Für weitere Begriffe der Traumdeutung vergleiche: Klausbernd Vollmar: *Traumdeutung – Personen, Methoden und Begriffe von A–Z,* (Königsfurt) Krummwisch 2004

Literaturhinweise zu diesem Kapitel

Elmar Gruber: *Traum, Trance und Tod*, Freiburg 1985
James Hillmann: *Am Anfang war das Bild*, München 1984
Holger Kallweit: *Traumzeit und innerer Raum*, Bern, München 1984
Sylvia Brinton Perera: *Der Weg der Göttin in die Tiefe*, (Ansata) Interlaken 1985
Friedrich Weinreb: *Traumleben*, München 1979 (gekürzte Neuausgabe bei Diedrichs 1994)

Fragenarchiv und Themenspeicher

Notieren Sie sich hier, wie bereits bekannt, Fragen, die sich Ihnen im Laufe der Traumarbeit stellen, und Themen, die Sie noch vertiefen möchten. So kann nichts Wichtiges verloren gehen.

Schreiben Sie jeweils das Datum dazu und halten Sie fest, wann und wie sich eine Frage beantwortet hat bzw. wie Sie das Thema vertiefen möchten (dieses oder jenes Buch lesen, jemanden fragen, im Internet recherchieren etc.) und wann Sie das mit welchem Ergebnis getan haben.

Bevor Sie sich mit dem folgenden Kapitel befassen, überprüfen Sie den Stand Ihrer Traumarbeit anhand des Arbeitsbarometers:

Das Arbeitsbarometer
zu den bisherigen Schritten in Ihrer Traumarbeit

Kreuzen Sie an:

Zufrieden ***Nicht zufrieden***

Stand der Arbeit mit dem Traumtagebuch

3 2 1 0 1 2 3

Stand der Arbeit mit dem Symbollexikon

3 2 1 0 1 2 3

Aufgaben mit den Bewusstseinszuständen

3 2 1 0 1 2 3

Veränderung von Einschlaf- und Aufwachkultur

3 2 1 0 1 2 3

Erfahrungen mit der Assoziations- und Fragetechnik

3 2 1 0 1 2 3

Erfahrungen mit den verschiedenen Deutungstechniken (I und II)

3 2 1 0 1 2 3

Aufspüren und Bearbeiten Ihrer Traumdeutungsfehler

3 2 1 0 1 2 3

11 Der Traum als Heiler

Einführende Gedanken

In einer immer mehr vom Stress geprägten Gesellschaft, die dazu noch unsere Umwelt zunehmend verschmutzt und unsere Lebensbedingungen nicht gerade verbessert, ist die Gesundheit etwas, um das sich viele Sorgen machen. Allerdings helfen meist alle Sorgen nicht, sondern im Gegenteil, sie machen uns krankheitsanfälliger, denn was wir befürchten, das ziehen wir nur zu leicht an.

Unser westliches Gesundheitssystem ist heute von der allopathischen Schulmedizin geprägt, die mit »chemischen Keulen« Krankheitssymptome erschlägt. Aber das ist, wie der deutsche Arzt Rüdiger Dahlke einmal sagte, als ob man beim Auto die Bremskontrollleuchte herausschraubt, wenn diese blinkt. Das Vertrauen in die Macht der Pharmazie ist jedoch etwas relativ Neues. Zu Beginn unserer Kultur, zur klassisch griechischen Zeit, hatte man noch eine ganzheitliche Einstellung dem Menschen gegenüber, und Krankheiten des Körpers und der Psyche in den Heiligtümern des Asklepios wurden mit Hilfe der Träume geheilt. Schenkt man den alten Quellen Glauben, standen die damaligen Heilerfolge denen der heutigen Medizin nicht nach. Allerdings zeigt das Heilen mit Träumen keine Nebenwirkungen.

Dieses Kapitel wird Ihnen unter anderem zeigen, wie Sie sich auch noch heute mit einer bewussten Traumarbeit gesund halten und sogar Krankheiten lindern, wenn nicht sogar heilen können. Dennoch raten wir Ihnen besonders bei schwereren Erkrankungen, zusätzlich zu der Traumarbeit einen Arzt aufzusuchen. Es empfiehlt sich eine Kombination aus Traumarbeit und Homöopathie, da homöopathische Mittel Traumbilder anregen, die auf die krankheitserregenden Probleme aufmerksam machen.

Jedem Kranken ist anzuraten, auf seine Träume zu achten, da sie stets darauf reagieren, was wir nicht wahrnehmen wollen und was uns somit krank macht. Aber im Grunde ist die Gesunderhaltung viel wichtiger. Die alten Chinesen zogen daraus praktische Konsequenzen und bezahlten beispielsweise den Arzt dafür, dass er sie gesund hielt. Brachen Krankheiten aus, bekam der Arzt keinen Lohn. Unsere Träume helfen uns auch, gesund zu bleiben, da sie oft bereits auf Disharmonien in Körper und Psyche reagieren, wenn noch keine Symptome zu bemerken sind. Sie stellen also eine Art »Frühwarnsystem« dar.

Zum Krankheitsbegriff

Als Krankheit können wir einen unnatürlichen Zustand beschreiben, bei dem die herrschende Harmonie gestört ist. Die Disharmonie der Seele oder der Psyche ist die Ursache für jegliche Form der Krankheit davon geht zumindest die ganzheitliche Medizin aus. Das meint man auch damit, wenn man heutzutage voraussetzt, dass fast alle Krankheiten psychosomatisch bedingt sind. Sie sind also von der Psyche wie auch vom Körper (griech.: *soma*) zugleich abhängig. Und nicht zufällig steht in dieser Wortzusammensetzung die Psyche an erster Stelle.

Wenn wir von der psychosomatischen Bedingtheit der Krankheit ausgehen, betrachten wir nicht isoliert das Krankheitssymptom, sondern den ganzen Menschen. Der ganze Mensch gerät im Krankheitsfall aus seiner Harmonie und nicht nur ein abgetrennter Teil wie beispielsweise die Verdauung, der Kreislauf oder die Atemwege. Es ist eine fatale Vereinfachung, den Menschen nach dem Modell einer Maschine zu betrachten.

Der ganze Mensch ist also zu heilen und nicht ein Teil. Diese ganzheitliche Sicht auf den Menschen liefert uns Nacht für Nacht der Traum. Er ist sozusagen der kostenlose Therapeut, der uns nächtlich als ganzer Mensch zu behandeln sucht. Das war im klassischen Griechenland bekannt und fand seinen Niederschlag im Kult des Gottes Asklepios.

Der Kult des Asklepios

Wie wir bereits im Kapitel über die Geschichte der Traumdeutung ausführten, war Asklepios der griechische Heilgott, der sein Wissen um das

Heilen von dem Zentaur Cheiron bekommen hatte. Dieser Gott Asklepios wandelte sich in römischer Zeit zum bekannten Äskulap, auf den sich noch heute die Ärzte berufen.

Das Besondere in der Heilweise des Asklepios lag darin, dass er einzig mit Hilfe des nächtlichen Traums heilte. Der Kranke begab sich zu einem der Heiligtümer dieses Heilgottes. Er musste sich heiligen Waschungen unterziehen, die symbolisierten, dass er sich auch innerlich reinigte, indem er seine Vergangenheit hinter sich ließ. Danach wurde er in das *Abaton* geleitet, wo er sich auf der *Kline* genannten Schlafbank niederließ.

Allerdings wurden Schwangere und Todkranke in den Heiligtümern des Asklepios mit dem Argument abgewiesen, dass der Tempel rein bleiben müsse. Diese Haltung gab Anlass zu großer Kritik der damaligen Ärzte, die teilweise in diesem Heilkult eine Konkurrenz sahen.

Zur Symbolik der Schlange

Da das Symboltier des Asklepios die Schlange war, wurden in seinem Heiligtum Schlangen gehalten.

Die Schlange symbolisiert unter anderem die Fähigkeit zur Verjüngung, was sich durch ihre Häutung ausdrückt. Damit ist sie mit der Lebenskraft verbunden, die auch im Hinduismus als *Kundalini* durch eine Schlange versinnbildlicht wird.

Es gibt Ansichten, wonach der Äskulap-Stab mit der sich um ihn windenden Schlange unsere Wirbelsäule symbolisiert, deren Energiezentren (*Chakren*) durch die Kundalini-Schlange miteinander verbunden werden. Die Kundalini-Schlange stellt eine feinstoffliche Energie dar, welche die Energiezentren des Menschen aktiviert und ihn damit gesund erhält. Gleichzeitig symbolisiert die Schlange die unergründlichen chtonischen Kräfte, die (letztendlich von der Erdmutter stammend) die Heilung bewirken.

Die Schlange produziert Gift, aber was als Gift und was als Heilmittel wirkt, ist eine Frage der Menge (Dosis). Gift in kleinen Mengen wirkt ohne weiteres heilend, während es in größeren Mengen zum Tod führt. Wirksame Medizin, in großen Mengen eingenommen, kann Vergiftungen mit schlimmstenfalls tödlichem Ausgang hervorrufen.

Auf Grund dieser Symbolik der Schlange verwundert es nicht, wenn die Astrologen der damaligen Zeit dem Asklepios das Sternbild der Schlange im Gebiet des Orion zuordneten.

Trauminkubation

Der Kranke lag also auf der *Kline* und erwartete seinen Traum. Durch das gesamte Setting wurde mit großer Wahrscheinlichkeit auch ein Heiltraum erzeugt. Das heißt, ein Heiltraum wurde inkubiert, weil zum einen vom Träumer in der rituellen Situation ein solcher Traum erwartet wurde und alles darauf angelegt war, dass solch ein Traum auch erschien, und zum anderen von der gesellschaftlichen Meinung der damaligen Zeit ein solcher Traum erwartet wurde. Man nahm nämlich an, dass im *Abaton* Asklepios dem Schlafenden einen Heiltraum senden würde, der danach mit den Priestern besprochen wurde.

Diese Trauminkubation können wir heute noch nutzen. Wenn wir uns schlapp, schwach oder krank fühlen, schaffen wir uns eine Situation, in der ein Heiltraum mit großer Wahrscheinlich erscheinen wird. Zunächst gehört dazu, dass wir uns in einem gut gelüfteten, sauberen und aufgeräumten Zimmer ins Bett legen. Dabei können wir geliebte Gegenstände am Bett aufstellen und, falls wir das mögen, aus einer Duftlampe unseren Lieblingsduft verströmen lassen. Vorm Zubettgehen sollten wir uns waschen, am besten ein Bad nehmen, dem man Lavendel beigeben kann, das nicht nur die reinigende Wirkung unterstützt, sondern auch die Traumerinnerung stärkt. Im Bett vor dem Einschlafen sollten wir uns dann auf unsere Disharmonien besinnen.

Es hilft sehr, seine Gedanken über diesen Zustand einem Tagebuch anzuvertrauen oder auf unsere Schwäche zu meditieren (dabei muss man darauf achten, nicht einzuschlafen – bedenken Sie stets, dass Meditation Wachheit bedeutet!).

Als letzte Handlung vor dem Einschlafen sollte man in Form einer Affirmation oder eines Gebets um einen Heiltraum bitten. Als Affirmation kann man beispielsweise folgende Sätze wählen oder sich nach diesem Modell eigene bilden:

- *Die Träume dieser Nacht zeigen mir in verständlicher Weise, wie ich mich heilen kann.*
- *Mein Traum, den ich leicht und mühelos erinnere, zeigt mir einen Weg zur L*inderung meines Leidens.

Die Antwort wird nicht unbedingt sofort in dieser Nacht kommen. Führen Sie dieses kleine Ritual an drei aufeinander folgenden Abenden durch. Auch im Kult des Asklepios bekam der Träumer (allerdings erst in späterer Zeit, als der Mythos sich womöglich abgeschwächt hatte) die Chance, mehrmals im *Abaton* zu schlafen. Wenn Sie morgens aufwachen, kommt es darauf an, dass Sie sich im Detail an Ihre Träume zu erinnern versuchen und jede Erinnerung aufschreiben. Darauf sollen auch die Priester des Asklepios bestanden haben.

Schauen Sie sich jeden Traum daraufhin an, ob er Ihnen Hinweise gibt auf folgende vier Themen:

- Heilmittel
- Heilungsweg
- mögliche Veränderung Ihrer Lebensweise
- Ihre Einstellungen

Stellen Sie sich bei jedem Traum diese Fragen, auch wenn es zunächst nicht so scheint, als ob der Traum etwas mit Ihrer Heilung zu tun haben könnte. Auch wenn Sie nicht gleich einen Heiltraum bekommen, hilft schon allein die Erwartung, dass Sie in einer der nächsten Nächte einen Heiltraum erinnern werden.

Es ist möglich, dass in den Träumen während der Phase der Trauminkubation ein weiser Mann oder eine weise Frau auftritt und Ihnen einen Rat gibt. Das ist das archetypische Bild Ihres inneren Heilers.

Luzides Träumen

Das luzide Träumen gibt uns die beste Möglichkeit, unseren Heiler zu treffen, unser Heilmittel und die für uns gesunde Lebensart im Traum zu erfahren. Wer luzides Träumen beherrscht, sollte im Krankheitsfall (besser bereits bei der ersten Unpässlichkeit) Heilträume erzeugen. Günstiger ist es natürlich, wenn luzide Träumer sich regelmäßig an ihren Heiler wenden, um von ihm Ratschläge zu bekommen, die sie dann beherzigen sollten, ganz gleich, wie schwer es ihnen fällt.

Hier wollen wir Ihnen zeigen, wie Sie im Traum Ihrem inneren Heiler begegnen können. Es handelt sich dabei um eine der Trauminkubation ähnliche Technik.

Trauminkubation: Sie nehmen sich im Wachzustand in möglichst tiefer Entspannung vor, Ihren inneren Heiler zu treffen. Manchen Menschen hilft es, wenn sie eine Skizze oder ein Bild von ihrem inneren Heiler anfertigen. Das braucht nun ganz und gar kein künstlerisches Werk zu sein, sondern nur eine Art psychologische Krücke, die Personifizierung einer Idee. Wenn Sie Ihren inneren Heiler – gleich in welcher Gestalt – vor Ihrem inneren Auge deutlich sehen, nehmen Sie sich mit all Ihrer Willenskraft vor, diese Person in Ihrem nächsten luziden Traum zu treffen. Hilfreich ist es, wenn Sie sich in der Vorbereitung auf den luziden Heiltraum die Fragen genau überlegen, die Sie Ihrem inneren Heiler oder Ihrer inneren Heilerin stellen wollen. Man wird sich nämlich sonst seinem inneren Heiler gegenüber plötzlich erstaunlich sprachlos fühlen.

Hinweis: Falls Sie die Botschaft Ihres inneren Heilers nicht behalten oder verstanden haben, begeben Sie sich möglichst bald nach dem Aufwachen in eine tiefe Entspannung und visualisieren Sie mit geschlossenen Augen die betreffende Traumszene noch einmal. Schauen Sie sich Ihren inneren Heiler oder die Heilerin genau an und fragen Sie dann, was Sie heilen wird. Diesen Ratschlag, der sofort in Ihnen aufsteigt, schreiben Sie wie einen Traum auf und meditieren über ihn. Wir würden solche Ratschläge in jedem Fall beherzigen.

Dabei können Sie so vorgehen:

Besinnen Sie sich auf diejenige Lebensäußerung, die durch Ihre Krankheit am meisten beeinträchtig ist und die Sie schmerzlich vermissen. Das mag die Wanderung auf die Berge, das Schwimmen im Meer oder das genüssliche Liebemachen sein. Nun nehmen Sie sich für Ihren nächsten luziden Traum vor, dort genau diese Tätigkeit durchzuführen. Stellen Sie sich beispielsweise vor, wie Sie an einem sonnigen Tag morgens einen Berggipfel besteigen, und spüren Sie dabei die mächtige Energie, die Sie durchflutet. Nehmen Sie diese Energie des Gipfelerlebnisses mit jedem Atemzug in sich auf. Danach stellen Sie sich vor, wie Sie sich selbst dort oben im Bett oder in einem Liegestuhl liegend sehen. Berühren Sie Ihren Körper und stellen Sie sich vor, wie Sie all Ihre Energie dem kranken Körper zuführen. Ihr krankes Traum-Ich mag dann aufstehen und sich in der klaren Luft des Gipfels der Sonne entgegenrecken. Spüren Sie, wie Sie eine jugendliche, gesunde und altbekannte Kraft mächtig durchströmt.

Durch diese Übung, die man öfters wiederholen sollte, werden die Lebenskräfte aktiviert und die Selbstheilungskräfte angesprochen.

Tagtraumtechniken

Außer im Nachttraum kann man auch in Visualisierungen und/oder bewusst herbeigeführten Vorstellungsbildern und Tagträumen seine inneren Heilkräfte ansprechen. Diese Technik ist wirkungsvoll. Wichtig ist jedoch, die Konzentration unbedingt bei den Vorstellungsbildern zu halten und möglichst wenig abzuschweifen. Je konzentrierter diese Tagtraumtechniken durchgeführt werden, desto größer ist ihre Wirkung. Ein Nebeneffekt der Tagtraumtechniken besteht im Erlernen von Wachheit.

Die beschriebenen Übungen können alle auch als Tagtraumtechnik durchgeführt werden. Im luziden Traum wirken sie jedoch stärker und meist schneller.

Hinweis: Auch hier empfiehlt es sich, die einzelnen Techniken, die wir im Folgenden präsentieren, einmal auszuprobieren. Manches, was wir uns nicht vorstellen können, bekommt auf der Erfahrungsebene eine neue Intensität.

Aktive Imagination

Eine von C. G. Jung entwickelte Tagtraumtechnik, die von seiner Schülerin, der in der Schweiz lebenden Engländerin Barbara Hannah, systematisch ausgearbeitet wurde. Jung selbst bezeichnete seine Technik der Aktiven Imagination als ein Träumen mit offenen Augen.

Man konzentriert sich beim Einsatz der Aktiven Imagination zur Selbstheilung auf das Bild seines gesunden und kräftigen Körpers. Dann lässt man alle seine Fantasien zu, auch wenn diese beängstigend wirken. Ängste müssen überwunden werden, um wirklich alles zuzulassen, was hochsteigen möchte. Wahrscheinlich werden dabei Krankheitsängste hochsteigen, die man sich genau anschauen sollte. Man schließt diese Aktive Imagination wieder ab, indem man sich auf das Anfangsbild seines gesunden Körpers konzentriert.

Der Vorteil dieser Methode gegenüber den meisten anderen liegt darin, dass man sich unbewusste Inhalte wie beispielsweise Krankheitsängste deutlich macht und diese so in das Bewusstsein integriert werden können. Was uns bewusst ist, das kann uns nicht mehr unberechenbar bedrängen. Mit bewusstem Material kann man bewusst umgehen und es durch andere Techniken, etwa Malen, Zeichnen oder auch Gespräche, ins Positive umgestalten. Hier wirkt das psychologische Gesetz, das besagt: Ängste, die man sich anschauen kann, wirken nicht mehr gefährlich. Es ist sicherlich gefährlicher, allein mit positivem Denken eine Krankheit »behandeln« zu wollen. Die Behandlung durch positives Denken führt in die Verdrängung, wie z. B. die lange schwere Krankheit von Erhard Freitag zeigte, einem deutschen Murphy-Schüler, der positives Denken vertritt.

Jung geht davon aus, dass die bei der Aktiven Imagination aufsteigenden Fantasiebilder alles besitzen, was zu ihrer Verwandlung führt. Das entspricht auch unserer Erfahrung.

Da große Ängste hervorbrechen können, ist es ratsam, die ersten Sitzungen mit Aktiver Imagination mit einem Therapeuten oder zumindest einem guten Freund oder einer guten Freundin durchzuführen.

Katathymes Bilderleben

Das Katathyme Bilderleben, oft KB abgekürzt, ist eine tiefenpsychologische Technik, die im deutschsprachigen Bereich von Hanscarl Leuner entwickelt wurde. Wie die Aktive Imagination ist das Katathyme Bilderleben eine Tagtraumtechnik, die im Unterschied zur Jung'schen Technik meist mit von außen vorgegebenen Bildern arbeitet.

Zur Anwendung des KB in der Selbstbehandlung halten wir das vorherige Erlernen der verschiedenen Stufen des Autogenen Trainings oder einer anderen Tiefenentspannungstechnik für notwendig.

Beim Einsatz des KB zum Heilen schlagen wir vor, dass Sie mit geschlossenen Augen in tiefer Entspannung genau Ihren Körper Stück für Stück betrachten und dabei alle Bilder aufsteigen lassen, die aufsteigen möchten. Die aufgestiegenen Bilder können dann mit Hilfe von Assoziationen selbst gedeutet werden. Im Grunde deutet man diese Bilder, wie man auch nächtliche Traumbilder deuten würde.

Man kann seinen Gesundheitszustand auch gut erfassen, indem man sich statt des eigenen Körpers einen Baum oder eine Pflanze vorstellt und dann die einzelnen Teile der Pflanze im Detail betrachtet und wieder wie Traumbilder deutet. Eine weitere Vorstellungsmöglichkeit ist ein Haus, durch dessen Inneres man geht und dessen Äußeres man sich genau anschaut. Jedes Symbol, das man ganzheitlich und im Detail auf den Menschen beziehen kann, eignet sich für diese Bilderreise. Es ist notwendig, dass die aufgestiegenen Bilder sorgfältig gedeutet werden.

Auch bei dieser Technik ist es ratsam, die ersten Sitzungen unter sachkundiger Begleitung eines/r Therapeuten/in abzuhalten oder zumindest einen Freund oder Freundin, die diese Methode kennen, hinzuziehen.

Organdialog

Die einfachste Tagtraumtechnik stellt wahrscheinlich der Organdialog dar, bei dem ich mich durch welche Technik auch immer in eine tiefe Entspannung begebe und dann entweder mit einem bestimmten inneren Organ Kontakt aufnehme, indem ich es zunächst visualisiere, oder indem ich meinen Körper durchgehe und alle inneren Organe anspreche. Ich kann sie beispielsweise fragen, wie es ihnen geht.

Habe ich ein bestimmtes Leiden, empfiehlt es sich, das entsprechende, mit diesem Leiden zusammenhängende Organ anzusprechen. Ich kann ihm beispielsweise folgende Fragen stellen:

- Wie geht es dir heute?
- Was kann ich für dich tun?
- Was behindert dich?

Wirksamer ist es, wenn man das Organ direkt anspricht, wie zum Beispiel: *»Liebe Leber, was kann ich für dich tun?«*

Wie beim Dialog mit einem Traumsymbol können Sie sich auch mit Ihren inneren Organen unterhalten und Sie werden sich wundern, welche erstaunlichen Antworten Sie bekommen.

Das Problem beim Organdialog sind nicht so sehr die Antworten, sondern die Konsequenzen, die aus ihnen folgen. Sie sollten sich vorher verpflichten, aus diesen Antworten praktische Konsequenzen zu ziehen. Wenn Sie das tun, wird zugleich der Organdialog leichter und intensiver.

Ferner wird die Wirkung dieses Dialogs dadurch erhöht, dass man zuvor das betreffende Organ genau visualisieren kann. Das ist nicht immer so einfach, da beispielsweise nicht jeder weiß, wie seine Leber, Niere oder Lunge aussieht. Es hilft, wenn Sie sich das betreffende Organ in einem Anatomiebuch anschauen oder sogar abzeichnen.

Gehen Sie alle Ihre inneren Organe durch, dann verlassen Sie sich auf Ihre Intuition, in welcher Reihenfolge Sie vorgehen sollen. Wir haben an Klienten und bei uns selbst bemerken können, dass Organe, die geschwächt sind, sehr schnell – wenn nicht sofort zu Beginn – alle Aufmerksamkeit anziehen.

Schlussbemerkung zu diesem Kapitel

Das Besondere der heilerischen Traumarbeit liegt darin, dass man mit ihr nicht nur Störungen aufspüren und lindern kann, und das noch ohne Nebenwirkungen, sondern dass man darüber hinaus bereits im Vorfeld der Krankheit auf körperliche und psychische Veränderungen hingewiesen wird. Alle wesentlichen körperlichen und psychischen Veränderungen machen sich im Traum bemerkbar, bevor wir auch nur den Anflug eines Symptoms oder einer Störung bemerken. Das zeigt sich beispielsweise deutlich in den Träumen von schwangeren Frauen, die nicht wissen, dass sie schwanger sind. Bei ihnen sind Kinder- und Babyträume erstaunlich häufig – oder Träume, in denen kleine Fische vorkommen oder Stichlinge. (Erstaunlicherweise träumt ein Mann, der unwissend eine Frau geschwängert hat, ebenfalls überdurchschnittlich häufig von solcher Symbolik, wie amerikanischen Untersuchungen in den neunziger Jahren des vergangenen Jahrhunderts ergaben.)

Die Traumarbeit gibt uns also die Möglichkeit, Hinweise zu unserer Veränderung zu bekommen, die uns gesund bzw. effektiv lebensfähig erhalten. Wir müssen »nur« die Disziplin aufbringen, diese Hinweise zu bemerken, sie ernst zu nehmen und ihnen zu folgen. Letztendlich ist es das Ziel jeder Traumarbeit, praktische Konsequenzen aus den Träumen zu ziehen. Dabei kommt es nicht darauf an, ob es sich um einen Tag- oder Nachttraum handelt.

Wir möchten darauf hinweisen, dass Krankheitsträume, die nicht auf Trauminkubation beruhen, fast immer symbolisch zu verstehen sind. Echte Heilträume, die für Sie wichtig sind, haben oft die gleiche Qualität wie Warnträume. Sie sind optisch überscharf und werden nicht so leicht vergessen wie der normale alltägliche Traum.

Der verstorbene deutsche Journalist Hanns Kurth hat sich speziell mit Träumen beschäftigt. Er kommt zu folgender Aussage, die wir nur unterstreichen können:

»Direkte Krankheitsträume haben freilich meist einen ganz anderen Sinn. Es ist für jeden, der selbst seine Träume analysieren will, von Wichtigkeit, zu erfahren, was diese Krankheitsträume sinnvoll bedeuten können, wenn es sich nicht um Hinweise auf tatsächliche Erkrankungsvorgänge handelt« (Hanns Kurth, So deute ich meine Träume).

Hier seien ein paar offensichtliche Beispiele angeführt in der Hoffnung, dass solche Träume Sie nicht in Panik und Schrecken versetzen.

Um es noch einmal zu betonen, wir sprechen *nicht* von inkubierten Heilträumen.

Beispiele für die Deutung von Krankheiten im Traum:

- **Augenleiden:** *Man will etwas nicht sehen.*
- **Fieber:** *Leidenschaft*
- **Herzkrankheit:** *Verweis auf Probleme in der Liebe*
- **Lähmung:** *Man ist zu gehemmt.*
- **Magenschmerzen:** *Man muss besser verdauen (im übertragenen Sinn).*
- **Operation:** *Es muss etwas in einschneidender Weise ausgemerzt oder verändert werden.*
- **Wunden:** *Verletzungen, meist psychischer Art*

Einige Heiler sind der Ansicht, dass Farben im Traum auf die Selbstregulation der Aura zurückzuführen sind. Das halten wir allerdings für zweifelhaft, da die Farben im Traum unserer Erfahrung nach stets symbolischen Charakter aufweisen und die Funktion besitzen, ein Traumsymbol oder den ganzen Traum besonders hervorzuheben. Diese Ansicht mag nur in jenen seltenen Fällen zutreffen, in denen nach einer Trauminkubation abstrakt Farben oder Farbschleier gesehen werden. In diesem Fall mag die Farbe des Traums das Heilmittel und ein möglicher Hinweis darauf sein, dass Farblichtbestrahlung hilfreich sein könnte.

Begriffserklärungen zu diesem Kapitel

Aktive Imagination: Eine von C. G. Jung in den 1930er Jahren entwickelte Tagtraumtechnik, bei der die aufsteigenden Bilder Unbewusstes bewusst machen sollen.

allopathisch: Bezeichnung für die herkömmliche Schulmedizin, die vornehmlich Krankheitssymptome und nicht Krankheitsursachen behandelt. Die Allopathie steht im Gegensatz zur ↗ Homöopathie.

Aura: Von Medien angenommene farbliche Ausstrahlung des menschlichen Körpers, die durch Dichte, Farbintensität und Farbe auch Krankheiten vor ihrer materiellen Manifestation aufzeigen kann.

chtonisch: erdhaft, letztendlich auf die geheimsten Mysterien der Erdmutter zurückgehend

Homöopathie: Bei der Homöopathie wird nach ihrem deutschen Begründer Samuel Hahnemann (Christian Friedrich Samuel Hahnemann, Hygieniker und Pharmazeut, 1755–1843) Ähnliches mit Ähnlichem behandelt. Die Homöopathie arbeitet mit bestimmten hohen Verdünnungen (Potenzen) und rhythmischen Prozessen (Schüttelungen), um die Energie des Heilmittels auf eine Trägersubstanz (Milchzucker oder mit Alkohol versetztes Wasser) zu übertragen. Homöopathische Mittel regen die Traumtätigkeit an. Gegensatz zur Allopathie
Katathymes Bilderleben: Eine in Deutschland von Hanscarl Leuner entwickelte Tagtraumtechnik, die auch als Oberstufe des Autogenen Trainings nach Schultz (Johannes Heinrich Schultz, Begründer des Autogenen Trainings, 1884–1970) anzusehen ist.
Kline: Schlafbank im Abaton
psychosomatisch: sowohl von der Psyche als auch vom Körper (soma) her bestimmt
Trauminkubation: Technik zur Hervorbringung eines Traums zu einem bestimmten Thema oder Problem; diese Technik wurde zuerst im Kult des Asklepios im klassischen Griechenland angewandt, um Heilträume hervorzurufen.

Literaturhinweise zu diesem Kapitel

B. Büchsenschütz: *Traum und Traumdeutung im Alterthume*, Berlin 1868
Marie-Louise von Franz: *Träume*, (Königsfurt) Krummwisch 2003
Mary Hamilton: *Incubation or The Cure of Disease in Pagan Temples and Christian Churches*, London 1906
C. A. Meier: *Der Traum als Medizin*, (Daimon) Zürich 1985
Theodoros Papadakis: *Epidauros – Das Heiligtum des Asklepios*, (Schnell und Steiner) München, Zürich 1978 (mit hervorragenden Fotos)

Fragenarchiv und Themenspeicher

Notieren Sie sich hier, wie bereits bekannt, Fragen, die sich Ihnen im Laufe der Traumarbeit stellen, und Themen, die Sie noch vertiefen möchten. So kann nichts Wichtiges verloren gehen.

Schreiben Sie jeweils das Datum mit dazu und halten Sie auch fest, wann und wie sich eine Frage beantwortet hat bzw. wie Sie das Thema vertiefen möchten (dieses oder jenes Buch lesen, jemanden fragen, im Internet recherchieren etc.) und wann Sie das mit welchem Ergebnis getan haben.

12 Kreativität im Alltag durch Traumdeutung

Einführende Gedanken

Die Träume, die aus dem Unbewussten kommen, zeugen von einer überlegenen Intelligenz. ›Es ist, als ob ein zeitloser Geist dort zu uns spräche, wie wenn ein Hauch aus der großen Welt der Gestirne und der endlosen Räume uns berührte oder einer, der längst vergangen und doch immerwährend bis in ferne Zukunft im Zeitlosen gegenwärtig wäre‹. Wir alle sind diesem Weltengeist in der Kindheit nahe; aber mit dem Erwachsenwerden vergessen ihn viele.

(Marie-Louise von Franz)

Unsere heutige Zeit legt Wert auf Kreativität in der Arbeit und im persönlichen Ausdruck. Bis zum Zweiten Weltkrieg hingegen wurde diese Anforderung bestenfalls an führende Persönlichkeiten in der Gesellschaft gestellt. Eigentlich galt bis dahin das Kreative als suspekt, weil es vom Gewohnten und der Norm abwich. Es ist die moderne westliche Gesellschaft, die das Ich betont und zugleich einen Kult der Kreativität pflegt. Die ostasiatischen Kulturen kennen diesen Kreativitätsdruck nicht. Bei ihnen geht es darum, sich möglichst ohne Abweichungen so zu verhalten, wie es schon Generationen zuvor taten. Mich (Klausbernd Vollmar) hat es sehr verwundert, als ich vor Jahren in Indien zu einem Yogi kam, bei dem ich Yoga lernen wollte. Dieser Yogi war typischerweise stolz darauf, dass er Yoga ohne jegliche Veränderungen so weitergab, wie er es durch seinen Lehrer übermittelt bekam. Jede persönliche Abweichung, so bewusst sie auch sein mag, wurde in seinen Gruppen als Fehler angesehen.

Er selbst empfand sich als guter Lehrer, wenn er seine Schüler genau so unterrichtete, wie es sein Lehrer getan hatte.

Für uns westliche Menschen stellt die Kreativität jedoch ein wichtiges Mittel zum Ausdruck unserer Persönlichkeit dar, die dieser Yogi allerdings als illusionär ansah. Wir können uns ein Leben ohne Kreativität nur als ein langweiliges und unfruchtbares Leben vorstellen. Durch unsere Kreativität überwinden wir die Scheuklappen, mit denen wir sonst durchs Leben zu gehen pflegen. Mit der Kreativität, so fühlen wir, wachsen wir über unser begrenztes Leben hinaus. So lieben wir besonders den Mythos des Prometheus, der den Göttern das Feuer gestohlen hat. Damit hat er Kultur geschaffen – und genau das scheint für uns der Sinn und die Funktion der Kreativität zu sein, dass sie nämlich Kultur schafft. Das heißt auch, dass sie alte Sichtweisen überwindet und wagt, die Augen dem Neuen zuzuwenden.

Außerdem drückt sich im kreativen Akt das Innere eines jeden Menschen aus. Es ist die Intuition, mit der wir kreativ sind. Tiefenpsychologisch gesehen überwinden wir mit unserer Kreativität die verinnerlichte Vaterautorität, die uns beständig vorschreibt, wie etwas zu sehen und zu tun ist, was gut und was schlecht ist. Kreativität ist das Salz in der Suppe des Lebens.

Wer mit seinen Träumen arbeitet, der öffnet sich, ob er es nun will oder nicht, seiner inneren kreativen Quelle, die uns oft erstaunliche Lösungen für vorgeblich unlösbare Probleme anbietet. *Also Mut zur Kreativität!*

Traum und Kreativität

Wir leben in einer hochkomplexen Welt und sind dazu noch selbst hochkomplexe Wesen. Permanent sind wir zu Entscheidungen herausgefordert, mit denen im Grunde unser Ich heillos überfordert ist. Das Ich kann immer nur vereinfachen und tendiert dazu, ein Problem intellektuell zu lösen. Bei allzu großer Komplexität muss der Intellekt jedoch scheitern. Es kommt so weit, dass wir uns gar nicht mehr entscheiden können, weil das eine unserer inneren Ichs uns dieses, ein anderes uns jenes sagt. Wir benötigen also eine höhere Instanz, die jenseits unserer Begrenzungen die Situation überblickt. Diese höhere Instanz ist der Traum, da in ihm die zensierende linke Gehirnhälfte weitgehend ausgeschaltet ist.

Die Betriebsblindheit, die unser Ich oft auszeichnet, stammt von der einseitigen Fixierung unseres Ichs auf die linke Gehirnhemisphäre, die bewertet, ausgrenzt und sich an die Alltagslogik und Alltagserfahrung hält. Der Traum ist in seiner Lösungsfindung freier, da er spielerisch in seiner Bildersprache das Problem angeht und mit Leichtigkeit aus der ganzheitlichen Perspektive heraus Lösungen – und zwar meist unkonventionelle – anbietet.

Eine charakteristische Situation beschreibt der deutsche Chemiker August Kekulé von Stradonitz (1829–1896), der die Struktur des Benzolrings fand. Wie so oft im Leben brachte der Schreibtischschlaf die Lösung. Kekulé war nämlich wie etwas später Elias Howe (der Erfinder der Nähmaschine) am Schreibtisch eingeschlafen, und diese Inkubationsphase brachte ihm die Lösung.

Kekulé hatte sich lange damit beschäftigt, wie die Moleküle beim Benzolring angeordnet sein könnten. Da die damalige Lehrmeinung dahin ging, dass Moleküle sich stets linear anordnen, kam er zu keinem befriedigenden Ergebnis. Da hatte er einen Traum, in dem das archetypische Symbol des Oroboros, der Schlange, die sich in den eigenen Schwanz beißt, auftrat. Dieser Traum brachte Kekulé von Stradonitz zur kreativen Lösung seines Problems, indem sie ihn auf die Idee brachte, dass die Moleküle ringförmig angeordnet sein können. Damit war die Molekularstruktur des Benzolrings gefunden.

Typisch bei dieser kreativen Lösung ist,

- dass die starre Vaterautorität, in diesem Fall die Lehrmeinung von der linearen Anordnung der Moleküle, durchbrochen wird,
- dass die Lösung durch die Sprache des weiblichen Archetyps, nämlich mit Hilfe eines Bildes, initiiert wird,
- dass solch eine Lösung im Traum kommt, in dem die bewertende und zur Starrheit neigenden linke Gehirnhemisphäre ausgeschaltet ist,
- dass der Träumer sich vorher lange und eingehend mit dem Problem beschäftigt hat, so dass dieses Problem in sein Unbewusstes absinken und von seinem Traum aufgenommen werden konnte, und
- dass der Träumer blitzhaft verstand, was die Lösung ist.

Von ähnlichen Erfahrungen berichten auch Albert Einstein (1889–1955; sein berühmter Traum von der Schlittenfahrt: Er fährt mit dem Schlitten einen Berg hinunter und umso schneller er fährt, umso mehr verändern sich die Sterne, die er am Himmel betrachtet – vor Schreck wacht Einstein auf und ihm ist klar, was Relativität ist.) und viele andere Naturwissenschaftler wie zum Beispiel Andrew Wiles (Nobelpreisträger Mathematik).

Aber man muss nicht unbedingt Naturwissenschaftler und Forscher sein, um von seinen Träumen kreative Problemlösungen angeboten zu bekommen. Jedes auch noch so alltägliche Problem, für das man keine Lösung findet, kann man mit berechtigter Hoffnung seinen Träumen übergeben. In unserer Praxis hat es sich gezeigt, dass speziell Beziehungsprobleme, die 80 Prozent aller psychologischen Probleme ausmachen, durch Träume zu einer kreativen Lösung geführt werden können (Versöhnung oder eine »saubere« Trennung). Das liegt daran, dass man speziell in Bezug auf seine eigene Beziehung erschreckend betriebsblind ist und unter Beziehungsstress genau dort zur Erstarrung neigt, wo man hätte beweglich sein sollen.

Übungen und Anleitungen zur Steigerung der Kreativität

Zunächst einige Ratschläge vorweg:

- Erzwingen Sie keine Lösung, das heißt, wer zu fanatisch seine Träume zu einem Lösungsvorschlag drängt, der blockiert jegliche Kreativität. Der Traum wird aufnehmen, was für Sie wichtig ist. Vertrauen Sie darauf.
- Üben Sie Geduld!
- Es werden Ihnen unerwartete und eventuell auch unbequeme Lösungen angeboten werden. Wenn Sie nach einer Lösung fragen, dann sollten Sie diese Lösungsvorschläge ernst nehmen und nicht gleich verwerfen.
- Die Lösung eines Problems kann auch darin bestehen, Spannungen auszuhalten.

Bedanken Sie sich für jedes kreative Lösungsangebot bei Ihrem Höheren Selbst oder der Instanz, von der Sie glauben, dass Sie Ihnen den entsprechenden Traum geschickt hat.

Die Arbeit mit Affirmationen

> *Nächtlich mag ich wandern,*
> *gegen den Wind mag ich wandern,*
> *nächtlich mag ich wandern.*
> *Wenn die Eule heult, mag ich wandern.*
> *Bei Tagesanbruch mag ich wandern,*
> *gegen den Wind mag ich wandern,*
> *bei Tagesanbruch mag ich wandern.*
> *Wenn die Krähe ruft, mag ich wandern.*
>
> (Traumlied eines Sioux-Indianers,
> in: G. Cramer-Buchow, *Ur-Energie Traum*)

Die Arbeit mit Affirmationen hilft einem dabei, dass der Traum sich auf das entsprechende Problem einstellt und eine Lösung anbietet. Voraussetzung ist, dass Sie sich schon länger mit diesem Problem »herumplagen« und dass die Lösung dieses Problems für Sie *emotional* wichtig ist. Sie müssen sich von ganzem Herzen die Lösung dieses Problems wünschen. Ist dies der Fall, werden folgende fünf Schritte Sie zu einer »traumhaften« Lösung Ihrer Probleme führen:

1. Formulieren Sie eine Affirmation, die davon ausgeht, dass Sie durch einen erinnerten Traum am Morgen leicht und mühelos die gesuchte Lösung finden. Diese Affirmation sagen Sie sich dreimal täglich vor, wobei Sie sie im exakten Wortlaut sich im Stillen in tiefer Entspannung dreimal morgens, dreimal mittags und dreimal abends vergegenwärtigen. Auch hier gilt wieder, dass Sie nicht mit dieser Affirmation im Sinn einschlafen sollten.
2. Machen Sie sich vorm Einschlafen Ihr Problem so genau wie möglich klar. Dazu gehört nicht nur eine eindeutige Beschreibung und Eingrenzung des Problems, sondern auch, dass Sie sich bestimmte Lösungsmöglichkeiten und deren Konsequenzen, Argumente und Gegenargumente verdeutlichen. Am besten geschieht das schriftlich.
3. Legen Sie sich Bleistift und Papier ans Bett, so dass Sie die Träume der Nacht sofort aufschreiben können.
4. Schreiben Sie am Morgen alles auf, was Sie erinnern: Sei es nun ein Traum oder mehrere Träume, Ihr erster Gedanke oder Ihr erstes Gefühl.
5. Beschäftigen Sie sich eingehend mit dem, was Sie erinnert haben, und versuchen Sie es so konkret wie möglich auf Ihr Problem zu beziehen.

Alles Weitere, das Sie brauchen, ist Geduld. Wenn Sie einige Zeit regelmäßig so an Ihre Träume herangehen, werden diese über kurz oder lang auf Ihr Problem antworten. Auf Dauer bezieht sich der Traum nach solchem Vorgehen immer auf Ihr Problem. Die einzige Schwierigkeit liegt in Ihrer Disziplin, auch wirklich täglich diese fünf Schritte durchzuführen.

Statt mit einer Affirmation können Sie in gleicher Weise mit einem Gebet arbeiten, in dem Sie um einen Traum für die Lösung Ihres Problems bitten. Gebete besitzen oftmals die gleiche Wirkung wie Affirmationen. Allerdings ist es nicht nötig, sich das Gebet dreimal täglich vorzusagen, und es muss auch nicht im Wortlaut wiederholt werden. Beim Gebet hängt die Wirkung von der Inbrunst ab, mit der es gesprochen wird. Je emotionaler Sie Ihre Bitte im Gebet aussprechen, umso eher wird die Stimme Gottes zu Ihnen im Traum sprechen.

Das Führen eines Tagebuchs

Gut ergänzen sich Traumarbeit und Tagebuchschreiben. Machen Sie es sich zur Gewohnheit, dass Sie jeden Abend vor dem Einschlafen Ihre Probleme und wichtigsten Gedanken Ihrem Tagebuch anvertrauen.

Möchte man seinen Alltag kreativ mit Hilfe seiner Träume bewältigen, hilft es, wenn man beim Schreiben des Tagebuchs im Auge behält, was am vergangenen Tag offen geblieben ist und was abgeschlossen wurde. Das bezieht sich nicht nur auf praktische, sondern auch besonders auf emotionale Herausforderungen. Ich (Klausbernd Vollmar) kannte beispielsweise einen Mann, der sich jeden Abend vor dem Einschlafen eine Liste von praktischen und emotionalen Problemen machte, die er gelöst hatte und die offen geblieben waren. Seine erinnerten Träume bezog er dann auf diese Liste. Genau dieses Vorgehen möchten wir Ihnen empfehlen. Dabei bleibt es Ihrem Temperament überlassen, wie formell Sie diese Liste führen, wichtig ist nur, dass Sie sich vor dem Einschlafen genau vergegenwärtigen, welche Probleme Sie nicht zum Abschluss gebracht haben.

Die Gestaltpsychologie betont, dass unabgeschlossene Gestalten einem in vampiresker Weise Energie rauben. Deswegen ist es wichtig, eine Gestalt – das heißt, ein Alltagsproblem oder ein Gefühl – zum Abschluss zu bringen. Bevor Sie also einschlafen, schauen Sie sich insbesondere die noch offenen Gestalten genau an. Sie können damit rechnen, dass Ihre Träume, wenn Sie derart regelmäßig vorgehen, entweder diese offenen Probleme symbolisch abzuschließen suchen oder Ihnen deutliche Hinweise geben, wie Sie sie im Alltagsleben bewältigen oder anders sehen können.

Oftmals sind wir zu einer Problemlösung nicht in der Lage, weil unser gelerntes Wahrnehmungsprogramm keine Lösung sieht. Träume ändern unsere starren Wahrnehmungsprogramme, so dass wir differenzierter wahrnehmen und sich unser Bewusstsein erweitert. Wir wachsen also über unsere konditionierte Wahrnehmung hinaus. Wenn wir, wie hier vorgeschlagen, vorgehen, dann ändert der nächtliche Traum – oftmals als Reaktion auf die freie Energie des noch nicht abgeschlossenen Problems – unsere Wahrnehmung, was uns am nächsten Tag nicht selten befähigt, dieses Problem zu lösen.

Die gefundene Problemlösung sollten Sie ebenfalls in Ihr Tagebuch schreiben.

Begriffserklärungen zu diesem Kapitel

Benzol: Der am einfachsten strukturierte Kohlenwasserstoff (C_6H_6-Benzolring), der bei der Steinkohlevergasung gewonnen wird. Die Entdeckung der Molekularstruktur des Benzols durch Kekulé von Stradonitz stand am Anfang der modernen organischen Chemie.

Gestalt: Der Begriff der Gestalt stammt aus der Gestaltpsychologie von Wolfgang Köhler (1887–1967, so genannte Berliner Schule der Gestaltpsychologie) und Kurt Koffka (1886–1941, ebenfalls Berliner Schule), die vom Feldbegriff und der Wahrnehmung in der Psychologie ausgingen. Die Gestalt stellt eine Ganzheit dar, bei der das Ganze mehr als die Summe der Teile ist. Das kommt durch spezifische Wechselbeziehungen der Teile zustande, die das Ganze konstituieren.

Gestalttherapie: Eine von Frederik Perls begründete Therapierichtung, die auf der früheren Gestaltpsychologie aufbaut. Die Gestalttherapie von Perls zeichnet sich in der Traumdeutung durch Einseitigkeiten aus, indem beispielsweise bei Personenbezügen im Traum stets nur die subjektive Funktion gesehen wird (der Anteil, der im Träumer selbst angesprochen ist). Das hängt wohl mit dem (ödipalen) Streit zwischen Perls und Freud zusammen (Freud betrachtete nämlich genauso einseitig nur die objektive Funktion von Personen im Traum).

Konditionierung: Ein Vorgang des Lernens, der von dem russischen Forscherehepaar Pawlow entdeckt wurde, und eines der Hauptprobleme der

wissenschaftlichen Psychologie. Es geht um die Verbindung eines Sinnesreizes mit einem speziellen Reflex (einer bestimmten Reaktion).
Kreativität: Die Fähigkeit, neue Zusammenhänge und Beziehungen zu sehen, ungewöhnliche Einfälle und Ideen zu produzieren und überhaupt von der herkömmlichen Sicht der Welt abzuweichen.
Oroboros: auch Uroboros, griechisch, »der Schwanzfresser«; archetypisches Symbol der Schlange, die sich in den eigenen Schwanz beißt; beliebtes Symbol bei den Alchemisten, um die Einheit von Anfang und Ende auszudrücken.

Literaturhinweise zu diesem Kapitel

Hildegard Schwarz: *Aus Träumen lernen – Mit Träumen leben*, (Knaur) München 1987
Karen A. Signell: *Frauenträume. Zugang zur Weisheit des Herzens*, (Walter) Solothurn, Düsseldorf 1994
Jeremy Taylor: *Das innere Universum. Die schöpferische Kraft der Träume*, (Rowohlt) Reinbek 1988
Klausbernd Vollmar: *Das Arbeitsbuch zur Traumdeutung*, (Iris Bücher/Schors) Amsterdam 2002
Klausbernd Vollmar; Johannes Fiebig: *Traum und Traumdeutung – erleben und verstehen,* (Königsfurt) Krummwisch 1999

Fragenarchiv und Themenspeicher

Notieren Sie sich hier, wie bereits bekannt, Fragen, die sich Ihnen im Laufe der Traumarbeit stellen, und Themen, die Sie noch vertiefen möchten. So kann nichts Wichtiges verloren gehen.

Schreiben Sie jeweils das Datum mit dazu und halten Sie auch fest, wann und wie sich eine Frage beantwortet hat bzw. wie Sie das Thema vertiefen möchten (dieses oder jenes Buch lesen, jemanden fragen, im Internet recherchieren etc.) und wann Sie das mit welchem Ergebnis getan haben.

Bevor Sie sich mit dem letzten Kapitel befassen, überprüfen Sie den Stand Ihrer Traumarbeit anhand des Arbeitsbarometers:

Das Arbeitsbarometer zu den bisherigen Schritten in Ihrer Traumarbeit

Kreuzen Sie an:

Zufrieden ***Nicht zufrieden***

Stand der Arbeit mit dem Traumtagebuch

3 2 1 0 1 2 3

Stand der Arbeit mit dem Symbollexikon

3 2 1 0 1 2 3

Aufgaben mit den Bewusstseinszuständen

3 2 1 0 1 2 3

Veränderung von Einschlaf- und Aufwachkultur

3 2 1 0 1 2 3

Erfahrungen mit der Assoziations- und Fragetechnik

3 2 1 0 1 2 3

Erfahrungen mit den verschiedenen Deutungstechniken (I und II)

3 2 1 0 1 2 3

Aufspüren und Bearbeiten Ihrer Traumdeutungsfehler

3 2 1 0 1 2 3

Umsetzung der Kreativität im Alltag

3 2 1 0 1 2 3

Sichtbare Impulse zum Thema Heilung

3 2 1 0 1 2 3

13 Spirituelle Traumdeutung

Einführende Gedanken

Durch eins spricht der Gott und durch zwei, du beachtest es nur nicht. Im Traum, im Nachtgesicht, im Schlummer auf dem Lager, da öffnet er der Menschen Ohr.

(Buch Hiob)

Gerade zu Beginn unserer Kultur wurde der spirituelle Aspekt der Traumarbeit betont. Wie das vorangestellte Zitat aus dem Buch Hiob zeigt, wird im Christentum der Traum als die wesentliche Form, ja sogar als die zentrale Form der Gotteserfahrung angesehen. Das Schauen im Traum gelte als das eigentliche Hören Gottes, schreibt der Theologe Eugen Drewermann. Die katholische Kirche erkennt noch heute das Vorkommen der »somnia a Deo missa« (gottgesandte Träume) an. Allerdings hat sich im Christentum einzig in der Ostkirche eine lebendige Auseinandersetzung mit den Träumen erhalten.

Auch in der jüdischen Tradition finden wir den Traum als Gottesbotschaft. So ist beispielsweise der Talmud (2. Jahrhundert n. Chr.) wie die Bibel voller Träume, und einige Freud-Biographen nahmen an, dass der Gründer der modernen Traumdeutung gerade vom Talmud inspiriert worden sei. Allerdings war Freud alles andere als ein praktizierender Jude.

Wenn im Alten Testament die Propheten wie zum Beispiel Samuel mit Gott sprechen, so können wir das mit unseren heutigen Worten als Zwiesprache mit dem Höheren Selbst ansehen. Wenn dann im Neuen Testament der Traum als Weisung Gottes angesehen wird, heißt das nichts anderes, als dass wir dem Weg unseres Urgrunds oder Höheren Selbst folgen müssen, um nicht in der Hölle zu enden. Die Hölle sehen wir in diesem Zusammenhang als den Ort der Verdrängung und somit des Lebens in einer falschen Identität an. Mit Jung gesprochen, sagt dies aus, dass wer sich seinen Träumen entzieht, an einer Neurose erkranken wird oder salopp ausgedrückt: Wenn wir unseren Träumen, also unserem Inneren, nicht folgen, kommen wir in »Teufels Küche«.

Die Betonung des spirituellen Aspekts der Träume findet sich nicht nur im Christentum und im Judentum, sondern in allen uns bekannten Religionen. Gott oder das Höhere Selbst spricht genauso zu Mohammed wie zu Samuel und Joseph, zu den Schamanen, zu Ishtar und zu tibetischen Lamas im Traum. Der Traum ist die spirituelle Instanz in uns, der sich niemand entziehen kann – es sei denn, man verdrängt seine Träume.

Spiritualität und Traum

Im Folgenden möchten wir auf die spirituelle Dimension der Traumarbeit ausführlicher eingehen.

Der Aspekt der Ganzheit

In den ersten Kapiteln dieses Traumkurses haben wir betont, dass sich der Traum komplementär zum Alltagsleben verhält. Er stellt uns die vergessene Sicht, das nicht-gelebte Leben vor. Damit schafft er wieder eine Ganzheit, aus der wir herausgefallen sind.

Spiritualität heißt, aus der Ganzheit heraus zu leben. Indem man der Einseitigkeit verfällt, entfernt man sich von Gott, seiner eigenen Mitte oder seinem Urgrund, wie immer man auch diese unfassbare Instanz in und außerhalb von uns nennen möchte.

Der Traum führt uns also von der erzwungenen Einseitigkeit zur Ganzheitlichkeit und ist damit *unser wichtigster spiritueller Lehrer.* Es ist jedoch notwendig, den Traum tatsächlich als Lehrer anzunehmen, anzuerkennen und sich mit dem auseinander zu setzen, was der Traum uns zeigt. Die Traumarbeit schafft die Verbindung zwischen dem Ich des Träumers und einer höheren Intelligenz, nämlich dem inneren spirituellen Lehrer.

Dieser Lehrer kann im Traum personifiziert als archetypisches Bild der weisen Frau oder des weisen Mannes auftreten. Ist dies der Fall, so emp-

fehlen wir die Technik des Traumdialogs, bei der Sie in tiefer Entspannung diese Person genau visualisieren und sich dann mit ihr unterhalten und ihr Fragen stellen können.

Einen solchen Traumlehrer erkennt man meistens an seinem hohen Alter, seiner oft hellen Kleidung und seiner würdigen Erscheinung. Oft geben diese Traumlehrer besondere Weisheiten von sich, die Sie aufmerken lassen.

Dieses archetypische Bild des Traumführers hat die Aufgabe, uns wieder mit unserem Ursprung zu verbinden.

Wo der Mensch mit sich und seinem Ursprung verbunden ist, da lebt er aus der Kraft seiner Träume, die seine Augen und Ohren öffnen. Der nächtliche Traum stellt eine Bewusstseinserweiterung dar, indem er uns neue, bislang unbewusste Aspekte unseres Lebens erkennen und damit auch integrieren lässt.

Der Traum ist somit mehr als nur seelische Hygiene, wie Freud ihn sah. Er ist die Rückbindung an unsere spirituellen Quellen und unsere Einbettung in eine größere Ganzheit. Diese Ganzheitlichkeit drückt sich nicht zuletzt darin aus, dass wir unsere Träume nur mit unserem Gefühl vollständig erfassen können.

Das Gefühl und die Intuition sind viel eher dazu geeignet, Ganzheit zu erfassen, als unser Intellekt, der im Traum eine nebensächliche Rolle spielt.

Die Selbsterkenntnis

Ganzwerden heißt auf den Menschen bezogen, sich selbst zu erkennen. Das ist die spirituelle Forderung, die schon das apollinische Orakel zu Delphi prägte, über dessen Eingang eingemeißelt stand: »Erkenne dich selbst.«

Selbsterkenntnis bedeutet Bewusstheit und Klarheit im Handeln, Fühlen und Denken. Um diese Selbsterkenntnis durch den Traum zu erleichtern, möchten wir folgende kleine Übung vorschlagen:

Begeben Sie sich vor dem Einschlafen in tiefe Entspannung und schauen Sie sich dann genau an, was Sie heute wie getan haben und wie Sie sich dabei fühlten. Achten Sie auf unbewusste Wiederholungen. Meditieren Sie danach etwa fünf Minuten lang auf die Frage: »Wer bin ich?«

Sie werden merken, dass diese Übung den Effekt hat, dass die Träume der folgenden Nacht Ihnen klarer zeigen, wo Sie stehen und wer Sie sind.

Betrachten Sie die Träume am anderen Morgen speziell unter dem Aspekt, was Sie Ihnen gesagt haben. Die so verstandenen Träume werden Ihnen helfen, sich selbst zunehmend deutlicher zu erkennen.

Mystiker und Weise wie Gurdjieff waren der Ansicht, dass unser Leben nichts als ein Traum ist, aus dem es aufzuwachen gilt. Die hier vorgestellte Traumarbeit führt zu einer größeren Bewusstheit im Alltagsleben.

Traum und Tod

Für die Griechen stellten der Schlaf (*hypnos*) und der Traum den kleinen Bruder des Todes (*thanatos*) dar.

Mit jedem Übergang in die Welt des Traums proben wir ein Loslassen von den Identifizierungen mit unserem Körper und der Alltagswelt. Wir gehen in einen neuen Bewusstseinszustand über, in eine Welt, in der andere Gesetze als in unserer Alltagswelt herrschen. Wir wollen nichts mehr, und besonders wollen wir nichts mehr intellektuell verstehen.

Indem wir so jede Nacht den Übergang in den Tod üben, lösen wir alle Identifizierungen mit unserer Alltagswelt auf und folgen damit dem ersten Satz Buddhas, der sagt: »Binde dich nicht«, da die Bindung die Wurzel allen Leidens darstellt. Dieses »Binde dich nicht« bedeutet, alle Identifizierungen zu lösen und sich einer größeren Einheit als dem Ich hinzugeben.

Traum und Meditation

Da jedem Traum ein spiritueller Kern innewohnt, eignen sich Ihre Träume als Meditationsgrundlage. Sowohl diejenigen Träume, in denen Ihr weiser innerer Lehrer auftritt, als auch solche Träume, die Sie trotz einigen Bemühens gar nicht verstehen können, sind fruchtbare Meditationsobjekte. Dazu kommt noch, dass unsere Träume nicht lügen, sondern uns stets offen unsere Wahrheit zeigen. Allerdings sind sie wiederum auch gnädig, da sie uns nur diejenigen Wahrheiten präsentieren, die wir verarbeiten können.

Bei der Meditation mit einem Traum gehen Sie wie folgt vor:

Nachdem Sie den ausgewählten Traum aufgeschrieben haben, sollten Sie sich mit ihm beschäftigen. Welche der vielen Traumdeutungsmethoden Sie benutzen, spielt keine Rolle.

Sobald Sie zu einem ersten Verständnis des Traums gelangt sind, nehmen Sie Ihre gewohnte Meditationshaltung ein. Falls Sie eine solche Sitzhaltung nicht haben, können Sie sich entweder ohne Anlehnen auf einen Stuhl setzen oder im Schneidersitz auf ein Sitzkissen. Schließen Sie die Augen und werden Sie völlig ruhig. Konzentrieren Sie sich dann auf Ihren Traum und schauen Sie ihn sich völlig ohne Ablenkung Bild für Bild an. Lassen die Bilder wirken, ohne sie zu deuten.

Es ist bei dieser Meditation notwendig, sich auf die Traumbilder zu konzentrieren, ohne abgelenkt zu werden. Falls Sie dennoch abschweifen sollten, kehren Sie, sobald es Ihnen bewusst wird, zu Ihrem Traum zurück.

Nach dieser Meditation können Sie sich folgende Fragen stellen:

- Wer bin ich?
- Was ist mein Wesen?
- Was ist mein Potenzial?

Schreiben Sie die spontanen Antworten auf, die Ihnen auf diese Fragen einfallen.

Wir möchten Ihnen empfehlen, regelmäßig einen Ihrer Träume als Meditationsgrundlage zu benutzen.

Man kann auf Träume auch während des Yogas oder der Chakra-Arbeit meditieren. Dazu ein Beispiel: Habe ich beim Yoga die vorgeschriebene Körperposition (asana) eingenommen, entspanne ich mich durch gleichmäßige und regelmäßige Atmung und konzentriere mich behutsam auf meinen Traum oder ein Traumbild. Wenn ich an problematische Stellen des Traums komme, dann spannen sich die Muskeln etwas an (leichtes Zittern) und mein Atemrhythmus verändert sich. Ich nehme dieses Phänomen einfach wahr, ohne es zu bewerten, und lasse meine Aufmerksamkeit meditativ und nicht analysierend fünf bewusst tiefe Atemzüge lang auf dieser Stelle des Traums ruhen.

Sie können Ihren Körper auf diese Weise als Wegweiser durch Ihre Traumbilder benutzen. Und da im Gegensatz zum Intellekt der Körper nie lügt, kann er speziell für Menschen, die hauptsächlich aus ihrem intellektuellen Zentrum leben, als hervorragendes Hilfsmittel in der Traumdeutung eingesetzt werden.

Die Vision

Unter einer Vision versteht man eine dem Traum verwandte geistige Schau. Während dieser Schau ist dem Visionär wie dem Träumer der

Unterschied zwischen Wirklichkeit und dem geschauten Bild nicht klar. Der Betreffende erlebt die Vision meist mit ehrfürchtiger Scheu oder ergriffener Gläubigkeit. Viele Visionen sind inhaltlich und strukturell auf die große Vision der Bibel, die Apokalypse des Johannes, zurückzuführen.

Das Zeitalter der klassischen Visionen war das Mittelalter, in dem der Mensch noch fest verankert in archetypischen Symbolsystemen lebte. Heutzutage sind die Visionen häufig zum so genannten »Channeling« verkommen, das eher subjektiven Träumen ähnelt und im Vergleich zu mittelalterlichen Visionen, beispielsweise von Hildegard von Bingen (1098–1179), Meister Eckhart (ca. 1260–1328), Juliana von Norwich (ca. 1340--1413) oder Jakob Böhme (1575–1624), oberflächlich wirkt.

Man kann die klassische Vision als Sonderform des archetypischen Traums betrachten, denn wie in einem solchem Traum steigen in der Vision archetypische Inhalte ins Bewusstsein auf. Der Übergang zwischen Traum, Tagtraum und Vision ist fließend. So fallen bei der Analyse von Visionen die gleichen Strukturen wie beim Traum auf: Die Bilder sind hochsymbolisch, folgen keiner Logik, und Personen oder Situationen können sich sprunghaft verwandeln.

Wenn Sie meinen, eine Vision zu haben, dann können Sie diese zunächst einmal wie einen archetypischen Traum behandeln. Ohne Ihre Ergriffenheit aufzugeben, sollten Sie über eine Vision mit Menschen Ihres Vertrauens reden und zugleich schauen, wie diese Bilder auf Sie selbst zu beziehen sind. Fragen Sie sich,

- warum gerade Sie diese Bilder haben,
- wie diese aus Ihrem Lebenszusammenhang zu erklären sind,
- warum Sie zu diesem Zeitpunkt diese Bilder gesehen haben,
- in welchem Zusammenhang die auftretenden Symbole stehen,
- was diese Bilder Ihnen persönlich mitteilen möchten.

Aber wie gesagt, wir leben nicht in einer Zeit, in der Visionen häufig auftreten, da uns weitgehend die religiöse Ergriffenheit fehlt, die eine notwendige Voraussetzung für das Auftreten von Visionen darstellt.

Begriffserklärungen zu diesem Kapitel

asana: Körperübung beziehungsweise Körperposition im ↗ Yoga
Channeling: moderne Form der Verarbeitung medialer Durchsagen

Gurdjieff-Movements: Von Gurdjieff entwickelte Körperbewegungen, die sich an traditionellen heiligen Tänze orientieren.
hypnos: *griechisch*, der Schlaf
thanatos: *griechisch*, der Tod
Yoga: Ein ostasiatisches System zur Entwicklung des Menschen, das Körperübungen (↗ asanas), Atemübungen (pranayama) und Meditation umfasst.

Literaturhinweise zu diesem Kapitel

Jes Bertelsen: *Traumarbeit und Meditation. Bewußtseinsentwicklung durch Übungen mit Chakrasymbolen*, (Kösel) München 1988
Eugen Drewermann: *Christentum und Exegese* Bd. I: *Traum, Mythos, Märchen, Sage und Legende*, (Walter) Olten 1984
Klausbernd Vollmar: *Das Arbeitsbuch zu den Chakras*, (Iris Bücher/Schors) Amsterdam 2002
Klausbernd Vollmar: *Chakra-Arbeit*, (Goldmann) München 1994 (vergriffen, nur noch antiquarisch oder über mail@kbvollmar.de zu beziehen)
Klausbernd Vollmar: *Chakren – Lebenskraft und Lebensfreude aus der eigenen Mitte*, (Gräfe und Unzer) München 1994 (vergriffen, nur noch antiquarisch oder über mail@kbvollmar.de zu beziehen)

Fragenarchiv und Themenspeicher

Notieren Sie sich hier, wie bereits bekannt, Fragen, die sich Ihnen im Laufe der Traumarbeit stellen, und Themen, die Sie noch vertiefen möchten. So kann nichts Wichtiges verloren gehen.

Schreiben Sie jeweils das Datum mit dazu und halten Sie auch fest, wann und wie sich eine Frage beantwortet hat bzw. wie Sie das Thema vertiefen möchten (dieses oder jenes Buch lesen, jemanden fragen, im Internet recherchieren etc.) und wann Sie das mit welchem Ergebnis getan haben.

Anhang

Aufgaben-Verzeichnis

Personen der Traumdeutung

Personen

Träume, die auf Reisen führen
in Fernen, abenteuerlich.
Da hängen sie an Silberschnüren!
Und einer davon ist für dich.
Mascha Kaleko

Im Folgenden finden Sie vorwiegend Persönlichkeiten, welche die Diskussion über Traum und Traumdeutung im deutschsprachigen Raum inspiriert haben. Trotz akribischer Bemühungen war es nicht immer möglich, die vollständigen Lebensdaten zu ermitteln. Wer sie kennt, ist hiermit herzlich eingeladen, sie an den Autor zu mailen (mail@kbvollmar.de), damit in einer neuen Auflage dieses Lexikons einige Lücken gefüllt werden können.

A

Adler, Alfred
* 07.02.1870 Wien,
† 28.05.1937 Aberdeen
Begründer der individualpsychologischen Richtung der ➛ Psychoanalyse. Adler war Arzt und Schüler von ➛ S. Freud, bevor er seine eigene tiefenpsychologische Schule der Individualpsychologie gründete, die großen Einfluss besonders auf die pädagogische Psychologie ausübte. Im Mittelpunkt von Adlers Bemühungen stand die Auseinandersetzung mit den ➛ Minderwertigkeitskomplexen des Menschen.
Die Traumbetrachtung Adlers baut auf Friedrich Nietzsches »Wille zur Macht« auf. In jedem Traum zeigt sich nach Adler ein Geltungsstreben der Träumerin oder des Träumers (Machtstreben). Der Traum wird energetisch dadurch gespeist, dass dieses Geltungsstreben nicht erfolgreich ist und es dadurch zum Minderwertigkeitsgefühl kommt. Die Spannungen dieses Gefühls erzeugen unsere Träume und bilden sich in ihnen ab, wie z.B. in Träumen, in denen wir unsere Machtfantasien ausleben. Diese Minderwertig-

keitsgefühle inszenieren auch Träume, in denen wir große Leistungen erbringen oder in denen wir wie im ➛ Prüfungstraum völlig versagen. Das ➛ Unbewusste betont stets das im Traum, was der Mensch in seinem Leben vermisst (➛ komplementäre Funktion des Traums).
Lit.: Alfred Adler: Praxis und Theorie der Individualpsychologie. (1920); weitere Informationen auf der Website der Deutschen Gesellschaft für Individualpsychologie (www.dgip.de).

Aeppli, Ernst
* 1892 Brittnau/Aargau,
† 1954 Zürich
Schweizer Analytiker Jung'scher Richtung. Aeppli wandte sich von ➛ S. Freud ab, da ihm dessen Traumauffassung »zu eng« erschien. Damit ist Freuds ➛ Deutungsmonotonie angesprochen, bei der fast jedes Symbol eine sexuelle Bedeutung aufweist.
Während des Ersten Weltkriegs studierte der ausgebildete Lehrer Psychologie, und zwar u.a. bei ➛ C. G. Jung. 1923 promovierte Aeppli in Zürich und verstand sich seitdem bis zu seinem Tod als Anhänger der Traumtheorie Jungs. Aepplis ➛ Symbollexikon »Der Traum und seine Deutung« war das erste deutsche Traumsymbollexikon, das aus der Sicht der ➛ Analytischen Psychologie die Bedeutung von Traumsymbolen differenziert darstellte. Wenn auch heute dieses Buch veraltet ist, war es doch seinerzeit eines der beliebtesten Traumsymbollexika, das auf unsere heutige Ansicht der Symbolbedeutungen einen tief greifenden Einfluss ausgeübt hat.
Lit.: Ernst Aeppli: Der Traum und seine Deutung. (E. Rentsch Verlag, Zürich 1943)

Andreas-Salomé, Lou
* 12.02.1861 St. Petersburg,
† 05.02.1937 Göttingen
Lou Andreas-Salomé, die Psychoanalytikerin und Freundin Anna und ➛ Sigmund Freuds, Friedrich Nietzsches und Rainer Maria Rilkes, vertrat die Ansicht, dass der Künstler nicht analysiert werden dürfte, sondern dass sein Kunstwerk die Therapie des Künstlers sei. So soll auch ein Künstler seine Träume nicht deuten, sondern sie in seinem Medium gestalten. Damit propagierte Lou Andreas-Salomé als erste Psychoanalytikerin die kunstvolle ➛ nonverbale Traumdeutung.
Sie stellte ferner in Frage, ob das ➛ Ich autonom und in der Lage sei, sich selbst zu beherrschen. Die Persönlichkeit formt sich nach ihr aus (meist) leidvollen Erfahrungen.
Lou Andreas-Salomé war eine bekannte Roman-Autorin ihrer Zeit.

Freud wurde durch ihre Romane auf sie aufmerksam. Später führte Freud Lou Andreas-Salomé als einzige Frau in den erlauchten Kreis der ersten Psychoanalytiker ein. Durch ihre Freundschaft mit Nietzsche, den sie wie Rilke inspirierte, war es für sie nahe liegend, Freud für Nietzsche zu interessieren.

Lit.: Lou Andreas-Salomé: Mein Dank an Freud – Lebensrückblick. (1931 verfasst, 1951 veröffentlicht)

Artemidor von Daldis: Artemidor von Daldis, auch Artemidorus/Artemidoros genannt, lebte im 2. Jahrhundert nach unserer Zeitrechnung – etwa von 100 bis 180 – im kleinasiatischen Ephesos, wo sich das Denken des Orients mit dem der alten Griechen mischte.

Sein Traumbuch »Oneirokritika«, eine lexikonartige Sammlung von 14000 Traumsymbolen, gehört zu einem der ältesten uns überlieferten ➛ Traumbüchern, das auch ➛ S. Freud und ➛ C. G. Jung kannten und auf das beide besonders bei der Deutung von Traumsymbolen öfter zurückgriffen. Die sexuelle Deutung von Traumsymbolen findet man bei Artemidor genauso wie die Ansicht, dass die Bedeutung eines Traums von der Lebensart seines Träumers beeinflusst wird. Er differenzierte seine Deutungen u. a. je nach Beruf, Ehestand und Gesundheitszustand des Träumers. Außerdem betonte er, dass ➛ Traumdeutung Denken in Analogien sei.

Zur Zeit Artemidors kursierten viele Traumdeutungsbücher im vorderen Orient und in den Ländern rund ums Mittelmeer. Dass sich sein Traumbuch zum einflussreichsten Traumbuch vor Freuds ➛ »Die Traumdeutung« entwickelte, liegt wohl an der hohen intellektuellen Ausbildung und Belesenheit seines Autors.

Lit.: Laura Hermes: Träumen wie die alten Römer. Antike Traumsymbole von A–Z. (Königsfurt, Krummwisch 2002)

B

Baltes, Carolina

* 1962

Gemeindepfarrerin und Traumberaterin in Essen, die ➛ Meditation und Körperarbeit praktiziert und Kampfkunstschülerin ist. Sie führt Seminare, Workshops und Einzelberatung in spiritueller Traumarbeit durch. Ihr besonderes Interesse liegt dabei auf der Integration der ➛ Traumarbeit in den Alltag als spiritueller Weg. Sie wendet verschiedene kreative Methoden an. Im Zusammenspiel von Energiearbeit und Traumarbeit sieht sie ein sich gegenseitig befruchtendes Potenzial. Weitere Informationen unter www.spirituelletraumarbeit.de

Benedetti, Gaetano
* 1920
Promotion in Medizin, Professor für Psychohygiene und Psychotherapie an der Universität Basel (emeritiert 1985). 1963 Gründung des Mailänder Instituts für Psychotherapie. Benedetti ist Lehranalytiker und Ehrenmitglied der Deutschen Psychoanalytischen Gesellschaft (DPG). Er untersucht nicht nur Träume von Klienten, sondern auch diejenigen der Psychotherapeuten während ihrer Behandlung jener Klienten. Er analysiert Träume vor dem Hintergrund der Theorien ➛ Sigmund Freuds, ➛ Carl Gustav Jungs und ➛ Alfred Adlers und besticht durch seine undogmatische Einstellung. Benedetti betrachtet die Polarität und den Widerspruch als Grundstrukturen des Traums.
Lit.: Gaetano Benedetti: Botschaft der Träume. (Vandenhoek & Ruprecht, Göttingen 1998)

Berger, Hans
* 24.05.1873 bei Coburg,
† 01.06.1941 Jena
Dieser deutsche Psychiater entdeckte als erster die ➛ Gehirnwellen und machte sie im ➛ EEG (Elektroenzephalogramm) sichtbar. Er war der Pionier bei der Gehirnwellen-Ableitung von der unversehrten Kopfhaut.

Bingen, Hildegard von
* 1098 in Bermersheim bei Alzey in Rheinhessen,
† 17.09.1179 im Kloster Rupertsberg
Sie legte nach geistlicher Erziehung zwischen 1112 und 1115 die Profess ab. Ab 1136 Vorsteherin des Konvents Disibodenberg (Benediktinerkloster). 1147 bis 1150 Gründung des Klosters auf dem Rupertsberg bei Bingen.
Die Seherkraft Hildegards war schon in ihren Kinderjahren ausgeprägt, aber erst im Alter von 42 Jahren begann sie ihre ➛ Visionen niederzuschreiben. 1147/48 erkannte die Kirche auf der Synode zu Trier Hildegards Visionen offiziell an. Bernhard von Clairvaux war einer der Fürsprecher Hildegards. Hildegard von Bingen verstand sich zeitlebens als eine Prophetin, die der Visionstheorie des Augustinus folgte. Ihre Visionen verstand die Nonne als Lehren, die weitergegeben werden müssen. Hildegard war vom apokalyptischen Geist geprägt, sah sich in einer Endzeit lebend, in der die Rettung vor dem Anti-Christ durch Frauen durchgeführt werden

kann, da diese in direkter Linie von Maria abstammen.
Hauptwerke Hildegards sind die drei großen Visionssammlungen »Scivias« (1141–1151), »Liber vitae meritorum« (1158–1163) und »Liber divinorum operum« (1163–1173), das als wichtigstes Werk Hildegards bezeichnet wird. Allen diesen Visionen ist gemeinsam, dass sie die Erschaffung und die Ordnung unseres Kosmos beschreiben, und zwar in unkonventioneller Weise (weswegen diese Visionen noch heute zumindest auszugsweise gelesen werden).
1998 wurde anlässlich des 900. Geburtstags von Hildegard an der Johannes-Gutenberg-Universität in Mainz die Deutsche Hildegard-von-Bingen-Gesellschaft gegründet, welche die Visionen Hildegards erforscht und ihr Gedankengut darstellt.
Lit.: Hans-Jürgen Kotzur et. al. (Hg.): Hildegard von Bingen. (von Zabern, Mainz 1998)

Blavatsky, Helena Petrowna
* 30.08.1831 Jekaterinoslaw,
† 08.05.1891 London
Wurde auch Madame Blavatsky genannt (geborene Hahn von Rottenstern). Einflussreiche russische Okkultistin und Medium, gründete 1875 in New York zusammen mit Henry Steel Olcott (1832–1907) die Theosophische Gesellschaft. Madame Blavatsky ging in ihren Schriften davon aus, dass während des Träumens die ➛ Seele den ➛ Körper verlässt, jedoch durch einen ➛ Silberfaden mit ihm verbunden bleibt. Sie machte sich Gedanken darüber, was geschieht, wenn dieser Silberfaden reißt oder die Seele aus anderen Gründen nach dem Traum nicht mehr in den Körper zurückkommen kann. Auf sie geht auch die Ansicht zurück, dass man sich besonders während des Traums vor Angriffen schützen muss.
Die Theosophie, die weitgehend auf Blavatskys Schriften beruht, hat bis heute wesentlich die spirituellen Bewegungen in der westlichen Welt geprägt. ➛ OOBE

Bleuler, Eugen
* 30.04.1857 Zollikon (bei Zürich),
† 15.07.1939 ebenda
Bleuler war ein einflussreicher Schweizer Psychiater, der schnell den Wert der ➛ Psychoanalyse erkannte und ➛ S. Freuds Ideen unterstützte. ➛ C. G. Jung arbeitete unter Bleuler, den er verehrte. Von Bleuler stammen nicht nur viele psychopathologische Begriffe, er prägte auch den Begriff ➛ Tiefenpsychologie.

Boss, Medard
* 04.10.1903 St. Gallen,
† 21.12.1990 Zollikon

Schweizer Psychiater und Hauptvertreter der ➛ Daseinsanalyse, die sich teilweise auf die Philosophie Martin Heideggers (1889–1976) und die phänomenologische Methode Edmund Husserls beruft.

Boss geht davon aus, dass das im Traum Gesehene nicht symbolisch zu betrachten sei, sondern dass man es als das sehen sollte, was es wirklich ist. Mit dieser phänomenologischen Methode wendet er sich gegen ➛ S. Freuds und ➛ C. G. Jungs Symbolbegriff. Im Traum zeigt sich nach Boss das »Gesamt der Bezüge zur Welt«. Das Problem für die individuelle ➛ Traumarbeit liegt jedoch bei diesem Ansatz darin, dass das »Gesamt der Bezüge zur Welt« schwer konkret fassbar ist. Wir können an unseren Träumen erkennen, wie wir der Welt entgegentreten, sei es durch unsere Biografie oder Ahnenreihe bestimmt, vom ➛ Minderwertigkeitskomplex oder von unseren Wünschen getrieben. An jedem Traum ist der ganze Mensch beteiligt. Diese Erkenntnis ist aber zu abstrakt, denn man kann sein Verhalten nur ändern, wenn man das Detail betrachtet und nicht die große philosophische Linie.

Ein positiver Aspekt der Daseinsanalyse nach Boss liegt in ihrer klaren Ablehnung aller Begrifflichkeiten, die mit Krankheit zu tun haben. Man könnte sie als Vorläufer des positiven Denkens in der ➛ Traumarbeit sehen. Der Blick wird auf die positiven Einstellungen gerichtet, statt auf unsere Mängel. Insofern steht die Daseinsanalyse im Gegensatz zur ➛ Psychoanalyse, die an der Krankheit ausgerichtet ist, und zur Individualpsychologie ➛ Alfred Adlers, welche immer die Minderwertigkeit im Blick hat.

Medard Boss lehnt die Trennung von ➛ Bewusstem und ➛ Unbewussten ab. Für ihn gilt angelehnt an Husserl, dass es nur »verschiedene Akte des Bewusstseins« gibt. Das Unbewusste ist die rätselhafte Seite des Bewusstseins.

Lit.: Medard Boss: Es träumte mir vergangene Nacht ... (Verlag H. Huber, Bern, Stuttgart, Wien 1975)

C

Carus, Carl Gustav
* 03.01.1789 Leipzig,
† 28.07.1869 Dresden

Philosoph, Naturforscher, Arzt und Maler, der durch Goethe und Schelling zur romantischen Naturphilosophie fand.

Er erkannte als erster Deutscher die Wirkungen des »unbewussten

Seelenlebens« und der Begriff des ➛ Unbewussten kann letztlich auf ihn zurückgeführt werden. Carus sah deutlich, dass der Traum einen Einblick in dieses Unbewusste bietet. Ihm war außerdem die Wichtigkeit des Gefühls im Traum klar: Für ihn hielt das Gefühl des Träumers seine Traumbilder zusammen.

Mit Carus begann die Hinwendung der Romantiker zum Traum (➛ romantische Traumdeutung).

Lit.: Carl Gustav Carus: Symbolik der menschlichen Gestalt. (1853)

Castaneda, Carlos
* 25.12.1931 São Paulo,
† 07.04.1998 Westwood (Kalifornien)

Amerikanischer Bestsellerautor und Ethnologe, bei dessen Büchern es offen bleibt, ob es sich um Fiktion oder um wirklich authentische Erfahrungen handelt. Das Thema seiner Bücher dreht sich durchweg um die Möglichkeiten eines alternativen Realitätskonzepts.

Für Castaneda stellen Träume den Zugang zu anderen Welten dar und darin stimmt er mit ➛ Werner Zurfluh und seinem Landsmann ➛ James J. Donahoe überein. Allerdings beschreibt Castaneda seine Ausflüge in die Welt des ➛ luziden Traums derart detailliert – ähnlich wie Zurfluh –, dass sich auf seine Bücher hin schnell Traumgruppen bildeten, die mit Castanedas Technik das luzide Träumen erlernen wollten.

Von Castaneda stammt der Begriff des ➛ Montagepunkts, eine anschauliche ➛ Metapher für unsere Sicht der Welt, mit der wir gleichzeitig unsere Welt konstruieren.

Lit.: Carlos Castaneda: Die Kunst des Träumens. (Fischer, Frankfurt/M. 1994)

Cayce, Edgar
* 1877 Kentucky/USA,
† 1945

Cayce wurde »der schlafende Prophet« genannt, da er seine ➛ Visionen und Einsichten im Traum bekam. Er war in diesen Traumzuständen fähig, Krankheiten zu diagnostizieren und das entsprechende Heilmittel zu finden. Außerdem bekam er Prophezeiungen und Visionen, die ab 1931 von der »Association for Research and Enlightenment« gesammelt wurden.

Cayce wurde nach seinem Tod vor allem in den USA zu einer Kultperson. Dort gibt es noch heute einige Cayce-Gruppen. Der schlafende Prophet hat sich selbst an vielen Stellen zum Umgang mit Träumen und Traumsymbolen geäußert, allerdings in konventioneller Weise und stark an ➛ S. Freud ausgerichtet. Seine konkreten ➛ Traumdeu-

tungen pendeln zwischen banal und verschroben.
Lit.: Edgar Cayce: Rückkehr der Traumzeit. (Heyne, München 1990)

Charcot, Jean Martin
* 29.11.1825 Paris,
† 16.08.1893 Lac des Settons
Französischer Neurologe und Lehrer ➛ S. Freuds, der besonders über ➛ Hysterie und ➛ Hypnose arbeitete. Die Idee von den sexuellen Ursachen der Hysterie bekam Freud von Charcot. Charcot war berühmt dafür, dass er seine Krankenvorstellungen effektvoll inszenierte.

D

Dieckmann, Hans
* 1921
Studium der Medizin, u.a. in Berlin, wo er an der Charité arbeitete. Ab 1953 als Psychotherapeut tätig, ausgerichtet an der ➛ Analytischen Psychologie ➛ C. G. Jungs. Er geht bei der Betrachtung der Träume davon aus, dass diese sich wie eine andere Realität zum ➛ Bewusstsein verhalten. Träume ergänzen die Bewusstseinsinhalte (➛ komplementäre Funktion des Traums).
Lit.: Hans Dieckmann: Umgang mit Träumen. (Kreuz, Stuttgart, Berlin 1982); ders.: Träume als Sprache der Seele. Einführung in die Traumdeutung C. G. Jungs. (Königsfurt, Krummwisch 2000)

Donahoe, James J.
Zeitgenössischer amerikanischer Psychologe, der unterschiedliche Traum- und ➛ Bewusstseinszustände erforschte, um die Möglichkeiten des Menschen zu steigern. Er widmete sich intensiv den ➛ luziden Träumen.
Lit.: James J. Donahoe: Die Kunst des Träumens. (Sphinx, Basel 1980)

Drewermann, Eugen
* 1940 Bergkamen
Die kontrovers diskutierten Thesen des deutschen Theologen Eugen Drewermann gehen u.a. in »Tiefenpsychologie und Exegese« (1984) davon aus, dass das Bild und somit der Traum vor dem Wort kommt. Traumerleben ist visuell und entstammt entwicklungsgeschichtlich einer Zeit vor dem Spracherwerb. Gottes Wort zeigt sich im Traum, von dem sich Heiligenlegenden, Wunder und Verwandlungen ableiten. Für Drewermann ist der Traum »die zentrale Form der Gotteserfahrung«. Allerdings kritisiert er an der heutigen Kirche, dass sie die

Betrachtung des Traums weitgehend vernachlässigt.
Die Missachtung des Traums im modernen Christentum sieht Drewermann als Symptom für den Niedergang der Intensität der religiösen Erfahrung an. Damit folgt er Friedrich Nietzsche, der wie antike Traumdeutungsschulen der Ansicht war, dass Götter (und große philosophische Ideen) dem Traumerleben entsprangen.
Lit.: Eugen Drewermann: Tiefenpsychologie und Exegese. 2 Bände. (Walter, Olten, Freiburg 1984)

E

Eeden, Willem Frederik van
* 1860, † 1932
Holländischer Psychiater und Literat, der den Begriff des ➛ luziden Traums prägte. Ansonsten trat er nicht besonders hervor. Allerdings veröffentlichte er einen Roman mit dem Titel »Die Brücke der Träume«, in den er seine Erfahrungen mit dem luziden Träumen einarbeitete. Seit 1896 führte van Eeden ein ➛ Traumtagebuch, seit 1898 dokumentierte er seine luziden Träume.

F

Faraday, Anne
Zeitgenössische amerikanische Psychologin, die sich mit Träumen beschäftigt. Heutzutage hat sich Anne Faraday hauptsächlich den ➛ luziden Träumen zugewandt. Ihre beiden Bücher »Die positive Kraft der Träume« und »Deine Träume – Schlüssel zur Selbsterkenntnis« haben die an der ➛ Tiefenpsychologie ausgerichtete Beschäftigung mit Träumen in Deutschland in den siebziger und achtziger Jahren des 20. Jh.s populär gemacht.
Lit.: Anne Faraday: Deine Träume – Schlüssel zur Selbsterkenntnis. (Fischer, Frankfurt/M. 1990)

Feyler, Günther
* 07.10.1927
Zeitgenössischer deutscher Traumforscher, der sich hauptsächlich der transpersonalen ➛ Traumarbeit zuwandte, nachdem er in der Werbung gearbeitete hatte. Er gründete zusammen mit Karl-Heinz Jaeckel die ATMAN-Gesellschaft, die sich der Bewusstseinsentfaltung durch Traumarbeit widmete. Diese Gesellschaft ist jedoch heute nicht mehr aktiv. Günther Feyler beschäftigt sich seit 2003 vorzüglich mit dem Thema Gesundheit und Traum.

Lit.: Günther Feyler: Träume – Suchbilder der Seele. (Bauer, Freiburg/Breisgau 1999)

Fiebig, Johannes
* 30.03.1953 Köln
Autor und Verleger, der die generelle Doppel- (und Mehrfach-) Deutung von Traumsymbolen betont, die Deutung der Traumsymbole von den Nachtträumen auf die Lebensträume überträgt und die zeitgenössische Diskussion u. a. um die Erweiterung des ➛ Jung'schen Begriffs der ➛ Archetypen und die Analyse des ➛ Freud'schen »Abriss« der ➛ Psychoanalyse bereicherte.
Lit.: Johannes Fiebig: Symbole in Tarot, Astrologie, Märchen und Traumdeutung. 12 Bände. (Königsfurt, Krummwisch 1989–1991); Johannes Fiebig (Hg.): Abschied vom Ego-Kult. Die neue soziale Offenheit. (Königsfurt, Krummwisch 2001)

Franz, Marie-Louise von
* 04.01.1915,
† 17.02.1998
Von Franz war seit 1934 eine der engen Mitarbeiterinnen ➛ C. G. Jungs und Freundin von ➛ Wolfgang Pauli, mit dem Jung die Idee der ➛ Synchronizität entwickelte. Sie gab ➛ Emma Jungs »Die Gralslegende aus psychologischer Sicht« heraus und veröffentlichte viele Texte über die ➛ Analytische Psychologie, die sie in den USA populär machte.
Lit.: Marie-Louise von Franz: Träume. (Originalausgabe beim Daimon Verlag, Einsiedeln 2002; Taschenbuchausgabe beim Königsfurt Verlag, Krummwisch 2003)

Freud, Sigmund
* 06.05.1856 Freiberg/Mähren,
† 23.09.1939 London.
Begründer der ➛ Psychoanalyse und der modernen ➛ Traumdeutung. Sein Buch ➛ »Die Traumdeutung« erschien 1899. In ihm wurden erstmals die Grundideen der Psychoanalyse dargestellt. Freud schuf mit diesem Standardwerk eine Sprache, mit der man sich systematisch über die Dynamik des ➛ Unbewussten austauschen konnte. Seine Einteilung der menschlichen ➛ Psyche in ➛ Über-Ich, ➛ Ich und ➛ Es ist heute allgemein verbreitet.
Freuds »Die Traumdeutung« ging davon aus, dass sich im Traum unbewusste Inhalte und vor allem unbewusste Triebwünsche widerspiegeln (➛ Triebe), die durch die Analyse aufgedeckt werden können. Durch den Traum erkannte Freud unterdrückte Triebenergien als Ursache seelischer Störungen. Die Triebenergien (➛ Libido) stoßen auf die Normen der Gesellschaft,

die im Über-Ich verinnerlicht sind, und werden zensiert. Da der Zensor jedoch im Traum schläft, greift der Traum diese Triebwünsche auf und agiert sie virtuell aus. Im Traum erleben Träumerin und Träumer die Erfüllung ihrer Wünsche und das Drama ihrer ➛ Abwehr. Aus diesem Grund bezeichnete Freud den Traum und dessen Analyse als »Königsweg zur Erforschung des Unbewussten«.

In der anfänglichen Zusammenarbeit mit seinem Kollegen J. Breuer entwickelte Freud die Methode der Abreaktion nicht-verarbeiteter Erfahrungen aus der Kindheit. Er sah diese als die Ursache für alle seelischen Störungen an. Im Mittelpunkt seiner späteren Behandlung stand die Technik der »freien Assoziation«. Mit ihr wurden Träume und Fehlhandlungen als unbewusste Wünsche, Gedanken und Konflikte entlarvt. ➛ Traumdeutungsschulen

Lit.: Sigmund Freud: Die Traumdeutung. Gesammelte Werke, Bd. 10, S. 17. (Fischer, Frankfurt/M. 1960); ders.: Selbstdarstellung. (Fischer, Frankfurt/M. 1971); weitere Informationen auf der Website der Deutschen Psychoanalytischen Gesellschaft (www.dpg-psa.de).

Fromm, Erich

* 23.03.1900 Frankfurt am Main, † 18.03.1980 Muralto (Locarno)

Deutscher Psychoanalytiker, der als Jude 1934 in die USA emigrierte, später an der Universität von Mexiko City lehrte. Er gilt als der Begründer der so genannten humanistischen Psychoanalyse und der analytischen Sozialpsychologie. Im Gegensatz zu ➛ S. Freud und ➛ C. G. Jung betont er in seinem umfangreichen Werk speziell die sozialen Einflüsse auf die menschliche ➛ Psyche.

Fromm hob stets die Wichtigkeit des Verständnisses von Träumen und ➛ Märchen als die universellen Sprachen der Menschheit hervor. Auf ihn geht der Begriff der »Symbolsprachen« im Zusammenhang mit »Märchen, Mythen, Träumen« zurück. Am bekanntesten freilich wurde er durch seine »Kunst des Liebens«.

Lit.: Erich Fromm: Märchen, Mythen, Träume. Eine Einführung in das Verständnis einer vergessenen Sprache. (Rowohlt, Reinbek 1997)

G

Garfield, Patricia

Zeitgenössische amerikanische Autorin populärwissenschaftlicher Traumbücher. Garfield ist promovierte Psychologin (University of Philadelphia), die sich seit Ende

der achtziger Jahre des 20. Jh.s. hauptsächlich mit ➛ Frauenträumen auseinander setzt. Ihre These, dass Frauen anders als Männer träumen, stieß in Fachkreisen durchweg auf Ablehnung, da die Erfahrung zeigt, dass der Unterschied in der Traumstruktur von unterschiedlichen Frauen weitaus größer ist als derjenige zwischen ➛ Männerträumen und Frauenträumen.
In den 1980er Jahren beeinflusste Garfield hierzulande durch ihre ins Deutsche übersetzten Bücher stark die Sicht der interessierten Laien auf den Traum.
Lit.: Patricia Garfield: Kreativ träumen. (Ansata, Schwarzenburg 1980)

Gendlin, Eugene T.
Genannt »Gene« Gendlin, zeitgenössischer amerikanischer Psychologe, der das »Focusing« begründete. Er war Schüler von Carl Rogers und Professor für Psychologie an der Universität Chicago. Gendlin wandte sich in den 1980er Jahren dem Traum zu und kritisierte an der damals vorherrschenden Traumbetrachtung, dass der Träumer durch die Bedeutung der ➛ Symbole zu sehr festgelegt werde. Er schlug dagegen ein Pendeln zwischen Traumsymbolbetrachtung und Körperbewusstsein vor. Der ➛ Körper wird in Beziehung zu den Symbolen gebracht und dabei werden seine Reaktionen betrachtet. Gendlin war einer der ersten Psychologen, die ➛ Traumarbeit und Körperbewusstsein miteinander verbinden.
Lit.: Eugene T. Gendlin: Dein Körper – Dein Traumdeuter. (Verlag Otto Müller, Salzburg 1987)

Godwin, Malcolm
Der englische Traumforscher und Designer Malcolm Godwin sieht das »tibetische Totenbuch« als Wegweiser beim ➛ luziden Traum an. Hier lernt er, wie er sich den wahren und falschen Lichtern, die an die Lichtabstrahlungen der Zellen (Bioluminizenz) erinnern, gegenüber verhalten soll. Es geht um die Unterscheidung zwischen Illusion und Wahrheit. Godwin digitalisiert als Webdesigner die Vorträge von Stephen Hawkins.
Lit.: Malcolm Godwin: The Lucid Dreamer. A Waking Guide for the Traveller between Worlds. (Shaftesbury, 1994); deutsche Ausgabe: Der Traum. Eine Reise durch die Welt des Wachens und des Schlafens. (Knesebeck Verlag, München 1995)

Gurdjieff, Georg Iwanowitsch
* wahrscheinlich im Januar 1866 im russischen Teil von Alexandropol,
† 29.10.1949 Neuilly (bei Paris)

Gurdjieff gehört zu den faszinierendsten und einflussreichsten Weisheitslehrern des vergangenen Jahrhunderts. Als Tanzlehrer, Magier, Teppich- und Antiquitätenhändler, Hypnotiseur, als Schriftsteller und Pädagoge trat er in unterschiedlichen Rollen auf und zog viele Intellektuelle seiner Zeit an.
Gurdjieff ging davon aus, dass wir immer träumen. Beim nächtlichen Traum haben wir den Vorteil, dass wir wissen, dass wir träumen. Träumen wir am Tag, ist uns dieses nicht bewusst. Gurdjieffs Lehre zielt darauf ab, den Menschen aus dem unbewussten Träumen ins klare ➛ Bewusstsein zu führen. Dafür entwickelte er spezielle Techniken wie die ➛ Selbsterinnerung und seine »Movements« genannten Tänze in der Gruppe.
Lit.: Georg Iwanowitsch Gurdjieff: Begegnungen mit bemerkenswerten Menschen. Autobiografie. (Erstauflage 1960 in Paris); weitere Informationen unter www.gurdjieff- internet.com (englisch) oder www.gurdjieff-work.de (deutsch)

H

Hamburger, Andreas
Zeitgenössischer deutscher Psychoanalytiker, der in München arbeitet. Hamburger hat sich auf die Paartherapie spezialisiert, in der er ausgiebig die Träume der Partner voneinander analysiert. Seine These lautet, dass in diesen Paarträumen verborgene Wünsche, Hoffnungen, Sehnsüchte und Ängste deutlich hervortreten.
Lit.: Andreas Hamburger: Wenn Paare sich im Traum begegnen. (Herder, Freiburg/Breisgau 1995)

Hannah, Barbara
Engländerin, die 1920 in die Schweiz übersiedelte. B. Hannah war eine Schülerin von ➛ C. G. Jung und arbeitete systematisch die Technik der ➛ aktiven Imagination aus.

Hark, Helmut
* 1936
Dr. phil. und analytischer Psychotherapeut, der sich ausgiebig dem Traum widmet. Er leitet Traum- und Ausbildungskurse in Deutschland und forscht über Traumpsychologie. Durch seine zahlreichen Veröffentlichungen, die seine therapeutische Arbeit widerspiegeln, hat Hark den Umgang mit dem Traum im Sinne ➛ C. G. Jungs in Deutschland gefördert.
Sowohl Hark als auch ➛ Klausbernd Vollmar und ➛ Konrad Lenz (➛ TraumOnline) bieten in Deutschland seit Jahren eine qualifizierte Ausbildung zum ➛ Traumberater an.

Lit.: Helmut Hark (Hg.): Lexikon Jungscher Grundbegriffe. Mit Originaltexten von C. G. Jung. (Walter, Olten, Freiburg 1988)

Harnisch, Günter
* 1936
Unter anderem Studium der Psychologie in Münster und Freiburg. Leiter der Gesellschaft für Traumforschung und -therapie. Harnisch spezialisierte sich auf die Betrachtung der Träume von Kindern und arbeitet mit gelenkten Wachträumen (➛ Tagtraum).
Lit.: Günter Harnisch: Was Kinderträume sagen. Traumbilder verstehen, deuten, gestalten – mit einem Lexikon der Traumsymbole. (Herder, Freiburg/Breisgau 1995)

Hobson, J. Allan
* 03.06.1933 Hartford/Connecticut
Er beschäftigte sich mit der Physiologie des Schlafs und veröffentlichte zusammen mit ➛ Robert W. McCarley die viel diskutierte These, dass Träume das Ergebnis von Entladungen der Synapsen im Gehirn seien. In der populärwissenschaftlichen Diskussion wurde dies als Beweis angeführt, dass Träume keine Bedeutung haben. Gegen diese Interpretation wehrten sich Hobson und McCarley, da die Impulse, die von der Hirnrinde (Cortex) empfangen werden, vom Menschen sogleich in ein Sinngefüge eingeordnet werden. Die Art, wie dieses Sinngefüge aussieht, ist bedeutungsvoll für die Weltsicht des Betreffenden.

Homer
Griechischer Dichter, lebte im 8. Jahrhundert vor unserer Zeitrechnung im ionischen Kleinasien. Wahrscheinlich wurde er in Smyrna geboren. Teilweise wurde er als fiktive Gestalt angesehen, heute gilt er als historische Person.
Nicht nur der einflussreiche Archäologe Johann Joachim Winckelmann (1717–1768) und Johann Wolfgang von Goethe (1749–1832) wurden in ihrem Verständnis der Antike von Homer angeregt. Homer hatte auch einen wichtigen Einfluss auf die Betrachtung der Träume. Er unterteilte die Träume in zwei Kategorien: Träume, die uns durch die elfenbeinerne Pforte gesandt werden – sie sind wahr, gut und hilfreich –, und Träume, die uns durch die Pforte aus Horn gesandt werden – sie sind falsch, schlecht und verwirrend.
Lit.: Homer: Ilias; ders.: Odyssee. Zahlreiche Ausgaben.

J

Jacobi, Jolande
* 1890 in Ungarn,
† 1973 Zürich
Jacobi studierte in Wien (Dr. phil.) und danach bei ➛ C. G. Jung in Zürich. Sie arbeitete als Mitarbeiterin Jungs und übersetzte und edierte einige seiner Schriften. Sie gehörte der Gruppe »klassischer Jungianer« an, lehrte in Zürich am C. G. Jung-Institut und beschäftigte sich hauptsächlich mit Symbolik. Von ihr stammt eine der seltenen übersichtlichen Zusammenfassungen der ausgedehnten Lehren C. G. Jungs.
Lit.: Jolande Jacobi: Vom Bilderreich der Seele. (Walter, Olten 1969); dies.: Die Psychologie von C. G. Jung. Eine Einführung in das Gesamtwerk. (Walter, Olten 1971)

Jaffé, Aniela
* 1903, Todesdatum unbekannt
Jaffé arbeitete in den letzten Lebensjahren von ➛ C. G. Jung als eine Art Sekretärin und Assistentin für ihn Sie notierte und edierte Jungs Autobiografie »Erinnerungen, Träume, Gedanken von C. G. Jung« (1963). Ferner trat sie mit mehreren Schriften zur ➛ Analytischen Psychologie hervor und schrieb das unten angeführte Standardwerk zur Exterritorialisierung von Gefühlen. Ferner nutzte sie die Symbolbetrachtung der ➛ Analytischen Psychologie, um wie ➛ Jolande Jacobi die bildende Kunst zu analysieren.
Lit.: Aniela Jaffè: Geistererscheinungen und Vorzeichen. (Rascher, Zürich 1957)

James , Henry
* 15.04.1843 New York,
† 28.02.1916 London
Bruder von ➛ William James. Einer der führenden amerikanischen Autoren, der durch Einsatz des ➛ inneren Monologs und der erlebten Rede seine Romanfiguren psychologisierte. Henry James übte einen starken Einfluss auf viele Intellektuelle aus (schon vor ➛ S. Freuds Zeiten), die ➛ Psyche des Menschen und seine Träume zu betrachten. Der Stil des älteren Henry James ist vom Symbolismus geprägt.

James, William
* 11.01.1842 New York,
† 26.08.1910 Chocorua (New Hampshire)
Bruder von ➛ Henry James. William James schuf die Grundlagen der amerikanischen Psychologie und des so genannten radikalen Empirismus. Er sah seelische Vorgänge als einen Strom von Bewusstseinsinhalten wie im Traum

an. Später wandte sich William James der Religionspsychologie zu.
Lit.: William James: Prinzipien der Psychologie. 2 Bände. (1890)

Juliana von Norwich
* um 1340,
† nach 1413 Norwich/Norfolk
Mother Julian of Norwich, Reklusin (Einsiedlerin) und eine der einflussreichsten Mystikerinnen Englands. Sie schrieb ihre ➛ Visionen nieder und war damit die erste Engländerin, die ein Buch veröffentlichte. In ihren Visionen beschreibt sie Gott als männlich und weiblich zugleich.
Lit.: Julian of Norwich's revelations of divine love, herausgegeben von F. Beer (1978)

Jung, Carl Gustav
* 26.07.1875 Kesswil (Schweiz),
† 06.06.1961 Küsnacht (Schweiz)
Jung gehört mit ➛ S. Freud und ➛ Alfred Adler zu den drei Wegbereitern der modernen ➛ Tiefenpsychologie. Der Schweizer Psychiater Jung begründete die ➛ Analytische Psychologie, die auf Freuds Lehren aufbaut, diese ergänzt und erweitert. Auf ihn geht der Begriff ➛ Komplex in Zusammenhang mit psychischen Vorgängen zurück. Auch Jungs Begriffe der ➛ Extraversion (die nach außen gerichtete Haltung) und der ➛ Introversion (die nach innen gerichtete Haltung) sind heute nahezu Allgemeingut. Er arbeitete von 1900 bis 1909 als Therapeut unter ➛ Eugen Bleuler und gewann große Erfahrung in klinischer Psychotherapie. Bis 1913 arbeitete er eng mit S. Freud zusammen und galt als dessen »Kronprinz«. Dann kam es zur Trennung von Freud und der Gründung der Analytischen Psychologie. Jungs betrachtete eingehend Träume, ➛ Märchen und Mythen (➛ Mythos). Er erweiterte den Begriff des ➛ persönlichen Unbewussten um das ➛ kollektive Unbewusste. Das kollektive Unbewusste ist der Speicher der ➛ Archetypen, welche die ➛ archetypischen Bilder wie den ➛ Schatten, den ➛ Animus und die ➛ Anima oder das ➛ höhere Selbst hervorbringen. Die Entwicklung der Persönlichkeit, die Jung als ➛ Individuation bezeichnet, spiegelt sich in jedem Traum wider. Träume mit archetypischen Bildern zeigen wesentliche Schritte auf dem Individuationsweg an. Jung beschäftigte sich auch mit ➛ vorausweisenden und ➛ Warnträumen.
Zu ihrem Verständnis entwickelte er mit seinem Freund, dem Physiker ➛ Wolfgang Pauli, die Lehre von der ➛ Synchronizität. Sie nimmt an, dass Alltagsrealität und Traum nicht durch Kausalität verbunden sind, aber durch Sinnzusammenhänge, für die Raum und Zeit unerheblich sind.

1948 wurde in Zürich das C. G. Jung-Institut gegründet.
Lit.: Aniela Jaffé; C. G. Jung: Erinnerungen, Träume, Gedanken von C. G. Jung. (Autobiografie; herausgegeben 1962); C. G. Jung: Traum und Traumdeutung. (dtv, München 1990); weitere Informationen unter www.cgjungpage.org

Jung, Emma
* 1882, † 1955
Frau von ➛ C. G. Jung. Emma Jung ist u.a. von Jung als analytische Psychologin ausgebildet worden. Sie arbeitete die Konzepte von ➛ Animus und ➛ Anima systematisch aus und verfasste ein umfangreiches Werk über die Gralslegende aus der Sicht der ➛ Analytischen Psychologie. Sie konnte dieses Buch nicht mehr fertig stellen. Es wurde von ➛ Marie-Louise von Franz beendet und herausgegeben.
Lit.: Emma Jung: Animus und Anima. (Fellbach 1983)

K

Kast, Verena
* 1943
Kast studierte Psychologie, Philosophie und Literatur und wurde Professorin für Psychologie an der Universität Zürich. Obwohl sie Lehranalytikerin und Dozentin am C. G. Jung-Institut in Zürich sowie Vizepräsidentin der Internationalen Gesellschaft für Analytische Psychologie ist, vertritt sie nicht unbedingt die dogmatische Grundhaltung des C. G. Jung-Instituts. Zum Beispiel weicht sie in Bezug auf ➛ Animus und ➛ Anima insofern von C. G. Jung ab, dass sie jedem Mann wie auch jeder Frau sowohl einen Animus als auch eine Anima zuspricht (diese Auffassung ähnelt eher jener von ➛ Emma Jung). Kast gilt u. a. als Spezialistin für Symbolik.
Lit.: Verena Kast: Die Dynamik der Symbole. (Walter, Olten, Freiburg 1990)

Kürsteiner, Gerhard
Zeitgenössischer Psychologe und Gründer der ➛ Schicksalsanalyse, die davon ausgeht, dass abgespaltene Ahnenexistenzen im familiären ➛ Unbewussten des Träumers wirken und sich im Traum zeigen. Im Alltagsleben erzeugen diese Abspaltungen unselige Wiederholungstendenzen, indem die Ahnen mit ihren Forderungen aus dem Unbewussten wirken. Kürsteiner regt uns an, in jedem Traum auf Ansprüche unserer Ahnen zu achten und diese ins ➛ Bewusstsein zu heben.
Lit.: Gerhard Kürsteiner: Ahnenträume – Die besondere Art der

Träume in der Schicksalsanalyse. (Verlag H. Huber, Bern, Stuttgart, Wien 1980)

Kurth, Hanns
Der verstorbene Journalist Hanns Kurth widmete sich als Laie fast 40 Jahre lang der ➛ Traumdeutung. Er wurde bekannt durch seine populärwissenschaftlichen Veröffentlichungen zum Traum und besonders durch sein – heute freilich veraltetes – »Lexikon der Traumsymbole«, das bis in die 1970er Jahre zu einem der meistgekauften Traumbücher in Deutschland gehörte.
Lit.: Hanns Kurth: So deute ich meine Träume. (Goldmann, München 1968)

L

Lenz, Konrad
* 03.02.1952 bei Stuttgart
Diplompsychologe und Psychotherapeut mit eigener Praxis in Waldshut, der sich hauptsächlich der Arbeit mit Träumen widmet. Lenz war einer der ersten auf den Traum spezialisierten Psychotherapeuten, die sich der Digitalisierung zuwandten. Zusammen mit ➛ Klausbernd Vollmar gründete er 1999 die Internetfirma ➛ Traum-Online, die über Traum und Symbolik im Internet informiert und eine Datenbank mit Traumsymbolen anbietet. Ferner entwickelte diese Firma 2003 die erste wissenschaftlich begründete ➛ Traumsoftware.
Lit.: Klausbernd Vollmar; Konrad Lenz: Traumdeutung – Der große GU-Kompass. (Gräfe und Unzer, München 2003); dieselben: Kurs in Traumdeutung. Professionell Träume deuten Schritt für Schritt. (Königsfurt , Krummwisch 2005); siehe auch folgende Websites: www.traum-online.de und www.traumpraxis.de

Leuner, Hanscarl
* 08.01.1918 Bautzen,
† 1996
Begründer des ➛ katathymen Bilderlebens und einer der wenigen Deutschen, die Drogentherapie mit LSD und MMDA (ein halluzinogenes Amphetamin) betrieben, bevor dies offiziell verboten wurde.

Lévy-Brühl, Lucien
* 10.04.1857 Paris,
† 13.03.1939 ebenda
Französischer Philosoph und Ethnologe, dessen Werk ➛ C. G. Jung beeinflusste. Lévy-Brühl forschte als Professor an der Sorbonne über das »prälogische Denken«, das er dem logischen Denken unserer

westlichen Kultur entgegensetzte. Einer seiner Zentralbegriffe ist die ➛ Participation mystique.
Lit.: Lucien Lévy-Brühl: Das Denken der Naturvölker. (1910)

Lischka, Alfred
Zeitgenössischer deutscher Klarträumer und Autor, der den ➛ luziden Traum als Vorstufe zu Astralreisen (➛ OOBE = Out of Body Experience) ansieht.
Lit.: Alfred Lischka: Erlebnisse jenseits der Schwelle: Paranormale Erfahrungen im Wachzustand und im luziden Traum bei Astralprojektion und auf Seelenreisen. (Ansata, Schwarzenburg 1979)

M

Maury, Louis Alfred
* 1817, † 1892
Französischer Psychologe und einer der ersten wissenschaftlichen Traumforscher. Berühmt ist sein Guillotine-Traum, den auch ➛ S. Freud zitiert. Maury träumt, dass er guillotiniert wird, und als er aufwacht, stellt er fest, dass ihm ein Teil seiner Bettstatt auf den Kopf gefallen war. Von dieser Erfahrung ausgehend, nahm Maury an, dass der Traum die ➛ Zeit rafft. Ferner machte er Versuche mit äußeren Reizen während der Traumphase, um festzustellen, wie diese den Trauminhalt beeinflussen.
Lit.: Louis Alfred Maury: Le Sommeil et les reves. (Didier, Paris 1961)

McCarley, Robert W.
Gehirnforscher, Mitglied der Harvard Medical School, einer der meistinterviewten Wissenschaftler unserer Zeit. Er stellte zusammen mit ➛ J. Allan Hobson 1977 die provozierende Theorie auf, dass Träume chaotische Aktivitätsgewitter sind, die in der Hirnrinde (Cortex) von dem Feuern der Neuronen im Stammhirn ausgelöst werden. Das heißt nicht, wie McCarley in einem Interview mit der Zeitschrift »Geo« ausdrücklich betont, dass Träume sinnlos sind. Wichtig und aufschlussreich ist, wie die Träume vom Gehirn in einem Sinnzusammenhang geordnet werden. Das ist vergleichbar mit den Tintenklecksen im Rorschach-Test, in die das ➛ Bewusstsein des Betrachters sogleich für ihn charakteristische Bedeutungen hineinsieht.

Mesmer, Franz Anton
* 23.05.1734 Iznang (Konstanz), † 05.03.1815 Meersburg
Österreichischer Arzt, der als der »Großvater« von ➛ S. Freud und der ➛ Tiefenpsychologie angesehen wird. Der Arzt, Theologe und

Jurist Mesmer erlebte und erforschte im Jahr 1775 in Wien den tierischen Magnetismus (➛ Mesmerismus). Da er in deutschen Landen verkannt wurde, ging er 1778 ins vorrevolutionäre Paris, wo er eine Massenbewegung auslöste.

Moreno, Jacob Levy
* 20.05.1892 Bukarest,
† 14.05.1974 Beacon (New York)
Moreno, der in Wien aufwuchs und dort lange Zeit als Psychiater arbeitete, wird nicht nur als Begründer des Psychodramas, sondern von vielen humanistischen Psychologen als Begründer der Gruppentherapie betrachtet.
Moreno begann mit einem Stegreiftheater, indem er mit Improvisationstechniken hauptsächlich an Beziehungsproblemen mit Gruppen und Einzelnen arbeite. 1925 wanderte er nach Amerika aus, da er die europäische Therapeutenszene als zu wenig experimentierfreudig empfand. Dort entwickelte er bis 1932 sein Konzept des Psychodramas und der Gruppentherapien, das er im selben Jahr zum ersten Mal offiziell vorstellte. Mit seiner Frau Zerka widmete er sich bis zum seinem Tod der Vervollkommnung des Psychodramas.
Moreno soll zu ➛ S. Freud gesagt haben, dass dieser seine Patienten nur in der unnatürlichen Atmosphäre des Behandlungszimmers sähe, er dagegen seine Patienten auf der Straße träfe und sie zu neuen Träumen ermutige.
Lit.: Jacob Levy Moreno: Psychodrama. 3 Bände (1946, 1959, 1969); deutsch unter dem Titel »Gruppenpsychotherapie und Psychodrama«

N

Neumann, Erich
* 1905 Berlin, † 1960 Israel
Der Arzt und Wissenschaftler wird von vielen Spezialisten als der genialste Mitarbeiter ➛ C. G. Jungs angesehen. Neumann entwickelte Jungs Ideen zum männlichen und weiblichen ➛ Archetyp weiter (➛ Animus, ➛ Anima) und beschäftigte sich ausführlich mit der Bewusstseinsentwicklung bei Frau und Mann. Seine Phänomenologie der weiblichen und männlichen Gestaltungen des ➛ Unbewussten, die er in den 1950er Jahren veröffentlicht, gilt noch heute als Standardwerk.
Lit.: Erich Neumann: Die Große Mutter. (Rhein Verlag, Zürich 1956)

Norbu, Namkhai
* 1938 Osttibet
Norbu ist ein Vertreter der tibetischen Tradition des ➛ luziden

Traums. 1960 wurde er von dem Tibetologen Guiseppe Tucci nach Italien geholt: Seit 1964 ist er Professor an der Universität von Neapel. Norbu lehrt in seinem Traum-Yoga, im Traum »wach« zu sein und in diesem Zustand das eigene ➛ Bewusstsein auszuloten. Er betreibt wie ➛ Carlos Castaneda und ➛ Werner Zurfluh ➛ Psychonautik, die zu Geistesklarheit und Selbsterkenntnis führen soll.
Lit.: Namkhai Norbu: Traum-Yoga. Träume bewusst lenken – der tibetische Weg zu Klarheit und Selbsterkenntnis. (O. W. Barth/Scherz, Bern, München, Wien 1994)

P

Pauli, Wolfgang
* 25.04.1900 Wien,
† 15.12.1958 Zürich
Pauli war mit ➛ Marie-Louise von Franz und ➛ C. G. Jung eng befreundet. Aus der Zusammenarbeit mit Pauli entwickelte Jung das Prinzip der ➛ Synchronizität. Pauli erhielt 1945 den Nobelpreis für Physik.
Lit.: W. Pauli; C.G. Jung: Der Einfluss archetypischer Vorstellungen auf die Bildung naturwissenschaftlicher Theorien bei Kepler. *Darin:* Synchronizität als ein Prinzip akausaler Zusammenhänge. (Rascher Verlag, Zürich 1952). Der Aufsatz zur Synchronizität auch separat in: C. G. Jung: Die Dynamik des Unbewußten. Gesammelte Werke, Bd. 8, S. 457–569. (Walter, Olten, Freiburg 1976)

Perls, Frederic
08.07.1893 Berlin,
† 14.03.1970 Kalifornien
Frederic (Fritz) Perls ist der Gründer der ➛ Gestalttherapie, die sowohl von der ➛ Psychoanalyse und der Gestaltpsychologie (Koffka, Köhler) als auch von existenzialistischen und fernöstlichen Ideen beeinflusst ist. Perls betont in besonderem Maße die Wahrnehmung der Gefühle eines Menschen für seine Lebensführung. Ist diese Wahrnehmung unorganisiert, d.h. in nicht geschlossenen Gestalten organisiert, dann kommt es zur Neurose. Perls geht es um die sinnvolle Organisation der Wahrnehmung des gegenwärtigen Erlebens des Einzelnen. Da der Traum ein Wahrnehmungsphänomen darstellt, beschäftigt sich Perls ausgiebig mit ihm und stellt am Beispiel seiner Arbeit mit Träumen den gestalttherapeutischen Ansatz dar.
Traumsymbole sind für Perls stets auf der ➛ Subjektstufe zu betrachten. Die Arbeit mit ihnen gibt uns

die Möglichkeit, Unorganisiertes wieder zu ordnen. Ist der Gefühlskontakt mit dem ➛ Symbol hergestellt, ordnen sich die vormals verdrängten Gefühle von selbst.
Von Perls stammen viele Aussagen, welche die moderne spirituelle Szene aufnahm. »Ganz entspannt im Hier und Jetzt« zu sein, sah Perls als die ideale Organisation der Wahrnehmung an (alle Gestalten sind geschlossen).
Lit.: Frederic Perls: Gestalttherapie in Aktion. (engl. Erstausgabe 1969, deutsch 1974)

R

Reich, Wilhelm
* 24.03.1897 Dobrzcynica (Galizien),
† 03.11.1957 Lewisburg (Pennsylvania)
Dieser österreichische Psychoanalytiker der ersten Stunde wandte sich vom Traum schnell dem ➛ Körper zu und von ➛ S. Freud ab. Hauptsächlich kritisierte er Freuds späteres bipolares Triebmodell (➛ Triebe). Reich hielt wie der frühe Freud an einem Grundtrieb, der ➛ Libido, fest. Er prägte den Begriff des Charakterpanzers, der auch in die ➛ Traumdeutung Eingang fand und dort auf die repressive Wirkung der Gesellschaft auf das Individuum aufmerksam machte. 1939 ging Reich in die USA, da er in Europa wegen seiner marxistischen Ausrichtung diskriminiert wurde. Dort beschäftigte er sich mit der Orgonenergie, eine biologische, bislang unbekannte Energieform. Die Lektüre von Reich beeinflusste maßgeblich die Annäherung der Studenten an die ➛ Psychoanalyse während der Studentenbewegung.
Lit.: Wilhelm Reich: Die sexuelle Revolution. (1930); Der Einbruch der Sexualmoral. (1931)

Riedel, Ingrid
* 1935
Jung'sche Analytikerin mit eigener Praxis in Konstanz, Dozentin und Lehranalytikerin am C. G. Jung-Institut in Zürich, Honorarprofessorin für Religionspsychologie in Frankfurt/Main.
Riedel betont bei ihrer an ➛ C. G. Jung ausgerichteten Traumbetrachtung besonders das Lebensalter, in dem ein Traum geträumt wird. Da sie sich speziell der ➛ finalen Deutung verpflichtet sieht, prägen die Lebensalter des Träumers oder der Träumerin die Herausforderungen, die sich den Träumern stellen.
Lit.: Ingrid Riedel: Träume. Wegweiser in neue Lebensphasen. (Kreuz, Stuttgart 1997)

S

Saint-Denys, Marie-Jean Léon Marquis d'Hervey de
Der Marquis war einer der führenden Sinologen des 19. Jh.s in Frankreich. Er behauptete, dass er die Fähigkeit erreicht habe, seine Träume zu beschleunigen oder zu verlangsamen, und dass er jedem Traum eine von ihm bestimmte Richtung bewusst geben könne. Es scheint, dass der Marquis die seltene Fähigkeit besaß, automatisch ➛ luzide Träume zu bekommen und auch Außerkörperlichkeit (➛ OOBE) herzustellen. ➛ S. Freud und ➛ C. G. Jung haben sein Buch über seine luziden Träume gelesen.
Lit.: Marie-Jean Léon Marquis d'Hervey de Saint-Denys: Les Rêves et le moyen de les diriger. (Tchou Verlag, 1867)

Szondi, Leopold
* 11.03.1893 Nitra (Slowakische Republik),
† 24.01.1986 Küsnacht (Schweiz)
Schweizer Psychologe und Gründer der ➛ Schicksalsanalyse, die den Traum zwar nach den Methoden von ➛ S. Freud und ➛ C. G. Jung betrachtet, jedoch in der Deutung der Traumbilder und besonders der Kommunikation mit den Traumpersonen immer auf den Lebenslauf des Träumers zurückgreift. Wenn man nach dieser Methode seine Träume über längere Zeit betrachtet und hierbei sein Augenmerk auf die Beziehungen seines ➛ Traum-Ichs zu anderen Traumpersonen richtet, werden einem bestimmte Verhaltensmuster deutlich, die nicht nur im eigenen Lebenslauf zu finden sind, sondern schon in der Familie des Träumers und seiner Ahnenreihe auftauchen. Die Stärke dieses Ansatzes liegt darin, dass er unseren Blick für die Parallelen der Verhaltensweisen des Traum-Ichs und derjenigen des Träumers in seiner Biografie und seiner Familie deutlich macht. Bei der Betrachtung der Träume sollte man sich fragen, wie sich die Traumsituation und das Verhalten des Traum-Ichs zu dem bisher gelebten Leben verhalten: Woher kennt der Träumer solche Verhaltens- und Kommunikationsweisen aus seiner Biografie und der seiner Familie? Szondi besteht darauf, dass jede Traumerfahrung zum Wachleben des Träumers in Beziehung gesetzt werden muss, da sonst ihre Energie wirkungslos wird. Im weiten Sinne kann man Szondi als einen geistigen Vorläufer des Familienstellens ansehen.

T

Tholey, Paul
* 1937 in St. Wendel, † 1998
Er war Professor in Frankfurt und Braunschweig und wandte sich bereits in den 1950er Jahren den ➛ luziden Träumen zu, als diese Traumtechnik in Deutschland noch weitgehend unbekannt war. Tholey stand der Gestaltpsychologie nah.

V

Vaughan-Lee, Llewellyn
* 1953 London
Seit seinem 19. Lebensjahr Mitglied der Naqsbandi (➛ Sufis), nachdem er Irina Tweedy traf. Er studierte die ➛ Traumdeutung nach ➛ C .G. Jung und die alten überlieferten Traumdeutungstechniken der Sufis und verbindet heute beides in seiner Art der Traumdeutung, die er teilweise in großen Auditorien betreibt. Vaughan-Lee stellt ein gutes Beispiel für ➛ Deutungsmonotonie dar, da er über eine bestimmte spirituelle Ebene der Träume nicht hinausschaut.

Vollmar, Klausbernd
* 22.11.1946 Remscheid
Diplompsychologe, Studium der Germanistik, Linguistik und Philosophie. Forschungsstipendiat des Canada Councils an der McGill University/Montreal über Symbolmuster in Traum und Literatur. Gründer der ➛ Traumbüros und mit ➛ Konrad Lenz zusammen Gründer der Internetfirma ➛ TraumOnline, die über Traum und Symbolik informiert.
Vollmar spezialisierte sich darauf, mit Hilfe der Träume das Potenzial der Träumerin bzw. des Träumers zu erkennen und lebenspraktisch zu nutzen. In diesem Bereich viele Buchveröffentlichungen. Außerdem veröffentlichte er 1992 das meistverkaufte Traumsymbollexikon in Deutschland (»Handbuch der Traumsymbole«. Neuausgabe mit CD-Rom. Königsfurt, Krummwisch 2003). 2003 erschien im Königsfurt Verlag »Vollmars Welt der Symbole«, ein allgemeines Symbollexikon, das die Parallelen zwischen den Symbolbedeutungen in Literatur, Traum, Comic und Film aufzeigt.
Lit.: Klausbernd Vollmar: Die Weisheit der Träume. (Integral, München 2003); weitere Informationen unter www.traumonline.de und www.kbvollmar.de

W

Weinreb, Friedrich
* 18.11.1910 Lemberg,
† 19.10.1988 Zürich
Weinreb war einer der letzten Lehrer der jüdischen chassidischen Tradition. Er lebte in den Niederlanden, von wo aus er den Nationalsozialismus bekämpfte, und in der Schweiz. Die jüdische Mystik, die ein großes Interesse für die Betrachtung der Träume zeigte, prägte Weinrebs Einstellung zum Traum. Dabei wurden die ➛ Symbole gemäß den alttestamentarischen Geschichten geschickt gedeutet. Weinreb betonte besonders, dass im Traum unser Wille machtlos ist. Er hielt einige Traumseminare und Traumvorträge in Zürich und Basel zwischen 1975 und 1980.
Lit.: Friedrich Weinreb: Traumleben. 4 Bände. (Thauros Verlag, München 1980/81); weitere Informationen unter www.arjeh.de/weinreb

Williams, Strephon Kaplan
* 02.04.1934 New York
Der Amerikaner Williams gründete in den achtziger Jahren des 20. Jh.s. das Jung-Senoi-Institut in Berkeley/Kalifornien, ein Einmann-Unternehmen, das Traumworkshops durchführt. Bekannt wurde Williams durch sein Buch »Durch Traumarbeit zum eigenen Selbst«, das von Fachkreisen angegriffen wurde, da der Autodidakt Williams nicht nur naiv den ➛ Mythos von der Traumkultur der ➛ Senoi verbreitete, sondern dazu auch noch Prinzipien anbot, die Senoi-Kultur mit Jung'schem Gedankengut zu verbinden. ➛ Jung-Senoi-Methode
Lit.: Strephon K. Williams: Durch Traumarbeit zum eigenen Selbst. Die Jung-Senoi-Methode. (Ansata, Interlaken 1984) – dieses Buch wurde von ➛ Werner Zurfluh ins Deutsche übersetzt

Wolf, Fred Alan
Professor für theoretische Physik an der Universität Seattle/Washington. Er betont – wie schon ➛ Wolfgang Pauli in seinen Gesprächen mit ➛ C. G. Jung –, dass Traumforschung und moderne Physik sich mit dem gleichen Problem beschäftigen, nämlich mit einem Kosmos unbekannter Dimensionen. Wolf geht davon aus, dass es zwischen innerem Kosmos (dem Traum) und äußerem Kosmos deutliche Parallelen gibt. Wolf unternimmt den Versuch, Träume mit den Gesetzen der Quantenphysik zu erfassen und so Quantenphysik, Traumforschung und Neurologie zu verbinden.

Lit.: Fred Alan Wolf: Die Physik der Träume. (Byblos Verlag, Berlin 1995)

Z

Zurfluh, Werner

* 21.07.1945 in Basel

Zurfluh veröffentlichte ein Buch, das seine Traumerfahrungen in anderen Dimensionen detailliert darstellt. Es handelt sich bei seinen Reisen um ➛ luzide Träume auf höchstem Niveau. Die Luzidität wird von ihm eingesetzt, um eine Ich-Kontinuität zu erlangen. Für ihn bietet das luzide Träumen eine Möglichkeit, das ➛ Bewusstsein zu stärken und eine Kontrolle im Traum aufrechtzuerhalten. Durch seine Berichte gab Zurfluh zu Beginn der 1980er Jahre besonders der deutschsprachigen Traumforschung neue Denkanstöße.

Zurfluhs Erlebnisse erinnern teilweise an die diejenigen des Ethnologen ➛ Carlos Castaneda, der ebenfalls die Gestalten im Bereich des luziden Traums nicht als Abspaltungen des ➛ Ichs des Träumers sieht, sondern als real in Bezug auf die entsprechende Ebene.

Der deutsche Autor Michael Ende (1929–1995) kommunizierte mit Zurfluh, um von den Traumwelten für seine Romane (insbesondere »Momo« und »Die unendliche Geschichte«) zu lernen.

Lit.: Werner Zurfluh: Quellen der Nacht. (Ansata, Interlaken 1983); für weitere Informationen wenden Sie sich bitte an werner.zurfluh @oobe.ch